재난과 살다

서울대학교 아시아연구소총서
모노그래프시리즈 5

재난과 살다

대지진에 대비하는 일본 방재과학의 집합실험

초판 1쇄 인쇄 2017년 3월 24일
초판 1쇄 발행 2017년 3월 29일

지은이 이강원
펴낸곳 서울대학교출판문화원
펴낸이 성낙인

책임 편집 현우진
디자인 장혜원

출판등록 제15-3호

주소 (08826) 서울 관악구 관악로 1
대표전화 02-880-5252 | 팩스 02-888-4148
출판관리팀(주문상담) 02-889-4424, 02-880-7995
이메일 snubook@snu.ac.kr
홈페이지 www.snupress.com

ISBN 978-89-521-1883-7 94300
978-89-521-1413-6 (세트)

이 연구는 서울대학교 아시아연구소 신진학자저술지원사업연구비에 의해 수행되었음.

서울대학교 아시아연구소총서
모노그래프시리즈 5

재난과 살다

대지진에 대비하는
일본 방재과학의
집합실험

이강원 지음

서울대학교출판문화원

Living with Disasters

Collective Experimentation Preparing for a Great Earthquake in Japanese Disaster Research

Kangwon Lee

Seoul National University Press

머리말

이 책은 '재난과 재난 사이'를 기록하고 있다. 1995년 고베 대지진부터 2011년 동일본 대지진까지 대지진에 대비하는 일본 방재과학의 여러 시도들을 민족지의 형식으로 기술했다. 그래서 이 책의 초점은 하나의 사건으로서 '재난 이후'나 '재난 직전' 혹은 '난중'에 있지 않다. 과거 큰 피해를 주었던 대지진을 교훈 삼아서 앞으로 일어날 또 다른 대지진에 대비하는, 비교적 긴 기간에 전개된 예측과 대비에 초점을 맞추고 있다. 필자가 2009년부터 2010년까지 일본에서 현지연구를 진행할 때만 해도, 이 '재난과 재난 사이'란 1995년의 고베 대지진과 2010년에서 2030년까지 일어날 것으로 예상되는 도카이·도난카이·난카이(東海·東南海·南海) 지진의 사이였다. 언제 일어날지 알 수는 없지만 반드시 일어날 것으로 예상되는 이 장래의 지진에 대비하기 위해서 1995년 이후 수많은 시도가 여러 분야에서 있어 왔다. 이 책은 바로 이 시기에 전개된 집합실험에 대한 기술이다.

2011년 당시에는 동일본 대지진과 같은 큰 지진이 일어날지 아무도 예상하지 못했다. 이 민족지의 초고를 작성하던 중 상점의 쇼윈도 건너에서 흘러나오던, 동일본 대지진을 담은 화면을 보고 적지 않게 놀란 기억이 생생하다. 그리고 그때 이후로 과거와 미래는 현재를 중심으로 계속해서 재구성된다는 점을 몸소 느낄 수 있었다. 동일본 대지진이 일어난 이후에는 '재난과 재난 사이'가 2011년 동일본 대지진과 2030년 전후로 일어날 것으로 예상되는 난카이 해구 지진의 사이로 바뀌었기 때문이다. 동일본 대지진의 피해를 복구하는 중에도 일본의 연구자들과 관련 정부 기관들은 일본의 난카이 해구에서 일어날 또 다른 대지진을 예측하고 대비하기 위한 계획에 착수했다. 도카이·도난카이·난카이 지진이 동시에 일어나는 경우를 예상하고, 이 세 지진을 난카이 해구 지진이라는 하나의 거대지진으로 개명했다. 이렇게 과거와 미래를 다시 정하고 또 다른 '재난과 재난 사이'를 구성함으로써 집합실험은 재개되었다. 이 책은 새롭게 전개되고 있는 또 다른 집합실험의 전사(前史)로서, 2011년 동일본 대지진 이후 일본에서의 재난·안전 과학기술과 정책을 이해하는 출발점이기도 하다.

필자가 '재난과 재난 사이'에 관심을 갖게 된 것은 재난으로부터 생존을 도모해 왔던 인류가 이루어 내는 새로움 때문이었다. 그 절망과 고통과 불안 속에서도 새로운 세계를 구축하는 과정에서 거듭 생성되는 새로운 삶의 양식에 인류학자로서의 관심을 쏟게 되었다. 특히 재난·안전 연구가 지진 재해에 관련된 다양한 이해관계 당사자들의 목소리를 공공 정책에 반영하는 매개자 역할을 하는 과정을 집중적으로 다루었다. 필자는 이 공적(公的)인 과정에 '민주적 실험'이라는 이름을 붙였고, 재난·안전, 과학기술 연구, 공공 정책 간의 유기적 관계를 구축하는 다양한 방식들이 공존하고 있음을 제시했다. 최근 들어 한국에서 재난·안전 거버넌스의 필요성이 증대하고 있다. 재난·안전 관련 연구소를 설립하고 재난·안전 거버넌스를 실행하는 데 이 책이 중요한 참고 자료로 활용될 것이라 기대한다.

이 새로움을 기록하기 위해서는 인류학의 원리, 개념, 방법에도 전환이 필요했다. 그래서 필자는 관측소, 실험실, 필드, 그리고 문헌도 민족지 연구의 현지가 될 수 있다고 생각했다. 일본 교토대학 부설 방재연구소(Disaster Prevention Research Institute; DPRI)에서 1년 3개월 동안 지진과 재난·안전 연구에 관련된 다양한 분과의 연구실, 관측소, 필드, 지역공동체, 학술대회에서 현지연구를 행했다. 지진학에서 심리학까지 다양한 학문 분과의 실천을 민족지 연구의 현지로 삼은 것은, 이들이 생산해 내는 실체, 개념, 이론 역시 장소와 사물과 사건의 배치를 경유하기 때문이다. 그래서 실체, 개념, 이론과 같은 '추상적인 것'도 민족지 연구의 참여관찰과 심층면담을 통해서 '실천'되고 '구성'되는 것으로 기술될 수 있다는 점을 보여 주고자 했다.

이 책을 쓰기까지 도움을 주신 많은 분들이 있다. 처음 찾아간 방재연구소에서 헤매고 있을 때 들려왔던 나정일 형의 목소리가 아직도 생생하다. 현지연구 기간 내내 격의 없이 대해 주며 연구소 생활에 대한 조언을 아끼지 않았던 데 대해 감사드린다. 지금도 '집합실험'에 활기차게 참여하고 계신 오카다 선생님은 아무런 연고 없이 찾아온 외국인 학생을 선뜻 연구원으로 받아 주셨고, 집합실험의 일원으로 인정해 주셨다. 그 생생한 실험의 현장에 초대해 주신 데 대해 감사드린다. 관측소로 운전을 하며 데려다 주시던 가와자키 선생님, 사회와 자연, 그리고 전문가와 대중 간의 소통을 위해서 힘쓰고 있으신 야모리 선생님, 지각응력 기상도를 그려 내기 위해서 불철주야 노력 중이신 이이오 선생님, 격의 없이 질문에 대답해 주시던 하시모토 선생님, 친절하게 '리시버 관수법'을 설명해 주시던 시부타니 선생님, "인류학적인 자료가 별로 없어서 미안하다." 하셨던 세키구치 선생님, 사와다 선생님, 마키 선생님, 야마다 선생님, 오시만 선생님, 이와타 선생님 등 교토대학 부설 방재연구소에서 필자를 위해 시간을 내 주신 모든 선생님들께 감사드린다. 그리고 함께 관측점 유지보수에 나섰던 기술직원 요네다 씨와 미우라 씨께도 감사드린다. 면담과는 별도로 인생과 철학에 대해 많은 이야기를 해 주셨던 지역 운동가 데라타니 씨, 방재 관련 연구뿐 아니라 지역 공동체의 축제와 일상적인 활동에도 초대해 주셨던 오오타 씨와 오오히가시 씨, 그리고 면담에 응해 주셨던 지즈 정과 슈하치의 주민들께 감사드린다.

권숙인 선생님은 이 책의 원고를 작성하는 기간 내내 필자가 연구에 몰두할 수 있는 환경을 만들어 주셨다. 박사 과정 학생으로서 지도교수님의 따뜻한 관심과 신뢰를 받으면서 관심 있는 주제에 다년간 몰입할 수 있었던 것은 크나큰 행운이었다. "박사 과정에서만큼 자신의 연구에 집중할 수 있는 기회가 많지 않다."라며 충분히 탐구할 것을 격려해 주신 데 대해 감사드린다. 황익주 선생님은 '행위자들의 실천을 기술(記述)하는 것'과 민족지학자로서 그러한 기술(技術)을 몸에 익히는 것의 중요성을 강조하셨다. 석사 과정에서부터 선생님을 통해서 습득한 '에스노그래퍼'로서의 자질은 현지연구에서 큰 힘을 발휘했다. 다른 학문 분과의 연구자들에게 나누어 줄 수 있는 인류학자만의 자산을 물려 주신 것에 감사드린다. 오명석 선생님은 필자의 연구 주제가 아직 무르익지 않았을 때에도 열린 마음으로 깊은 관심을 보여 주셨고 연구 결과에 대한 기대를 거두지 않으셨다. 선생님께서 보이신 흥미와 기대 때문에 즐거운 마음으로 연구에 박차를 가할 수 있었기에 감사드린다.

과학과 사회 '두 문화'의 경계를 넘어 보자고 생각하기 시작한 것은 학부 때 홍성욱 선생님의 글을 한 잡지의 지면을 통해서 접하고서부터이다. 대학원에서 선생님으로부터 수강하게 된 '과학기술사회 연구'는 그래서 필자의 오랜 관심을 충족시켜 주는 강의였다. 과학기술 연구로의 창(窓)을 멋지게 열어 주신 선생님께 감사드린다. 김종영 선생님은 '과학기술과 사회'의 강의에서뿐만 아니라 연구 과정 내내 친근한 멘토가 되어 주셨다. 선생님을 통해서 한 연구자로 성숙해 가는 과정의 의미를 짚어 볼 수 있었기에 감사드린다. 같은 기간에 함께 세미나를 하고, 논문을 쓰고, 졸업을 했으며, 함께 동료 연구자로서의 길을 걷고 있는 하대청 박사와 임소연 박사에게도 감사드린다. 함께한 세미나뿐만 아니라, 교내를 산책하다가 우연히 만나서 한 토론, 서로의 현지연구에 대한 고민을 나누었던 것으로부터 얻은 힘과 아이디어가 이 민족지에 고스란히 담겨 있다.

일본에서 체류할 때 받았던 박지환 선배와 심페이 선배의 도움도 잊을 수 없다. 현지에서의 생생한 경험에서 우러나오는 조언은 물론 생활과 관련된 물적 도움도 아끼지 않았다. 현지에서 돌아와 인류학과 대학원의 동기와 선후배로부터 받은 도움에도 감사드린다. 동기인 이수현은 글쓰기의 어려움에 대한 고민을 듣고 조언을 해 주었다. 이진교 선배는 민족지 쓰기 과정에서 마주치는 여러 어려움, 특히 건강과 관련된 걱정과 조언을 해 주었다. 이경묵 선배는 이 민족지가 아직 연구계획서의 수준에 머물러 있을 때 원고를 읽어 주었고, 특히 행위자-네트워크 이론에 대한 생각을 나누어 주었다.

이 책의 출판에 많은 관심을 가져 주시고 격려해 주신 카이스트 재난학연구소의 이윤정 선생님, 박범순 선생님께도 감사드린다. 아울러 출판을 위해 지원을 아끼지 않았던 서울대학교 아시아연구소와 서울대학교출판문화원의 관계자 여러분에게도 깊은 감사의 뜻을 표한다.

오랜 기간 무한한 신뢰를 보이며 응원을 해 주신 어머니와 소박한 철학자로서 아들의 연구에 보탬이 되는 메시지를 틈틈이 보내 주신 아버지, 그리고 항상 묵묵한 조력자가 되어 준 동생 강평에게도 고마움을 전한다. 끝으로, 연구와 삶의 여러 갈래길을 함께 걷고 있는 아내 이선화에게도 고마운 마음을 전한다.

2017년 3월

이강원

차례

머리말 v

제1장 혼돈과 질서 사이

1. 집합실험 — 축제, 실존, 실험 2
2. 재난 위험과 사물의 공공성 13
    1) 재난사회학과 재난인류학 13
    2) 기술과학 리스크 20
    3) 사물의 공공성 24
3. "저에게도 지진의 목소리를 들려주시지 않겠습니까?": 인류학자의 방문 32
4. 책의 구성 43

제2장 만물의 만물에 대한 투쟁

1. 불안의 진술: "언제 일어나도 이상하지 않다" 52
2. '양치기 소년' 지진학자 58
3. 탐지(探知)와 감지(感知)의 만남: 무지와 불신을 넘어서 71
4. 재앙의 예견 78
    1) 쟁점의 이동 79
    2) 집합의 확장 93
    3) 적대적 대변인 99
5. 복잡한 문제 103

제3장 지구를 연구소로 들여오기

1. 연구소의 장소들 112
1) 조직도와 배치도 112
2) 장치를 든 예언자 116
3) 지진의 수를 늘리다: 대상의 연행 122
2. 옮겨 오기 138
1) 집단을 찾아서 139
2) 다중 정체성 152
3) 잡음 속의 목소리 157
3. 지진의 아상블라주: 관여와 비관여 173
4. 국지적 지구들의 지정학 187

제4장 재난은 세계의 수를 늘린다: 재앙의 상연

1. 섭외 196
1) 자료실에서 스크린으로 197
2) 협상 테이블을 마련하다 203
3) 요소요소의 요소들 212
2. 상연 225
1) 시나리오의 증식:
전문가에서 연출자로, 대중에서 출연자로 226
2) 상연 양식의 목록 235
3. 복합재해:
"나에게 연구소를 달라, 지구를 파괴해 보이겠다" 254
4. 방재와 감재의 위계: 여러 세계를 사는 법 261

제5장 안전·안심의 지리학

1. 배포 273
1) 출장과 연장 273

2) 장비 갖추기 278
3) 예측의 장소: 미래, 과거, 현재의 파동 285
2. 배정 296
1) 기술 구역의 교차 296
2) "우리 마을은 우리가 지키자": 자기초월체로서의 공동체 313
3) 공조(公助), 공조(共助), 자조(自助)의 배정 328
3. 안전·안심의 배치와 공공성 334
4. 상정(想定)의 바깥 342

제6장 집합실험 속의 존재론

1. 집합실험의 확장 354
2. 실천 속의 존재론 364
1) 총섭(總涉) 366
2) 상입(相入) 369
3) 유체(流體) 372
4) 환영(幻影) 374
3. 민주적 실험을 위한 절차 379
4. 민족지와 참여 386

제7장 재난과 살다

1. 재난과 새로움 397
2. 생태에서 생존으로: '살다'의 정의 400
2. 만물에 호부호형을 허하라 404

참고문헌 407
찾아보기 419
발간사 429

제1장

혼돈과 질서 사이

1. 집합실험 — 축제, 실존, 실험

혼돈(chaos)과 질서(cosmos) 사이에는 무엇이 있을까? 질서를 구축하기 위한 정치가 있다. 대지진 이후의 혼돈을 출발점으로 잡은 이 책은 혼돈에서부터 질서에 이르기까지의 정치 과정을 추적하는 것을 목적으로 하고 있다. 필자는 혼돈과 질서의 양극보다는 그 사이의 정치에 눈을 두었는데, 이 과정이 궁극적으로 질서에 도달할 것이라는 점에 대해 확신을 할 수 없기 때문이다. 그래서 이 책은 질서와 짝을 이루는 것으로 여겨지는 성공, 자연스러움, 공고한 사실, 마땅한 가치, 안전, 평형 상태, 과학 지식으로 수렴되는 깔끔한 결말을 갖고 있지 못하다는 점을 독자들에게 미리 밝혀 둔다. 이 책이 다루는 세계는 질서에 이르지는 못했지만 그렇다고 혼돈 속에 빠져 있지도 않은, 과정 속의 세계이다. 언뜻 보면, 이러한 세계에서는 새로운 혼돈의 시작으로 인해 혼돈과 질서 사이의 정치가 무의미하게 반복되는 것처럼 보일 수 있다. 그럼에도 불구하고, 그 반복 속에서 새로운 질서를 세우기 위한 가지각색의 실험들이 계속되어 왔다. 그리고 바로 그 끊임없이 실험하는 행위 자체가 이 책에서 드러내고자 하는 인류의 삶의 방식이라는 점을 서두에서 언급해 두기로 한다.

그 '실험'이란 무엇인가? 책을 집필하기 위한 연구를 하는 중에, 필자는 일본에서 대지진이 일어날 때마다 반복적으로 등장하는 세 이야기 — 축제 이야기, 실존 이야기, 실험 이야기 — 와 마주쳤다. 누군가는 이 세 이야기의 관계를 고대, 근대, 그리고 현대로 이어지는 역사적 전개와 같은 것으로 볼 수 있겠다. 또 다른 누군가는 종교와 정치, 그리고 과학기술 간의 유비적 관계로도 볼 수 있겠다. 그런데 독자들이 주목해 주길 바라는 점은, 이 세 이야기가 신, 사람, 사물 중 하나에 질서의 정치를 전담시키고 있다는 점이다.

첫 번째 이야기는 일본의 고대문학인 『고사기(古事記)』에 실려 있는 건국신화이다.[1] 이자나기(伊邪那枝命)와 이자나미(伊邪那美命)는 혼돈의 바다 위에 섬들을 만들었다. 그리고 자신들의 자식들인 아마테라스(天照大神), 쓰쿠요미(月読命), 스사노오(須佐之男命)에게 각각 하늘과 밤과 바다를 다스리게 했다. 그런데 바다를 다스리라고 명을 받은 스사노오만은 이 질서 정연한 세계를 구축하는 정치에 반항하는 재앙의 신으로 등장한다. 그는 바다의 나라를 다스리는 것을 거부하며 울어 대다가 산과 바다를 메마르게 하고 온갖 재난을 일으킨다. 이자나기에 의해 추방된 스사노오는 다시 그의 누나 아마테라스가 다스리는 하늘로 올라간다. 스사노오는 이곳에서도 논두렁을 허물고, 고랑을 메우고, 농경의례의 성소를 더럽히고, 베틀을 짜는 여인을 놀래 죽게 하는 등 온갖 악행으로 재앙을 불러일으킨다. 태양신인 아마테라스는 그녀의 동생이 두려워 바위 굴 속으로 숨어 버렸다. 세상은 어둠으로 휩싸여 밤이 계속

1 『고사기』는 겐메이(元明) 덴노(天皇)의 부름을 받아 오노 야스마로(太安麻呂)가 712년에 완성한, 일본에서 가장 오래된 신화와 전설을 기록한 역사서로 평가받는다. 하지만 신화적이고 문학적인 서술 때문에, 일반적으로 일본에서 가장 오래된 역사서는 더 후대를 기술한 책인 『일본서기(日本書記)』(720년)로 간주된다.

되었다. 만신(萬神)들은 아마테라스를 바위 굴 밖으로 불러내서 빛과 질서를 얻기 위해 정교한 계획을 세운다. 광석을 캐서 대장장이에게 거울을 만들게 하고, 곡옥을 꿰서 목걸이 장식을 만들고, 사슴 뼈를 태워 점을 치고, 포목으로 바위 굴 밖을 장식한다. 이러한 무대 장치 속에서 한 무녀가 음란하고 우스꽝스런 춤을 추자 만신들이 일제히 웃는다. 그 소리를 듣고 아마테라스가 호기심으로 얼굴을 내민다. 다른 만신이 거울을 보여 주며 아마테라스를 유인하고, 바위 굴 옆에 숨어 있던 또 다른 만신이 그녀의 손을 잡아 굴 밖으로 끌어냈다. 그러자 세상은 다시 밝아지고 새로운 질서가 세워졌다. 스사노오는 결국 만신들의 결의로 추방되었다. 하지만 스사노오는 현대 일본에 다시 찾아와서 대지진을 일으키고 일본을 혼돈에 빠뜨리고 있다. 신화 속에서는 종결되었던 질서의 정치가 이 새롭지만 오래된 혼돈과 함께 다시 시작된다.

두 번째 이야기는 '반항하는 사람'의 이야기이다. 지진의 막대한 위력에 순응하지 않고 존재의 의미를 재구축하고자 하는 자들의 이야기이다. 지진 재해를 사회의 부패와 타락에 대한 천벌로 간주하는 '천견론'(天譴論)이 1923년 관동 대지진에 이어 1995년 고베 대지진에 다시 등장했다. 그리고 피해에 대한 무조건적인 감수와 인생무상을 특징으로 하는 '운명론'의 재해관(災害觀)도 만연했다. 이때마다 대지진은 '자연으로부터의 보복'(천견론), '인간의 힘으로 어찌할 수 없는 것'(운명론)으로 받아들여졌다.(문옥표 1997) 하지만 '천벌'인 동시에 '운명'이기도 한 재앙에 대해 인간은 반항했다. 시민들이 자발적으로 지역 방재 체계를 구축하기 시작했다. 대화재, 고베 대지진을 계기로 부활했던 자치회와 자주방재회가 이 '운명'과 싸우는 '의용군'으로 그려졌다. 지역 공동체가 함께 사용하는 우물의 재건에 공감하는 사람들이 늘어나고, 실종자 파악과 인명 구조에 필요한 도시 근린 관계의 육성이 강조되기 시작했다. 정내회(町內會)[2]나 자치회 단위의 방재 활동에서부터 지역 초등학교를 중심으로 구축된 자주방재회 활동에 이르기까지 주민들의 적극적 참여가 확산되었다. 이들은 과학기술, 행정 기관, 그리고 전문가들을 통해 구축된 '공조'(公助)가 추상에 머무를 수밖에 없다는 점을 직시했다. 그리고 정내회, 자치회, 자주방재회를 매개로 신뢰를 구축하는 '공조'(共助)를 반항과 투쟁의 방식으로 선택했다. 그럼에도 불구하고, 이 '운명'과 '천벌'은 2011년 3월 11일에 다시 찾아왔다. 세계는 다시 무너져 내렸다. 시민들에게는 신뢰를 재구축하고 연대를 강화하는 고된 작업이 예정되어 있다.[3]

세 번째 이야기는 지구, 지진, 진재, 방재, 안전을 연구하는 과학기술의 발전에 대한 이야기이다. 지진관측망은 고베 대지진을 전혀 예측하지 못했다. 완벽한 내진 기술을 자랑하던 토목공학 연구자들은 쓰러진 고가도로와 끊어진 철로로 인해서 자부심에 상당한 손상을 입었다. 과학기술에 기반을 둔 방재 체제가 잘 구축되어 있기 때문에 '일본은 안전하다'고 하는 믿음은 고베 대지진 이후 붕괴했다. 지진 발생의 구조에 대한 무지와 예측의 불확실성이 이러한 혼돈의 원인으로 규정되었다. 이후 새로운 방재과학의 방법과 이론이 실험되었고, 혁신적인 방재

2 일본 도시의 대표적 지역 집단으로, 세대를 단위로 한 자생적 근린 조직이다. 축제를 주최하거나, 사회교육 사업을 하는 친목에서부터 방범과 방재, 환경정비, 주민-행정 간 통합 조정 등의 기능을 하고 있다.(이시재 외 2005: 208-209)

3 2011년 3월 11일 당시 도쿄 도 지사였던 이시하라 신타로(石原愼太郎)는 동일본 대지진에 대해서 다음과 같이 논평했다. "일본인의 아이덴티티는 '자기 욕심'(我慾)이다. 이 쓰나미를 잘 이용해서 자기 욕심을 단번에 씻어 내릴 필요가 있다. 역시 (이번 지진과 쓰나미는) 천벌이라고 생각한다. (중략) 미국의 아이덴티티는 자유, 프랑스는 자유와 박애와 평등. 일본은 그런 것 없이 그저 자기 욕심뿐이다. 물욕, 금전욕…." 그의 논평은 대재앙 이후 반복적으로 나타나는 '천견론'의 전형을 보여 주고 있다. 『朝日新聞』, 2011. 3. 14,「大震災は天罰 "津波で我欲洗い落とせ" 石原都知事」.

기술이 시험되었다. 그리고 사회의 안전을 구축하는 시도가 재개되었다. 2007년 일본 문부과학성은 '객관적인' 안전의 보장에 더해서 '주관적인' 안심의 확보를 추구하는 '안전·안심 사회 구축에 이바지하는 과학기술 정책'을 수립했다. 그리고 2010년 5월 13일 일본건축학회의 『건축잡지(建築雜誌)』는 "BOSAI 입국(立國) 일본"이라는 제목으로 그동안 새롭게 구축되어 왔던 방재과학기술의 성과를 특집으로 엮었다. 연구자들은 방재를 의미하는 일본어 발음을 그대로 알파벳화해서 'BOSAI'라는 새로운 용어를 만들었다. 그럼으로써 '피재해국'(被災害國)으로서의 교훈과 실천을 통해 일본이 세계에 공헌할 수 있다고 하는 자신감을 내비쳤다.(日本建築學會 2010) 하지만 새로운 시도에 대한 평가이기도 했던 2011년 3월 11일의 동일본 대지진과 후쿠시마 원전 사고는 이 시도 역시 성공에 이르지 못했다는 점을 보여 주고 있다.

첫 번째 이야기에서는 만신들이 질서를 확인하는 축제(祭り)를 했다. 두 번째 이야기에서는 사람들이 실존적 반항을 했다. 그리고 세 번째 이야기에서는 대상이 실험되었다. 축제, 실존, 실험으로 요약될 수 있는 이 이야기들은 각각 신, 사람, 사물 중 하나만을 질서 구축의 정치에서 핵심적인 주인공에 위치시키고 있다. 신본주의(神本主義), 인본주의(人本主義), 물본주의(物本主義)가 고대, 근대, 그리고 현대를 나누고, 종교, 정치, 그리고 과학을 나눈다. 축제의 세계와 실존의 세계, 그리고 실험의 세계가 각각의 질서를 구축하면서, 서로 무관심하거나 서로를 '비합리적이다', '비인간적이다', 혹은 '불경하다'고 비난하는 듯이 보인다.

필자가 지금부터 독자와 함께 살펴보고자 하는 실험은 신, 사람, 사물이 뒤섞여서 벌이는 '집합실험'이다. 이 실험은 신들의 부분집합, 사람들의 부분집합, 사물들의 부분집합으로 이루어진 분리되고 격리된 세계 대신 신, 사람, 사물이 섞여 있는 총 집합의 세계에서 벌어지는 실험이라 하겠다. 독자들은 머릿속에 있는 부분집합의 다이어그램을 조금 변경해 보았으면 한다. 그것만으로도 그동안 분리되고 격리되어 왔던 집합의 구성원들이 뒤얽혀서 벌이는 집합실험으로의 여행을 걸림없이 떠날 수 있다.

여기서 집합실험의 윤곽을 파악하기 위해 알아 두면 좋을 몇 가지 실마리를 공유하고 싶다. 집합실험 속에서, 신은 세계상[4] 혹은 질서의 기획이다. 사람과 사물은 이 세계상을 매개로 동맹을 맺고 집단을 이뤄 목소리를 낸다. 그러면서 질서를 세우기 위한 실험 속에서 사람과 사물이 관계를 맺으며 함께 존재한다. 그런데 세계상들, 사람들, 사물들은 집합실험을 통해서 다양한 방식으로 연합한다. 어떤 세계상, 어떤 사람, 어떤 사물이 연합하느냐에 따라서 총 집합은 다른 존재가 되고 다른 질서를 추구한다. 이 셋 간의 '자유연합'(free association)을 기술(記述)하는 것만으로 집합실험이 새로운 질서가 발현하도록 하는 잠재력을 지니고 있음을 발견해 낼 수 있다.

그래서 총 집합에서 행해지는 것을 단순히 축제, 실존, 실험 중 하나로 이름 붙일 수 없다. '실존적 실험', '실험적 축제', '축제적 실존'이 맞물려 돌아가며 신, 사람, 사물이 질서를 구축하는 데 함께 참여하는 정치라고 말하는 것이 낫다. 그래야 총 집합에서 맺어지는 관계의 다양한 방식들을 만족스럽게 드러낼 수 있다.

4 세계상(世界像)은 사람들이 자신들이 살아가고 있는 세계를 외부의 타인에게 혹은 자신에게 하나의 전체로서 재현하는 그림을 말한다. 트레시는 세계상(cosmograms)이 '세계관'(world-view)이나 '우주론'(cosmology)처럼 한 사회의 구성원들의 내적 재현이나 관념과는 다르다는 점을 강조했다.(Tresch 2007) 그는 티베트의 만다라, 신과 창조를 연결하는 모스크, 창조와 구원에 대해 이야기하는 성당 벽화, 뉴턴의 『프린키피아』, 다윈의 『진화론』, 백과사전, 정보 설계 등을 예로 들며, 세계상이 실천에서 구체적으로 볼 수 있는, 행위자들이 만들어 낸 인공물(artifact)이라고 규정했다.

우선 '실존적 실험'은 실험이 더 이상 '주어진' 실험적 조건에 국한될 수 없다는 점을 강조한다. 실존적 실험은 '실험이란 무엇인가?'에 대한 자각적인 질문을 던진다. 그럼으로써 실험실 속에서 '사실을 찾는 실험'을 벗어나 실험실을 통해 '다양한 관심과 염려를 반영하는 실험들'로 실험의 출발점을 다각화한다.[5] 다음으로 '실험적 축제'는 기존의 세계상을 확인하는 축제를 넘어서 새로운 세계상을 탐색하고 세계상들의 목록을 늘리는 축제이다. 그럼으로써 여러 세계상들이 공존하는 다원적인 우주에 대한 실험을 가능하게 한다.[6] 마지막으로, '축제적 실존'은 반항과 투쟁보다는 새로운 시도와 협상의 가능성을 추구한다. 축제적 실존은 운명에 반항하는 부정적인 의미에서 벗어나 새로운 세계상을 만들어 내는 도전으로, 여러 세계상들 간의 조화를 추구하며 공동으로 학습하는 통합의 시도로 그 의미가 뒤바뀐다.[7] '실존적 실험', '실험적 축제', '축제적 실존'이라는 실마리를 통해서 필자는 새로운 세계상

5 벡은 "실존적 실험주의"라는 말로 그가 말하는 리스크의 의미론을 설명한다.(벡 2010: 23) 그가 말하는 '리스크 사회'는 아무것도 규정된 바 없는 불확실한 조건과 상황에서 실험을 해야 한다. 이러한 상황에서의 실험은 '예측할 수 없는 것을 예측하고자' 하는 시도이다. 그래서 실험의 실패와 성공을 결정하는 기준이 실험 참가자들의 관심사에 따라서 달라질 수밖에 없다. 그리고 그 기준은 실험에 참가하는 자들 스스로가 찾아 나서지 않으면 얻을 수 없다.

6 실험적 축제는 삶이 형이상학들의 정치와 상이한 우주들로 가득 차 있음을 보여 준다. 그래서 과학철학자들과 과학기술인류학자들은 이를 "다원우주"(pluriverse)(James 1977; Latour 2004c에서 재인용)라고 이름 붙이고, 이러한 세계를 구축하기 위한 정치를 "세계정치"(cosmopolitics)(Stengers 2010)라고 부른다. 따라서 질서 정연한 우주(universe) 혹은 세계(cosmos)는 출발점이 아니라 이상적인 목적지이다.

7 이 책에서는 벡이 제시한 '실존적 실험'에 대한 아이디어에 더해서, '실험적 축제'와 '축제적 실존'을 제시했다. 이를 통해서 새로운 세계상의 출현과 여러 세계상들의 공존을 받아들이는 삶의 방식을 기술할 수 있다.

의 출현과 여러 세계상들의 공존을 받아들이는 실험적 삶의 방식을 기술할 수 있었다.

이와 같은 관심을 출발점으로 이 책은 다음과 같은 목적을 갖는다. 대지진 이후 일본의 한 방재연구소에서 진행되어 온 지진 재해에 대한 집합실험을 기술한다. 그럼으로써 집합실험을 통해서 생산되는 지진 재해의 다중적이면서도 복합적인 존재 방식을 부각시킨다. 집합실험을 통해 생산되는 다양한 지진 재해의 존재 방식을 밝히는 것은, 지진과 관련된 사람과 사물의 목소리들을 가능한 배제하지 않고 질서 구축의 정치에 반영할 수 있는 '민주적 실험'의 절차를 도출해 내는 작업이기도 하다. 이러한 작업을 통해서 이 책은 일본이 더 이상의 실험을 불허하는 '권위주의적 실패국가'의 길 대신, 쟁점을 둘러싸고 협상을 벌이는 공중, 즉 집합실험에 열려 있는 '민주적인 실패국가'의 길을 갈 것을 제안한다.

이와 같은 목적에 다다르기 위해서 필자는 다음과 같은 질문들을 이정표로 삼는다.

첫째, 지진 재해의 집합실험에 참여하는 연구자들, 새로이 포함된 대상들, 관련된 사람과 사물의 범위는 어떻게 확장될 수 있었는가?

둘째, 방재과학기술에서 지진과 재해, 그리고 방재와 안전을 구성하는 서로 다른 방식들은 어떻게 공존할 수 있는가?

셋째, 집합실험을 통해서 생산된 지진의 존재론과 새로운 실험을 시도하도록 하는 세계상들은 어떤 관련을 맺고 있는가?

넷째, 집합실험은 어떤 절차에 따라 진행되는 것이 바람직한가? 그 절차에 대해서 '권위적' 혹은 '민주적'이라고 판단을 내릴 수 있는 근거는 무엇인가? 그리고 이 절차에서 인류학자와 민족지의 역할은 무엇인가?

목적지와 이정표를 정했으면 다음으로 인류학 연구가 왜 이 길을 가야 하는지에 대해 동기를 부여할 필요가 있다. 이와 관련하여, 이 책을 통해서 인류학 연구자는 무엇을 얻을 수 있는지, 인류학의 원리와 실천과 관련해서 이 책이 어떤 기여를 할 수 있는지에 대해 밝혀 둔다.

우선 집합실험이 방재연구소 '안'에서 진행되는 것이 아니라, 방재과학기술을 '통해서' 진행된다는 점을 명확히 해 둘 필요가 있다. 집합실험에서의 실험은 잘 조건화된 물리적인 실험실 밖에서도 진행된다. 그리고 다른 관심들을 반영하는 실험실과 실험들이 공존한다. 이는 하나의 실험실만으로는 지진을 알 수 없고 지진과 살 수도 없기 때문이다. 라투르는 실험실이 무거운 물건을 들어올리기 위해 지렛대를 받치는 받침점과 같다고 말했다. 그는 "내게 실험실을 달라, 그러면 지구를 들어 올리리라."(Latour 1983)라고 장담을 했다. 그렇지만 대지진으로 인한 혼돈 속에서 하나의 실험실만으로는 지구를 들어 올릴 만한 힘을 지렛대에 전달할 수 없다. 방재과학기술의 한 실험실이 질서를 구축하는 힘의 유일한 작용점 혹은 계산의 중심(center of calculation)이 되지 못하고 있는 것이 현실이다. 이 책은 방재과학기술을 매개로 진행되는 집합실험이 다양한 질서의 기획들에 가능성을 열어 두는 탈중심화(decentralization)의 길을 걸어 왔음을 제시할 것이다.[8]

8 "계산의 중심"(Latour 1987: 215-258)은 국가의 통치를 위해서 필수적인 표준과 도량형을 구축하는 곳이 실험실을 중심으로 구축된 네트워크라는 점을 강조하는 용어이다. 거의 모든 계산에 필요한 도량형과 표준이 실험실 내에, 그리고 실험실들 간의 동의에 그 기원을 두고 있다는 점에서 실험실을 중심으로 구축된 네트워크가 통치 권력의 실체라는 점을 보여 주고 있다. 이에 반해 이 책에서 기술하는 실험실의 '탈중심화'는 중심으로서의 실험실과 주변으로서의 실험실 밖을 구분하는 것이 실패하고 있다는 점을 강조하는 용어이다. 대지진과 관련된 다양한 쟁점과 쟁역(爭域)에 따라서 권력은 하나의 실험실에 집중되기보다는 여러 실험실 혹은 집단들에 분배되고 있는 것이 현실이다. 그래서 실험실의 '탈중심화'라는 용어는 현실 속의 과학기술을

다음으로 이 집합실험을 기술하는 인류학자 역시 집합실험의 참여자가 된다는 점을 염두에 둘 필요가 있다. 방재과학기술을 통해 집합실험에 참여하는 연구자들은 자신들의 분과 학문의 원리와 실천에 대해 새로운 실험을 요구받는다. 마찬가지로 이들의 실험을 기술하는 인류학자 자신도 인류학의 원리와 실천에 대한 실험을 요구받는다. 재난현상 자체는 하나의 분과 학문의 방법론에 맞아떨어지지 않는 분절적인 사건이기 때문에 분과 학문의 대상으로 단순화되지 않는다. 그래서 재난 연구는 특정한 대상을 규정하고 그 대상에 맞는 방법론을 전제하고 있는 기존의 분과 학문들과는 달리, 여러 대상들을 다양한 방법을 통해서 융합하고 복합하는 과정을 거쳐 이루어질 수밖에 없다. 성공적인 재난 연구는 재난을 사건 혹은 사물 그 자체로 접근하면서 다양한 접근과 해석이 가능하다는 점을 인정한다. 그리고 협상과 타협을 통해 융·복합을 이뤄 냄으로써 재난 연구에 혁신을 가져오기도 한다. 재난 연구에 대한 새로운 시도와 제안이 양적으로 증가하고 있음에도 불구하고, 상이한 관심, 방법, 대상으로 인해 재난현상을 총체적으로 규명하면서 재난현장이나 잠재적 피해자들의 요구에 대해 종합적인 대응책을 제시하기에는 여전히 한계를 보이고 있다. 그 결과 재난을 만족스럽게 대상화하지 못하는 각 분과 학문들 역시 '인식론적 재난'에 처할 위기에 놓여 있다고 할 수 있다.

대지진에 대한 집합실험은 사실/가치, 내용/맥락, 미시/거시, 지역/전 지구, 자연/문화, 기술/사회, 문화 상대주의/자연 절대주의, 환원/총체의 이분법을 전제해 온 인류학 역시 다른 분과 학문들과 마찬가지로 인식론적 재난에 처했음을 드러내고 인류학 연구의 성찰과 재구

기술하는 좋은 출발점이 될 수 있다.

성도 요구한다. '과학기술인류학' 혹은 '과학들에 관한 인류학'(Anthropology of Sciences)은 이와 같은 근대적 이분법을 수용했던 인류학이 그 원리와 실천을 새롭게 하는 실험을 함께 해 나갈 것을 제안하고 있다.[9]

나아가 일본 지역을 연구하는 인류학자는 재해 문화만을 연구 대상으로 삼은 채 방재과학이나 안전공학에 대한 연구는 과학자와 공학자에게 맡겨 둘 수 없는 상황에 이르렀다. 재해 문화 안으로 방재과학기술이 수시로 간섭해 들어온다. 강진동 시뮬레이션, 긴급지진속보(Earthquake Early Warning; EEW), 해저드맵, 방재 교육이 몇 달, 몇 년의 주기로 갱신되고 주민들에게 '다운로드'되면서 주민들의 일상생활을 변화시킨다. 개인이 어떤 기술과 접속하느냐에 따라서, 어떤 장비를 갖추는지에 따라서 '방재'의 존재 방식이 바뀐다. 방재과학기술은 재해 문화마저도 집합실험 속으로 끌어들이는 매개자이다. 인류학자가 "총체성"(오명석 2012)을 추구한다면, 집합실험에 포함되어 있는 과학기술과 사물들을 외면할 수 없다.

이에 더해서 "상상의 공동체"(앤더슨 2002)를 매개하는 신문이나 방송이 더 이상 유일한 매개자가 아니라는 점이 밝혀지고 있다. 안전 공동체를 추구하는 집합에서는 방재과학기술이 중요한 매개자로 자리 잡는다. 일본의 주요 정책이 안전과 안심의 문제로 이동하고 있고 그중에서도 대규모 재해에 대한 대비에 집중되고 있다. 공동체의 매개자로 방재과학기술이 중요한 쟁점으로 떠오르게 되리라고 예견할 수 있다. 신문이나 방송 혹은 문화와 같은 '소프트'한 것들만이 아니라, 지진계, 진동대, 지구물리학, 건축공학과 같은 '하드'한 것들이 공동체로서의 '우리'를 매개하는 중요한 행위자들로 등장한다.

9 과학기술인류학에 대한 소개와 과학기술인류학이 인류학의 전제와 방법 전반에 끼친 영향에 대해서는 이강원의 연구(2013a)를 참고할 것.

필자는 일본에서 가장 광범위한 집합을 실험에 소집하고 있는 방재과학기술 연구의 현장에서 현지연구를 수행했다. 교토 부(京都府) 우지 시(宇治市)에 위치한 교토대학 부설 방재연구소(DPRI, 이하 '방재연구소'로 표기)는 과학·공학·사회과학 분야의 연구실들이 균형을 이루면서 자연재해에 대한 집합실험을 매개하고 있다. 지진, 화산, 산사태, 쓰나미, 화재, 풍수해, 도시재해를 포함하는 모든 재해가 방재연구소의 연구 대상에 포함된다. 동시에 방재연구소는 에너지 연구소, 동남아시아연구소, 화학연구소 등 다른 연구소들과의 협력을 통해서 재난 문제를 에너지 및 생태 문제와 연계하고 있다. 이렇게 해서 방재연구소에 발을 디딘 필자는 지진 재해의 집합실험에 모여든 세계상, 사람, 사물을 광범위하게 연결하고 있는 네트워크에 접속하게 되었다.

2. 재난 위험과 사물의 공공성

1) 재난사회학과 재난인류학

사회학과 인류학에서 '지진을 연구한다'고 하면 그것은 대개 재난사회학과 재난인류학의 범주에 속하는 연구로 간주되기 쉽다. 하지만 고전적인 재난사회학과 재난인류학에서 재난의 물리적 실재에 대해 연구한 사례는 많지 않다. 재난인류학과 재난사회학의 전개에서 '자연'과 '물리적인 것'은 암묵적인 것으로 전제되거나 거의 다뤄지지 않았다. 필자는 '자연'과 '물리적인 것'이 어떻게 다뤄져 왔는지를 살펴봄으로써 이러한 연구들의 한계를 명확히 할 것이다.

'잠재적으로 파괴적인 동인(動因, agent)[10] 및 힘'으로 정의될 수 있는 물리적 위해(危害, hazard)는 사회적인 것과는 독립된 과학기술의 대상으로 여겨져 왔다. 과학자들과 공학자들은 이러한 위해를 끼치는 물리적 사건들에 대해 진리를 말하거나 최소한 서로 간의 교정을 통해서 진리를 말할 수 있는 유일한 사람들로 여겨진다. 재난인류학자와 재난사회학자는 이러한 위해에 대한 이야기에 자신들이 섞여 들어가지 않도록 주의를 기울여 왔다. 그 대신 기존의 재난에 대한 지식에 무언가를 '더하고자' 했다. 그래서 재난이 일어나고 피해가 발생하는 것은 물리적 힘들 혹은 물질성만으로는 이해될 수 없다는 점을 지적하기 시작했다. 뭔가가 더 있다는 것이다. 물리적 실재와는 별도로, 재난에는 '사회적 국면' 혹은 '문화적 의미'가 더해져야 했다.

1950년대 냉전기에 시작된 초기의 재난 연구는 핵 공격에 직면한 대중의 공포와 핵전쟁으로 인해 고통을 겪는 인구 집단의 사회 혼란에 관심을 갖고 시작되었다. 자연재해 혹은 기술 재해는 이러한 핵전쟁으로 인한 대규모 물리적 파괴 및 사회 혼란 속에서 인간의 집단적 행위가 어떠할지를 연구하는 실험실로 간주되었다.(Dynes 1970; Quarantelli 1987, 1998) 따라서 지진, 산업재해, 핵 공격과 같은 물리적 사건들은 사회과학자들에 의해 직접적으로 분석되지는 않지만 사회적 반응의 조건으로서 굳건하게 재난의 사회과학적 논의의 앞부분을 차지하고 있었다. 예를 들어, 재난에 대한 사회과학적 정의를 최초로 제시했다고 평가받는 프리츠는 재난을 (물리적) 사건으로 규정하고, 물리적 손실을 재난의 필

10 'agent'라는 말은 사회과학에서뿐만 아니라 자연과학에서도 사용하고 있다는 사실을 염두에 둘 필요가 있다. 과학기술을 연구하는 인류학자는, 사회과학자의 입장에서 과학자와 공학자에게 'agent'가 인간이라는 점을 강요할 수 없다. 인간을 'agent'로 보는 집단과 물질을 포함한 비인간을 'agent'로 보는 집단 간의 차이를 한쪽에 치우치지 않고 기술하는 것이 인류학자의 임무이다. 따라서 인류학자에게 'agent'는 인간과 비인간 모두를 포함한다. 즉 비인간도 'agent'이다.

수적인 요소로 꼽았다.(Fritz 1961: 655) 사회과학자들은 주어진 물리적 사건들을 조건으로 받아들이고 그 지점부터 사회 구조의 혼란에 대한 사회과학적 분석을 덧붙였다. 물리적 조건/사회적 구성이 이분되면서도 재난은 이 둘의 합으로 간주되었다.

하지만 재난사회학자들은 이러한 '부차적' 입지에 계속 머물러 있지는 않았다. 사회학자들은 재난의 잠재적 혹은 실제적 피해자들과 면담할 때 문화적 인식의 차이와 사회관계에서 비롯된 선택의 차이에 주목해야 한다는 점을 주장하기 시작했다.(Alexander 1993: 4; Cutter 2005a: 39; Quarantelli 2005: 345) 이들은 물리적 사건이 사람의 인식 및 선택과 결합됨으로써 위해는 비로소 재난이 되고 피해를 남길 수 있게 된다는 점을 보여 주려 했다. 이러한 시각에서 재난은 고정된 사건에 의해 정의되는 것이 아니라 사회 체계와 물리적 위해의 요소들이 교차함으로써 발생하게 된다. 이 교차점을 공유함으로써 지질학자 및 지구물리학자들과 사회과학자들이 재난의 정의를 공유할 수 있는 발판이 마련되었다.(White 1974: 3-16) 그럼에도 불구하고 이러한 정의가 사회과학자들이 재난의 물리적 요소들을 연구해야 한다는 것을 의미하지는 않는다. 그 대신 사회과학자들은 과학기술자들이 사회적 요소들을 더 심각하게 고려할 것을 주문하는 쪽으로 방향을 잡았다. 나아가 이들은 인간의 인식과 선택을 무시하는 방재 전문가들을 혹독하고 집요하게 비판하기 시작했다. 위해가 누구에게 영향을 미칠지, 그리고 어떻게 인식될지에 대해 질문하지 않고 재난 피해를 '평균적으로' 줄이는 데만 관심을 갖는 전문가들에 대한 비판은 사회과학의 재난 연구에서 이론적 논의의 주요 부분을 차지하고 있다. 언제 어디서 어떠한 규모로 지진이 일어나고 그로 인한 쓰나미가 어느 도시를 덮치고 얼마나 도로와 상수도와 주택들에 피해를 줄지에 대해 주목하는 것에 '더해서', 방재과학기술 전문가들은 이러한 물리적 사건들로 인해 대중이 무엇을 경험하는지에 주목해야 한다는 것이 사회과학자들이 전면적으로 주장해 온 것이라고 할 수 있다. 짧게 말하면, 사회과학자들의 시각에서는 방재과학기술의 대상인 위해에, 인구 집단의 위해에 대한 취약성(vulnerability)이 더해져서 재난이 발생했다고 말할 수 있다. 취약성은 생명과 삶이 위험에 놓이게 되는 정도를 결정하는 사회문화적 요소들의 조합으로서 위해에 대한 사람들의 반응 및 해석이고 삶의 조건인 동시에 그것에 동반하는 감정이다.[11] 이로써 사회과학자의 재난 연구에서 다시 사람들과 사회관계가 핵심의 위치를 차지하게 된다. 사회과학자들은 다양한 집단의 대변인과 개인들에 대한 인터뷰를 행하고 그 의미를 분석한다. 재난 피해로부터의 복구와 또 다른 재난에 대한 대비를 위한 지식들을 이러한 집단과 개인의 의미들에 대한 분석을 근거로 생산해 낸다. 반면 재난의 잠재적이고 물리적 사건들, 즉 위해는 전적으로 그들의 동료인 방재과학기술 전문가들에게 남겨진다.

하지만 이러한 지식 생산의 노동 분업은 얼마 가지 못한다. 재난의 물리적인 실재가 자연과학자들과 공학자들에게 주어짐으로써 이들이 얻게 되는 권력에 대해서 사회과학자들이 개입할 경로는 여전히 마련되어 있지 않기 때문이다. 그때부터 사회과학자들은 점차적으로 재난의 물리적 사건은 과학자와 공학자들이 말하는 것처럼 그 자체로 존재하는 것이 아니라는 점을 부각시키기 시작한다. 위해는 자연 혹은 기술 속에 있다. 하지만 그것이 인구 집단에 피해를 입혔다 해도 재난으로

11 현재 사회과학에서 많이 사용되고 있는 취약성의 정의는 다음과 같다. "취약성이란, 자연적 위해의 영향을 예측하고, 다루고, 저항하고, 회복할 수 있는 능력에 대해 개인 혹은 집단이 갖고 있는 특성을 의미한다. 이데올로기, 사회, 경제 체계, 인구, 생태적 특성의 역동적 압력을 포함하는 불안전한 조건들을 통해 형성된다. 취약성이 위해와 결합될 때 재난이 일어난다."(Blaikie et al. 1994: 9)

불리기 위해서는 자연과 기술 '밖에서' 풍부한 의미가 부여되어야만 한다.[12] 허리케인 카트리나는 제방 구축을 소홀히 하고 개발을 통해 습지를 파괴한 인간에 의해 일어난 인재(人災)가 된다. 그리고 불평등한 사회관계에서 비롯된 주거지의 차이로 인해서 취약한 계급 및 연령의 사람들이 더 큰 피해를 입는다.(Cutter 2005b) 어떤 사건이 공식적으로 재난을 구성하는지에 대해서 대통령의 공식적 선언이 있어야 한다. 특별재해지역 선포를 위한 법률이 마련되어야 하는데, 이때 재해 지역의 경계 설정에 정치적 의도가 개입된 "재난의 게리맨더링"(Platt 1999) 현상이 나타나기도 한다. 이러한 선언과 경계 설정에 따라 누가 피해자인지 결정되며 누가 이들에게 구호물품을 보내야 할지가 결정된다. 지진학자나 공학자들은 지진을 시급한 연구 과제로 선정하고 정부 개입의 필요성을 설파한다.(Geschwind 1996) 혹 위험에 대한 지진학자, 정부 부처, 정당들 및 대중의 관심의 부재로 인해 지진이나 쓰나미가 사회적 문제로 다뤄지지도 못할 수 있다.(Stallings 1995) 이스라엘의 시민들은 외부의 시각에서는 테러의 '위험'으로 가득 차 있는 자신들의 환경을 종교적인 이유에서건 세속적인 이유에서건 '정상' 상태로 받아들이기도 한다.(Paine 2002) 큰 피해를 입히지만 재난에 대한 학술적·제도적 정의에서 벗어나 있는 혹서(heat wave)는 재난으로 인정받지 못하기도 했다. 보

12 호프먼과 올리버-스미스의 재난에 대한 정의에서 물리적 위해는 재난의 요소로 포함되어 있기는 하지만, 그와 함께 작업한 인류학자들의 사례연구에서 위해는 더 이상 중요한 변수로 다뤄지지 않고 있다.(Hoffman & Oliver-Smith 2002) 이들의 재난에 대한 정의는 다음과 같다. "잠재적으로 파괴적인 행위자(agent) 및 (자연환경, 변경된 환경, 건조 환경으로부터 오는) 힘과 사회적이고 경제적으로 생산된 취약성의 조건 안에 있는 인구 집단이 결합되는 과정 및 사건으로서, 물리적 생존, 사회 질서, 의미에 대한 일상적인 개인의 만족과 사회의 욕구가 명확하게 붕괴되는 결과를 낳는 것."(Oliver-Smith & Hoffman 2002)

험 회사는 혹서로 인한 피해자들에게 보험금 지급을 꺼리며, 피해자들을 대변해 줄 여타의 제도나 단체도 없다.(Klinenberg 2002) 이처럼 재난은 사람들이 그 사건에 어떤 의미를 부여하는가에 따라 달리 정의된다. 그러한 의미는 역사를 갖고 있으며 문화적으로 특수하다. 실재주의의 가정에서 벗어난 재난사회학과 재난인류학은 더 이상 재난의 물리적 실재들에 대해 논의할 필요가 없어지고, 취약성은 위해 및 사회 외부로부터의 사건과 관계를 끊고 사회 시스템 혹은 구조적 불평등의 과정으로 다뤄지기 시작한다. 이로써 재난 연구는 사회과학의 "주변에서 주류에 합류"(Tierney 2007)할 수 있게 되었다.[13]

사회 구성주의적 접근에서 사회과학자들은 더 이상 방재 과학자와 공학자들을 그들의 동료로 받아들일 필요가 없다. 대신 과학자와 공학자들은 대중의 이야기들을 주의 깊게 듣지 않는다고 비판받는 사회과학자의 또 다른 대상으로 변모한다. 여기서부터 과학자와 공학자들은 '대중'과 대비되는 '전문가'로 불리기 시작한다. 과학기술 분야의 방재 전문가들이 재난에 대해 말하는 방식은 대중이 말하는 방식을 연구하면서 정교화된 사회과학의 이론적 도구를 통해서 조사된다. 대중과 마찬가지로 전문가들 역시 별도로 하나의 관점을 갖는 연구 대상이 된다. 자연과 기술에서 발생하는 사건들에 대해 의미를 부여하는 또 다른 집단 혹은 개인으로 탈바꿈되는 것이다. 다른 것이 있다면, 전문가들은 타자의 생명과 재산에 대해 말하는 반면 대중은 자신의 생명과 재산에 대

13 페리는 재난의 정의의 변화를 다음과 같은 세 단계를 통해 구분하고 있다. 첫째, 고전적 시기, 둘째, 위해-재난 연계의 전통, 셋째, 사회 현상으로서의 재난.(Perry 2006) 이 세 단계는 현재 사회과학의 재난 연구들에서 혼합되어 있지만, 전체적으로 물리적 사건 및 손실에 대한 논의에서 벗어나 재난을 사회 현상으로서만 분석하려는 경향이 점차 강해지고 있다. 즉 첫 번째 정의에서 세 번째 정의로 재난 연구의 무게중심이 옮겨 가고 있다.

해 말한다는 점뿐이다.[14] 이러한 관점주의는 전문가와 대중을 동등하게 만든다. 양쪽 모두 그들이 사는 세계를 해석한다. 하지만 해석들은 전문가와 대중의 분리를 더 강화시킬 뿐이다. 전문가와 대중 간에 나타나는 해석의 차이는 각 집단의 특수한 역사, 이해관계, 역할, 목표와 연계되어 있기 때문이다. 관점주의에서 '위해'와 '취약성'은 더 이상 물리적 사실과 개인의 의미를 대조하는 데 사용되지 않는다. 이 두 개념은 과학자들과 공학자로 이뤄진 전문가들의 시각과 대중의 시각의 차이일 뿐이다. 결국 사회학자나 인류학자는 더 이상 재난의 물리적 실재에 대해 고려할 필요가 없게 되었다. 관점의 차이가 재난에 대한 모든 것을 설명해 주는 듯이 재난인류학 및 재난사회학의 연구들이 진행된다. 그러면서 물리적 동인, 위해, 재난을 일으키는 사물과 물리적 사건들은 더더욱 과학자와 공학자만이 재현하고 대변할 수 있는 것으로 남겨진다.

필자는 관점의 수를 하나 더 늘리는 데서 벗어나고자 한다. 관점들은 이미 많다. 대신 무엇에 대한 개입인가에 주목하고 그 무엇을 직접적으로 기술하고자 한다. 즉 '누구의 관점인가?'에서 '무엇에 대한 개입인가?'로 질문을 바꾼다. 이 다양한 문화적 인식의 차이들을 가능하게 하는 '그 무엇'인 사물을 직접 다루는 것을 회피하지 않는다. 대상을 둘러싸고 보기만 하는 눈들과 듣기만 하는 귀들을 헤치고 대상을 직접 만

14 스티븐스는 국제방사선방호위원회(International Committee of Radiological Protection; ICRP)의 방사선 방호 전문가 교육에 참석해서 물리학자 및 생물학자가 체르노빌 사건 이후 대중들의 방사능 유출에 대한 불안을 다루는 데 동원되는 권위, 범주 등을 분석했다.(Stephens 2002) 그리고 이와 관련하여 유럽 연합(EU)에 불고 있는 원자력 발전의 민영화 논의가 어떻게 정당화되고 있는지를 관찰했다. 기준치를 넘지 않는 소량의 방사능 누출은 신체에 피해를 주지 않는다는 전문가들의 '관점'은 민영화 논의를 정당화한다. 하지만 그 기준치에조차 취약한 어린이들의 존재에 대해서는 고려하고 있지 않다는 점을 스티븐스는 지적한다.

지고 그것들을 따라 걷는다. 바라보고 듣기만 한다면 물리적 실재는 건드릴 수 없는 공고한 대상으로 그대로 남겨져 있게 될 것이기 때문이다. 재난의 물리적 실재를 어떻게 다뤄야 할까? 어떻게 붙잡고 따라 걸을 수 있을까?

2) 기술과학 리스크

기술과학 리스크에 대한 논의들은 사회학이나 인류학 연구의 출발점이 되는 개념과 대상들에 대한 성찰을 요구하고 있다. 기술과학을 통해서 삶의 방식들이 새롭게 출현하고 있지만, 이에 대해서 기존의 개념을 적용하고 기존의 대상으로 연구를 한정함으로써 그 실천들이 논의에서 배제되거나 익숙한 구도로 환원되는 결과를 낳을 수 있다. 그래서 기술과학 리스크는 학문 분과들의 경계와 대상들의 존재 방식의 변화를 요구하고 있다. 지진에 대한 집합실험 역시 기존의 '개념', '경계', '대상'을 통해 접근한다면 실험을 통해서 생산되는 다양한 존재 방식들을 환원해 버릴 위험에 처하게 된다. 특히 대상들이 더 이상 사실과 거짓의 문제로 다뤄질 수 없는 상황들이 증가하고 있다는 점에 주목할 필요가 있다. 관심과 배려 혹은 우려의 문제들이 부각된 이래 지진 역시 지진학이나 지진공학의 대상에만 머물고 있지 않다.

생명과학은 '인간이란 무엇인가?'라는 문제를 다시 제기하면서 "생명 그 자체"(Rose 2009)를 대상으로 하고 있다. 라비노우는 인간을 생물학적으로 통제할 수 있는 시대를 살고 있는데 인류학자가 문화를 언급하는 것이 무슨 의미가 있는지를 묻고 있다.(Rabinow 1999) 그리고 문화 혹은 생물이 아니라 인간(anthropos) 자체가 인류학의 문제가 되어야 한다고 후속 연구에서 일관되게 주장하고 있다. 이에 더해서 인간을 심층에 숨겨진 통합된 합리성과 존재론을 통해 이해하려는 'logos'로 연구할 것이 아니라, 'logoi'(logos의 복수형)의 다중성과 이질성으로 인해 인간(anthropos)이 다시 쟁점이 되는 문제적 상황(problematic situations)을 연구할 것을 주문한다.(Rabinow 2003, 2005) 라비노우는 인간게놈지도와 생명윤리를 둘러싸고 벌어지는 논쟁이 인간을 문제적 상황에 놓이게 하는 예로 제시하고 있다. 그의 제안은 유전자 재조합과 더불어 인류학(anthropos-logoi)도 재조합될 때가 되었음을 시사하고 있는 것이다.

라비노우에 이어서, 콜리어와 레이코프는 서로 다른 삶의 레짐들(regims of living)이 구성되고 실현되는 과정이 인류학의 연구 대상이 되어야 한다는 점을 제시했다.(Collier & Lakoff 2005) 여기서 삶은 생명과 생활, 즉 인간의 문화와 생물학적 측면을 모두 포함한다. 그리고 서로 다른 삶의 질서들은 무엇이 좋은 삶인지에 대한 윤리적 논쟁을 둘러싸고 긴장과 타협의 관계에 있게 된다. 서로 이질적이면서도 잠정적으로 공통된 문제를 공유할 수 있다는 점에서 삶의 질서들 간의 관계는 다중적이다. 이들은 인간의 존재를 규정하는 이 다양한 삶의 질서들을 기술-정치적 "결합체들"(assemblages)(Ong & Collier 2005)로 부르고, 이것이 인류학자의 연구 대상이 되어야 한다고 제안한다.

프랭클린은 영국의 줄기세포 논쟁을 통해 위에서 제시된 '문제적 상황' 속에서 '서로 다른 삶의 질서'들이 출현하는 과정을 기술하고 있다. 특히 줄기세포 논쟁에서 '문화'(culture)와 '배양'(culture), 그리고 '양육'(nurture)과 '자연'(nature)을 구분하는 것이 무의미하다는 점을 제시함으로써 라비노우의 주장과 공명하고 있다. 줄기세포 연구팀들은 서로 다른 관심과 방법을 통해 새로운 줄기세포를 개발하고 있다.(Franklin 2005) 더욱이 연구자들마다 다른 배양 방식을 사용하고 있어 줄기세포의 미래를 예측하거나 줄기세포를 표준화하기 어려워지고 있다. 각 국가마다 서로 다른 정치적·경제적 논쟁이 줄기세포와 연관되어 전개되고 있으며, 그에 따라 상이한 배양 방식들이 개발되고 있다는 점에서 배양 방식은 더욱 다중화된다. 줄기세포를 "배양"한다는 행위 속에서 연구소의 배양 기술뿐만 아니라, 행정 기관과 의회의 개입도 줄기세포가 경제와 국가를 위해 기여할 수 있는 사회적·정치적 토양을 배양하고 있음을 발견할 수 있다. 미디어와 투자자도 줄기세포를 경작하기(cultivating)에 알맞은 기후(분위기)를 만들어 내는 데 참여한다. 즉 '배양 중인'(in culture) 줄기세포는 새로운 법, 가치, 원리, 규범의 생산으로 문화화되고(culturalized) 있다. 동시에 줄기세포는 벤처 자본, 미디어 보도, 공적 자금으로도 양육(nurtured)되고 있다. 싱가포르의 실험실에서 실리콘밸리까지 과학자들은 이러한 질서에 복종하는 법을 줄기세포에게 가르친다. 대통령, 수상, 전문가 조직이 줄기세포의 복지, 인구 증가, 해외여행 등에 관심을 갖고 지켜보고 있다. 기술과 정치, 경제가 연계되는 이러한 다양한 배양 방식들을 통해 미래 인간의 삶의 질서들이 다중화될 것임을 예견할 수 있다. 결국 인류학이 생물학 실험실의 배양 용기로부터 빌려온 '문화'라는 용어가 이제는 더 이상 생물학의 '배양'과 구별될 수 없게 되었다. '문화'는 다시 배양 용기로 되돌아갔다. 하지만 그 '배양'은 배양 용기 안에 고립되지 않고 기술과 정치, 경제의 복잡한 연결망 속에 위치하고 있다.

유럽의 각 국가들이 자국민의 인간게놈지도 데이터베이스를 구축하는 과정을 비교연구한 팔슨과 라비노우의 연구는 생명윤리 논쟁의 중요한 행위자로 비정부기구(NGOs)가 부각되고 있음을 제시했다.(Pálsson & Rabinow 2005) 비교적 논쟁이 없었던 영국에 비해 아이슬란드에서는 데이터베이스 구축에 대한 논쟁이 활성화되었는데, 그 핵심에 '과학과 의학의 윤리를 위한 아이슬란드인 협회'(AIESM)가 있었다. 초국가적 생명윤리 네트워크에 기반을 둔 이 단체의 활동으로 인해 생명과학은 생명윤리의 문제로 빠르게 확산되기 시작했다. 두 연구자는 초국가기구가 생명윤리 논쟁에 개입하는 현상을 '새로운 상징적 제국주의의 확산과 박애주의 시장의 확장'으로 진단하고 있다. 그리고 각국에서 생명과학-생명윤리가 결합되는 방식을 비교연구함으로써 인류학 비교연구의 새로운 방향을 제시하고 있다.

재난 위기에 대한 논의들은 위험에 대한 논의로 옮겨 가고 있다. 벡은 체르노빌 사건을 "인류학적인 쇼크"라고 부르고 있다.(Beck 1987) 벡에 따르면, 이러한 대재앙의 위험들은 도구적 합리성 및 계산적 합리성이 관리할 수 있는 위험의 한계를 초과하기 때문에, 산업사회의 보장(security)이나 보험(insurance)으로는 보상될 수 없게 된다. 따라서 전문가들과 대중 모두, 의도되지 않은 결과들이 지배하는 사회 속에서 합리성이 직면한 한계를 인정해야 한다는 점을 주장했다.(벡 2010: 252-264) 대재앙의 위험이 증가하면서 전문 지식의 지위는 균열될 수밖에 없으며 미래는 더욱 불확실해지므로 합리성의 위기가 일반화되기 시작한다.(Beck & Lau 2005)

벡의 '예언'은 페트리냐의 민족지(Petryna 2001)를 통해서 상당 부분 적중되고 있음이 구체적으로 드러났다. 페트리냐는 체르노빌 사건 이후 소련으로부터 독립한 우크라이나의 국가 건설, 시장 자본주의의 확장, 전문 지식의 붕괴, 새로운 형태의 시민권의 형성의 연결 관계를 제시한다. 방사능 유출 자체만이 아니라 전문 지식의 부재와 경제적 이유 역시 새로운 생물학적 불확실성을 증가시킨 결과를 초래했다. 구체적으로 동물(실험실) 수준의 결과가 사람(필드) 수준의 결과에 적용될 수 있는지, 낮은 노출 수준에서 계속적으로 작업한 노출자의 경우는 높은 수준의 노출자와 어떻게 다른지 등 상당 부분이 '블랙박스'로 남아 있어 불확실성을 증대시켰다. 결국 과학자들 간의 총의의 부재는 방사능 노출로 인한 상해를 평가하는 기준이 애매한 상태로 남아 있다는 것을 의미한다. 이 명확한 기준의 부재는 새로운 정치적·경제적·도덕적 경합의 장을 열리게 했다. 방사능에 노출되었다고 주장하는 인구가 계속 증가했고 이들은 보상 제도를 일종의 사회적 보호 제도로서 이용하기 시작했다. 'disabled'와 'sufferer'로 위계화된 체르노빌 보상 체계에서 제외된 사람들은 오히려 사회적 이득을 얻을 수 있는 기회를 가질 수 없게 된다. 동시에 개개인은 자신의 노출 정도를 알아야 하고 이를 '출입 금지 구역'에서의 노동 경험 및 특정 증세들과 연계시킬 수 있는 '시민으로서의' 능력이 필요하게 된다. 우크라이나의 민주화가 혹독한 시장 자본주의로의 이전을 동반하고 있는 상태에서 노출 피해자들의 생물학적 몸에 근거한 '생물학적 시민권'은 가난한 부모가 자식에게 해 줄 수 있는 최후의 선물로, 보상금에만 의지해서 더 이상 다른 일을 할 수 없도록 하는 독으로, 돈을 통해 거래되는 또 다른 현금으로 존재하면서 새로운 형태의 시민들을 형성해 왔다.

기술과학 리스크 연구들은 대규모 지진과 쓰나미, 그리고 원전 사고로 이어지는 일본에서의 대재앙에 학문 분과를 비롯한 관련 행위자들이 완전히 새로운 개념과 대상, 그리고 경계 만들기를 시작해야 한다는 점을 보여 준다. 이미 관동 대지진이나 고베 대지진 때에도 일본에서는 연구자, 주민, 행정 기관을 포함하는 다양한 분야에서 기존의 대상과 개념, 그리고 경계에 대한 성찰 작업이 반복되어 왔다. 이러한 성찰 작업은 지진을 대상이 아닌 사물로 다뤄지도록 하며, 이 사물에 관심을 갖는 행위자들과 집단들의 공중을 형성하는 계기가 된다. 지진이 공중을 소집하는 중심에 위치하게 됨으로써 여러 학문 분과와 관련 행위자 집단들이 지진에 연루된다. 그래서 과학기술 리스크에 대한 논의는 다음 항에서 사물의 공공성에 대한 논의로 이어진다.

3) 사물의 공공성

지진은 실험에 관여하는 총 집합을 모이게 하는 사물이다. '공적(公的)

인 사물'로서의 지진은 그래서 관련된 모든 사람과 사물들이 다양한 방식으로 관여할 수 있는 문제인 동시에, 이들이 모여 있는 집합의 한가운데 위치하며 관심을 받고 있다. 하지만 이 지진이 저절로 공적인 사물이 된 것은 아니다. 지진을 공적인 사물로 위치시키고 집합실험을 벌이도록 하는 정치에는 다양한 매개자들이 움직이고 있다. 그리고 우리가 '공적'이라고 말하는 것의 국면들이 다양한 동시에 서로 모순되는 면도 있다는 점에서 이 '공적인 것'이 무엇인지, 어떠한 면모들을 갖고 있는지를 먼저 살펴볼 필요가 있다.

프랑스의 사회학자 타르드는 "공중(public)은 분산되어 있는 군중(foules)"이라고 정의함으로써 공중을 다룬 최초의 연구자가 되었다.[15] 타르드에 따르면, 처음에는 공중과 군중은 구별될 필요가 없었다. 극장이나 집회에 모여 있는 사람들은 공중인 동시에 군중이었다. 하지만 인쇄술이 발명된 이후에는 육체적으로는 멀리 떨어져 있는 사람들도 신문이나 책을 통해서 정신적으로는 연결되어 있는 집합체가 될 수 있었다. 서로 만날 일도 없고 마주보고 이야기할 일도 없는 사람들이 광대한 영토에 흩어져 있으면서도 자기 집 안에서는 똑같은 신문을 본다. 의식과 관념 혹은 열정을 동시에 여러 사람들과 공유하고 있다고 믿을 수 있게 되면서 공중이 형성된다. 따라서 군중은 동일한 장소와 시간에 모여 있는 사람들의 물리적 군집상태인 반면, 공중은 신문과 같은 출판물을 매개로 결합되어 있는 '정신의 집합체'이다. 타르드가 공중을 형성하는 데 중요한 매개자로 제시하는 것이 저널리스트이다. 이들은 '공동체의 선

15 타르드는 19세기 당시를 '공중 또는 공중들의 시대'라고 선언한다. 인쇄, 철도, 전신이라는 세 가지 발명을 통해 신문의 힘이 무시무시해진 19세기에는 이 매체들을 통해서 공중이 무한대로 확대될 수 있고 강력한 힘을 갖게 된다고 진단한다. 그의 이러한 주장은 같은 시기 등장한 르 봉(G. Le Bon)의 『군중심리학』에 대한 정면 반박이다.(타르드 2012: 25-26)

동자'로서 신문을 읽는 독자에게 지대한 영향을 끼친다. '공중의 지도자'인 저널리스트는 군중 선동자와는 달리 간접적으로 공중에 영향을 끼친다. 연설 등을 통해서 '가까이에서의 영향력'에 그치는 군중의 지도자에 비해, 공중의 지도자는 글로써 '멀리서의 영향력'을 행하기 때문에 공간적·시간적 제약으로부터 비교적 자유롭다.(타르드 2012: 15-19)

여기서 지진을 공적으로 만드는 첫 번째 매개자에 대한 아이디어를 얻을 수 있다. 19세기 공중의 형성에 지대한 영향을 끼쳤던 매개자가 신문과 저널리스트였다면, 지진의 총 집합에서는 방재과학기술 연구자들과 이들이 만들어 내는 제안들이 공중 형성의 매개자로 이해될 수 있다. 단, 연구자들은 독자들, 즉 사람만을 대변하는 것이 아니라 온갖 사물들까지 대변한다는 점에서 차이가 있다. 연구자들과 이들이 생산해 내는 문헌이 광범위한 지구에 흩어져 있는 지진과 관련된 사람과 사물들을 학술회의 회의실에 쌓여 있는 발표문을 통해서 '지진의 공중'으로 결합시키고 있다는 점에서 이들은 지진 공중의 매개자이다. 연구자들은 당장은 지진 피해 당사자들과 현장에 함께 있지 않아도 이들을 학술회의에서 대변하고 있다. 지진이 일어나고 있는 활단층이나 쓰나미가 몰려오는 해안에 시간과 공간을 공유하고 있지 않아도 기존의 관측 결과를 통해 이 사물들에게 멀리서 영향력을 발휘하기 시작한다.

지진을 공적인 사물로 만드는 두 번째 매개자는 '문제들'이다. 철학자 듀이와 리프먼은 '공중'이 실체가 있는지 없는지에 대해 논쟁을 벌였다. 그 논쟁의 과정에서 문제 혹은 쟁점이 공중 형성의 출발점이라는 점이 드러난다. 리프먼은 현대의 복잡한 사회를 운영하는 자들을 '내부자'(insiders)와 '외부자'(outsiders)로 구분했다. 그리고 여론과 정책에 큰 영향력을 행사하는 정치인, 전문가, 언론인과 같은 엘리트 지식인을 '내부자'로 칭했다. 반면 공중은 현대의 복잡한 문제들과 이를 해결하기 위한 정책 자체를 이해하지 못하고 있다. 그래서 공중은 정책 결정

단계에서 동의와 반대만을 수동적으로 선택하는 무기력한 '외부자'적 존재가 되어 가고 있다. 그리고 "유령 공중"이라는 말로 공중이 환영이 될 수 있음을 밝히고 있다.(Lippmann 1993(1927)) 하지만 리프먼이 공중의 정치적 역할을 부정하기 위해서 그러한 진단을 내린 것은 아니다. 오히려 공중의 적극적인 개입을 통해서 민주적인 정치가 전개될 수 있는 다양한 방식들을 제안하고 있다.[16] 리프먼의 민주정치는 기존의 제도로는 해결될 수 없는, '공적인 문제'(the public's problems)가 나타나면 외부에 머물렀던 공중이 그 문제를 정의하고 적절한 견해를 통해서 판단을 내림으로써 정치의 내부로 개입하는 것을 말한다. "누군가 항의를 하거나 면밀히 조사를 시작함으로써 문제를 쟁점으로 만들기 전에는 아무 일도 일어나지 않는다."(Lippmann 2004(1922): 217) '외부자'였던 공중이 정치에 개입하도록 하는 것은 이 '공적인 문제'이다.

문제 혹은 쟁점이 공중을 움직이게 한다는 점에 대해서 듀이도 리프먼과 의견을 같이한다. 또한 공중이 언제든지 사라지고 용해될 위험에 있다는 점에서도 동의한다. 그는 철도, 전기, 전신, 전화, 인쇄술의 등장으로 형성된 기술 사회가 미국인들의 생활 환경을 거대 사회(great society)로 만들었다는 점에서 유령 공중의 원인을 찾고 있다.(Dewey 1954(1927)) 공중이 사라질 위험에 처한 이유로 타르드가 제시한 공중

16 리프먼-듀이 논쟁을 다루는 논의들 중에는 리프먼이 "유령 공중"이라는 표현을 사용하고 있다는 점에서 공중에 부정적인 반면, 그와 논쟁을 벌인 듀이가 공중에 긍정적이었다는 이분법적 구분을 하는 논의도 있다. 예를 들어 사이토는 "공중이 '환영'에 불과한 이상, 정치적 권위는 전문가에게 맡겨야 한다는 것이 이 책의 주장이다."라고 리프먼의 "유령 공중"을 설명하고 있다. (사이토 2009: 44-45) 하지만 리프먼은 공중이 '유령화'되는 것에 대한 경계를 하고 있을 뿐, 공중을 부정하고 있는 것이 아니다. 오히려 공중이 적극적으로 문제를 제기할 것과 공적인 문제(제도적으로 해결되지 못하고 사실 여부가 애매한 문제들)에 적극적으로 개입할 것을 주문하고 있다.

형성의 매개자를 들고 있다는 점이 흥미롭다. 그에 따르면 이 거대 사회에서 나타나는 공적인 문제들의 복잡성은 민주정치를 행하도록 하는 장애물로 이해되어서는 안 된다. 오히려 기존의 제도에 의해서 해결될 수 없는 복잡한 문제들의 출현이 공중의 정치로의 개입의 계기가 될 수 있다고 주장한다는 점에서 그는 리프먼과 공명하고 있다. 그의 저서명이 "공중과 그 문제들"이라는 점에서도 기존 제도로 해결될 수 없는 문제들이 이 공중을 형성하는 계기가 되고 있음이 드러난다.

리프먼과 듀이는 현대 사회의 복잡한 문제가 공중 형성의 계기가 되어야 한다는 점에 동의하는 반면, 논쟁을 통해서 커다란 차이를 확인하고 있기도 하다. 첫째, 리프먼은 전문가/공중의 이분법을 전제하고 전문가를 내부에, 공중을 위부에 배열하고 있다. 그래서 전문가가 문제 해결에 실패하거나 기존 제도로 문제가 해결되지 못하면 공중이 외부로부터 개입한다. 둘째, 리프먼은 공중은 문제를 제기하고 항의하고 조사함으로써 정치에 직접적으로 개입한다고 주장함으로써, 공중과 문제를 연결하는 매개자에 대한 논의를 배제하고 있다.

듀이가 말하는 공중은 문제가 되는 사건이나 행위에 의해 간접적으로 영향을 받는 사람들과 사물들 모두를 포함한다. 따라서 공중은 '전문가/공중'에서처럼 내외로 이분되기보다는 서로 뒤얽혀 있는 사람들과 사물들이다. 그래서 공중은 외부로부터 전문가들이나 기존 제도의 문제점을 지적하는 입장에 있지 않고, 공중 자신이 문제들에 사로잡혀 있는 형세를 이루고 있다. 또한 공중을 이루는 사람과 사물들이 직접 문제에 개입하는 것이 아니라, 대변인과 같은 매개자를 통해서 간접적으로 문제에 연루된다. 그래서 '공중의 문제'를 중심으로 대변인을 통해서 혹은 장치를 통해서 사람과 사물들이 문제에 연루되어 있다. 결과적으로 듀이가 말하는 공중은 자신의 문제에 대해서 스스로 그 해결책을 찾아야 한다는 점에서 문제 해결에 헌신하게 된다. 이에 비해서, 리프먼이 말하는 공중은 전문가들이나 제도의 실패에 의해 나타난 문제에 대해 외부로부터 비판적으로 개입한다고 가정됨으로써 문제 해결을 위해 '자신의 일처럼' 헌신하는 공중을 설명하기 힘들다.(Marres 2005a: 49-50)

결국 듀이의 공중이 위에서 논의한 타르드의 공중과 더 잘 조화될 수 있다. 대변인을 통해서 문제에 간접적으로 연루되는 사람과 사물들의 총 집합이 바로 공중이 된다. 새로운 문제가 제기되면 그 문제에 따라 새로운 대변인과 새로운 관련 행위자들이 형성된다는 점에서, 공중에는 이 대변인(리프먼에게는 전문가)도 함께 포함된다. 이렇게 해서, 지진의 총 집합을 본격적으로 추적하기 전에 연구자는 대변인에 더해서 제도적으로 해결되지 못한 문제, 즉 쟁점이라는 새로운 매개자를 얻었다.

그런데 지진의 집합실험에서 해결해야 할 문제가 하나에 그치는 것은 아니다. 쟁점이 이동함으로써 문제가 더 복잡해지고 이 복잡해진 문제에 연루된 행위자들의 수가 급증하게 된다는 점에서 지진의 공중은 확장된다. 앞서 듀이가 지적한 것처럼 철도, 전기, 전신, 전화, 인쇄술의 등장으로 형성된 기술 사회가 미국을 거대 사회로 만들었고 이로 인해서 공중이 유령처럼 사라질 위기에 처한 것도 이러한 복잡한 문제들의 출현 때문이었다. 예측 불가능하거나 피해가 광범위한 문제들은 기존의 폐쇄적인 제도과학과 민주주의 제도정치에 참여하던 집단들이 성공적으로 해결할 수 없는 문제들이다. 이러한 쟁점들은 과학자 공동체, 지역 공동체, 국제기구, 시장, 시민단체, 가정, 자아 등 다른 장소들로 확산되며 문제에 연루된 사람과 사물들의 총 집합을 확장시킨다. 쟁점들은 이동(displacement)을 통해서 기존에는 목소리를 낼 수 없거나 그 실체가 인정되지 않았던 사람과 물질을 이해관계의 당사자로 만들고 논쟁으로 끌어들이는 것이다. 공중이 형성되면 기존의 정치제도와 지식 생산 방식을 넘어서는 새로운 정치-과학 공동체에 대한 이상이 형성된다.(Marres 2005a, 2005b; Rabinow 2005; Latour 2004a)

대변인과 문제 제기, 그리고 쟁점의 이동을 통해서 공중이 형성되는 과정을 추적할 수 있게 되었다. 하지만 '공적인 것'은 문제를 중심으로 대변인을 통해서 간접적으로 연루된 이 '공중'의 면모에서 그치는 것이 아니다. 관련된 행위자들을 모으고 이들 간의 이해관계를 조정하는 또 다른 정치 과정에 있는 '공적인 것'의 국면이 있다.

공중이 어떤 모습을 하고 있는지 눈으로 확인할 수는 없다. 광범위한 장소에 걸쳐 서로 다른 시간에 흩어져 있는 사람들과 사물들에 '공중'이라는 말이 부여되었지만, 그 실체는 확인할 수 없다. 라투르는 '공중의 재현'이라는 문제를 집중적으로 다룬다.(Latour 2005b) 공중을 재현하기 위해서는 다음과 같은 질문이 필요하다. 첫째, 의회, 모임, 집회, 위원회 등으로 불리는 장소나 조직은 어디에 있는가? 둘째, 장소에 특정한 주제, 관심, 이슈, 개념을 가져오는 데 필요한 매개자는 무엇인가? 집회의 장소와 매개자로 요약될 수 있는 라투르의 질문은 앞에서 논의한 쟁점들을 중심으로 공중이 어디에 모일 것인지, 그리고 이들을 모으기 위해서 어떤 매개자가 필요한지에 대한 고민임을 알 수 있다. *Making Things Public: Atmospheres of Democracy*(Latour & Weibel 2005)에서는 이 집회 장소들과 집회를 소집하는 데 동원된 다양한 매개자들이 과학, 예술, 문학, 공학 등의 분야로부터 제시되었다. 공중의 재현에서 중시되는 것은 사물에 대한 다양한 관심으로 인해 형성된 공중이 다양성과 이질성, 그리고 개방성을 잃지 않고 어떻게 집합의 장소로 옮겨 가서 그곳에 함께 모여 있을 수 있는가 하는 것이다. 이러한 민주적인 집회의 소집을 위해서 과학기술의 혁신이 동원되고 있음을 보여 줌으로써, 리프먼과 듀이에게는 공중에게 위협이라고 생각되었던 '복잡한 문제' 혹은 '거대 사회'를 초래한 과학기술이 오히려 민주적인 집회를 소집하는 매개자의 역할을 하고 있음이 드러났다.

지진의 총 집합 역시 이러한 집회의 장소들과 매개자들을 보유하고 있다. 방재과학기술의 혁신을 통해서 만들어지는 다양한 매개자들이 지진에 대한 다양한 관심들을 통해 형성된 공중을 소집해서 그 목소리들, 모습들, 행동들을 재현하고 있다. 지진이라는 사물을 중심으로 방재과학기술은 지진에 관심을 갖는 사람과 사물들을 소집하고 있는 것이다. 이로써 연구자는 지진의 공중이 모여 있을 장소와 이들을 모으는데 필요한 매개자들에 주목할 수 있게 되었다.

집회가 소집되었으면 이제 합의 혹은 화의 형성을 위한 협상과 그 결과를 구체화할 공간을 마련할 때가 되었다. 협의를 통해서 타협을 산출하는 단계에서 하버마스의 의사소통 합리성이 등장한다. '공약 불가능했던' 공중의 다양한 관심과 이질성이 합의 혹은 총의에 이르게 된다.(하버마스 2004) 단, 타협의 기준이 되는 방식들을 다중화시킴으로써 복수의 공공성을 만들어 내는 작업 역시 공공성 논의에서 중요하게 다뤄진다. 하버마스의 의사소통 합리성의 결과 형성된 '공통 세계'(common world) 자체도 공공성 중 하나일 뿐이다. 상이한 배열의 방식들 혹은 세계상들이 공존할 수 있는 유연함을 만들어 내는 작업을 여러 연구자들이 시도해 왔다. "다중성"(multiplicity)(Mol 2002), "배열의 방식"(modes of ordering)(Law 1994), "다중 세계"(multiple world)(Law 2004)와 같은 다중화의 시도들이 공공성을 풍부하게 만들어 줄 수 있다.[17]

이상의 논의를 통해서 필자는 대변인, 문제, 쟁점의 이동, 재현의 장소와 매개자들, 그리고 배열의 방식의 다양성이라는 공공성의 여러 요소들을 도출해 낼 수 있었다. 지진을 둘러싸고 형성된 지진의 총 집합을 공공성을 통해서 기술하는 작업의 이와 같은 요소들은 목소리들과 관심들을 환원하지 않고 추적할 수 있는 비-환원 장치를 얻었다.

17 '공중', '공공성', '공화'(republic), '공회' 등 '공적인 것'을 지칭하는 용어들은 하나가 아니다. 용어들에 대한 정리는 뒤에서 다시 다룬다.

3. "저에게도 지진의 목소리를 들려주시지 않겠습니까?": 인류학자의 방문

필자는 방재연구소에서 2009년 2월부터 2010년 1월까지, 그리고 2010년 6월부터 8월까지 약 15개월간 현지연구를 했다. 교토 부 우지 시에 자리 잡고 있는 방재연구소에는 교수 37명, 준교수 38명, 조교(수) 29명, 기술직원 17명이 상근하고 있다. 그 외에 교토대학의 교수직을 겸하고 있는 연구자들이 더해진다. 연구 분야는 크게 종합방재 연구집단, 지진·화산 연구집단, 지반 연구집단, 대기·수권 연구집단으로 나뉘어 있다. 그리고 그 아래 각각 네 곳의 연구부문들과 네 곳의 센터들이 있다. 지진학, 측지학, 지자기학, 지질학, 기상학, 수문학과 같은 지구과학 연구자들, 지반공학, 건축학, 도시환경공학, 해양공학, 정보공학 등을 포함하는 공학 분야의 연구자들, 경제학, 도시사회공학, 심리학을 포함한 사회과학 분야의 연구자들이 각 연구집단과 연구부분들에 고루 퍼져 있다. 연구실들은 관측소, 실험실, 기술실, 공작실, 데이터베이스실을 보유하고 있으며, 연구 협정을 맺은 다른 연구 기관들을 비롯해서 필드가 되는 지역들과 긴밀하게 연계되어 있다.

일본 내에는 방재연구소 외에 지진 재해에 관련된 연구 기관들이 다수 있다. 도쿄대학 지진연구소, 방재과학기술연구소(NIED), 종합산업연구소 활단층-지진 연구센터(AFERC), 해양연구개발기구(JAMSTEC) 등이 지진 관련 재난을 종합적으로 연구한다. 한편 각 대학에도 지진 재해를 연구하는 연구소들이 있다. 연구 기관들 중 대부분이 지구과학을 중심으로 한 이학(理學)이나 공학에만 치중해 있는 경향이 있다. 필자는 지진 재해와 관련된 가능한 많은 연구 분야들이 한곳에 모여 있는 연구소를 현지로 선정하려 했다. 방재연구소는 여러 연구소들 중에서도 가장 광범위한 연구 분야를 갖추고 있었다. 특히 고베 대지진 이후 주민들의 안심에 대한 관심, 그리고 '공조(共助)와 자조(自助)'에 대한 관심을 반영하고 있는 연구실들이 여럿 분포하고 있었다. 이러한 이유에서 방재연구소가 지진의 총 집합을 풍부하게 기술할 수 있는 현지의 출발점이 되었다.[18]

> 오카다(岡田) 연구실을 통해서는 지즈 정(智頭町)과 슈하치(朱八) 지역의 주민들의 목소리를 들었습니다. 저는 그곳에서 지역 주민의 목소리가 과학과 방재 연구의 핵심으로 받아들여지고 있는 현장을 관찰할 수 있었습니다. 지금부터는 하나오리(花折) 단층, 슬로 지진, 필리핀 판의 목소리를 듣고 싶습니다. 가와자키(川崎) 선생님께서는 이 사물들의 목소리를 들을 수 있는 귀(지진계)와 이 사물의 움직임을 볼 수 있는 눈(GPS, inSAR)을 갖고 있습니다, 저에게도 단층과 지진, 그리고 판의 목소리를 들려주시지 않겠습니까?(2009년 7월 23일, 지진예지 연구센터장에게 보낸 이메일)

방재연구소에 처음 발을 디딘 것은 '현지 선정 여행'을 시작한 2008년 2월이다. 방재연구소 자료들을 둘러보고 돌아가는 중에 우연히 한국 유학생을 만났다. 유학생의 소개를 받아 만나게 된 연구원과 대화 나누면서 나의 연구 주제와 어울리는 교수를 소개해 줄 것을 그에게 부

18 2007년부터 문부과학성을 중심으로 시작된 '안전·안심 사회 구축에 이바지하는 과학기술 정책'은 객관적인 안전뿐만 아니라 주관적인 안심까지 보장해 주는 데 과학기술이 이바지해야 한다는 요구를 반영하고 있다. 공조(共助)와 자조(自助)는 고베 대지진 이후 행정 기관을 통한 도움(公助)보다 주민들 스스로의 구호 활동 및 볼런티어 활동이 큰 비중을 차지했던 경험으로 인해서 강조되기 시작했다. 이는 심리학이나 지역사회학과 같은 사회과학 계열의 연구들이 방재과학기술에 포함되는 계기가 되기도 했다.

탁했다. 3개월 후, 방재연구소의 도시사회공학 연구실이 한국의 희망제작소 등으로 '연구실 투어'를 한다는 소식을 유학생을 통해 전달받았다. 필자는 희망제작소에 찾아가 도시사회공학자를 만났다. 그에게 나의 연구 주제를 소개하고 1년간 현지연구를 하고 싶다고 말했다. 2008년 여름, 직접 방재연구소를 방문해서 도시사회공학자와 연구 주제에 대한 이야기를 나누고 현지연구 허락을 받았다. 그리고 드디어 2009년 2월부터 1년간 '외국인 공동 연구자'의 신분으로 연구를 하고, 2010년 6월부터 8월까지 3개월간 보충조사를 했다.

이상적인 참여관찰자는 말끔하게 '세팅된' 현지 내에서 참여관찰을 했다고 여겨진다. 민족지를 작성하는 것 역시 혼란을 질서로 바꾸는 과학의 문제이기 때문에 현지를 옮겨 다니는 데에서 생기는 혼란은 민족지가 완결되면서 잊힌다.(Latour 1987: 43) 다수의 연구실, 학술회의장, 실험실, 관측소, 문서고, 필드로 이루어진 연구소 중 한 곳에 처음 발을 디뎠을 때 필자 역시 혼란 속에 있었다. 연구 주제에 들어맞도록 선택했던 현지의 경계가 환상이었다는 것이 드러났기 때문이다.

연구 주제와 관련된 장소들이 필자가 미리 정한 '세팅'의 범위를 벗어나 있어서 관련된 장소들이 어디인지, 그리고 얼마나 많은지에 대해서 무지했다. 현지연구 중에도 초기에는 현지가 어디인지, 어디까지인지를 알 수 없었다. 예상치 못한 연구실과 장소에서 지진 재해가 다뤄지고 지진 재해를 언급하는 문헌들이 생산되고 있었다. 그래서 지진 재해를 추적하면 할수록 방문해야 할 장소의 목록도 늘어났다. 각 연구실과 장소들은 그 나름의 대상, 관심, 연구 방법, 인적 구성을 갖고 있었기 때문에 새로운 현장으로 들어가기 위해 통과해야 할 관문 역시 하나가 아니었다. 점차 한 번의 통과로 현지의 탁 트인 대지가 눈앞에 펼쳐진다고 생각한 순진함에서 벗어나기 시작했다.

필자가 지진예지 연구센터장에게 보낸 위의 이메일은 15개월간의 현지연구 기간 중에서 초중반에 작성된 것이다. 연구 기간 내내 새로운 장소에서 참여관찰이 가능한지를 교섭해야 했다. 한 연구실에서 참여관찰을 진행하는 중에도 다른 연구실과 이메일을 주고받으며 참여관찰과 면담의 가부를 탐색했다. 이 과정에서 분명해진 것은, 연구자들과 필자 사이에 이해관계의 교차점을 찾아야만 새로운 현지로 이동할 수 있다는 점이었다. 연구자들의 관심에 나의 관심을 결부시키는 타협을 통해서 현지를 이루는 장소들이 하나하나 늘어났다.

도시사회공학자는 주민들의 자율적인 방재 활동이 이루어 낸 성과가 민족지 기술을 통해 잘 드러날 것이라고 생각했다. 필자는 주민들의 방재 활동을 참여관찰하고 싶다. 도시사회공학자는 자율적인 방재 성과를 보여 주고 싶다. 따라서 주민들의 방재 활동을 민족지에 기술하면 나도 도시사회공학자도 자신의 목적을 어느 정도 달성할 수 있다. 이러한 타협점이 도시사회공학의 연구실과 연계된 다양한 장소에서 참여관찰을 할 수 있는 길을 열어 놓았다. 필자는 도시사회공학자의 '필드'였던 돗토리 현(鳥取縣)의 산간 과소 지역 마을 주민들, 나고야 시(名古屋市)의 볼런티어 단체, 그리고 교토 시의 자주방재회 주민들과 면담하고 이들의 활동을 참여관찰했다.

지진학자는 작은 지진들을 탐지할 수 있는 정교한 지진계를 발명했다. 필자는 지진학자에게 '기술의 혁신과 과학적 발견의 관계'에 대한 연구를 진행하고 있다는 메일을 보냈다. 장치의 발명에서 현상의 발견으로 이어지는 이야기는 지진학 연구실처럼 관측 장비가 중요한 역할을 하는 연구실에서는 충분히 관심을 끌 수 있는 이야기이다. 필자가 지진계에 관심을 보이자 지진학자는 지진계가 설치된 관측소와 관측 지점을 방문할 수 있게 해 주었다. 그 과정에서 지진계를 설치하고 설치된 지진계를 유지보수하는 기술직원의 작업을 관찰하고 그들과 이야기를 나눌 수 있었다. 그리고 지진학자는 지진계로부터 전송되어 오는 지진파의 모습을 보여 주며 지진과 잡음을 나누는 일상적인 작업을 보여 주었다.

연구자들의 입장에서 자신의 제안을 밝혀 둔 문헌과 발표는 자신의 연구를 이해하기 위해 거쳐야 하는 또 다른 관문이라고 할 수 있다. 참여관찰자가 되고 싶은 인류학자는 연구자들의 관심사에 관심을 갖고 있다는 점을 보여 줌으로써 이 관문을 통과해야 한다. 그리고 자신과 연구자 간 이해관계를 잠시나마 공유함으로써 인류학자는 현지를 구성하는 교차점들을 늘려 나갈 수 있게 된다.

한편 현지를 구성하는 과정에서 교수와 학생이라는 또 다른 경계가 연구 과정에 영향을 끼칠 수 있다는 점도 고려해야만 했다. 면담자와 참여관찰의 대상 중 반수가 대학원생들을 가르치는 교수인 동시에 연구자였다. 이들의 입장에서 보면 나는 지진 재해에 대해 연구를 수행하고 있는 학술적인 동료였다. 그렇지만 동시에 대학 제도에서 자신들보다 하위에 놓여 있는 박사 과정 학생이기도 했다. 관계를 더 복잡하게 만드는 것은, 내가 이들의 행위를 관찰하고 기록하면서 이들이 내 연구의 연구참여자가 되었다는 점이다. 교수/학생의 위계와 주체/대상의 위계가 교차하면서, 나는 '교수를 관찰하는 학생'이 되었다. 이러한 이중적 관계에서 오는 긴장을 부족하게나마 해소할 수 있는 장치가 필요했다. 실제로 몇몇 지진학자들은 내가 자신들의 일상적인 활동을 기록하고 있는 데 대해서 경계하고 있었다. 한 지진학자는 나를 "원숭이를 관찰하는 인류학자"로, 자신들을 "실험실에서 관찰되는 원숭이"로 위치 짓는 농담을 했다.[19] 뼈 있는 농담에 대해 나는 다음과 같이 응했다. 나는 스스로를 "지진계"로 비유했다. 그리고 교수들을 "활단층"(活斷層)으로 바꿔 말해 주었다. 활단층 위의 지진계(seismometer)가 지진파

19 일본 과학자들 사이에서는 인류학이 유인원 연구로 잘 알려져 있다.

(seismograph)를 생산하고 이 기록들이 지진학(seismology) 연구의 데이터가 된다. 나는 일종의 지진계(ethnographer)로서 쉴 새 없이 방재연구소에서의 실천들을 기록(ethnography)하는 기계이다. 그리고 이 자료는 인류학(anthropology) 연구의 데이터가 된다. 우리의 관계를 '관찰하는 인간 대 대상화된 원숭이' 혹은 '인간 대 동물'의 관계로 하락시키는 지진학자의 농담에 대하여, 나는 우리의 관계를 '기록하는 기계와 활발하게 살아 움직이는 사물' 간의 관계로 바꿔 놓았다. 지진학자와 나를 모두 비인간으로 대체함으로써 이중적인 위계에서 오는 불편함을 벗어나고자했다.[20]

연구자들의 이해관계를 번역하는 데서 오는 긴장, 교수/학생, 주체/대상의 관계를 협상하는 데서 오는 긴장에 더해서, 인류학의 방법과 '과학적 방법'에 대한 긴장도 더해졌다. 인류학에서 주로 활용되는 현지연구가 '과학적 방법인가'에 대해 의문을 제기했던 사람은 경제학자였다. 그는 나의 연구가 '반증 가능성이 없다'고 비판했다. 한 연구실의 대학원생은 자신이 속한 연구실만 연구해서는 '바이어스'(bias)의 위험에 빠질 수 있음을 지적하기도 했다. 이들은 연구 과정 중에 좋은 학술적 스파링 파트너가 되어 주었다.[21]

필자가 방재과학기술의 현장에서 직면할 수밖에 없는 또 다른 긴장은 논문과 프레젠테이션의 핵심에 자리 잡고 있는 이론, 법칙, 공식,

20 과학자나 기술 관료 혹은 전문가들에 대한 연구는 전통적으로 '아래로의 연구'(studying down)를 통해서 발전해 온 인류학의 방법에 혼란을 일으킬 수 있다. '위로의 연구'(studying up)에서 나타나는 민족지 연구의 난국들에 대한 논의는 이강원 외의 연구(2013)를 참고할 것.

21 연구참여자들의 '반대'는 인류학자들의 성찰을 이끌어 내고 연구 방법의 개선을 가져온다. '반대'가 연구자와 연구참여자 간의 쌍방의 성찰이 될 수 있음을 제시한 연구로는 임소연 외의 연구(2013)를 참고할 것.

수식, 그래프로부터 비롯되었다. 학술대회나 세미나에서는 난해한 공식과 그래프가 일상적으로 논의의 도구가 된다. 발표를 듣는 청중은 이 공식이나 그래프를 이미 알고 있다고 전제된다. 아무도 이것들이 어떤 의미를 갖는지 설명해 주지 않는다. 하지만 같은 연구실 내에서도 전공 분야에 따라서 서로의 연구내용을 이해하기 어려워하는 것이 과학기술의 여러 분야에서 나타나는 특징이다. 나와 같은 비전공자는 학술대회의 발표를 보고 듣는 것만으로는 이러한 것들이 무엇을 의미하고, 어떤 실체들과 연결되어 있으며, 어떤 쓸모가 있는지에 대해서 알 수 없다. 그래서 그 공식과 그래프와 수식에 연결되어 있는 실체들을 학술회의장 밖으로 찾아 나서야 한다. 이론, 수식, 그래프를 채우고 있는 것들이 어디로부터 어떤 변형을 거쳐 이동해 왔는지를 추적해야만 한다.

이 긴장들을 해소할 수 있는 방법은 인류학의 기본적인 방법과 그리 다르지 않다. 그것은 '권위'와 '사실'에 압도되지 않고 과학자, 공학자, 공식과 이론, 장치, 물질, 문서들을 실천 속에 두고 관찰하는 것이다. 실천에서 사람은 지식을 머리에 담고 있는 '인식 주체'로서 행동하지 않는다. 사물 역시 인식 주체의 '인식 대상'으로서 수동적으로 인식되기를 기다리지 않는다. 실천에서는 단지 사람과 사물이 관계를 맺는 사건들만 있을 뿐이며 이러한 실천 속에서 지진이 연행된다. 예를 들어, 지진은 추상적인 혹은 자연 속의 그 무엇이 아니다. 지진학자의 논문에 그려져 있는 그래프와 그 그래프를 찍어 내는 지진계, 이 지진계를 설치한 기술직원의 손기술과 이들이 갖추고 있는 나침반, 지진계의 위치를 그려 놓은 지도의 인쇄물, 그 결과물에 대한 지진학자의 발표 등의 연합을 통해 지진이 연행된다. 이러한 실천들을 기록하기 위해서는 일상의 관찰과 면담이 필요하다. 그래서 필자는 방재연구소에서 5분 거리에 있는 '국제교류회관'에 거주하면서 1년간 연구소 안팎의 여러 장소들을 오갔다.

방재연구소에서의 실천을 기술함으로써 과학기술의 '권위'와 '사실' 앞에서 긴장하는 일은 사라진다. 실천 속의 지진을 제대로 기술하기 위해서는 지진과 관련된 장소, 사람, 사물, 그리고 사건들의 변화를 기록할 필요가 있다. 그래서 이 책에서는 사람뿐만 아니라 사물도 행위를 구성하는 "행위소"(actant, 行爲素)(Latour 1987: 91)로 기술하고 있다. 지진계를 설치하는 현장에서 나침반이 사라지거나, 쥐나 멧돼지가 지진계의 작동 시각을 기록하는 GPS 안테나선을 갉아 먹었다면, 지진학자는 지진이 있었다는 '사실'을 발표하는 행위를 할 수 없게 된다. 즉 지진을 발표하는 행위는 지진학자 '개인'의 것이 아니라, 몇 명의 다른 사람들과 수많은 사물들의 연합을 통해서 가능한 것이다.

이에 더해서, 사물과 사람의 연합은 한 장소에만 머물지 않는다. 앞의 사례에서, 시가 호(滋賀湖) 서안의 산간 지역에 지진계가 설치되었다. 지진계의 메모리 카드에 지진기록이 저장되고 이것이 기술직원들에 의해 우지 시에 있는 방재연구소로 전달된다. 메모리 카드 속의 지진파들은 변환 프로그램을 거쳐서 일본 전국의 지진학자들이 열람할 수 있는 지진파 데이터베이스(쓰쿠바 시(つくば市)에 있다)에 연결된다. 이로써 시가 호의 활단층은 지진계, 메모리 카드, 노트북, 데이터베이스 등으로 장소를 옮기며 형식의 변환을 거쳐서 도호쿠대학(東北大學)의 지진연구실의 한 지진학자의 노트북 화면으로 옮겨 갈 수 있게 된다. 실천 속의 지진을 기술하기 위해서는 지진이 연행되는 여러 장소들을 참여관찰과 면담, 그리고 문서들과 모니터 등을 통해 추적해야만 한다.

이제 시선과 관점의 세계에서 나와서 사물들의 세계에 개입할 마음의 준비가 되었다. 그러면 지진이라는 물리적 동인(agent)에 개입하는 구체적인 방법은 무엇인가? 언제 어디로 어떤 장비를 갖추고 미지의 세계(사회과학자들에게는)로 들어가야 할까? 그 방법은, 가벼운 장비들만을 갖추고 실천 속에서 지진이 행해지는 상황들을 종종걸음으로 추적하는 것이다. 그러면 이러한 방법에 대한 아이디어를 제시하는 연구들을 살펴보자.

우선 추적자의 장비를 가볍게 할 필요가 있다. 연구의 배경에서 언급했듯이 이 책은 하나의 유일한 질서가 지배하는 세계를 다루고 있는 것이 아니다. 대규모 지진으로 인한 대재앙의 위험에 대비하는 질서의 기획들이 마주치는 정치를 다루고 있는 것이다. 푸코의 장비를 갖춘 연구자라면, 방재과학기술을 권력으로 간주하면서 방재 전문가들이 지진에 대한 지식과 방재 시스템을 '만들어 가는' 과정으로 다룰지도 모른다. 이때 지진은 공적인 사물로 다뤄지기보다는 '지식-권력'에 의해 통치되는 대상으로 다뤄지게 될 것이다. 따라서 푸코를 따르는 논의에서는 능동적인 물질들이 탈락해 버린다. 남는 것은 팬옵티콘(panopticon)의 중심에서 감시를 행하는 방재 전문가들과 그 속에 갇힌 수동적인 '타자들'뿐이다. 지식-권력의 정점에 있는 전문가들뿐 아니라 이들을 연구하는 연구자들 역시 팬옵티콘의 중앙에 위치하며 모든 것을 내려다본다. 또다시 거대한 '시각'이 등장한다.

팬옵티콘이 너무 육중한 장비라고 생각한 라투르는 연구자들에게 "올리곱티콘"(oligopticon)(Latour 2005a: 181)을 제시했다. 일망감시탑으로 '지진을 쟁점으로 하는 질서들의 정치'를 추적하기에는 건축비도 많이 들고 감시탑에 앉아 있어야 할 연구자들의 시력도 그리 좋지 않다. 팬옵티콘을 갖춘 연구자들에게 자본주의나 과학 지식은 '모든 곳'에 있는 것처럼 보인다. 하지만 월가의 거래소는 상하이, 프랑크푸르트, 런던 등에 있는 다른 경쟁자들을 갖고 있다. 환태평양 조산대의 미국, 멕시코, 칠레와 같은 국가들에는 서로 논쟁을 하는 지진연구소들이 있다. 그리고 각각의 거래소 조직과 연구소 조직은 딱 그 조직의 크기 이상도 이하도 아니다. 즉 자본주의와 과학 지식은 '여러 곳'에 국지적으로 있는 것이다. 라투르는 이 '자본주의'나 '과학 지식'이라는 말보다 '여러 곳'이라는 말에 주목한다. 올리곱티콘은 한 조직의 중심(연구소나 거래소)으로서, 그 안을 들락날락 하는 행위자들과 그들에 의해 운반되는 것들이 축적되는 조그만 중심이다. 이 자본주의와 과학 지식의 중심들은 그 밖의 능동적인 행위자들과의 연합을 통해서 그 권력을 확산해 나간다. 연합하는 행위자들 역시 부분적으로 연합하며 이해관계에서 이득을 얻어낼 뿐 거대한 구조나 일관된 '에피스테메'에 의해 압도되지 않는다. 즉 '자본의 담론'이나 '과학의 담론'은 스스로 권력을 부과하는 것이 아니라 능동적인 행위자들과 이해관계 간의 번역을 통해서 권력의 지형을 넓히거나 좁히게 되는 것이다. 이 연합들로 이루어진 연결망이 얼마나 더 많은 장소들과 사물들과 사건들에 연결될 수 있는가에 의해 그 질서의 일관성이 유지되므로, 질서란 논리의 문제가 아니라 매우 실천적이고 물질적이고 지리적인 문제가 된다. 필자는 일망감시탑에 오르는 대신, 구체적인 장소에서의 실천에서 움직이고 축적되는 이 사물들을 만지고 걸어서 추적하면 되는 것이다.

하지만 위에서 본 연구의 목적은 지진이란 쟁점을 중심으로 모인 공중이 전개하는 질서의 기획들(cosmograms) 간의 정치라는 것을 밝혔다. 단지 지진을 이루는 하나의 연결망만으로는 서로 다른 기획들 간의 정치를 다룰 수 없다. 라투르의 연결망을 수용하면서도, 서로 다른 연결망들이 하나의 쟁점을 중심으로 협의하고 타협하는 과정을 다룰 필요가 있다. 바로 이 지점에서 사물의 공공성에 대한 논의로 돌아간다. 그래서 본 연구는 한 장소에 다중적인 패러다임, 연합의 가능성이 공존하고 있음을 제시한다. 즉 실천에서 행위자들은 이러한 질서들, 논리들, 틀들, 스타일들, 레퍼토리들, 담론들 중 하나에 안주하지 않고 그것들 사이에서 끊임없이 타협하고 여행함으로써 자신들의 목적을 추구한다.

과학자들은 실험 도구를 통해서 물질에 개입한다. 이 결과가 문서에 기록됨으로써 문서에 기입된 것이 애초의 물질과 동일한 것으로 여겨지기 시작한다. 이 문서, 즉 데이터를 근거로 과학자들은 사실 혹은 진리에 대해 주장을 한다. 인류학자에게 실험 도구는 몸, 그리고 볼펜과 공책이다. 문서 자료, 면담, 참여관찰이 기록됨으로써 공책은 데이터가 된다. 필자는 네 권의 공책을 갖추었다. 첫째는 필자 스스로가 거쳐 간 지점들을 기록하는 공책이다. 필자 역시 지진의 총 집합에 있는 다른 행위자들의 행위들과 연결되어 있다. 따라서 연결 지점들을 이동하면서의 변형(마음, 몸)을 기록할 필요가 있다. 그래서 필자는 어떤 사람들을 만나고 어떤 자료들과 접했는지를 시간과 장소에 따라 기록하는 '필드 노트'를 작성했다. 둘째는 문서 자료, 면담, 참여관찰에 대한 기록이다. 보완적으로 카메라, 녹음기, 자료 정리를 위한 소프트웨어가 사용되었다. 셋째는 글쓰기에 대한 아이디어를 기록하고 습작하는 공책이다. 특히 집합실험에서 생산되는 새로운 존재들을 드러내기 위해서는 행위자들 간의 연결을 보이지 않게 하는 언어들을 피하는 것이 중요하다. 즉 필자의 언어 혹은 전제된 이분법으로 다른 행위자들의 언어를 대체하지 않도록 글을 쓸 수 있는 습작이 필요하게 된다. 넷째는 이 민족지가 작성된 후 학술대회나 논문에서 발표되었을 때 나타나는 또 다른 연구자들의 반응을 기록하는 공책이다. 민족지 쓰기는 연구 과정을 통해 연구자가 기록한 수많은 행위자들을 동원해서 출판과 학술 발표의 장소로 옮겨 오는 것이다. 하지만 거기서 끝나는 것이 아니다. 학술대회에 참여하고 있는 연구자들은 민족지를 통해서 현지의 수많은 행위자들과 연결된다. 이들이 민족지와 어떻게 타협하고 변형되는지에 대해서 연구는 계속된다.

4. 책의 구성

이 책은 집합실험에서 출현하는 지진의 여러 존재 방식을 기술하고 있다. 그 출발점은 집합실험에 참여하는 사람, 사물, 세계상의 총 집합의 중심에 지진을 두는 데 있다. 따라서 특정한 사회 집단이나 인구 집단을 연구 대상으로 하는 사회과학의 여러 연구들과는 그 출발점이 다르다. 이 책은 과학적 사실을 이미 주어진 것으로 받아들이면서 이러한 사실에 '사회문화적 국면'을 더하는 연구가 아니다.[22] 상징과 인간 집단의 사회 세계에 초점을 맞추는 '전문가 집단에 대한 사회학' 혹은 '전문가 부족(tribe)에 대한 인류학'이 아니다.[23] 대상을 여러 집단의 이데올로기가 투영된 '사회적 구성물'로 해석함으로써 과학을 사회적 '이해관계'로 대체하는 연구도 아니다.[24] 또한 병원과 같은 제도적 공간 내의 대상

22 인류학과 사회학의 많은 하위 분과들이 과학에 사회적인 것과 문화적인 것을 덧붙이는 방식으로 형성되어 왔다. 제2차 세계대전 이후 (생물학적인) 인종의 차이에 더해서 문화인류학이 종족의 차이를 연구하기 시작했다. 혈연(blood ties)에 사회문화적으로 구성된 친족이 더해졌고 사회문화인류학이 친족을 연구 대상으로 채택했다. 유기체의 기능이 비정상적으로 작동하는 것을 의미했던 의학적 병(disease)에 대비되는 육체적·정신적·사회적 안녕의 비정상적 기능을 의미하는 병(illness)의 개념이 새롭게 태어났고, 의료사회학과 의료인류학이 후자를 대상으로 다루기 시작했다. 생물학적으로 본질적인 성(sex)에 사회문화적으로 구성된 성차(gender)가 더해졌고, 여성주의 연구가 후자를 다루기 시작했다. 사회과학은 친족, 병, 젠더라는 새로운 연구의 대상들을 채택하고 그 대상들에 대한 지식을 생산할 작은 분과들을 과학과 의학에 덧붙여 왔다.(Mol 2002) 앞에서 논의한 바 있는 재난사회학과 재난인류학 역시 물리적 위해(hazard)에 대한 논의를 과학자들에게 맡겨 두고, 사회적·경제적 취약성을 재난 연구에 덧붙여 왔다.

23 머튼의 '과학자 공동체' 연구(머튼 1998(1973))와 그를 이은 부르디외의 연구(부르디외 2002(1997))가 그 예이다. 특히 부르디외는 과학기술 연구(STS)와 그 자신의 과학자에 대한 성찰적 사회학을 분명히 구별하고 있다.

24 블루어와 콜린스·핀치가 창시한 스트롱 프로그램(strong program)은 이러

에 연구를 한정함으로써 기존의 제도적 공간을 벗어나는 실험적인 세계상과 언어들에 침묵하는 연구와도 구별된다.[25] 이상의 연구와는 달리, 이 책은 다음과 같은 세 질문에 초점을 맞춘다. 첫째, 어떻게 지진이 사회과학 혹은 자연과학의 대상에 국한되지 않고 집합실험 속에서 존재하고 있는가? 둘째, 자연/사회 이분법에서 벗어난 세계상들은 집합실험 속에서 어떻게 출현할 수 있으며 또 공존할 수 있는가? 셋째, 인류학 연구가 집합실험을 기술하기 위해서는 어떤 변형이 필요한가?

이와 같은 질문에 답하기 위해서 이 책은 지진을 '공적(公的)인 것'(the public)으로 지칭하는 것으로부터 시작한다. 영어에 비해서 한자어는 '공적(公的)인 것'(the public)의 상이한 국면들을 세밀하게 나누어 지칭할 수 있다. 첫째, 공중(公衆)은 공적인 것이 '무리' 혹은 '떼'의 모습을 지니고 있는 국면을 말한다. 공중은 육체적으로든 시간적으로든 서로 멀리 떨어져 있지만, 쟁점을 중심으로 관계를 맺고 있는 집합이다. 분산되어 있으면서도 결합되어 있는 상태라는 점에서 떨어져 있는 사람과 사물을 연결하는 매개자들의 존재가 반드시 필요하다. 둘째, 공회(公會)는 멀리 떨어진 이 무리들이 하나 혹은 여럿의 공간에 모여든 것을 말한다. 집회가 열리는 '공회당'(公會堂)처럼 공회는 사람, 사물, 그리고 세계상들이 '모이는 장소'(assembly)이다. 셋째, 공화(共和)는 영어의 'republic' 혹은 라틴어 'res publica'(public things)에 해당되는 말로, 공

한 과감한 사회학적 설명을 목표로 하고 있다.(블루어 2000(1997); Collins & Pinch 1982) 이들의 연구는 과학 지식의 사회학(Sociology of Scientific Knowledge; SSK)으로 전개된다.

25 로와 몰은 실천 속에서 '다중적인 세계'(multiple world)가 생산된다는 점을 강조하기는 하지만,(Law 2004; Mol 2002) 그 다중적 세계가 모두 실패할 수 있다는 점, 그리고 의료 제도 외부에서 출현하는 실체들을 제도 안에 포함하려는 과정에서 새로운 의료적 실천과 세계상이 출현하는 정치까지는 다루고 있지 못하다.

회에 소집된 집단들이 화의(和議)를 시도하는 국면을 말하고 있다. 마지막으로, 공공(公共)은 '널리, 그리고 여럿이 함께' 있음을 의미하는 것으로 '공공 공간', '공공 정책'과 같이 구체화되거나 제도화된 국면을 의미한다. '공중', '공회', '공화', '공공' 모두 이 '공적인 것'을 지칭하면서도 각기 상이한 국면들 간의 차이를 드러내는 데 유용하게 사용될 수 있다. 따라서 이 책은 '공적인 것'을 네 단계의 전이 과정으로 다룬다. 그리고 각각의 국면들에 이 '공적인 것'을 지칭하는 말들을 활용한다.

제2장은 기존의 제도가 해결하지 못하는 지진 재해의 문제들로 인해서 공중이 형성되는 과정을 다룬다. 고베 대지진 이후 연구자들에 의해 제기된 문제들은 지진을 둘러싼 쟁점들을 늘려 놓았다. 쟁점이 늘어난 만큼 쟁점과 관련된 사람과 사물 역시 늘어났다. 지진학이 다룰 수 없는 문제들이 터져 나왔다. 지진학자는 이 문제들과 관련해서 늘어나는 사람과 사물을 모두 대변할 수 없다. 결국 지진학자는 더 이상 지진의 유일한 대변인으로 남아 있을 수 없게 되었다. 이 과정에서 지진학자 이외의 연구자들이 지진에 관련된 새로운 사람과 사물의 목소리를 대변하기 시작했다. 이 새로운 대변인들이 문제를 제기하고 관련된 행위자들을 대변하면서 여러 제안을 한다. 대변인들을 매개로 문제가 제기되고 새로운 쟁점이 형성되면서 지진 재해에 대해 논쟁하는 공중이 형성되고 확장되었다.

제3장은 지진 재해의 이해관계 당사자들이 목소리와 정체성을 부여받아 '공회당'으로 소집되는 과정을 다룬다. 관련된 집단들의 목소리가 여러 장치들을 매개로 연구소로 모여들고 이 모임 하나하나가 지진 재해를 구성한다. 즉 지진은 외부에 이미 존재하고 있는 '객관적인' 실재가 아니라 이 목소리들의 결합을 통해서 연행되는 것이다. 이 지진의 '공회'는 방재연구소에서 지진이 일어날 때마다 작성되는 보고서를 통해서 결합되는 아상블라주의 모습을 보이고 있다.

앞으로 일어날 지진 재해는 이미 일어난 지진 재해의 요소들을 재조합해서 연출할 수 있다. 제4장은 지진 재해를 연행하는 집단들의 이해관계들이 상이한 배열 방식을 통해 화의를 추구하는 과정을 기술한다. 장래에 발생할 지진 재해를 연출 혹은 상연하기 위해서는 가능한 다양한 방식으로 지진과 관련된 집단들(요소들)을 결합하고 조정해 보는 세계상들에 대한 시험이 반복될 필요가 있다.[26] 이 결합과 조정의 반복을 통해서 지진 재해는 점차 여러 요소와 배열 방식의 합성으로 이루어진 복합재해의 모습을 갖게 된다.

상연된 지진 재해는 대비 태세에 필요한 작업을 진행하는 근거가 된다. 제5장은 예측된 재해를 근거로 방재 대책 혹은 감재 대책들이 연구소 밖 삶의 현장으로 배포되는 과정을 추적한다. 공공 공간의 특성과 마찬가지로 방재와 감재, 안전과 안심이 분배되는 방식은 이질적이고 새로운 방재 대책과 감재 대책에 개방되어 있다. 방재와 감재를 통해 안전 및 안심에 이르는 다양한 경로와 자원들이 구축됨으로써 지역 공동체, 기업, 건축물 등은 지진 재해에 대한 탄성을 높일 수 있다.

이처럼 이 책은 공중-공회-공화-공공의 순서로 지진의 공적인 정치를 기술했다. 이 책의 기술을 따라가면 '공적인 것'에 대한 실험으로부터 생산되는 지진의 존재론과 다양한 세계상들을 만날 수 있다. 제6장에서는 공중 속에서 생산된 지진의 존재론을 명확히 함으로써 집합실험의 '민주적 절차'를 도출해 낸다. 이를 근거로, 이 책은 일본이 공중

26 벡은 리스크를 "재앙의 예견"으로 정의하고 있다. 그리고 재앙이 예견되기 위해서는 재앙이 '연출'되어야 한다는 점을 강조한다. 벡에 따르면, 리스크의 '연출'은 일상에서 쓰이듯이 '비현실적' 리스크를 과장해서 현실을 의도적으로 왜곡한다는 뜻이 아니다. 재앙의 미래는 연출을 통해서 눈앞에 생생하게 그려져야만 예견될 수 있다. 그래서 연출과 재앙의 예견인 리스크는 불가분의 관계이다.(벡 2010: 31)

형성을 불허하는 권위주의적 실패국가의 길 대신, 새로운 공중의 형성에 열려 있는 민주적인 실패국가의 길을 갈 것을 제안한다.

이 책의 구성이 단지 '공적인 것'의 전이 과정만으로 틀 지워질 수 있는 것은 아니다. 각 장은 중점적으로 다루는 대상이 무엇인가에 따라서도 나뉠 수 있다. 그래서 독자들은 지구(地球)-지진(地震)-진재(震災)-방재(防災)-안보(국방(國防))의 순으로 대상의 이동을 따라가는 것이 더 익숙할 수도 있다. 이 책은 지구에서 안보에 이르기까지 앞의 대상이 다음 대상에 진입하는 과정을 기술하고 있으며, 이러한 진입 과정은 각 장에서 다뤄지는 대상의 명칭 속에 내재되어 있다. 앞의 대상을 이루는 한자가 뒤에 오는 대상의 한자에 포함되어 있음에 주목하기 바란다.

제2장

만물의 만물에 대한 투쟁

만인은 만인에 대해 늑대이다.(homo homini lupus.)

(Hobbes 1998)

홉스가 그리고 있는 '자연상태'에서는 모두가 평등하게 불안하다. 개인은 자신을 방어할 어떠한 장비도 갖추고 있지 않다. 다른 누군가에게 자신의 안전을 위탁할 수도 없다. 맨몸으로 스스로를 지켜야 한다. 그래서 각자가 서로에게 취약하다. 취약성은 불안으로 이어지고, 불안은 서로에 대한 불신으로 이어진다. "만인은 만인에 대해 늑대이다."라는 말은 이러한 불안과 불신이 만연한 상태를 잘 보여 주고 있다. 그런데 불안과 불신을 불러오게 하는 것은 사람만이 아니다. 지진이 초래하는 재앙은 만물이—인간과 인간 아닌 것을 모두 포함해서—서로에게 늑대가 될 수 있다는 불안과 공포를 불러일으킨다. 지진이 일어나서 침대 위로 천장이 무너져 내릴 수 있다. 그때부터 우리는 집 천장을 신뢰할 수 없다. 안심하고 잘 수 없다. 이때부터 만물은 만물에 대해 늑대이다.

불안을 해소하기 위해서 늑대가 나타났다고 미리 알려 주는 '양치기 소년'에게 기대를 걸어 볼 수 있겠다. 일본의 지진학자들은 지진이 일어나기 3일 전에 지진 발생을 미리 탐지(豫知)하는 역할을 맡은 바 있다. 지진이 일어날 곳으로 예견된 지역의 주민들은 마을방재회를 결성하고 지진학자들의 외침에 따라 지진으로부터 대피하는 훈련을 반복해 왔다. 하지만 지진학자들 역시 지진을 경계하기에는 역부족이었다는 점이 고베 대지진 이후 드러났다. 대지진은 지진학자의 외침도 없이 주민들에게 직접 예고 없이 찾아왔다.[1]

이 장은 1995년 고베 대지진이 일어난 전후로 약 34년간 벌어진 연구자 및 전문가들 간의 논쟁을 다루고 있다. 논쟁 속에는 대지진 이후의 혼란이 깃들어 있다. 도대체 문제가 무엇인지, 이해관계 당사자들은 누구인지, 그리고 그 문제들을 어떻게 해결해야 할지에 대한 제안들이 쏟아져 나왔다. 필자는 이러한 제안들이 모이는 학회, 위원회, 보고서, 학술지를 살펴보면서 대지진을 둘러싸고 논쟁을 벌이는 공중의 규모를 가늠해 보았다.

문제를 복잡하게 하는 것은 대지진에 대한 논쟁이 새로운 쟁점으로 옮겨 가는 경우이다. 새로운 쟁점이 출현하면서 새로운 제안도 제시된다. 그러면서 제기되는 문제들, 관련된 인간과 비인간, 그리고 이들을 대변하는 연구자들의 수가 증가한다. 이전에는 목소리를 내지 못했던 집단이 "우리도 관련이 있다."라고 주장하며 대지진을 중심으로 논쟁을 벌이는 공중에 관여하기 시작한다.

1 지진의 이름과 지진으로 인한 재해의 이름이 구별된다. 내륙직하형 지진의 경우, 일본 기상청에서 하나의 현(縣)을 동서남북으로 나누어 현명과 방위를 조합해 이름을 짓는다. 그리고 지진과는 별도로 그 지진으로 인해 피해를 입은 지역적 범위로 '진재'의 이름을 짓는다. 한국에서 '고베 대지진'으로 불리는 지진의 정식 명칭은 '효고 현 남부 지진'(兵庫縣南部地震)이다. 이 지진으로 인한 피해 지역이 한신부(阪神府)(오사카 부(大阪府))와 고베 현(神戶縣)을 포함하여 아와지(淡路) 섬에 걸쳐 있다는 점에서, 효고 현 남부 지진으로 인해 일어난 지진 재해를 '한신·아와지 대진재'(阪神·淡路大震災)라고 부른다. 이 책에서는 한국의 독자들에게 더 익숙한 '고베 대지진'이란 명칭을 주로 사용하기로 한다.

이렇게 볼 때, 공중의 규모를 가늠하는 출발점은 제안들을 수집하는 것이다. 그럼으로써 '문제 제기'와 '쟁점의 형성', 그리고 '쟁점이 이동하면서 확산되는 논쟁'을 놓치지 않고 따라가는 것이다. 그러면 수많은 사람과 사물의 집단들이 어떤 제안을 매개로, 어떤 이해관계에 따라 대지진에 연관되어 있는지가 드러난다.

1. 불안의 진술: "언제 일어나도 이상하지 않다"

대지진이 일어날 수 있다고 가장 먼저 알리는 자가 지진학자이다. 지진학자의 '외침'에 따라서 주민들은 대피를 하고 피해를 줄일 수 있다. 하지만 이 외침의 역할을 맡은 지진학자의 위상은 몇 차례의 지진 이후에 변형되었다. 아래에 지진학자의 위상변화를 대표하는 세 명의 지진학자들이 있다. 이들은 각각 다른 세대를 대표하는 지진학자들로서 지진학자의 위상 변화를 몸소 겪은 자들이다. 이하에서 이들의 제안이 받아들여지거나 반박되거나 무시되는 과정을 살펴볼 것이다. 이를 통해서 지진학의 권력이 확장되었다가 재현의 위기를 겪으며 다시 쇠퇴하는 과정을 이해할 수 있다.

먼저 많은 사람들이 지진학자의 예측에 기대어 지진 재해를 막을 수 있다고 믿었던 시기의 이야기를 하고자 한다.

> 이 지역에 지각의 변형력이 축적되어 이미 그 한계에 다다랐다. 도카이 지진(東海地震=駿河灣地震)이 임박했다고 우려할 만한 수준이다. 이제 이 지진의 전조(前兆) 현상은 언제 시작되어도 이상하지 않다고 생각한다.(石橋克彦 1976)

1976년 8월 일본 국토교통성 국토지리원에서 지진학자들과 측지학자들, 그리고 방재 정책 담당자들이 참석한 지진예지연락회가 열렸다. 이 모임에서 도쿄대학에 재직 중이었던 역사지진학자 이시바시(石橋克彦) 교수는 도카이 지진이 곧 일어날 것이라고 예견했다. 그는 역사기록물을 증거로 제시하면서, 도카이 지역에 100여 년 간격으로 대지진이 반복해서 일어났음을 보여 주었다. 그리고 도카이 지진의 전조 현상이 "언제 시작되어도 이상하지 않다."라고 말하면서 지진 발생의 절박성을 강조하며 청중의 불안을 이끌어 냈다. 발표의 말미에서 그는 다음과 같은 또 다른 제안을 했다.

> 지각의 변형력(stress)이 축적되어 이미 한계에 다다랐다. 그래서 지진의 전조 현상이 오랜 기간 계속된다는 보장이 없다. 때문에 즉시 (전조 현상에 대한) 집중 관측을 시작해야 한다.(石橋克彦 1976)

도카이 지진의 절박성을 전제로, 이시바시 교수는 '도카이 지역에 관측망을 늘려 집중 관측을 시작한다면 지진의 전조를 탐지해서 피해를 줄일 수 있다'는 제안을 하고 있다. 여기서 주목할 만한 것은, "도카이 지진이 임박했다"는 그의 첫 번째 제안이 "전조 현상을 집중적으로 관측해야 한다"는 두 번째 제안의 전제로 삽입되었다는 점이다. 그럼으로써 첫 번째 제안의 진술은 두 번째 제안 속에서 당연한 듯이 여겨지고 있다. 두 번째 제안 덕분에 첫 번째 제안—"도카이 지진이 임박했다"는 진술—은 의심할 필요가 없는 진술처럼 다뤄지고 있는 것이다.

진술이 다른 진술 속으로 "삽입"(insertion)(Latour 1987: 22-29)되는 과정을 추적하는 작업은 하나의 문헌이 다른 문헌에서 옮겨 온 진술들의 집합이라는 점을 볼 수 있게 한다. 주어진 하나의 진술은 그 자체로서는 사실도 허구도 아니지만, 수많은 다른 진술들에 삽입되면서 더 사실에 가까워지거나 더 허구에 가까워진다. 그래서 하나의 진술이 사실 혹은 허구가 될지는 다음에 오는 다른 진술들에 '어떻게' 삽입되는가에 의해 결정된다. 하나의 진술이 다른 진술에 긍정적으로 삽입되는가, 아니면 부정적으로 삽입되는가에 따라서 진술은 사실에 더 가까워지거나 사실에서 점차 멀어진다.

앞의 이시바시 교수의 진술들에서, "도카이 지진이 임박했다"는 첫 번째 제안은 도카이 지진역(地震域)에 대해 "즉시 집중 관측을 해야 한다"는 두 번째 제안에 긍정적으로 삽입되었다. 그러면서 "도카이 지진이 임박했다"는 진술은 의심의 여지 없이 두 번째 진술에서 받아들여진다.

이시바시 교수는 학회에서의 발표에 그치지 않았다. 그는 간추린 보고서를 작성하고 방재 담당 관료들 앞에서 도카이 지역에 집중 관측망의 구축을 제안하기도 했다. 그리고 언론 매체와의 인터뷰에서 지각에 변형력이 쌓여 있기 때문에 지진이 "언제 일어나도 이상하지 않다." 라는 말을 되풀이했다.

동료 지진학자와 측지학자는 이시바시 교수의 제안에 따라서 다음과 같은 점에 대해 논의했다. '도카이 지진의 전조 현상을 GPS(Global Positioning System), 체적변형계(體積歪み計), 미소(微小)지진계 중 어느 것으로 집중 관측해야 더 정확한 예지를 할 수 있는가?' 한편 방재 정책 전문가들은 지진학자와 측지학자가 집중 관측을 통해 지진의 전조 현상을 탐지했을 때 자신들은 무엇을 해야 할지 고민하기 시작했다. '도카이 지역의 주민들이 대피하는 데 걸리는 시간을 줄이기 위해 어떤 대피 시스템을 마련해야 하는가?', '대피 시간을 확보할 만큼 충분히 일찍 전조 현상의 정보를 전달할 수 있는가?', '이 정보를 단절 없이 빠르게 지역 주민들에게 알려 줄 수 있는 기관은 국토지리원인가 기상청인가?' 와 같은 문제에 대해 정책을 마련해야 했다.

이 지점에 이르러서는 연구자들과 정책 담당자들의 논의가 이미 이시바시 교수의 제안이 옳은지 그른지를 판별해 내는 것과 무관하다는 점을 알 수 있다. 이들의 제안들은 '도카이 지진이 일어날 것'이라는 점과 '전조 현상을 집중적으로 관측한다면 전조 현상을 탐지할 수 있다'는 점을 전제하고 있다. 이 두 전제를 받아들인 후에 지진학자, 측지학자, 방재 담당자는 자신들의 연구 및 업무와 관련해서 발생하는 문제들에 대해 질문하고 협의하고 있음을 알 수 있다. '정말로 도카이 지역에 지진이 곧 일어날 것인가?'(첫 번째 진술에 대한 질문)와 '관측망을 늘리면 정말로 전조를 미리 알 수 있는가?'(두 번째 진술에 대한 질문)라는 질문은 문제가 되지 않았다. 즉 도카이 지진이 일어날 수 있다는 예견과 관측망을 통해서 전조를 탐지할 수 있다는 진술은 다른 전문가들의 제안에 '긍정적으로 삽입'되었다. 달리 말하면, 이시바시 교수의 제안은 뒤에 오는 수많은 또 다른 제안들에 인용되면서 공고화되어 왔다.

언어학자 리브스는 논문, 보고서, 제안서의 도입부에서 공통적으로 나타나는 현상에 주목했다.(리브스 2010: 117) 도입부에는 학계에서 동의를 얻은 '지식'이 저자의 주장이나 제안의 기초로 자리 잡고 있다. 저자는 그 동의를 얻은 '지식'에 자신이 무엇을 추가할 것인지를 제시함으로써 '문제 제기'라고 불리는 또 다른 제안을 할 수 있다. 그래서 이러한 글들의 서문은 글의 다른 부분보다 확실하고 자신에 찬 진술들로 이루어져 있다.

이시바시 교수의 진술을 긍정적으로 인용하는 보고서와 논문들이 늘어날수록 그의 진술은 다른 문헌들의 도입부에서 '기정사실'이 되어 간다. 그의 제안은 이 문헌들 속에 자리 잡으면서 그의 제안을 지지하는 수많은 동맹들을 거느리고 있다. 수많은 연구자들과 정책 담당자들의 제안이 이시바시 교수의 제안을 보위하기 시작했다. 그리고 연구자들과 정책 담당자들은 이시바시 교수의 진술을 기초로 해서 자신들이 더할 수 있는 진술들을 확실하고 자신에 찬 어투로 쓰기 시작했다. 이시바시 교수의 진술이 공고화하는 과정은 집중 관측을 통해 전조를 탐지하는 '지진 예지'에 대한 믿음이 강해지는 과정이기도 하다.

지진 예지가 가능하다는 믿음을 공유하면서 지진 예지에 이해관계를 갖는 행위자들의 수가 점차 늘어나는 것도 발견할 수 있다. 만약 '관측망의 확충해서 지진을 예지할 수 있다면', 동료 지진학자들은 정밀한 지각 자료를 축적할 수 있다. 지진학자들은 도카이 지진의 변형력 변화를 정밀하게 관찰함으로써 오랜 숙원이었던 지진 발생 기제(mechanism)를 규명하는 데 한 걸음 나아갈 수 있다. 지진학자들은 도카이 지진역(域)에 지진계와 측지계 관측점을 밀도 있게 구축하는 프로젝트를 제안하면서 이시바시 교수의 제안을 근거로 인용했다.

기업도 지진 예지를 통해서 지진이 일어나기 며칠 전에 고속철과 공장을 멈추는 제어 시스템을 개발할 수 있다. 제조업체와 철도 회사의 재난 대비 기획안의 도입부에 "도카이 지진은 언제 일어나도 이상하지 않다."라는 이시바시 교수의 제안이 인용되었다.

행정 담당자들은 관측 자료를 판정하는 전문가 모임을 제도화하고 관측망의 구축과 전문가 모임을 규정하는 법령을 정비함으로써 시민의 안전을 도모할 수 있다. 물론 이들의 법안 속에도 이시바시 교수의 보고서가 첨부되어 있다. 그리고 '경계강화지역' 중 하나로 상정된 도카이 지역 시즈오카 현(静岡縣)의 주민들은 그들의 대피 훈련과 학교의 방재 교육에서 "언제 일어나도 이상하지 않다."라는 말을 일상적으로 듣고 말하고 쓰기 시작했다.[2]

2 이시바시 교수의 제안이 제시된 해와 같은 해인 1976년 12월, 문부과학성 측지학심의회는 도카이 지역의 관측을 강화해서 전조 현상을 포착할 수 있도록 상시 감시 체제를 구축하는 것과, 관측 데이터에서 이상 현상이 검출되었을 경우 이것이 대지진으로 연결될지를 판정하는 전문가 조직을 만들 것을 건의했다. 이 건의에 따라서 국토지리원의 지진예지추진본부는 지진예지연

요약하면, 연구자들의 논문과 보고서에, 중앙방재회의 의사록에, 행정 관료들의 정책안과 법안에, 시청의 소방국과 철도 회사, 그리고 지역의 방재 공동체의 매뉴얼 속에, 이시바시 교수의 제안이 삽입되었다. 그리고 그때마다 새로운 제안이 제시되었다. 제안에 의해 언급되는 이해관계 당사자들 역시 증가했다.

이시바시 교수의 진술은 지진 예지가 가능하다는 '희망'을 중심으로 결합된 연합에서 핵심적인 위치를 차지했다. 모두 이시바시 교수의 제안을 받아들인 후에 자신들이 대변하고 있는 사람과 사물이 직면하게 될 새로운 문제를 제기했다. 이들이 지진 예지가 가능할 것이라는 희망을 공유하면서, 이시바시 교수의 제안은 관련된 사람과 사물이 지진 예지와 관련된 자신들의 목적에 도달하기 위해서 반드시 거쳐 가야 할 "의무통과점"(Obligatory Passage Point; OPP)(Callon 1986)이 되었다.

처음에 이시바시 교수가 "언제 일어나도 이상하지 않다."라고 말했을 때, 이 진술은 절박성을 강조하기 위한 진술이었다. 이 진술을 읽은 독자와 들은 청자는 다가올 대지진에 대한 불안을 떠안게 되었다. 그런데 모순적이게도, 그의 진술은 지진이 일어나기 며칠 전에 지진으로부터 대피할 수 있다고 하는 여러 제안들의 '희망'의 중심에 자리 잡고 있기도 하다. '불안'의 진술은 이렇게 해서 '희망'의 진술이 되었다.

락회의 내부 조직으로 '도카이지역판정회'를 발족했다. 후에 일본 기상청에 '지진방재대책강화지역판정회'가 설치되어 국토지리원과 기상청 두 곳에서 도카이 지진역에 대한 집중 관측이 시작된다. 국토지리원은 GPS(Geo-net)로, 기상청은 체적변형계를 중심으로 집중관측망을 구축했다. 그리고 1978년 6월에는 '대규모지진대책특별조치법'(대진법)이 제정되었다. 두 기관의 판정회는 '대규모지진대책특별조치법'에 따라서 도카이 지진의 전조 여부를 판정해서 대피를 권고하는 '경계선언'을 발표할 수 있게 되었다.

2. '양치기 소년' 지진학자

지진 예지를 빠뜨리거나 지진을 '예지'했음에도 불구하고 지진이 일어나지 않을 때 지진학자의 위상은 어떻게 바뀌는가? 필자는 이시바시 교수의 제안이 부정적으로 삽입된 제안들도 발견했다.

> 지진관측 강화지역을 설정한 대진법(대규모지진대책특별조치법)이 제정될 당시의 대응 조치 행동은 '장래는 지진 예지 기술이 진보할 것이고, 지진 예지가 확실해질 것'이라는 전제에서 결정된 것이었습니다.(シンポジウム 1995)

고베 대지진이 일어나기 두 달 전인 1994년 11월, 곧 대지진이 일어날 것임을 전혀 짐작하지 못한 상황에서 지진학자와 방재 관련 전문가들, 그리고 언론인들은 빗나갈 수 있는 예지를 어떻게 감당해 내야 할지를 논의하고 있었다. 1994년 1월 미국 캘리포니아 주에 큰 피해를 입힌 노스리지(Northridge) 지진이 일어났지만, 미국의 지진학자들은 지진이 일어날 것이라는 실마리를 전혀 잡지 못했다는 사실이 전해졌다. 미국에서 지진 예지의 불확실성에 대한 논쟁이 가열되기 시작했고, 이 논쟁은 일본에서의 지진 예지 논쟁으로 옮겨 왔다.[3]

이시바시 교수의 제안이 여러 제안에 인용되면서 점차 공고해졌던 것과는 달리, 위의 진술 속에서는 그의 제안이 생산된 조건이 드러난다. 위의 진술은 지진 예지의 가능성이 말 그대로 특정 시기, 특정 화자

3 『네이처』 지 홈페이지에서 미국에서의 지진 예지 논쟁의 전개 과정을 살펴볼 수 있다. http://www.nature.com/nature/debates/earthquake/equake_frameset.html

의 기술 진보에 대한 '희망'일 뿐이라는 점을 지적하면서, 지진 예지 가능성을 믿기보다는 왜 이시바시 교수의 제안이 그 당시에 여러 다른 제안들의 전제가 되었었는지를 폭로하고 있기 때문이다. 이시바시 교수의 제안이 특정한 조건에 근거하고 있다는 점이 지적됨으로써 그의 제안은 상대적인 믿음으로 약화되었다. 그리고 지진 예지가 가능할 것이라는 희망 대신 예측하지 못한 위험에 대한 불안이 자리를 잡기 시작한다.

> 경계조치가 발령되었는데, 그것이 빗나간(空振り) 예지였을 경우 경계강화지역뿐만 아니라, 수도권을 비롯해서 전국적으로 큰 영향이 예상됩니다. 지진이 일어나지 않았음에도 불구하고, 도쿄와 오사카 간의 동맥도 끊겨서 최저 7,200억 엔의 경제적 손실이 발생할 것으로 계산되고 있습니다. 또한 경계선언이 2-3회 잘못 발령되었을 경우, 지진 예지는 '양치기 소년'(狼少年)이 되어 버리고 그 의의가 문제시될 수 있습니다. 이런 상황에서 과연 경계선언을 발령할 수나 있을까요? 이러한 두려움 때문에 경계선언을 발령하지 못하고 국가 전체가 불의의 일격을 당하지는 않을까요?(シンポジウム 1995)

지진 예지가 현실적으로 정확하지 못한 상황, 즉 잘못된 지진 예지로 인해 피해를 더 늘릴 수 있다는 진술 안에 이시바시 교수의 제안이 첨부되었다. 지진학자는 지진 예지를 기대하는 수많은 사람과 사물의 안전을 보장하기는커녕, 지진 예지 자체 때문에 불확실성과 위험을 증폭시키는 '양치기 소년'으로 비난받을 위기에 처하게 된다. 그래서 이제는 지진 예지가 불확실할 수 있다는 제안이 다른 제안의 전제 조건이 되기 시작한다.

지진학자들 역시 지진 예지의 불확실성을 받아들이고 있다. 하지만 불안에 빠진 동맹으로부터 행위자들의 이탈을 방지하기 위해서 전술에 수정을 가하는 전략도 발견할 수 있다.

> 장기(長期) 예지는 현재 신뢰받고 사회적으로도 유용한 정보를 제공하고 있습니다. 과거 사례에 비추어 보면서 새로운 기술을 사용해 지각에 어느 정도의 변형력이 축적되어 있는지를 판단하는 것이지요. 그리고 그 지역에 몇십 년 후 큰 지진이 일어날 때를 준비할 수 있습니다. 하지만 단기(短期) 예지의 경우는 다릅니다. 지진 발생 직전인 2일 내지 3일 이내에 예지를 하는 것으로, 적중 확률이 현재로서는 그리 높지 않습니다. 이와 같은 한계를 고려할 때, 지진 예지의 불확실성을 줄이는 것은 지진학의 문제이지만, 불확실성을 동반하는 지진 예지를 사회에 도움이 될 수 있는 것으로 바꾸는 것은 사회학의 문제라고 생각합니다.(シンポジウム 1995)

도쿄대학 지진연구소의 미조우에(溝上 恵) 교수는 지진 예지(단기 혹은 직전 예지)가 부정확해서, '빗나감'(空振り)과 '빠뜨림'(見逃し)이 나타나고 있다는 현실을 인정했다. 하지만 대재해의 위험을 생각한다면 예지가 빗나가는 일이 있다 하더라도 예지를 빠뜨리는 일은 허용될 수 없음을 강조한다. 예지를 빠뜨리는 것이 주민들을 무방비 상태에 놓이게 하고 더 큰 피해를 입힐 것이기 때문이다. 따라서 예지가 빗나가는 일이 일어나는 현실에도 불구하고 어쩔 수 없이 빗나감을 무릅쓰고 경계를 발령해야 한다는 결론에 이른다. 그는 '사회'가 빗나간 예지의 불확실성을 나누어 가질 것을 제안하고 있는 것이다.

그의 선배 지진학자 이시바시 교수가 지진 예지 가능성에 대한 집합적 희망을 매개하는 중앙집권형 권력을 갖고 있었다면, 후배 지진학자 미조우에 교수는 불확실한 예지의 가능성을 열어 둔 채, 그로 인한 불안을 방재 정책 전문가나 방재 관련 사회과학자들, 그리고 행정 기관 및 주민들과 나누어 가짐으로써 지진학자의 외침이 갖는 과도한 위험(혹은 권력)을 분배하고자 했다. 주민들은 지진 예지에 귀를 기울이면서도, 반드시 예지가 맞아떨어지는 것은 아니라는 점을 받아들이고, 예지가 빗나갔을 때 일어날 수 있는 혼란에도 대비해야 한다.

방재 전문가들과 주민들은 이제 지진 예지의 불확실성을 전제로 자신들이 겪게 되는 불안을 말한다. 지진학자가 대지진이 일어날 것이라고 외치고, 그 외침을 듣고 주민들이 대피한다는 단순한 이야기는 좀 더 다중적인 경우들에 대해 대비하는 이야기들의 집합이 되었다. 그 불안의 연쇄는 언론인, 사회안전공학자, 경제학자 등의 진술로 이어진다.

> 아이, 노인, 장애인과 함께 살고 있는데, 지진 발생 직전에 이들을 지방 친척에게 맡기려 할 것입니다. 하지만 철도로 사람들이 몰려 철도 운행이 중단되겠지요. 슈퍼마켓이나 편의점에서 사재기를 한 다음, 은행에서 현금을 인출할 것입니다. 대부분 비슷한 생각을 할 것이므로, 지진 예지의 불확실성에 대한 공통된 인식이 없다면, 개인의 판단에 따라 행동하다가 공황에 빠지게 될 것입니다. 아이가 학교에 있다면 더 복잡해지는데요. 초등학교의 50%, 중학교의 65%, 고등학교의 70%의 학생의 어머니들이 일을 하고 있기 때문에, 학교와 부모 간 사전 양해가 없으면 곧바로 대응할 수 없을 겁니다.(산케이신문 편집장)(シンポジウム 1995)

> 전후 일본의 문제 중 하나는 효율성만 추구한 나머지 간판방식 생산과 편의점 등과 같은 '저스트-인-타임'(just-in-time)으로 물건을 배달하는 생활이어서, 그 결과 경계경보가 발령되면 물자 부족으로 큰 피해를 입게 되었습니다. 또한 방재와 관련된 대부분의 사회과학이 합리적 인간을 전제하고 있지만, 경계조치가 발령된 상황에서는 과연 합리적으로 행동할 수 있을지에 의문이 갑니다. 따라서 사회의 구석구석까지 각 상

황에서 어떤 행동을 할지에 대해 동시에 생각할 필요가 있습니다. 가장 큰 문제는 이러한 일본의 시스템에 대해서 문제를 제기하는 사람조차 없다는 겁니다.(사회안전공학자)(シンポジウム 1995)

산업연관표를 사용해서 계산한 결과, 빗나간 경보 발령으로 인한 피해액이 하루 7,200억 엔, 3일 2조 엔으로 나왔습니다. 하지만 산업연관 분석은 정상적이고 안정된 상태에서의 산업들 간의 연관성입니다. 냉정한 행동을 전제한 수치이기 때문에 실제로는 더 큰 피해가 있을 것입니다. 금융 시스템 역시 불안합니다. 경계조치 발령과 함께 은행 업무는 일시 정지되고, 기업들은 어음으로 인해 부도가 날 수도 있습니다. 만약 도쿄 바로 아래서 지진이 일어나면 환업무가 마비될 것이고, 은행원이 목숨을 걸고 업무를 계속하지 않는 한 국제 금융에 큰 충격이 가해질 것입니다.(경제학자)(シンポジウム 1995)

지진 예지의 불확실성을 공유하고 있는 행위자들은 지진학자의 지진 예지에 모든 것을 의존하고 있을 수 없다. 경계조치 발령 시에 나타날 수 있는 다중적인 상황에 알맞은 대비를 할 수 있도록 안전공학자나 경제학자, 그리고 넓은 의미의 사회학자들과 볼런티어 단체들이 그 불안을 해결하기 위해 나름대로의 문제를 제기하고 제안을 제시해야 한다.

주목할 만한 것은, 이러한 제안들이 지진 예지의 불확실성을 전제로 하고는 있지만, 지진 예지 자체를 폐지해야 한다는 제안이 아니라는 점이다. 지진 예지에 대한 제안은 행위자들의 의심을 받지만, 그렇다고 완전히 무시될 수도 없다. 무방비 상태에서 지진을 맞이할 수 없기 때문이다. 지진 예지가 가능할 것이라는 희망뿐만 아니라, 지진 예지가 불확실하기 때문에 '사회'가 그 불확실성까지도 수용해야 한다는 제안도 마찬가지로 지진학자의 지진 예지에 대한 제안을 전제하고 있는 것이다.

미조우에 교수는 지진 예지의 불확실성을 해결하는 것이 사회과학의 목적이라고 규정함으로써 행위자들이 사회과학자들의 제안으로 우선은 우회하도록 하고 있다. 하지만 지진 예지의 불확실성을 보완하는 데 사회과학자들의 역할을 한정시키고 있고, 사회과학자들을 통해서 대변되는 행위자들이 궁극적으로는 지진 예지에 도달하도록 우회로의 방향을 통제하고 있다. 그럼으로써 지진학자는 여전히 의무통과점을 차지하고 있다. 사회과학자들의 제안은 궁극적으로 지진학자의 제안에 봉사하고 있으며, 사회과학자들 자신은 지진학자가 의무통과점을 차지하고 있는 연합에 새로운 구성원으로 추가되고 있다.

그러면 마지막으로 등장하는 지진학자는 어떤 위상에 놓여 있는지 살펴보자.

사례 2-1

뭔가 잘못되었다

정부의 자원이 무한한 것이 아니기 때문에 법률을 만들어 전부 도카이 지역에 집중을 시켜 버렸던 것이죠. 그럴 수밖에 없는 정당한 이유가 있다고 해도, 도카이 지역에만 지진이 일어나는 것이 아니었기 때문에, 결국 간사이(關西)에 살고 있는 사람들에 대해서는 생각지도 않고 '우선 도카이 지진이 일어났을 때 어떻게 할지 생각해 봅시다' 하는 생각이었던 것이지요. 그건 지진학자가 잘못했던 겁니다. 실은 1994년 가을에 지진예지연락회에서 이 점을 지적하는 보고서가 나왔습니다. 내가 편집을 했는데, 그 당시 예지련(지진예지연락회)의 선생님들이 "이제 슬슬 난카이 지진에 대한 대책을 세워야 하지 않을까, 난카이 지진 전에는 서남 일본의 내륙직하형 지진이 활동기에 접어든다고 하니까…."라고 한 말들이 적혀 있기는 했어도(보고서를 보여 줌), 그것도 몇 번을 반복해서 문제를 제기해서 간신히 보고서에 들어가게 된 겁니다. 이건 상당히 안타깝죠. 우리는 정말로 괴로웠습니다. 결국 보고서의 이런 비판도 (행정 당국자들에게) 읽히지 않았던 겁니다. 그 후 지진조사연구추진본부가 생겨서 그때까지 '뭔가 잘못되었다'는 보고서가 나왔지만 이미 지난 일이 된 거죠.

_2009년 10월 5일, 측지학자 하시모토 면담

1995년 1월 17일 일본 간사이 지방에서 일어난 고베 대지진의 발생은 도카이 지진역에서의 집중 관측을 통한 지진 예지가 아무 효과가 없었다는 점을 드러냈다. 대지진이 이시바시 교수의 문제 제기에 따라 관측망과 방재 대책들이 집중적으로 구축되었던 도카이 지역에서 일어나지 않고 전혀 예상하지 못했던 한신(고베와 오사카) 지역에서 일어났기 때문이다. 도카이 지진에 집중된 관측망과 경보 시스템, 그리고 대규모 지진대책특별조치법과 경계강화지역 주민들의 방재 교육이 무용할 수 있다는 의심을 받는다. 따라서 지진학자가 지진 예지를 중심으로 이끌고 있던 집합에서의 논쟁과는 전혀 다른 방향으로 논쟁이 전개될 것이라고 짐작할 수 있다.

사례 2-2

지진 관측과 방재의 관계

방재 세미나에 청중으로 참석한 지진학자 이이오 교수는 간사이 지방에서 미소지진의 관측 자료를 수집해 지진의 기제를 밝혀내는 연구를 진행 중이다. 같이 참석한 도시사회공학자 오카다 교수가 자신이 초대한 교토 시 자주방재회의 리더인 오오타를 이이오 교수에게 소개해 주고 있다. 서로의 관심사와 연구 활동에 대한 설명을 주고받고 난 후에, 오오타는 이 지진학자에게 "미소지진계를 놓아서 관측점을 늘리기만 하는 것이 방재에 실질적인 도움이 되는지요?"라고 공격적인 질문을 던졌다. 답변을 기다리고 있는 도시사회공학자와 자주방재회 리더 앞에서 지진학자 이이오 교수는 말을 조금 더듬으며 "현재로서는 지진 발생 직전에 예지하는 것이 불가능하지만… 지진 예지를 가능하게 하기 위해서는 기초적인 자료부터 축적하는 수밖에 없습니다."라고 대답했다. 이에 대해서 오오타는 "지진계로 관측점을 늘리는 것과 지역에서의 실질적인 방재 사이에 현재로서는 아무런 관련을 찾지 못하겠습니다."라는 반응을 보였다. 소개를 해 준 도시사회공학자는 난처한 표정을 짓고 있다. 이렇게 지진학자, 도시사회공학자, 자주방재회 리더 간의 대화는 어색한 긴장 속에서 끝이 났다. _2010년 1월 8일, 방재연구소 내부 세미나 학회

이시바시 교수의 제안에서는 도카이 지진역에 관측망을 구축하고 지진을 예지하는 것이 곧 방재로 이어지는 것이었다. 하지만 이이오 교수와 자주방재회 리더의 대화 속에서 그 둘은 무관한 것으로 의심받는다. 지진학자들의 집중관측망은 지진 기제를 밝히기 위한 연구를 위한 것일 뿐, 언제까지 기다려야 지역 공동체에서의 재난 대비에 실용화될지는 아무도 알 수 없다. 지진 예지가 주민들의 방재를 위한 것이 아니라 지진의 기제를 밝히는 지진학자들의 '지적 욕구'에만 도움이 되고 있는 것이 아닌가 하는 의심이 일기 시작한다.

첫 번째 지진학자 이시바시 교수가 지진 예지를 통한 방재를 제안하며 목소리를 높이고, 두 번째 지진학자 미조우에 교수가 지진 예지의 불확실성을 나누어 갖자는 양해를 구하기 위해 목소리를 낮춘 데 비해

서, 세 번째 지진학자 이이오 교수는 말을 더듬는다. 지진학자의 지진 예지(외침)로 집중되었던 권력이 사회학자들로 분배 혹은 우회되는 단계를 지나서 이제는 와해되기 시작한다. 지진학자 자신도 지진 예지와 방재의 무관함과 그로 인한 지진 연구의 한계를 자신이 저술한 책의 서문에 적어 두고 있다.

> 1995년 1월 17일 새벽, 집에서 자고 있었던 나는 갑자기 심한 흔들림을 느꼈다. 그때까지 경험한 적이 없었던 큰 것이었다. 재빨리 옆에서 자고 있었던 아들의 머리 위에 이불을 덮었다. 그리고 "하나, 둘, 셋" 하고 수를 세기 시작했다. 여섯 정도 세었을 때, 더 큰 흔들림이 일어나서, 아들의 머리 주위에 선반으로부터 꽃병 몇 개가 떨어졌다. 'S-P타임(초기미동계속시간)은 6초, 진원거리 50km 정도. 나라(奈良) 주변인가?' 하고 생각하며 이부자리에서 나왔다. 전등도 켜지지 않고, 부엌에는 식기가 떨어져 깨져서 발을 디딜 곳도 없는 듯했다. 선반 위에 고정되어 있던 오디오 스피커도 바닥에서 구르고 있었다. 다행히도 전지가 들어 있는 라디오가 있었기 때문에 스위치를 켰다. 그러자 '고베에서 진도 6'이라는 말이 흘러나왔다. 전혀 예상치 못했던 일에 어처구니가 없었다. 이것이 효고 현 남부 지진이 일어났을 때의 내 행동이다. 지진 전문가로서의 습성이 보이지만, 방재라고 하는 면에서는 실격이라는 점이 잘 드러난다. 침실 머리 주변 선반에 꽃병을 둔다든지, 열리기 쉬운 찬장을 그대로 둔다든지, 무거운 것을 높은 곳에 올려 둔다든지, 문제점이 수도 없이 많다. 평소에 "간사이 지역에도 옛날에는 대지진이 많이 일어났었습니다. 지금도 마찬가지입니다."라고 지진에 대해 설명하면서도, 내가 직접 겪게 되리라고는 생각한 적이 없었을지도 모른다.(飯尾能久 2009b)

고베 대지진으로 인해서 집중관측망(지진 예지)과 방재가 무관하다는 점이 드러났고 많은 사람들이 지진학자의 동맹으로부터 떨어져 나갔다. 지진예지추진본부와 같은 정책 추진 기관이 폐쇄되었고, 중앙방재회의에서 지진 예지의 실패가 거론되기 시작했다. 하지만 대지진과 함께 지진학자의 네트워크로부터 떨어져 나간 것은 사람들만이 아니다. 그의 지진계, 지진계와 연결된 기록기, 관측소에서 기록기의 자료들을 저장하는 컴퓨터와 데이터 저장 장치, 그리고 비상용 전원 장치 역시 그의 네트워크로부터 단절되었다.

> 간신히 아부야마(阿武山) 관측소에 도착해서 보니, 아사다 씨는 이미 장치 점검을 하고 있었다. 하지만 기록 장치가 작동하지 않고 있었다. 정전용의 전원 장치가 고장 난 것 같았다. 그래서 기록 장치에 직접 전원을 공급함으로써 기록을 뒤늦게 재개할 수 있었다. 지진 관측에서 가장 중요한 데이터를 얻을 수 있는 것은, 대지진이 발생했을 때이다. 그러나 대지진이 발생하면, 정전이 된다든지, 전화 회선이 불통이 된다든지 해서, 기록을 충분히 얻지 못할 가능성이 있다. 그래서 전화 송전 방식에 더해서 무선 겸용으로 회선을 구축하고, 관측점만이 아니라 기록기 쪽에도 정전용 전원 장치를 설치했다. 최악의 경우에도 최소의 데이터는 기록할 수 있도록 설계한 것이다. 당시의 컴퓨터는 수 시간 전기 공급을 할 수 있는 배터리가 없었으므로, 데이터 레코더 등 아날로그 기록만이라도 백업될 수 있게 했다. 하지만 이렇게 고심한 시스템이 효고 현 남부 지진 당시에는 작동하지 않았다. 후에 알게 된 것이지만, 전날 밤 아카이시(明石) 해협에서 일어난 전진(前震) 직후에 정전용 전원 장치가 고장 나 있었던 것이다. 1976년 관측 이래 20년간 처음 있는 일이었다.(飯尾能久 2009b)

지진학자는 어느 정도의 예지 가능성이 있기는 했지만, 결국에는 명확한 예지를 할 수 없었던 자신의 경험을 이야기하며 새롭게 축적된 지진학의 연구 결과에 대한 책의 서문을 서술하고 있다. 그는 고베 대지진이 일어나기 전에 이미 나가노 현 서부 지진(長野縣西部地震)이 발생한 과정에 대해서 논문을 작성했고, 그 지진이 일어나기 전과 비슷한 현상이 다른 곳에서도 발견되는지를 검토하고 있었다. 하지만 효고 현 남부의 자료를 빠뜨렸고, 롯코-아와지 단층대(六甲-淡路単層帯)에 고베 대지진이 임박했다고는 도저히 생각할 수 없었다고 고백한다.

도카이 지역에 대한 집중 관측을 통해 지진을 예지할 수 있다는 이시바시 교수의 제안과는 달리 지진은 고베 지역에서 일어났고, 집중 관측을 해야 할 지진계와 기록기, 그리고 데이터 저장 장치들은 대지진에 대한 어떠한 기록도 남기지 못했다.[4] 대지진은 지진학자와 관측점, 지진계, 전원 장치, 국토지리원, 기상청, 고속철도, 시즈오카 현 등의 경계강화지역, 자주방재회의 주민들과의 동맹의 강도에 대한 "힘의 시험"(trial of strength)(Latour 1987: 74-78)이었다. 이 '힘의 시험'에 대해 지진학자의 네트워크 혹은 동맹은 견뎌 내지 못하고 와해된다. 네트워크가 와해되자 사람도 사물도 지진학자의 의무통과점이 아니라 각자의 이해관계를 좇아서 갈 길을 간다. 그래서 지진학자는 더 이상 의무통과점이 아니다. 그리고 많은 힘(권력)을 잃는다.

다음 진술에서 '관측점을 늘리면 지진 예지가 가능하다'는 이시바시의 제안은, 지진 예지 기술이 충분히 진보하지 못했다는 것이 아니라 지진 예지 자체가 불가능하다는 제안 속에 들어가 있다.

1960년대에는 10년 이내에 예지를 실현하는 것도 가능하다는 시각

4 이 지진학자의 관측점에서는 고베 대지진의 파형 기록을 얻지 못했지만, 진앙으로부터 조금 더 먼 곳에 설치되었던 관측점에는 파형이 기록되었다.

이 있어, 예지에 대한 기대가 고조되었다. 하지만 예지를 실현하려고 관측의 밀도와 정도를 높이면 높일수록, 지진 기제의 복잡성으로 인해서 예지의 어려움이 더 부각되어 왔다. 이 시기의 연구는 과학으로서는 물론 큰 의의가 있었다. 그러나 결과만 놓고 보면, 예지는 실현되고 있지 않다.(和田章 2006)

1960년대라는 구체적인 시간과 '과학의 진보'에 대한 '누군가의 기대'가 언급되면서, 이시바시 교수의 제안이 생산된 조건이 완전히 폭로되며 지진 예지의 실현은 과학적 사실로부터 멀어진다.[5]

고베 대지진뿐 아니라, 그 이후의 지진에 대해서도 지진학자들은 전조를 포착하는 데 실패하고 말았다. 2003년 1,224곳에 GPS 안테나가, 그리고 1,000곳에 지진계가 일본 열도에 퍼져 있었지만, 2003년 도카치(十勝) 난바다 지진에 대해서는 전혀 전조를 포착하지 못했고 지진학자들은 다시 한 번 충격에 휩싸였다. 지진학자와 측지학자들 스스로도 지진 발생의 기제의 복잡성 때문에 자신들이 지진 예지에 실패하고 있으며 현재로서는 지진 예지가 불가능하다는 점을 인정하고 있다.

5 1960년대에 새롭게 나타난 지구관(地球觀)인 판구조론(plate tectonics)은 국지적으로 일어나는 지질학적 현상들을 판의 이동이라고 하는 전 지구적인 시각을 통해 통일적으로 설명할 수 있는 가능성을 열어 주었다. 일본의 경우, 필리핀 판이 유라시아 판으로, 태평양 판이 북미 판 아래로 파고들어 감(攝入)으로써 판 경계에서 대규모 지진이 주기적으로 발생하고 있다는 것이 지구과학계에서 표준적으로 받아들여지기 시작했다. 그래서 1960년대와 1970년대에는 판의 움직임을 전제로 한 지각 변동의 관측을 통해 머지않아 지진 예지를 실현할 수 있다는 기대가 고조되었다.

사례 2-3

일본인의 꿈과 지진학자의 꿈

지진 예지는 우리 일본인의 꿈이었습니다. 그래서 훨씬 이전부터 해왔던 거지요. 그런데 꿈과 대상이 어긋난 거지요. 말 그대로 지진 예지는 꿈이지요. 꿈은 (과학) 연구의 대상이 안 되겠지요. 꿈을 어떻게 꾸든 상관없지만, 역시 현실적인 대상을 다루지 않으면 안 되는 것이죠. 그 부분을 확실히 해 두지 않으면 안 되는 겁니다. 지진학자가 지진 예지를 위해서 지진학을 시작하는 것. 과학 연구의 입구로서는 상관없지만, 연구할 때는 꿈이 그 대상이 되지 않으니까요. 잘 맞아떨어지지가 않는 거죠.

_2010년 7월 9일, 지진공학자 사와다 면담

위에서 "일본인의 꿈"에 언급된 꿈은 지진 예지에 대한 연구 활동과 방재 프로젝트를 시작하는 동기 혹은 의도였던 반면에, "말 그대로 지진 예지는 꿈이지요."라는 말에서 언급된 "꿈"이라는 말은 그 연구와 프로젝트가 실패하고 있음을 확정하고 있다. 처음에는 꿈(동기 혹은 의도)과 대상을 구별할 수 없다. 지진학자들의 꿈은 프로젝트 보고서, 법안 혹은 매뉴얼, 시나리오 등의 모습으로 지진예지연락회, 기상청, 국토지리원, 의회, 시청, 학교, 가정집을 순환하면서 "일본인의 꿈"으로 연장되었다. 하지만 이제는 "일본인의 꿈"이 "말 그대로의 꿈"으로, 즉 다른 진술들 속에서 "일부 지진학자들만의 꿈"으로 순식간에 축소되어 버렸다. 지진 예지가 현실 속에서 대상이 될지, 아니면 "말 그대로" 꿈과 동기와 의도에 머무를 수밖에 없는지는, 논쟁에서 뒤따라오는 다른 진술들에 달려 있음을 알 수 있다.

3. 탐지(探知)와 감지(感知)의 만남: 무지와 불신을 넘어서

지진 대비에 대한 과학기술 정책 연표[6](표 2-1 참조)는 대지진이 과학자와 정치가의 규율에 대하여 유순하기보다는 반항적이라는 점을 보여준다.[7]

[표 2-1] 지진 대비에 대한 과학기술 정책 연표

1965년 3월	제1차 지진예지연구계획 입안
1969년 4월	지진예지연락회 발족
1969년 11월	도쿄대학 모기(茂木) 교수가 변형력 축적을 추정해서 스루가 만(駿河灣) 앞바다 지진의 가능성 지적
1970년 2월	국토지리원장의 사적 고문 기관인 지진예지연락회가 장래 지진이 발생할 가능성이 높은 '특정관측지역'의 하나로 도카이 지역(스루가 만) 지정(1970년 5월 스루가 만 주변 하마오카 원자력 발전소 1호기 건설)
1974년 5월	이즈 반도 먼바다 지진(30명 사망)
1974년	'특정관측지역'이 '관측강화지역'으로 격상
1976년 8월	도쿄대학 이시바시 교수가 '도카이 지진설'을 통해 예상 지진역의 모델을 제시하고 122년의 공백역으로 인한 지진 발생의 절박성을 강조함. 이후의 방재 체제 준비의 계기가 됨.
1976년 10월	지진예지추진본부 설치

6 藤井敏嗣·纐纈一起의 자료(2008)를 중심으로 수집된 여러 자료들에서 발췌했다.

7 20세기에 이르기까지 수천 명 이상의 큰 인명피해를 일으켰던 지진은 일본 역사 속에서 얼마든지 찾아볼 수 있다. 단, 본 연구에서는 지진학이 국가 수준의 방재 대책을 세우는 데 본격적인 영향력을 행사하기 시작한 시점에서부터 논의를 시작한다. 일본에서 대학이나 연구 기관에서의 지진 연구 자체는 1898년 도쿄대학의 연구자가 만든 지진계가 관측점에 설치되고부터 시작되었지만,(金凡性 2007; Clancey 2006) 지진학이 방재 정책에서 광범위한 영향력을 갖게 된 것은 1970년대 판구조론이 도입되고 지진예지연락회가 설립되어 도카이 지진의 예지 가능성과 절박성이 주장된 시기부터이다.

1977년 4월	국토교통성 국토지리원 지진예지연락회에 '도카이지역판정회' 설치
1978년 1월	이즈 오시마해 지진(사망자 25명)
1978년 6월	미야기 현 앞바다 지진(사망자 27명)
1978년 6월	예지 정보에 근거한 '대규모지진대책특별조치법'(대진법)이 성립됨. 도카이 지진이 예지된 경우, 철도·도로의 규제, 사회·경제 활동의 제한이 가능한 '경계선언' 규정이 생김.
1979년 8월	6현 170시정촌이 지진방재대책 강화지역에 포함됨.
1979년 8월	기상청에도 '도카이지역판정회' 발족
1983년 5월	일본해 중부 지진(사망자 104명)
1984년 9월	나가노 현 서부 지진(사망자 29명)
1993년 7월	홋카이도 남서 앞바다 지진(사망 및 행방불명 230명)
1994년 1월	미국 노스리지 지진 발생(사망자 57명), 예지하지 못함.
1995년 1월 17일	한신·아와지 대진재(고베 대지진, 사망자 6,436명), 지진방재특별조치법 제정
1995년 7월	지진예지추진본부 폐지, 지진조사연구추진본부 신설
1997년 6월	문부과학성 측지학심의회가 '지진 예지의 실용화는 현재로서는 불가능'이라고 결론
2001년 1월	중앙성청 재편: 제1회 중앙방재회의 개최
2001년 7월 25일	국토지리원의 긴급기자회견(2000년 여름부터 도카이 지역에 이상 징후가 있었다는 정보를 발표)
2001년	도카이 지진의 상정 진원역이 서쪽으로 확대
2002년	경계강화지역이 8도현 263시정촌으로 확대
2003년 5월	예지하지 못한 경우도 대비한 '도카이지진대책대강'이 제정됨.
2003년 7월	(도카이 지진에 더해) 도난카이·난카이 지진방재대책특별조치법 시행
2004년 10월	니가타 주에쓰 지진(사망 및 행방불명 46명)
2005년	중앙방재회의에서 상정된 도난카이·난카이 지진으로 인한 예상 사망자 9,200명을 4,500명으로 반감하는 10년간의 수치 목표를 제시한 지진 방재 전략 결정
2011년 3월	동일본 대지진(사망자 15,880명, 행방불명 2,694명), 지진동과 쓰나미로 인한 후쿠시마 원전 사고

대지진은 지진학자가 펼쳐 놓은 GPS와 체적변형계의 감시망을 뚫거나 엉뚱한 곳에 출몰해서 정치가들이 경보 발령 절차와 특별조치법으로 보장한 안전망을 무기력하게 한다. 정치가, 과학자, GPS, 체적변형계, 특별조치법, 대피 절차 매뉴얼, 주민들의 훈련으로 구성된 집합에 대지진이 출몰해 왔고 또 앞으로 출몰할 것임을 알 수 있다.

2001년 6월에 취임한 고이즈미(小泉順一郎) 총리의 관저에서 중앙방재회의가 열렸다. 고이즈미 총리는 전임 총리 때부터 염려되어 왔던 남관동 지진과 도카이 지진에 대한 대책을 자문하기 위해서 지진학자 미조우에 교수를 관저로 불러들였다. 하지만 미조우에 교수가 가져온 보고서에는 이 두 지진 외에도 또 다른 대지진들이 추가되어 있었다. 고이즈미 총리와 내각 대신들은 미조우에 교수의 보고로부터 지진 대책에 대한 확신을 얻기보다는 새로운 불안을 떠안게 된다.

> 도카이 지진은, 1854년 안세이 도카이 지진(安政東海地震)으로부터 현재까지 147년간에 걸쳐 미파괴 영역으로 남아 있습니다.(그림 2-1 참조) 그 결과, 변형력의 축적이 이미 임계치에 달하고 있어서, 다음 도카이 지진은 언제 일어나도 이상하지 않다고 생각합니다. 1944년과 1946년에 난카이 해구에서 도난카이 지진 및 난카이 지진이라고 하는 해구형 거대지진이 연달아 발생했지만, 이 지진들은 그림이 보여 주듯이 100년에서 150년의 간격으로 과거에 몇 번이나 주기적으로 반복해서 일어났던 해구형 거대지진의 무리에 속합니다. 지금부터 30년 후 내지 40년 정도 지나면 다음 지진 사이클이 오기 때문에, 다시 난카이 해구에서 거대지진이 발생하게 됩니다. 만약 이때까지 도카이 지진이 발생한다면, 하마나 호(浜名湖) 부근부터 시코쿠(四國)의 서쪽 끝까지를 진원역으로 해서 대지진이 발생하게 되겠지요. 만약 다음 사이클까지 도카이 지진이 발생하지 않는다면, 스루가 만부터 시코쿠 서단까지를 진원역으로

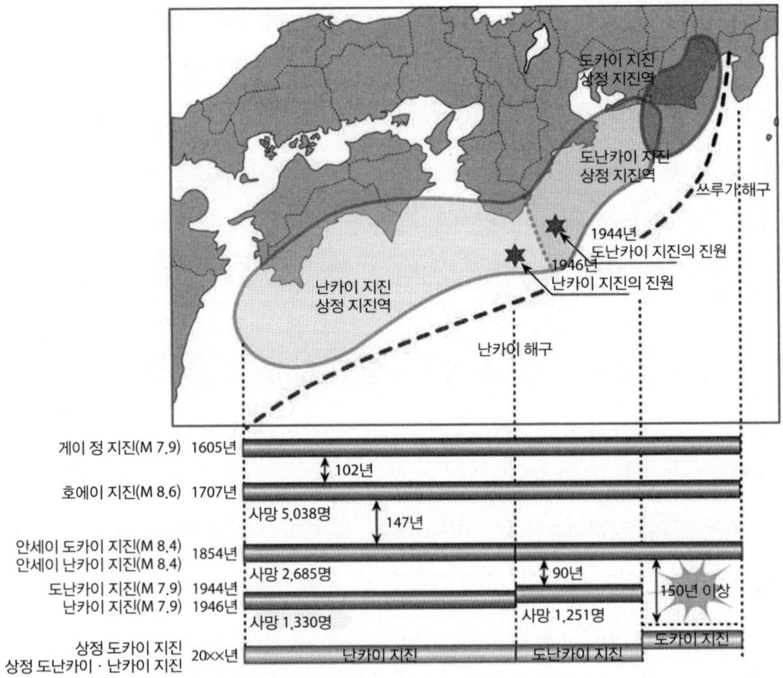

[그림 2-1] 도카이·도난카이·난카이 지진

난카이 해구 주변에서 100-150년 주기로 일어나는 도카이·도난카이·난카이 지진이 150년 이상 지났는데도 아직 어느 하나 일어나지 않았다. 그래서 지진학자들은 이 세 지진이 "언제 일어나도 이상하지 않다."라고 진단하고 있다. 세 지진이 동시에 일어날 가능성도 높아서 최근에는 '상정(想定) 난카이 해구 지진'으로 통칭하고 있다.

출처: 내각부 중앙방재회의 홈페이지; http://www.bousai.go.jp/kaigirep/chuobou/2/pdf/010704-4Nankai-Tokai.pdf

해서 대지진이 연동해서 발생하게 되겠지요. 어쨌든 간에, 금세기 전반에 난카이 해구를 따라서 몇 개의 거대지진이 발생한다는 것은 확실합니다.(內閣府中央防災會 2001)

만약 세 지진이 연동해서 혹은 순차적으로 일어난다면, 도카이 지역이나 나고야뿐 아니라, 오사카, 교토, 고베 같은 대도시들이 해안을 따라 이어져 있는 긴키(近畿) 지역과 주부(中部) 지역까지도 대재앙의 위험에 놓이게 되므로 지진에 대비해야 할 지역이 광역으로 확장된다. 이전부터 대비해 왔던 도카이 지진과 남관동 지진에 대한 대비책을 확인하는 자리에서 미조우에 교수의 보고로 인해 대비해야 할 지진의 수가 더 늘어났다. 도쿄에 큰 피해를 입힐 남관동 지진까지 고려한다면, 일본의 대도시 대부분이 대지진으로부터 안전하지 않다. 이 새로운 지진들을 둘러싸고 과학자와 정치가의 논쟁이 오고갔다.

외무대신 한신·아와지 대진재(고베 대지진)에서 미흡했던 초동 대응 문제가 다음 지진에서 또 일어날 수 있겠군요. 이 초동 대응의 문제를 먼저 해결하는 것이 중요한 것 같습니다. 당시에 초동 대응이 전혀 이루어지지 않았고, 각 성청 간의 협력도 실제 현장에서 전혀 가동되지 않았습니다. 지진 재해 당시에도 4성청, 과기청, 운수성, 국토청 등이 매우 열심히 뛰어다녔지만, 그 후로 어떤 논의가 있었고 어떤 역할을 했는지 알 수도 없습니다. 대규모 지진이 세 개나 금세기 전반에 발생할 것으로 염려되고 있는데, 지진 예지는 외국에서도 일본에서도 실패하고 있습니다. 지진학자를 중심으로 한 이러한 노력들이 실질적으로 어떤 효과가 있는지 모르겠습니다. 정계의 지각 활동은 잘 기능하고 있다고 생각합니다만, 실제의 지진 쪽은 어떨까요?

미조우에 교수 일반적으로 지진 예지는 어렵습니다. 외무대신의 지적이 맞습니다. 지진에는 내륙직하형 지진과 해구형 거대지진 두 종류가 있습니다. 전자는 몇천 년에 한 번 일어나서 주기가 깁니다. 단층 간 복잡한 역학적 상호작용이 있기 때문에 예측이 거의 불가능합니다. 해구형 거대지진의 경우는 각각의 고유의 지진역을 갖고 있어서, 인접한 지진역의 경계를 넘지는 않습니다. 거의 비슷한 기제 및 규모로 지진이 몇 번이나 반복해서 발생합니다. 최근에는 지진관측망, GPS, 체적변형계 등으로 24시간 해구형 거대지진역에 대해 감시를 하고 있습니다. 그래서 해구형 거대지진에 대해서만큼은 직전 예지의 가능성이 높아지고 있습니다. GPS 관측으로 태평양에서 일본 열도로 향해 밀고 들어오는 판의 운동을 관찰할 수 있고, 일본 열도가 압축되고 시시각각으로 일그러지고 있는 모습을 거의 '리얼타임'으로 관측하고 있습니다.

외무대신 이 장비들이 도움이 되지 않기 때문에 예지가 안 되고 있는 건 아닙니까? 학술적으로는 이해가 가기는 하지만, 관측망이 기능하고 있었다면 고베 대지진에도 뭔가 예지를 했어야 하지 않겠습니까? 차라리 헬리콥터, 병원, 방송국 등의 연계를 강화해서 방재의 날에 연습하는 것이 좋지 않나 합니다.

미조우에 교수 외무대신이 잘못 알고 있는 것은 지진을 모두 같은 것으로 생각하고 있다는 것입니다. 인간의 병에도 치료 가능한 것과 완치가 불가능한 것이 있듯이, 앞에서 말한 내륙직하형 지진은 지진 발생 반복 주기가 2,000년에서 3,000년, 혹은 10,000년이나 됩니다. 하지만 해구형 거대지진은 반복 주기가 80년에서 100년입니다. 특히 도카이 지진과 연동하는 해구형 거대지진들은 내륙직하형 지진에 20배, 30배의 규모인데도 매우 짧은 주기로 발생하는 기제를 갖고 있습니다. 똑같이 지진이라고 말은 해도, 실은 각각 발생의 과정이 완전히 다르기 때문에, 한쪽은 변형 축적이나 전조가 측정 가능한 반면, 다른 쪽은 기술로서의 측정이 거의 불가능한 것입니다. 이 양자를 확실히 구분해서 생각하지 않으면 지진 방재 전략이 빗나갈 수 있습니다.(內閣府中央防災會 2001)

지진학자는 지진이 일어나기 직전에 지진이 일어날 것을 '미리 아는 것'(豫知, prediction)이 중요하다고 주장한다. 이를 위해 해구형 거대지진이 반복적으로 일어나는 곳에서 지각의 움직임을 집중적으로 감시하는 일이 필요하게 된다. 이에 반해, 외무대신은 현재 지진 예지가 실패하고 있다는 점을 지적하면서 대지진 시 정부의 초동 대응에 집중하는 것이 더 낫다고 주장한다. 이를 위해서 병원, 방송국, 자위대, 각 성청의 협력이 재난 현장에서 가동되도록 대비 훈련을 할 필요가 있다는 것이다. 방재에 도움이 되지 못하고 있는 지진 예지에 대한 비판이 '정계의 지각 활동'처럼 지진학 내에서도 제기될 필요가 있음이 암시되고 있기도 하다. 지진학자는 이에 대한 반박으로, 내륙직하형 지진과 해구형 거대지진을 구분하지 못하는 외무대신의 무지를 나무란다. 내륙직하형 지진은 그 복잡성 때문에 예지가 거의 불가능하지만, 해구형 거대지진은 반복적이기 때문에 예지가 가능하다. 즉 고베 대지진과 같은 내륙직하형 지진은 어차피 예지할 수 없는 지진이었지만, 곧 일어날 해구형 거대지진은 예지가 가능하다. 외무대신의 무지함으로는 지진의 유형에 따라 달라질 수밖에 없는 재해에 대해 제대로 대비할 수 없다.

위의 논쟁에서는 과학자가 지진에 대한 사실을 제공하고 이 사실에 근거해서 정치가가 협의를 통해 결정을 이끌어 내는 익숙한 모습을 찾아볼 수 없다. 정치가는 지진을 예지할 수 있다는 지진학자의 주장을 믿지 않는다. 과학자는 지진의 유형에 대해 무지한 채로 방재 대책을 세우겠다는 정치가를 믿지 않는다. 과학자가 정치가를, 정치가가 과학자를 불신하는 가운데 누구의 말을 따라야 할지 결론을 내릴 수 없다. 다만 필자는 이 논쟁에서 지진학자가 사전에 예방해야 할 새로운 대지진의 가능성을 탐지했다는 점과 정치가가 과거의 대지진에서 겪었던 긴급 사태의 초동 대응의 부재가 반복될 수 있다는 위험을 감지했다는 점을 알 수 있게 되었다. 필자는 불신과 무지를 비판하기 전에 이 '탐지'와 '감지'가 한곳에 모였다는 데 주목한다.

여기서 중요한 것은 지진학자의 주장을 믿고 지진 예지에 힘을 쏟을 것인가, 아니면 정치가의 주장을 믿고 관련 기관들 간의 방재 협력에 힘을 쏟을 것인가를 선택하는 것이 아니다. 그보다는, 정치가도 과학자도 자신들이 속해 있는 집합의 외부에 위치하고 있는 실체로서의 대지진을 탐지하고 대지진으로 인한 위험을 감지함으로써 대지진 문제를 해결하기 위해 함께 고민하고 연구할 수밖에 없는 하나의 집합을 이루고 있다는 점이 중요하다. 대지진 문제는 과학 혹은 정치 중 어느 하나에 속하는 것이 아니다. 지진 문제의 해결을 위해 소집된 하나의 총 집합이 당면한 문제가 되고 있다. 지진 문제를 추적하는 나와 같은 연구자로서는 과학자와 정치가 어느 한쪽을 따라가기보다는 이 집합 전체의 실험 과정을 추적할 수밖에 없다.

앞으로 여러 제안들 속에서 다시 등장하게 될 이 절의 제목인 "언제 일어나도 이상하지 않다."라는 진술은 '언제인지는 불확실하지만 확실하게 곧 일어날 것이다' 하는 양가적인 의미를 갖고 있다. 또한 "임박했지만 계속 연기되는"(블랑쇼 2012: 1) 재난의 속성을 담고 있는 말이기도 하다. '불확실하면서도 확실한' 이 진술은 이러한 무지와 불신 속에서 불안해하고 있는 수많은 사람과 사물들, 연구자들을 지진에 관련된 쟁점들에 연루시키고 있다.

4. 재앙의 예견

지진학은 대지진에 대해 사실을 제공할 수 없다. 그러면 다른 학문 분과의 연구자들은 앞으로 일어날 대지진과 직접적으로 대면하게 된다. 총리를 비롯한 내각 대신들도 지진학자의 외침을 듣지 않고 위기 상황에서의 초동 대응을 마련할 것이며, 도시자주방재회의 리더도 지역 주민의 피해를 줄이기 위해서 지역 나름의 대책을 세워야 한다. 대지진을 온전히 대변하지 못해서 의심을 받기 시작한 지진학자들과 마찬가지로, 다른 학문 분과의 연구자들 및 집단의 대표들 역시 자신들이 대변해 왔던 사람과 사물이 지진과 어떻게 연루될지에 대해 말할 수 없게 되어서 의심받는다. 대변인들 간, 그리고 대변되는 사람과 사물이 서로를 신뢰할 수 없어 불안하다. 누구도 대지진의 실체를 정확히 재현할 수 없다는 점에서 모두가 평등해졌다. 평등하기 때문에, 지진학자의 외침만을 기다리던 이해관계 당사자들이 대지진에 대해 발언하기 시작한다. 그럼으로써 '지진의 정치'는 지진 예지 논쟁만으로는 종결되지 못하고 다른 쟁점으로 옮겨 간다.

1) 쟁점의 이동

대지진이 지진 예지 논쟁과 지진학으로부터 벗어났기 때문에 더 이상 추적할 필요가 없을까? 이 책의 관심이 지진 예지의 가능 여부에 있다면 더 이상 추적하지 않아도 될 것이다. 하지만 대지진에 연루된 총 집합을 기술하는 데 관심이 있는 이 책은 새로운 쟁점을 중심으로 전개되는 논쟁을 추적하지 않으면 안 된다.

지진 예지 이외의 쟁점이 등장하면서 대지진 논쟁은 둘 이상의 쟁점을 둘러싸고 전개되기 시작된다. 그럼으로써 대지진은 더 이상 하나의 '사태'(matters of fact)에 머무를 수 없게 되었다. 대지진 논쟁에서 논쟁을 잠재울 사실은 없다. 설령 지진 기제에 대한 사실이 구축된다고 해도, 그 사실이 방재와 연계될지는 아무도 알 수 없다. 그래서 대지진은 '사안'(matters of concern)으로 다뤄지기 시작한다.(Latour 2004b) 새로운 제안들을 통해서 새로운 실체들이 지진의 총 집합에서 고려되어야 할 안건으로 등장한다. 고려하고 염려하고 배려하고 돌볼 사람과 사물이 늘어난다. '만물'의 수가 늘어난다.

우선 눈에 잘 띄지 않는 미묘한 쟁점의 이동부터 살펴보자. 방재연구소의 지진예지 연구센터 건물 내에는 발생 위험이 있는 지진들이 그

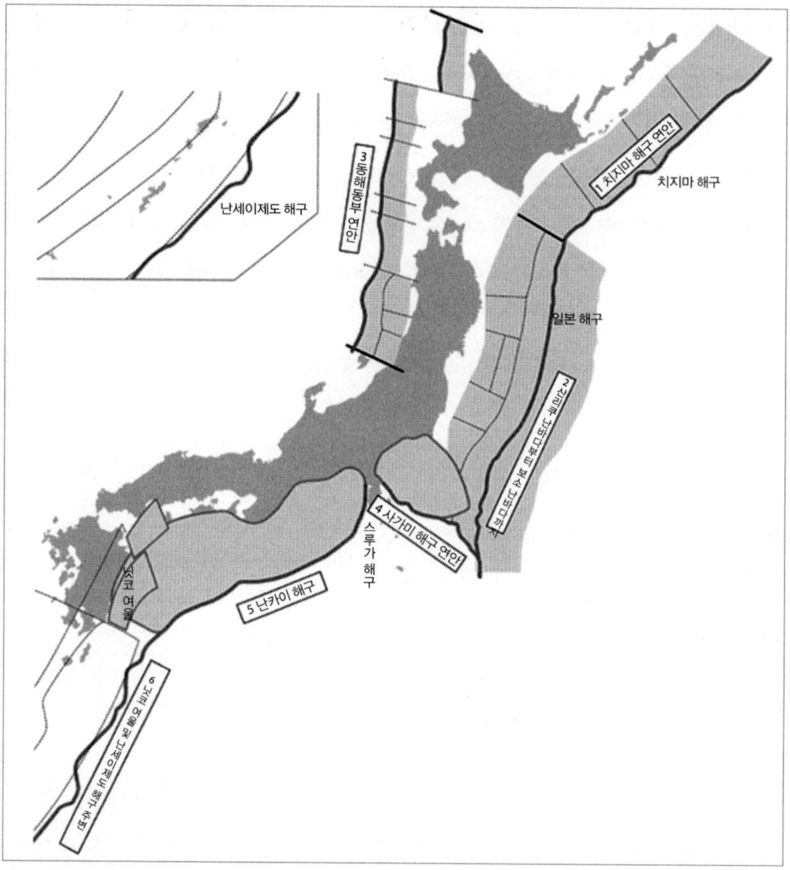

[그림 2-2] 해구형 거대지진의 발생 가능성 평가 영역

출처: 지진조사연구추진본부 홈페이지; http://www.jishin.go.jp/main/p_hyoka02_kaiko.htm

려진 일본 전도 두 장이 액자에 전시되어 있다.(그림 2-2, 그림 2-3 참조) 한 그림은 해구형 거대지진에 대한 것이고, 다른 한 그림은 내륙직하형 지진에 대한 것이다. 필자는 이미 앞에서 지진학자 미조우에 교수에게서 두 종류의 지진이 서로 다른 기제에 의해 발생하고 있으며 그 발생 주기가 서로 다르다는 점을 배웠다. 하지만 이 분포도는 중앙방재회의에서 지진학자와 정치학자들이 논의하던 남관동·도카이·도난카이·난

[그림 2-3] 현재까지 공표된 장기 평가 대상의 활단층

출처: 지진조사연구추진본부 홈페이지; http://www.jishin.go.jp/main/p_hyoka02_danso.htm

카이 지진 이외에도 수많은 지진의 후보들이 있다는 점을 보여 주고 있다. 분포도에 따르면, 남관동 지진은 100여 개의 내륙직하형 지진의 후보 중 하나일 뿐이다. 미조우에 교수가 보고했던 세 해구형 거대지진 역시 일본 열도를 둘러싸고 있는 해구형 거대지진의 후보군(群, group)의 성원일 뿐이다. 그리고 각 지진들은 자신의 소속집단(내륙직하형 지진/해구형 거대지진)을 갖고 있다. 경우에 따라 활단층의 이름으로 혹은 지역의 이름을 따서 불릴 때도 있다. 하지만 지진들의 소속을 잘못 알고 지진에 대해 말하면 중앙방재회의의 외무대신처럼 지진학자에게 무지하

다는 비난을 들을 수 있다.

누가 '주의를 요하는' 지진 후보의 수를 이렇게 많이 늘려 놓았는지를 알기 위해서 필자는 이 분포도가 어디서 왔는지를 추적했다. 그리고 고베 대지진 직후 설립된 지진조사연구추진본부의 홈페이지에 이르렀다.[8] 이곳에서 지진 발생을 기록한 역사 자료와 현지조사, 그리고 지진계와 시굴공(borehole)을 통해서 지진학자들과 지질학자들은 땅을 파고 항공사진을 찍고 자료를 뒤지면서 주기적으로 발생해 왔던 수많은 지진의 후보들을 발굴했다. 비록 이 지진들이 일어나기 2-3일 전에 예지하는 것이 현재로서는 불가능하다는 것이 알려졌지만, '장기적으로' 이 지진의 후보들을 '평가'함으로써 대비할 방도를 찾자는 것이다.

예지의 시간적 범위를 '2-3일 전'에서 '수백 년 전'까지로 확장함으로써 지진학자들은 '지진 예지'라는 목적을 포기하지 않고 '장기 예지' 혹은 '장기 평가'라는 이름으로 기존의 목적을 계속 추구하는 듯이 보이게 하고 있다. 그럼으로써 지진 예지에 대한 지진학자들의 희망은 노스리지 지진이나 고베 대지진에서의 실패에도 불구하고 여전히 부분적으로는 성취 가능한 것으로 그려지고 있다. 지진학자와 측지학자들 사이에서는 이러한 전략에 대한 부정적인 의견이 제시되기도 한다.

8 1976년에 설립된 국토교통성 국토지리원의 지진예지추진본부는 '지진 예지'를 주목적으로 하고 있다. 고베 대지진 이후 지진예지추진본부가 폐지되고 문부과학성에 지진조사연구추진본부가 설립되었다. 2-3일 전의 단기 예지를 목적으로 했던 지진예지추진본부와는 달리, 활단층 및 해구형 거대지진역의 시굴 조사 등을 통해서 30년 내 지진 발생의 확률을 평가하는 장기 예지를 주목적으로 하고 있다.

사례 2-4

'지진 예지'를 빼면 어떨까요?

다음 지진이 올 때까지의 사이클을 과학적으로 이해하고자 하는 것을 목적으로 하고 이를 통해 대지진 피해를 사전에 예방하는 데 기여하는 관측연구 계획을 최근에 새롭게 세웠습니다. 올해부터 계획이 시작되었는데 나에게 발언 기회가 있어서, 내가 조심스럽게 "이름을 바꾸면 어떻겠습니까?", "지진 예지를 빼면 어떨까요?"라고 말을 꺼냈지요. 지금 하고 있는 것이 지진 예지가 아니라 결국은 지진 기초 연구라는 점에서 그건 내용과 이름이 맞지 않는다고 이야기를 했습니다.

_2009년 10월 5일, 측지학자 하시모토 면담

사실 장기 평가에 대한 보고서에도 이시바시 교수의 진술 중 일부가 삽입되어 있다. 그가 제안한 '집중 관측을 통한 지진 예지'는 보고서에서 찾아볼 수 없지만, "언제 일어나도 이상하지 않다."[9]라는 그 앞뒤의 진술들이 풍화된 채, 도카이 지진뿐 아니라 도난카이·난카이·남관

9 일본어로는 다음과 같이 조금씩 바뀌면서 여러 연구자들의 제안에 삽입되어 있다. "いつ起きてもおかしくない."(언제 일어나도 이상하지 않다.), "いつ始まっても不思議ではない."(언제 시작되어도 이상하지 않다.), "明日起ってもてもおかしくない."(내일 일어나도 이상하지 않다.). 도카이 지진역에서 전조 현상을 집중 관측할 필요가 있다는 이시바시 교수의 제안은 탈락되고, 이 절박성의 진술만이 다른 지진학자, 건축학자, 정보공학자, 도시사회공학자, 심리학자, 행정 문서, 기업의 기획서의 제안 등을 유령처럼 옮겨 다니고 있다. 각각의 제안에서 이 진술은 연구자들의 제안과 접붙여지고 신뢰를 잃고 불안해진 관련 행위자들을 소집하는 도구로 사용되고 있다.

동 지진, 우에마치 단층 등의 위험을 설명하고 있다. 따라서 '주의를 요하는 지진들'을 중심으로 논쟁을 벌이는 연구자들은 대지진의 절박성 문제에는 관심을 갖지만, 단기 예지의 가능성이나 집중 관측에 대해서는 관심을 갖지 않는다. 집중관측망을 통해 지진의 전조를 포착하는 것이 아니라, 가능한 많은 지진의 후보들을 찾아내 수십 년 내의 발생 확률을 평가하는 전혀 다른 기획으로 미묘하게 옮겨 갔다.

이번에는 지진 예지와는 확실히 다른 쟁점으로 옮겨 가 보자.

> 텔레비전의 뉴스에서 '진도 6'이라고 하는 정보가 나왔지만, 그때는 그 정도로 큰 피해를 상상하지는 못했다. 시간이 지남에 따라, 무너진 건물이나 화재 피해가 심대하다는 보도가 흘러나와서 어안이 벙벙했다. 그리고 많은 희생자가 났다는 것을 알았다. 그때 건물 피해가 특히 큰 지역이 매우 좁고 긴 지역에 분포하고 있었다는 것을 알게 되었다. 소위 '진재의 띠'이다. 왜 그 정도로 강한 흔들림이 고베의 특정 지역을 습격한 것일까? 진재의 띠는 어떻게 해서 생기는 것일까? 고베 강진동(强振動)의 정체를 밝히지 않으면 안 된다.(山中浩明 2006)

몇몇의 지진학자, 토목공학자, 건축학자들은 '진도 7 이상의 강진동 집중 구역'이라는 새로운 미지의 실체가 있다는 문제를 제기했다. 이 연구자들은 고베 대지진에서 건물이 붕괴되거나 부분적으로 파괴된 곳을 현지조사를 통해 파악해서 지도 위에 색을 입혔다.(그림 2-4 참조) 그 결과, 지도 위에 긴 띠 모양의 '진재의 띠'가 모습을 드러냈다. 건물이나 사람들에게 실제로 피해를 입히는 것은 활단층이 아니라 지표면의 강한 흔들림이라는 점에서 강진동은 활단층과는 전혀 다른 관점에서부터 주목되기 시작했다.

지진 예지를 제안하는 지진학자들에게 지진이란 활단층의 미끄러

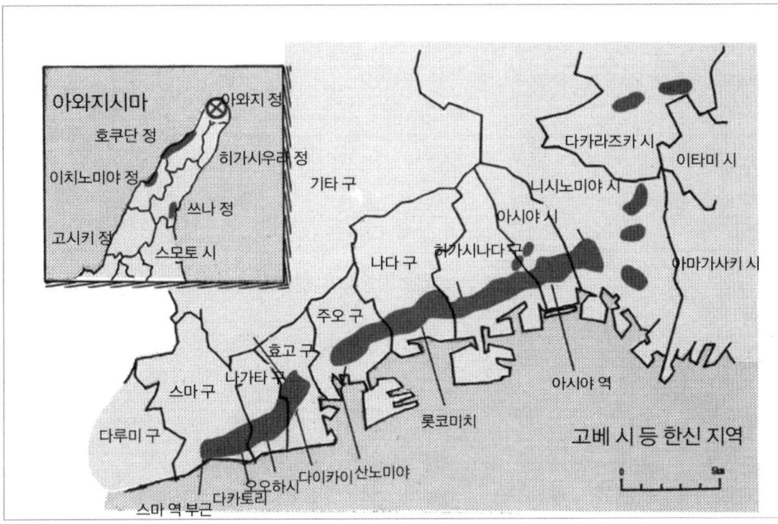

[그림 2-4] 현지조사를 통해 밝혀진 고베 대지진(한신·아와지 대진재) 당시 피해가 심했던 진도 7 지역의 분포(진재의 띠)

출처: 山中浩明(2006)

짐이다. 강진동은 이러한 활단층의 미끄러짐의 결과물로 간주될 뿐, 지진 예지 연구자들에게는 큰 주목을 받고 있지 못했다. 지진학자들이 쓴 지구과학 혹은 지진학 교과서에서 지진은 활단층이 어떻게 미끄러지느냐에 따라 분류되고 규모가 결정된다. 그러나 '진재의 띠'라는 새로운 실체에 관심을 갖는 연구자들은 건물이 무너진 곳, 진도 7 이상의 강진동이 일어난 지역, 즉 '진재의 띠'가 형성된 원인을 파악하고 피해를 줄이는 데 관심을 두고 있음을 알 수 있다. 이들에게 지진이란 '활단층의 미끄러짐'이 아니라 '지표면의 강한 흔들림'이다.

1995년 한신·아와지 대진재에서 폭은 수 km인데 길이는 수십 km였던 좁은 지역에 피해가 집중되었다. 그래서 지진 대책을 행할 때는 어떤 지점에서 어느 정도의 피해가 집중될 것인가를 예측하는 것이 중요

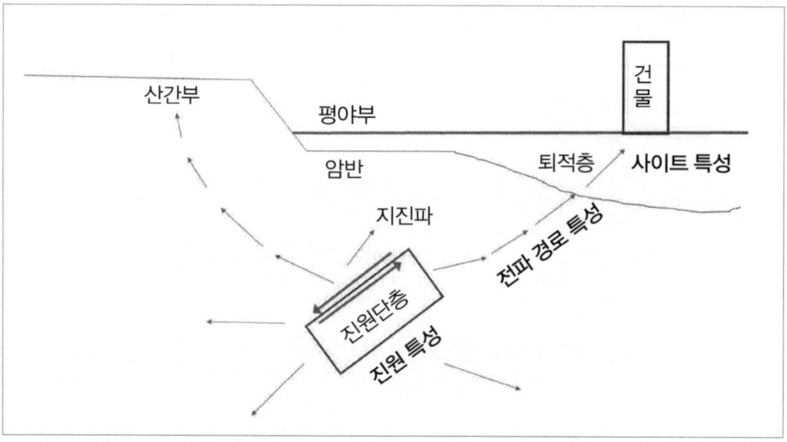

[그림 2-5] 강진동 연구자가 그려 준 진원-전파 경로-지점(サイト)의 관계도
진원의 미끄러짐과 변형력의 축적에 관심을 갖는 지진 예지 연구자들과 달리, 강진동 연구자들은 진원부터 건물에 이르는 지진파의 전파 특성에 대해 관심을 갖는다.

하다. 이를 위해서 정밀도 높은 강진동 예측을 행하지 않으면 안 된다. 지진의 흔들림에 영향을 끼치는 요인들인 진원 특성, 전파 경로 특성, 지점 특성을 통해서 지진동의 크기와 성질(느린 흔들림인지 빠른 흔들림인지, 흔들리는 시간은 얼마나 되는지)을 적절히 평가할 필요가 있다.(澤田純男 2009)

강진동의 존재, 혹은 '진재의 띠'는 지반공학자가 강진동 예측을 통해서 피해를 줄일 수 있다는 또 다른 제안의 전제가 되었다. '진재의 띠'라는 보이지 않는 실체에 대한 진술이 후에 오는 제안에 긍정적으로 삽입되면서 점차 공고해진다. 점차 '진재의 띠'라는 실체가 있다는 점에 대해서는 더 이상 의문을 제기하지 않는다. 강진동 연구자들은 강진동의 분포도를 청중에게 보여 주며 이 '진재의 띠'가 앞으로 발생할 대지진들마다 다른 곳에서 다른 모양으로 나타날 수 있다는 것을 강조해 왔다. 그리고 주민들, 건축주, 지자체의 방재 담당자들 앞에서 '진재의 띠'의 안과 밖에서 보이는 피해의 극명한 차이를 현지조사에서 찍은 사진들을 통해 반복적으로 보여 준다. 그리고 다음에 일어날 대지진에서도 이러한 강진동이 특정 구역에 출현할 수 있으므로 강진동이 발생하는 구역의 지질학적 특성을 파악하고 강진동의 발생 확률을 예측해야 한다는 또 다른 제안을 할 수 있게 된다.

예상치 못한 내륙직하형 지진이 일어났을 때 고베 대지진의 경우처럼 특정 지역에 강한 흔들림이 집중되지는 않을까? 그 강한 흔들림을 구성하는 지각의 요소들, 즉 진원, 전파 경로의 지반, 지표의 특성은 어떻게 관련되는가? 퇴적 평야에 위치한 도시에 '진재의 띠'가 나타날까, 아니면 산 주변 지역에 나타날까? '주의를 요하는 지진들'마다 '진재의 띠'의 위치와 흔들림의 크기를 미리 예측할 수 있을까? 예측할 수 있다면 지진 대비에 어떻게 사용할 수 있을까? 다른 강진동 연구자들이 제기하는 이와 같은 문제들은 모두 강진동이라는 새로운 실체의 존재 가능성을 전제할 수밖에 없다.

이러한 쟁점의 이동은 다른 제안에 대한 불신에서 시작되기 때문에 새로운 문제가 제기되는 시초의 진술에서는 쟁점들 간의 적대적 관계가 명확하게 드러난다.

사례 2-5

지진 예지와 강진동 예측의 구분

저는 지진 예지가 될 수 있다고 믿지 않았습니다. 그 당시에도 지진 예지가 될 수 있다고 생각하는 사람은 거의 없었습니다. 지진 예지를 연구하는 사람도 포함해서…. 사실 지진 예지는 단기 예지를 말하는 것인데, 단기 예지가 잘 안 되니까 후에 장기 예지라는 말도 나와서 장기 예지와 단기 예지로 나뉜 것입니다. 예지라고 하면 기본적으로 단기 예지를 말합니다. 장기 예지는 예지라고 생각하지 않습니다. 그러므로 지진 예지는 안 되고 있는 겁니다. _2010년 7월 9일, 지반공학자 사와다 면담

지반공학자는 단기 예지에서 장기 예지로의 미묘한 쟁점의 이동이 지진 예지의 실패를 감추기 위한 지진학자들의 전략이라는 점을 폭로하고 있다. 지반공학자는 지진 예지에 대한 부정적인 진술을 자신의 새로운 제안(강진동 예측)의 근거로 삼음으로써 기존의 지진 예지가 일종의 믿음이었다는 점을 지적했다. 그리고 이와 동시에 새로운 문제, 즉 강진동에 독자나 청중이 관심을 갖도록 주의를 돌리는 전략을 사용한다. 이러한 명확한 적대적 단절을 통해서 강진동 논쟁은 기존의 지진 예지 논쟁의 연장선이 아니라 그것과는 구별되는 새로운 논쟁이 될 수 있다.

하지만 강진동 연구자는 장기 예지에 대한 제안에 대해 적대적일 뿐이지, 지진학자들이 제기한 수많은 지진의 후보들까지 부정하는 것은 아니다. 비록 강진동 연구자들이 언제 어디서 어느 정도의 확률로 지진이 일어날지에 대해서 예지하는 것이 불가능하다고 주장한다 할지라도, 특정 지진의 강진동을 예측하기 위해서는 활단층과 해구형 거대지진의 분포도가 필요하다.

여하튼 새로운 연합에서는 강진동 예측을 제안하는 지진학자, 지반공학자, 건축학자들이 새로운 그 중심에 자리 잡게 된다. '주의를 요하는 지진들', 진원, 전파 경로, 지점, 퇴적층, 건물, 건물주, 그리고 지자체의 공무원 등이 강진동 예측을 위한 연합의 새로운 성원들이다.

한편 또 다른 쟁점은 지진학자들의 관심을 넘어서기 시작한다.

상상력을 최대한 살려야 합니다. 현대 도시에서 일어날 수 있는 지

진 피해의 양상을 정확히 예측해서 실제의 피해에 선수를 치는 방재 대책을 구상하지 않으면 안 될 것입니다. 과거에 피해를 끼친 지진만 답습하는 연구를 계속하는 것으로는 부족합니다. 한 발 더 나아가, 가상 지진과 가상 피해로부터 배우는 방향으로의 전환을 꾀할 필요가 있는 것입니다. 예를 들어, 상정된 흔들림 이상의 지진동에 대해 실제 구조물이 어떻게 흔들리고 손상될까, 또 어느 정도의 지진동에서 구조물이 붕괴해 버릴 것인가를 소상히 연구할 필요가 있습니다. 이러한 취지로 10년을 걸려 만든 것이 '이데펜스'로 불리는 대형 진동대 장치입니다. 지면의 흔들림과 같은 흔들림을 진동대에 부여하고 그 위에 건물의 모형을 올려서 흔들어 보는 것입니다.(中島正愛 2009)

건축학자의 발표문에서 새로 제기된 문제는 '흔들림으로 인한 구조물의 손상과 붕괴'이다. 그리고 이 문제를 제기하기 위해서 '상정된 흔들림 이상의 지진동', 즉 강진동을 동원하고 있음을 알 수 있다. 하지만 그의 관심은 강진동 그 자체가 아니다. 그보다는 강진동과 구조물을 결부시킴으로써 구조물의 손상과 붕괴에 관심을 두고 있다. 건축학자들은 지진 예지나 강진동 예측과는 무관하게 구조물의 손상과 붕괴라는 새로운 쟁점을 둘러싸고 논쟁을 시작하게 된다.

건축학자는 학회 발표에서 두 채의 집이 이웃하고 있음에도 불구하고 한 집은 고베 대지진의 강진동으로 완전히 무너진 반면 다른 집은 전혀 손상을 입지 않은 모습을 보여 주었다. 청중들은 '진재의 띠'의 안과 밖의 극명한 차이를 시각적으로 이해할 수 있었다. 하지만 청중들의 관심은 여전히 논쟁 중인 '진재의 띠'의 정체를 밝히는 것이 아니라 그 위에 있는 건물이 무너질지, 얼마나 흔들릴지에 대한 문제로 유도된다. 건축학자가 제기하는 문제가 강진동 연구자들이 제기하는 문제와 다르다는 점은, 그가 강진동뿐 아니라 다른 대지진 혹은 지진동을 동원하면서 '건물의 손상과 붕괴'라는 자신의 문제를 제기한다는 점에서 명확해진다.

사례 2-6

공진 현상에 대한 사전 배려

해구형 거대지진으로 인해 장주기 지진동이 발생하면, 고층 건물이나 면진 건물과 같이 비교적 고유 주기가 긴 건물이 심하게 흔들릴 가능성이 있습니다. 과연 고층 건물들이 장주기 지진동에 대해서 괜찮을지 하는 문제는 우리로서는 심각한 문제입니다. 이전의 해구형 거대지진은 1946년에 일어났습니다. 일본의 고층 건물 제1호가 1958년에 세워졌습니다. 우리의 고층 건물은 장주기 지진동을 실제로 받아 본 적이 없는 겁니다. 설계에서 장주기 지진동을 고려했다고 할지라도 실제로 장주기 지진동을 받으면 어찌 될지 아무도 모릅니다. 전국에 2,000동, 수도권에 1,200동이 있는데, 완전히 무너지지는 않을 겁니다. 하지만 실내가 뒤죽박죽이 되고 승강기가 멈추며 물 공급이 끊기고 화장실 문제도 생겨 빌딩 전체를 사용할 수 없게 됩니다.

_2010년 8월 12일, 건축학자 나카지마 면담

장주기 지진동은 주기 2초 이상의 느린 지진파를 보인다. 그래서 야외에 있는 사람은 지진동을 느끼기 어려워 강진동이라고 할 수 없다. 하지만 200m 높이의 50층 건물의 고유 주기는 5초이다. 만약 주기 5초의 장주기 지진동이 해구형 거대지진으로 인해서 발생한다면, 이 고층 건물은 공진 현상으로 인해서 심하게 흔들릴 것이다. 이 제안에서는 강

진동과 구조물의 만남이 아니라 장주기 지진동과 고층 건물의 만남이 쟁점이 되고 있다. 이전에 일어났던 지진으로 인한 건물의 피해를 대비하는 것에 더해서, 아직 한 번도 일어난 적이 없는 '공진 현상'과 '고층 건물의 사무실'의 만남에 대해 '사전에 배려'할 것을 건축학자는 제안하고 있다. 건축학자와 마찬가지로, 토목공학자들 역시 대형 교각과 석유 탱크와 같은 긴 고유 주기를 갖고 있는 구조물들이 장주기 지진동과 결합되었을 때 붕괴하거나 화재에 휩싸인 사례들을 제시한다. 이렇게 구조물의 손상과 붕괴는 강진동('진재의 띠')의 발생과는 또 다른 문제라는 점을 알 수 있다.

지진학자들 역시 모두가 기존의 단기 예지나 장기 예지를 고수하고 있지는 않다. 지진학자들 내부에서도 예지를 계속 시도할 것인가 아니면 다른 방향으로 연구를 진행할 것인가에 대해 논쟁이 진행 중이다.

> 첫째, 긴키 지역에서는 내륙직하형 지진의 활동이 활발해지고 있는데, 이는 난카이 해구에서 거대지진이 일어나기 전에 나타났던 현상이다. 둘째, 니가타-고베에 걸쳐 있는 변형집중대에 긴키 지역이 속하고 있다. 셋째, 최근 지각 변형의 속도가 둔화되고 있다. 긴키 지역의 이 같은 조건에서는 내륙직하형 지진이 발생할 리스크가 높아진다. 지진조사연구추진본부의 활단층 장기 평가에서도 긴키 지역에 요주의의 단층들이 다수 리스트업(list up) 되어 있다. 그래서 차세대조밀다점관측망을 설비하고 변형력의 장(stress field)을 추정하여, 지각 변형력 기상도를 작성함으로써 변형력의 시간 변화를 모니터링하는 계획을 세웠다.(飯尾能久 2009b)

지진학자의 새로운 제안은 지진계 설치를 늘린다는 점에서 지진 예지와 차이가 없지만, 지진 직전에 경보를 발령하는 지진 예지와는 달리, 지각에 축적된 변형력의 분포를 통해 강수 확률을 예보하는 기상학처럼 지진 발생 확률을 예보하고자 하는 목적을 지니고 있다. 장기 예지를 목적으로 한 지진학자들의 분포도, 즉 '요주의의 단층들'을 자신의 진술에 삽입했지만, 그의 목적은 장기 예지가 아니라 변형력과 그 변화를 감시하는 예보로 옮겨 가고 있다. 단기 예지에서 장기 예지로, 그리고 강진동과 건물의 손상과 붕괴로 이동했던 대지진 논란의 쟁점은 위의 진술에서 다시 활단층에 축적된 변형력을 통한 지진 발생의 예보라는 쟁점으로 이동했다.[10]

'제안이 다른 제안에 긍정적으로 삽입되는가 아니면 부정적으로 삽입되는가의 여부'(2절)와 '쟁점의 이동'(3절)의 차이는 논쟁이 하나의 쟁점을 통해 전개되고 있는가 아니면 여러 쟁점들을 통해 전개되고 있는가의 차이이다. 물론 쟁점이 이동한 후자에서 논란은 더 복잡해진다.

2절의 지진 예지 논쟁에서 지진학자들의 제안이 공학자나 사회과학자들의 진술에 삽입되면서 사실에 더 가까워질 수도 있고 반대로 단순히 믿음과 꿈으로 축소될 수 있다는 점을 살펴볼 수 있었다. 이에 비해서, 3절에서 다루는 쟁점의 이동은 하나의 논쟁이 아니라 여러 쟁점을 중심으로 다수의 논쟁이 동시에 전개될 수 있음을 보여 주고 있다.

논란이 확산되는가 아니면 논란이 잦아드는가는 쟁점의 이동이 계속되고 있는가 아니면 쟁점이 소멸되고 있는가에 달려 있다. '단기적인 예지가 가능한가?, '얼마나 많은 지진의 후보들이 있는가?', '강진동의 정체가 무엇인가?', '장주기 지진동과 고층 건물이 만났을 때 공진 현상은 얼마나 피해를 입힐 것인가?', '활단층에 축적된 변형력으로 지진을 예보할 수 있는가?' 등에 대한 논쟁이 전개되는 과정에서 지진 논쟁은 복잡해졌다.

10 '예지'는 영어로 'prediction'으로, '예보'는 'forecast'로 번역된다.

물론 쟁점의 이동은 위에서 제시한 사례들에 그치지는 않는다. 공급계 라이프라인 두절, 해안 대도시권의 광역 피해, 원자력 발전소의 손상, 기업들의 신뢰 상실, 고령 및 인구 과소 지역의 고립, 재난 현장에서의 개인의 공황 등 서로 다른 관심과 고려와 배려를 통해서 쟁점의 이동은 계속된다. 또 다른 쟁점의 이동에 대해서는 다음 항목에서 행위자들의 증가를 다루면서 함께 다루기로 한다.

2) 집합의 확장

새로운 쟁점이 나타나면서 그 쟁점과 연관되었다고 규정되는 관련 행위자들의 수가 늘어난다. 그럼으로써 쟁점이 되는 문제들이 얼마나 늘어났는지에 더해서, 대지진에 연루된 행위자들이 얼마나 많은가, 그 범위를 헤아려 볼 수 있다.

> 2002년 체코 프라하에서 세 곳의 지하철 선로가 수몰되었는데, 완전히 복구할 때까지 6개월이 걸렸습니다. 그동안 버스로 도시 교통을 대체했지만, 엄청난 혼란이 일어났습니다. 도쿄에서 지진이 일어나서 제방이 붕괴하고 침수가 일어난다면 큰일입니다. 쓰나미로 인한 수해 때문에 직접 피해만 40조 엔 정도로 산정되지만, 간접 피해까지는 국가도 평가한 적이 없습니다. 직접 피해와 간접 피해가 같은 비율로 일어난다면, 도쿄에서 90조 엔 정도의 피해가 나옵니다. 수도직하 지진의 추산 피해액이 112조 엔이기 때문에, 도쿄에서 지진 대책을 세울 때 수해 대책은 곁가지로 세워서는 안 될 것입니다.(河田惠昭 2009a)

도시환경공학자는 지진으로 인한 수해 대책을 제안하고 있다. 앞에서 기술한 대지진, 강진동, 구조물의 붕괴(제방 붕괴)라는 쟁점이 수해라는 쟁점에 삽입되어 있다. 쟁점이 이동하는 중에 지각, 도카이 지역 주민, 주의를 요하는 지진들, 진재의 띠, 장주기 지진동, 고층 건물, 교각, 석유 탱크, 건물주, 건물 내의 사람들 등 대지진과 관련된 행위자들의 수가 증가해 왔다. 앞서 나온 도시환경공학자의 진술에서도 쓰나미, 제방, 지하철 선로, 버스, 도시의 교통 체계, 출퇴근하는 주민들, 대책을 세우는 지자체 등이 새로운 관련 행위자들로 더해졌다. 이처럼 쟁점의 이동은 관련 행위자들의 수적 증가와 다양화를 동반한다.

그의 다른 학술대회에서의 발표에는 인도네시아의 쓰나미로 인한 침수와 미국의 허리케인 카트리나로 도시가 침수된 사례들이 인용되었다. 그럼으로써 해안가 주민들, 서로 다른 계층과 인종의 사람들, 공적 원조의 부재 속의 난민과 위기 상황에 제대로 대처하지 못하는 정치가 등 예상치 못했던 행위자들이 대지진과 관련된 행위자로서 다수 덧붙여진다. 그는 '강진이 일어나서 강둑이 붕괴한 상황에서 쓰나미가 덮쳐온다면?', '수몰된 지하철을 대체할 수 있는 버스마저 지진 피해로 통행이 불가능하다면?', '이러한 상황이 오사카, 고베, 나고야에 걸쳐 광범위로 일어난다면?', '피해를 입은 지자체들이 협력을 하는 대신 복구 자원을 확보하기 위해 경쟁을 벌인다면?' 등의 질문을 던지면서 '지하철의 수몰'에 연관된 이해관계 당사자들을 더한다.

대지진이 일어났을 때 기업 조직의 위기 관리를 어떻게 할 것인가로 쟁점이 옮겨 가면서 일본의 가족 구성원들처럼 쉽게 관련짓기 힘든 행위자들이 관련된 행위자들로 첨부되기도 한다.

사례 2-7

어머니는 PTA, 아버지는 BCP

단순히 BCP(Business Continuity Planning; 업무 연속성 계획)가 중요하기 때문에 도입해야 된다는 말이 아닙니다. 기업이 짊어지고 있는 사회적 책임 혹은 사회적 입장을 유지하기 위해서는, 어떻게든 BCP를 세워 둘 필요가 있습니다. BCP는 2001년 뉴욕의 동시다발 테러 이후 기업이 경영을 계속할 수 없는 경우 발생하는 커다란 문제를 인식하고 미국을 중심으로 도입되었습니다. 하지만 일본에서는 또 다른 의미로도 도입될 필요가 있습니다. 가정에서 방재 위기 관리 감각이 가장 떨어지는 사람은 아버지입니다. 방재 심포지엄이나 워크숍을 한다고 해도 일에 빠져 있어 전혀 나오지 않습니다. 휴일에는 낚시나 골프를 하러 가느라 토요일에 심포지엄을 하면 부인들만 나옵니다. 그래서 아버지들은 방재도 일로 하도록, 방재가 일 속에서 이루어지도록 하자는 것입니다. 아이들은 방재 교육, 어머니는 PTA(Parent-Teacher Association)나 정내회, 아버지는 BCP를 통해서 방재의 문제에 직면하도록 하는 것입니다.

_2010년 8월 7일, BCP 연구회에서 가와타의 강연

대지진 쟁점이 더 명확하게 조직 위기 관리 부재의 문제에 들어와 있다. 그리고 기업의 공장과 그 공장의 방재 담당자들, 위기에 빠진 기업들 간의 업무를 조율하는 직원들이 새로운 행위자로 포함된다.

대지진의 피해를 입은 기업의 위기 관리는 나아가 공급계 라이프라인 두절이라는 또 다른 쟁점에 삽입된다.

사례 2-8

공급계 라이프라인의 두절 위험

간사이전력은 3,700만 kw의 공급전력을 갖고 있습니다. 그중에서 공급 불안정 전력이 20%에만 이르러도, 네트워크 전체에 전력 부족 문제가 파급됩니다. 제가 나라 현의 지진 피해 상정의 위원으로 있었을 때, 당시 간사이전력은 난카이 지진이 일어나도 교토 북쪽의 원자력 발전소, 그리고 중부 산악 지대의 수력발전소로부터 전력을 공급하고 있기 때문에 괜찮다고 했습니다. 하지만 그런 생각은 아무 근거도 없고, 충격이 크면 간사이 전역에 걸쳐 영향을 끼칠 것입니다.

_2009년 10월 5일, BCP 연구회에서의 가와타의 강연

대지진, 강진동, 구조물의 붕괴와 수해, 토양의 액상화로 이어지는 쟁점들의 연쇄적인 삽입이 여기서는 라이프라인의 두절이라는 쟁점까지 대지진을 옮겨 왔다. 그리고 이 쟁점에서 공급계 라이프라인에 말 그대로 생명을 의존하고 있는 공장들과 주민들이 새로운 행위자로 첨부된다.

방송국, 신문사, 통신업체, 교통 당국 등도 사회적 책임을 지고 있는 조직의 위기 관리 문제에 첨부되어 들어온다. 방송국과 신문사의 수몰은 재해 정보의 단절을 의미한다. 피해를 입은 통신업체가 업무 연속성 계획도 없이 업무를 중단해 버리면 직장과 학교로 뿔뿔이 흩어져 있는 피재자들 간의 통신이 두절된다. 고속철과 고속도로의 두절은 막대한 물류비용의 손실을 불러올 것이다. 라이프라인을 유지하는 막중한 책임을 지고 있는 기업의 방재 담당자는 지진으로 인한 피해에도 불구

하고 수도, 가스, 전기 등의 공급을 계속할 수 있어야 한다.

일본의 중앙방재회의는 이와 같은 쟁점들을 모아서 정치인들이 염려하는 긴급 사태 시 지진 재해가 얼마나 복잡하게 전개될지에 대해 보고를 받을 수 있게 되었다. 중앙방재회의는 전문조사위원회를 조직해서 도시환경공학자와 건축학자, 경제학자를 포함한 방재 전문가들에게 긴급히 해구형 거대지진의 피해를 산정토록 했다. 그 결과를 정리한 보고서에 따르면 도카이·도난카이·난카이 지진이 동시에 일어났을 경우, 진도 6강 이상의 흔들림이 상정된 시정촌(市町村)이 132곳, 10현에 이른다. 진도 5약 이상의 흔들림에 노출되는 인구는 일본 총인구의 3분의 1인 약 3,900만 명으로 추산되고 있다.[11]

보고서에는 세 지진이 동시에 일어났을 때 혹은 시간차를 두고 일어났을 때에 따라, 그리고 지역별 진도에 따라 조합된 시나리오에 의해서 '피재 지역'의 집단에 속하는 지자체가 새롭게 더해지거나 빠진다. 이 '피재 지역'의 지자체들과 '피재자들'은 단순한 군집이 아니라 도카이·도난카이·난카이 지진이라는 문제를 중심으로 소집될 필요가 있는 새로운 행위자들로 대변인들에 의해서 재규정되고 있다.

> 이 정도로 광역에 피해가 미친 경우, 재해에 대응하기 위해 사용할 수 있는 자원을 어디에 어느 정도 투입해야 할지가 어려운 문제가 될 수

11 일본 기상청의 '진도 계급'에 따르면, 진도 5약에서는 가구가 이동하거나 식기와 책이 떨어지고 창문이 깨질 수 있다. 진도 5강에서는 가구나 자판기가 쓰러질 수 있고 자동차 운전이 곤란하다. 진도 6약에서는 서 있기 힘들고 벽의 타일과 창문이 깨지며 문을 열 수 없게 된다. 진도 6강에서는 서 있을 수 없고 기어 가지 않고서는 움직일 수 없게 된다. 무거운 가구들이 거의 쓰러지고 문이 떨어져 나간다. 진도 7에서는 자기 의지대로 움직일 수 없고 집이 무너지거나 땅이 크게 갈라지며 산사태가 발생한다.

있다. 한 예로 상수도는 76,007건의 피해가 생겨, 고베 대지진의 16배에 이를 것이고, 복구하는 데 331일이 걸릴 것이라고 추계되었다. 중상자의 경우 피재 지역 내에서 치료할지 아니면 피재 지역 외부로 반송할지가 문제가 되는데, 그 '외부' 역시 피해를 입었을 경우가 생긴다. 문제가 복잡하게 뒤얽혀 있어서 지자체 간에 자원을 서로 빼앗거나 감추는 문제가 발생할 수도 있다. 즉 '비용 부담'이나 '조정'과 같은 자원 분배의 문제가 생길 것이다. 평소처럼 횡적 연결이 미약한 대신 상하 관계로만 움직이는 행정(縱割り)으로 업무를 처리해서는 재해 대응이 혼란에 빠져 버리게 된다.(大大特成果普及事業チーム33 2009)

행정정보공학자는 대지진에 의한 '광역 피해'라는 새로운 문제를 제기했다. 그리고 광범위하고 복잡한 재해의 시나리오를 제시했다. 이 '광역 피해'에 연관된 수많은 주민들과 지자체, 행정 기관, 여러 지역에 걸쳐서 뻗어 있는 상수도, 발전 설비와 전선, 도로와 철로와 같은 라이프라인, 구조 및 복구 물자와 같은 자원들이 관련된 행위자로 등장하면서 행위자들의 수는 여전히 증가하고 있다.

요컨대 쟁점이 이동하면서 대지진 논란의 쟁점의 수도 늘어나고 관련된 행위자들의 수도 늘어났다. 어느 누구도 쟁점의 수를 제한하거나 쟁점에 관련된 행위자들의 수를 제한할 수 없다. 오히려 새로운 쟁점을 이끌어 내거나 관련된 행위자의 수를 늘림으로써 대지진으로 일어날 수 있는 온갖 사건들에 대비할 수 있다는 것이 대지진을 중심으로 논쟁을 벌이는 공중의 윤리이다. 따라서 쟁점과 첨부되는 행위자들은 앞으로 더 늘어날 수 있다. 공중의 경계는 지금도 움직이고 있다.

3) 적대적 대변인

위에서 제기된 문제들은 지진 논란이 단순히 과학자와 정치가의 논쟁에서 그칠 수 없다는 점을 보여 준다. 지질학자, 토목공학자, 건축학자, 지반공학자, 도시환경공학자, 경제학자, 정보공학자, 도시사회공학자, 심리학자, 교육학자 등이 논쟁에 참여하면서 대지진으로 인한 혼란을 풍부하게 하고 사전에 주의해야 할 것들과 긴급한 사안에 대한 상상력을 더해 주고 있는 것이다. 이들은 지진 논란의 총 집합에 관련된 행위자 수와 고려해야 할 문제들의 수를 늘리면서 그 실천에서 문제를 복잡하게 만드는 데 협력하고 있었다고 할 수 있다.

이러한 '적대적 협력'은 다른 대변인의 제안 속에서 특정 요소를 자신의 제안을 위해 동원함으로써 가능해진다. 다른 대변인의 제안을 비판하는 가운데 자신의 제안을 위해서 다른 제안의 어떤 요소에 의존하는 것이다.

> 특정 지역 공동체에 복합적인 재해가 발생할 수 있다. 따라서 지역 공동체에 살고 있는 사람들의 관점에서, 개개의 재해에 대한 대응에 그칠 것이 아니라 종합적인 대응을 꾀할 필요를 느끼게 된다. 행정 기관은 걸핏하면 부서마다의 정책에 따라서 자신의 역할을 한정하려 해서 종합적인 대응을 하지 못한다. 지역 주민의 입장에서 보면, 지역에서 일상적으로 고민해야 할 과제는 방재 이외에도 복지, 건강, 위생, 교육, 환경, 교통 등 다양하다. 이 때문에 이 과제들에 우선순위를 정하거나 종합적인 대응을 하기 위한 대책들이 요구되는 것이다. 이러한 이유로 주민과 행정·소방 당국과 학교 등이 협력하는 복합적인 지역 현장력을 높이지 않으면 안 된다.(岡田憲夫 2009)

행정에 초점이 맞춰진 제안들이 지진 대비에 쓸모없게 될 수도 있다는 점 역시 문제이다. 도시사회공학자는 그러한 제안들이 실제로 지진 대책의 혜택을 받는 지역 주민의 목소리를 전혀 고려하지 않고 있다는 점을 지적한다. 그는 지진학자, 공학자, 경제학자, 행정정보공학자가 방재의 현장을 고려하지 않고 관련 당사자들을 규정하고 제안을 그대로 받아들일 것을 전제하고 있다는 점을 비판하며 이들과 적대적인 위치에 서고 있다.

'피재자' 혹은 '피재 지역'에 속해 있던 사람들이 지도 위의 색깔과 수치로 나타난다. 그럼으로써 사람들은 공무원들의 수치 목표와 지도상의 목표를 위한 수단으로 간주된다. 지역 공동체가 지진 대책의 목표가 아니라 '행정'의 수단이 되고 있다는 것이다. 이러한 문제를 제시하는 데 이어서, 도시사회공학자는 '지역 주민의 입장', 이들의 '일상적인 고민과 과제', '복합적인 문제 해결'을 위해 행정 기관 혹은 지역 주민 자신이 무엇을 해야 할지를 묻고 있다. 그리고 배제된 주민들의 목소리, 즉 이들의 청원에 귀를 기울여야 한다는 제안이 이어진다.

이러한 제안은 고베 대지진 당시에 나타났던 주민과 행정 기관의 괴리에 대한 비판에 근거하고 있다. 고베 대지진이 일어났을 때 한 행정 기관 건물이 붕괴했다. 출근조차 할 수 없는 공무원들에게 주민들은 아무런 도움을 얻을 수 없었다. 현장을 순회하는 중앙공무원들은 구호로 지친 지역 공무원들에게 자동차, 안내인, 회의실 준비를 요구하기도 했다. 볼런티어 단체들과 협력하기보다는 매뉴얼대로 일을 처리하는 데 집착하며 상황을 자신들의 통제하에 두려는 공무원들의 모습도 보였다.(酒井道雄 編 1995: 176-182)

그럼에도 불구하고 도시사회공학자가 문제를 제기하기 위해서는 행정정보공학자의 '광역 피해'에 대한 문제 제기에서 동원되었던 지자체, 즉 행정 기관을 끌어들일 수밖에 없다. 행정 중심의 대책을 주장하는 행정정보공학자에 비판을 가하고 있지만, 자신의 제안을 하기 위해서는 그가 비판하는 '광역 재해 대책'이라는 첨부물이 필요한 것이다.

앞에서 지진학자의 지진 예지에 비판적이었던 강진동 연구자들 역시 지진학자들이 그려 둔 '주의를 요하는 지진들'이 필요하다는 점을 살펴본 바 있다. 각 지진들에서 어떤 강진동이 발생할지에 대한 문제 제기에 지진학자들이 만들어 놓은 분포도가 동원될 수밖에 없다. 지진 예지에 대한 제안과 강진동 연구에 대한 제안은 매우 적대적이지만 그 부분적인 첨부물을 공유하고 있음을 알 수 있다. 전쟁 중인 국가들 사이에서도 교역이 이루어지듯이, 적대적인 대변인들도 부분적으로 관련 행위자들을 동시에 다른 방식으로 대변하고 있음을 알 수 있다.

심리학자의 문제는 '재난의 체험'이다. 이러한 모든 시나리오들에서 사람들이 갖게 될 체험이 지진 논란의 쟁점으로 더해진다.

> 재해 체험자가 미체험자에게 체험을 이야기해 주는 1차 체험 계승만이 아니라, 그 체험들을 반복, 연쇄되도록 하는 프로그램이 중요하다. 또한 자연재해의 특성상, 체험자의 지식에만 기대지 않고, 미체험자의 사고로부터 거꾸로 배울 필요도 있다. 이를 위해서, 과거의 재해 지역과 미래의 재해 지역, 혹은 서로 다른 재해 지역 간(inter-local)에, 그리고 과거,현재, 미래의 세대 사이(inter-generation)에 '방재 내러티브'를 주고받도록 할 필요가 있다. 따라서 종래에 시행되었던 방재 연수나 상황 부여 연습, 그리고 방재 매뉴얼과 같은 일방적이고 규격화된 방식과는 달리, '방재 실천'이라는 의미에서 방재 내러티브를 실천토록 하는 게임을 만들고 그 게임을 행하는 과정에서 참여자들이 방재력을 높이는 방법을 개발해야 할 것이다.(矢守克也 2006)

심리학자는 고베 대지진 당시 매뉴얼이 아무런 쓸모가 없었다고 고백하는 공무원들의 체험담을 제시한다. 주민들을 구제할 공무원 자신이 공황 상태에 빠져 있고, 여러 연구자들의 도움을 얻어 제작된 매뉴얼은 당시의 상황에 도움이 되는 내용을 전혀 포함하고 있지 못했다. 자신의 가족을 돌봐야 하는가, 아니면 공무에 충실해야 하는가에 대한 공무원들의 고뇌, 매뉴얼을 읽어 본 적도 없거나 혹은 비슷한 상황이 전혀 나와 있지 않아서 더욱 혼란스러워지는 문제적 상황과 체험들이 제시된다. 공무원뿐 아니라 병원과 같은 공공 기관에서 근무하는 근로자들 역시 공황으로부터 자유로울 수 없다. 정신적 쇼크와 병원으로의 통근의 어려움으로 10%에 달하는 간호사들이 재해 직후 퇴직했다.(酒井道雄 編 1995: 24-25)

위에서 심리학자 역시 건축학자나 토목공학자 혹은 행정정보공학자들이 제기하는 문제와의 차별화를 통해서 자신의 문제를 제기한다. 심리학자의 제안에서는 고베 지역의 주민과 공무원 모두 재해 상황에서 공황에 빠진 경험이 있는 '재해 체험자 집단'에 속한다. 또한 재해 미체험 지역의 공무원, 간호사, 주민들은 모두 '재해 미체험자 집단'으로 재해 상황에서의 공황 상태에 대한 상상력을 더해 줄 수 있는 행위자들이다. 도시사회공학자의 제안에서 '주민과 공무원'이었던 협력 관계가 심리학자의 제안에서는 '체험자와 미체험자'의 협력 관계로 바뀐다.

주목할 만한 것은, 그의 제안에서도 '일방적이고 규격화된 방식'이 다른 연구자들의 제안으로부터 들어와 있음을 알 수 있다는 점이다. 그의 문제 제기를 위해서는 행정이 마련해 둔 매뉴얼이나 지진학자가 그려둔 분포도, 혹은 도시환경공학자가 제기한 전력 공급 불안과 같은 '일방적이고 규격화된 방식'의 진술들이 그의 진술에 삽입되어야 한다. 그래서 이들은 서로 적대적임에도 불구하고 공중을 소집하는 데는 결과적으로는 협력하고 있다.

대변인들의 '적대적 협력' 덕분에 지진 논란을 추적하는 필자는 단지 문헌들을 읽는 것만으로, 토론회에 참석하는 것만으로 이 지진에 관련된 사람과 사물, 그리고 이들의 결합들의 총 집합을 모을 수 있게 되었다. 하지만 필자는 이 총 집합의 규모를 정확히는 알 수 없다. 새로운 연구자들이 새로운 문제를 제기하면서 여전히 새로운 쟁점을 만들어 내고 있다. 새롭게 제기되는 문제들 때문에 지진 논란의 쟁점이 얼마나 많은지, 쟁점마다 관련된 사람과 사물이 얼마나 많은지, 이들을 대변하는 연구자들이 얼마나 다양한지 미리 규정할 수 없다.

필자는 공중이 형성되는 과정을 '대의제'(代議制)적 실천으로 기술했다. 제안을 수집함으로써 그 제안을 매개로 관계를 맺고 있는 쟁점, 대변인, 행위자들로 구성 중에 있는 공중을 그려 낼 수 있었다. 여기서의 공중(公衆)은 사람과 사물의 '무리'(衆), 그리고 이들을 '다양한 관심에서' '숨김없이 드러내고자 하는'(公) 제안들의 합이다. 연구자는 전자(무리) 모두를 직접 만날 수 없다. 대신 이들을 드러내고 있는 대변인들(公)의 제안을 통해서 간접적으로 이들과 대면했다. 그럼으로써 대변인들, 행위자들, 쟁점들로 구성된 공중의 규모를 가늠해 보았다.

5. 복잡한 문제

> 지진 예측은 수십억 달러에 이르는 비싼 장비와
> 엄청난 노력에도 불구하고 자신의 죽음만큼이나 불확실하다.
> 단지 그 일이 언젠가는 일어난다는 점은 확실하다.
>
> (벡 2010: 132)

문제를 단순화하는 것은 지진의 집합에서 환영받지 못한다. 더 많은 외부의 실체들을 배려하는 것, 그럼으로써 문제를 더 복잡하게 하는 것이

이 지진의 총 집합에서 통용되는 윤리이다. 이러한 규칙에서는 합리성과 비합리성을 나누고 비합리적인 행위자들을 비난하는 방식으로 문제를 단순화할 수 없다. 안전에 대한 요구와 안심에 대한 욕구는 지성과 감성에 의해 명확히 구별되지도 않는다. 그래서 하나의 문제는 다른 문제들을 고려하지 않은 채 성급하게 종결될 수 없다.

필자는 진술의 긍정적 삽입과 부정적 삽입을 통해 진행되는 논쟁을 날줄로(2절), 쟁점의 이동을 통해 전개되는 논란의 확장을 씨줄로(3절) 해서 지진 논쟁을 추적했다. 이 추적을 통해서, 대지진의 문제가 제도 내의 문제들 혹은 하나의 연합을 통해 종결될 수 있는 문제에 그치는 것이 아니라, 여러 쟁점을 중심으로 논쟁을 벌이는 거대한 공중을 불러 모으고 있다는 점을 보여 줄 수 있었다. 이 공중은 여러 문제들을 풀기보다는 엮어 내고 있다. 그럼으로써 문제의 '직물'은 그 범위와 척도가 한정되지 않은 네트워크(scale-free network)(바라바시 2002: 119-120)를 구축하기 시작한다.

그럼에도 불구하고 복잡하게 엮여 있는 제안들 대부분에서 통용되는 유일한 진술이 있다. 그 진술은 "언제 일어나도 이상하지 않다."이다. 이시바시 교수가 도카이 지진의 절박성을 강조하기 위해 사용한 이 진술은 그 앞뒤의 진술들이 모두 잊힌 채, 여러 연구자들과 공무원, 그리고 언론에 의해 반복적으로 삽입되고 있다. 더 이상 도카이 지진에 대해서만 사용되는 것도 아니고, 지진학자에 의해 사용되는 것도 아니다. 이 진술을 통해 매개된 공중에서는 지진이 일어난다는 것만이 확실하고 나머지는 불확실하다. 즉 재앙이 일어날 것만은 확실하다는 것이 논란에서 얻을 수 있는 유일한 결론이다.

하지만 지진 예지를 통해 재앙을 막으려 하는 시도와 그 외의 시도들에서 "언제 일어나도 이상하지 않다."라는 진술은 전혀 다른 쟁점들과 연계되어 있다는 점에 주목할 필요가 있다. 불확실성과 무지를 받아들이느냐 아니냐에 따라서 이 진술은 전혀 다른 방식으로 번역되었다.

지진 예지를 제안했던 지진학자와 그를 믿고 따랐던 행위자들은 합리적 통제망의 구축이 빗나간 예지나 자원의 편중을 초래함으로써 더 큰 피해를 낼 수 있다는 점을 간과했고 무시했다. 그 결과 불확실성을 없애고자 하는 시도가 또 다른 불확실성을 낳는 악순환이 계속되었다. 한편 쟁점의 이동이 활발한 공중에서는, 문제들과 관련된 행위자들이 대량으로 증가할 수 있다는 점을 인정하고 있다. 여기서 "언제 일어나도 이상하지 않다."라는 진술은 새로운 문제 제기에 열려 있기 때문에 문제를 복잡하게 하는 새로운 염려, 배려, 고려를 소집하는 매개자가 된다.

예상치 못한 결합들과 그로 인한 재난이 언제나 일어날 가능성이 있다는 점을 애써 무시하고 변명하려 하는가, 아니면 불확실성 자체를 인정하고 받아들이고 있는가에 따라서 이 "언제 일어나도 이상하지 않다."라는 진술의 용례가 결정된다. 문제가 충분히 복잡해지도록 사안에 대해 숙의하는 자세와 이 진술이 결합될 때 공중은 더 잘 대변될 수 있게 된다.

이상의 논의에서 문제가 복잡해지는 과정을 기존의 문제 제기와 논쟁에 대한 연구들과 연계해서 정리해 보자. 이 과정은 "'문제 제기'에서 '쟁점의 이동'으로"라는 말로 정리할 수 있다.

과학자들의 '문제 제기'(problemization) 과정을 다룬 칼롱의 연구에서는, 가리비 양식을 제안하는 해양생물학자들의 제안에 반박하는 사람들이 없었다. 그래서 연구원들이 가리비, 어부, 연구자 공동체의 네트워크에서 의무통과점으로 스스로를 위치 짓는 과정이 단순하다.[12] '문

12 문제와 관련된 행위자들이 각각 원하는 것을 스스로 성취하기 어려운 상황에서, 행위자들이 처한 각각의 문제를 규정하고 행위자들이 원하는 것을 성취할 방법을 과학자들이 제안한다. 문제와 관련된 행위자들이 과학자들의

제와 관련되었다고 규정된 행위자들이 연구자들의 제안을 받아들일 것인가 말 것인가' 하는 데 문제가 국한되어 있기 때문이다.(Callon 1986) 이에 비해, 라투르는 칼롱이 다루지 않은 그 '반박'을 다룬다. 그래서 라투르의 사례들에서는 기존 연구자들이 제기한 문제를 다른 방향으로 돌려놓는 또 다른 연구자들의 문제 제기들이 뒤따른다.(Latour 1987: 108-121) 무엇이 문제이고, 누가 행위자이고, 누가 의무통과점이 되어야 하는지에 대한 주장과 반박이 이어지는 논쟁 속에서 문제는 쉽게 의무통과점에 이르지 못하고 점점 긴 여정을 갖게 된다. 칼롱의 '문제 제기'에서는 곧바로 행위자들이 어떠한 문제에 처해 있고 어떤 목적을 추구해야 하는지가 규정될 수 있었지만, 라투르의 '논쟁' 속에서는 행위자들의 정체성과 그들이 '원하는 것'이 후에 오는 문제 제기의 진술들에 의해서 변형된다. 논쟁 과정에서 이 변형 과정을 몇 번 거친 후에나 행위자들의 정체성과 그들이 목적을 이루기 위해서 꼭 통과해야 할 의무통과점이 결정되는 것이다. 그럼에도 불구하고 칼롱과 라투르는 문제나 논쟁은 반드시 종결된다는 점을 전제하고 있다는 점에서 공통점을 갖고 있다. 이들의 논의에서 새로운 물질의 발견은 사실 혹은 허구로, 혁신적 기계의 발명은 성공(번역) 혹은 실패(반역)로 종결되기 때문이다.

하지만 모든 논쟁들이 반드시 종결되는 것은 아니다. 몰은 논쟁이 '비종결'로 남아 있는 사례들을 제시한다. 몰은 동맥경화의 진단, 검사, 치료의 과정에 대한 민족지에서 특정 연구원이나 전문가의 네트워크가 성공에 이르거나 실패에 이르는 과정보다는 복수의 방법들 혹은 담론들이 공존하면서 동맥경화를 연행하는 다양한 '배열의 방식들'을 보여

제안을 받아들임으로써 각각의 이익을 얻을 수 있다는 점을 인식하게 된다면, 과학자들은 스스로 자신들이 만들고 있는 관계의 네트워크에서 '의무통과점'이 된다.(Callon 1986)

주었다.(Mol 2002) 자신의 몸에 어떤 문제가 있는지 진찰을 받으러 온 환자들이나 병리학 실험실에서 검사를 받게 된 사체나 절단된 다리는 '동맥경화'라는 하나의 네트워크에 '결부될 것인가, 아니면 그것을 거부할 것인가'를 선택하지 않고도 공존하고 있는 네트워크들의 목록을 두고 협상할 수 있는 여지가 있다. 그래서 진단, 검사, 치료가 이루어지는 다양한 경로들을 통해서 환자의 몸은 감정적으로, 물질적으로, 이론적으로 서로 다르게 다루어진다. 병원이나 박물관과 같은 제도화된 현장에서의 사례를 제시하고 있는 또 다른 연구자들은 의무통과점이 하나가 아니라 여럿이라는 점을 보여 주면서 이러한 '비종결' 혹은 네트워크의 '다중성'에 대한 주장을 뒷받침하고 있다.(Star & Griesemer 1989; Singleton & Michael 1993)

그렇다면 병원이나 박물관 혹은 실험실과 같은 기존의 제도 밖에서 새로운 문제가 제기된다면, 혹은 쟁점이 제도적 공간 밖으로 탈주해서 제도 밖으로부터 제기된 문제들이 논란에 더해진다면, 다양한 문제 제기들과 제도 밖의 행위자들은 어떤 관련을 맺게 될 것인가? 인터넷상에서 기후변화와 관련된 쟁점의 이동을 추적한 마레스의 사례는 기존의 제도들 내에서 해결되지 못한 문제가 또 다른 쟁점과 결부되면서 논란이 확산되고, 각 쟁점과 관련된 행위자들이 논란에 새로이 첨부되면서 공중이 형성되는 과정을 보여 주었다.(Marres 2005a, 2005b) 하나의 문제가 종결되지 않은 채 다른 문제를 논쟁하는 과정에 삽입되고 새로운 행위자들이 새로운 문제에 첨부되어 함께 논란 속에 더해진다. 이렇게 해서 형성된 공중에서는 여러 쟁점들이 동시에 논의되기 시작한다. 그래서 공중은 그 범위가 유동적인 동시에 경계를 확정 지을 수 없는 모습을 갖게 된다.

'문제 제기', '논쟁과 종결', '비종결과 다중성', '쟁점의 이동과 공중의 형성'으로 이어지는 흐름은 문제 제기와 의무통과점 구축을 더 이상 몇몇의 '주인공' 과학자들 혹은 하나의 제도나 학문 분과가 독점할 수 없다는 점을 보여 주고 있는 것이다. 대지진을 둘러싼 논쟁은 단일한 문제 제기 혹은 유일한 의무통과점을 향한 논쟁에 머물지 않는다. 그리고 제도 내에서 대상이 다양한 배열의 방식들을 통해 연행될 수 있음을 보여 주는 데 머물지 않는다. 쟁점이 제도 밖으로 이동하면서 기존에는 배제되어 왔던 새로운 행위자들이 재현되거나 대변되는 과정을 추적하고 그 패턴을 찾아야만 혼란스런 대지진 논쟁을 놓치지 않고 따라갈 수 있다.

제3장

지구를 연구소로 들여오기

이상적인 인류학자라면 현지(field)를 구성하는 무대를 미리 정하고 자신이 관찰하는 행위자가 이 무대의 경계 내에서 분석될 수 있다고 상상한다. 정치, 과학, 문화, 자연, 사회, 생물이라는 우리에게 익숙한 무대의 목록이 있다. 연구 과정에서 무대의 경계에 포함되지 못하는 연행이 있다고 해도, 최종적으로 현지의 경계가 무대의 경계와 일치되면서 체계적이고 질서 있는 민족지가 완성된다. 무대를 하나만 선택했든, 둘을 선택해서 접붙여 놓았든 마찬가지다.

이와는 달리, 사물을 추적하는 인류학자는 무대를 미리 정하지 않은 채 사물의 안내를 받아 가며 여러 장소들을 밟아 간다. 한 번도 가 본 적 없는 어둡고 좁은 길을 사물의 흔적에 의지해서 나아간다. 그러면 과학과 정치, 자연과 사회, 생물과 문화라는 경계를 따라 구획된 무대와는 다른 곳에 와 있다는 것을 알게 된다. 뒤를 돌아보면 그의 현지는 이 경계들을 아무렇지도 않게 가로지르고 있기 마련이다.[1]

● 이 장은 2012년 7월 「지구를 연구소로 들여오기: 일본 방재과학기술에서 지진의 재현과 지정학」이라는 이름으로 출간된 바 있다.(『비교문화연구』 18(2): 129-174)

1 성전환자를 따라감으로써 생물과 사회, 섹스와 젠더의 경계와 무관한 연합이 구축될 수 있다는 점을 제시한 연구로는 이강원의 연구(2013b)를 참고할 것.

후자의 인류학자에 속하는 필자는 인간과 인간의 관계, 물질과 물질의 관계 중 하나만 추적하는 방법을 따르지 않는다. 대신 인간에게도 물질에도 서로 연합할 수 있는 자유를 허한다. 그래서 "인간과 비인간의 자유로운 연합(free association)"(Callon 1986)을 따라가기로 한다. 이 연합을 따라가면 과학과 사회, 자연과 문화의 경계가 형성되기 이전, '무의식'과 '비경계'의 현지를 얻을 수 있다. 이렇게 해서 기술된 '다-현장 민족지'(multi-sited ethnography)는 위의 경계들이 자유로운 연합 혹은 행위자들의 자연스런 연행을 구속하는 분리 장벽이었음을 폭로한다. 이처럼 이상적인 인류학자가 주어진 경계 안에 현지를 가두는 동안, 논란 속의 사물을 따라가는 인류학자는 경계 없는 길을 걷는다. 그리고 그 길이 곧 현지가 된다.

문헌과 학회에서 제안들을 추적했던 필자는 이제부터 발걸음을 옮기면서 연구소의 실험실, 관측소, 현지, 간담회로 걸어 들어간다. 연구소는 여러 제안들에 등장한 바 있는 사람과 사물의 목소리가 드나드는 곳이다. 그곳에서 지각, 단층, 해구, 지반, 건물, 도로, 항만, 상수도, 제방, 전선, 발전소, 공장, 학교, 고속철, 지하철, 지자체, 기업, 볼런티어 단체, 도시 공동체와 산간 지역 주민, 공무원, 어린이, 노인, 마음 등을 진단하고 그(것)들과 협의하는 대규모 집회가 소집된다.

필자는 이 집회를 드나드는 사물들을 따라가면서 제안에 실리는 그래프, 이미지, 도표, 그리고 사례들이 어디로부터 와서 또 어디로 가는지, 무엇을 남기고 무엇을 더했는지에 대해 기술할 것이다. 그리고 이 기술을 통해서 지진이 다양한 지리적 장소들을 연결하려는 지정학적 시도의 결과물이라는 점, 그리고 각 지진마다 이 장소들의 수와 장소들을 연결하는 방식을 새로이 구축하려는 협상이 지속되고 있음을 제시할 것이다.

결국 연구소를 출입하는 사물들을 추적하려면 여러 장소들(sites)을 거쳐 갈 수밖에 없다. 그래서 '현지'는 사물들이 거쳐 간 다수의 장소들로 구성된다.

1. 연구소의 장소들

1) 조직도와 배치도

지진의 현지는 어디에서 시작되는가? 지진에 대해 문제를 제기한 연구자들이 소속된 곳, 즉 제안을 담고 있는 문헌들이 생산되는 연구소에서 시작된다. 각 제안들이 연구소의 조직 속에서 어떻게 분포되어 있는지, 그리고 연구소의 어느 곳을 찾아가야 할지를 알기 위해서 문헌의 세계와 연구소의 세계를 연결해 줄 다리가 필요하다. 조직도와 배치도가 그 다리이다.

조직도(그림 3-1 참조)는 나뭇가지 모양을 하고 있다. 소장을 정점으로 해서 네 곳의 연구집단과 기술실로 나뉜다. 연구집단은 종합방재 연구집단, 지진·화산 연구집단, 지반 연구집단, 대기·수권 연구집단으로 나뉘어 있다. 네 연구집단은 다시 열한 곳의 연구부문 및 연구센터로 나뉜다. 연구부문과 연구센터는 더욱 세밀하게 40여 가지의 연구 분야 및 영역으로 갈라진다. 각 연구 분야와 연구 영역들에 재해와 관련된 다양한 문제들이 분배되어 연구되고 있다.(京都大學防災研究所 2009)

이 연구 분야들과 연구 영역들에서 다뤄지는 문제가 학문 분과의 분류에 꼭 들어맞는 것은 아니다. 명칭에 '지진'이라는 말이 들어간 연구 분야와 영역은 모두 지진·화산 연구집단에 속해 있다. 하지만 문헌과 학술회의에서 지진에 관련된 문제를 제기하던 연구자들은 지진·화산 연구집단에만 속해 있지는 않다. 예를 들어, 지진으로 인한 지반의

[그림 3-1] 교토대학 부설 방재연구소 조직도

출처: 京都大學防災硏究所(2009)

붕괴나 산사태와 관련된 문제를 제기했던 연구자들은 지반 연구집단에서 갈라져 나가는 연구 분야와 영역들에 소속되어 있다. 쓰나미와 지하철의 침수에 대해 문제를 제기했던 연구자들은 대기·수권 연구집단과 종합방재 연구집단에서 갈라져 나오는 몇몇의 연구 분야와 영역에 속해 있다. 광역 피해 지역, 인구 과소 지역, 그리고 재해 시의 공황 상태에 대한 문제를 제기한 연구자들은 종합방재 연구집단에 속해 있다. 각 연구집단마다 지진과 관련된 대상을 다루는 분야와 영역이 몇 곳씩 있음을 알 수 있다.

소장으로부터 '위에서 아래로' 점차 세밀한 연구 분야로 갈라지는 나뭇가지의 위계 체계의 방향과는 달리, 지진 관련 문제를 제기하는 연

[그림 3-2] 교토대학 부설 방재연구소 내의 이정표(2009년 4월 25일 촬영)
강구조 실대 시험가설 구조물(방재연)
강진응답·내진구조 실험실(방재연)
거대재해 연구센터(방재연)
지진예지 연구센터(방재연)

구자들의 소속은 가지들을 횡으로 가로지르면서 쟁점을 통해 부분적으로 관련을 맺고 있다. 그래서 필자가 찾아가는 현지의 궤적은 가지들의 갈라짐을 따라 움직이지 않고, 가지들 사이를 가로지르며 움직인다.

조직도에서 하나의 연구 분야와 영역은 배치도에서 하나의 연구실이다. 배치도를 든 연구자는 연구소 내의 이정표와 배치도를 비교해 가며 연구실의 연구자들을 찾아간다. 건물로 들어서고 연구실의 문패를 확인하면서 현지의 궤적이 그려지기 시작한다. 조직도와 마찬가지로 연구실들이 학문 분과의 분류와 반드시 일치하는 것은 아니다. 측지학자와 지진학자, 그리고 도시환경공학자가 함께 속한 연구실이 있는 반면, 심리학자와 정보공학자가 함께 속한 연구실도 있다. 또한 여러 연구실이 지진학자들만으로 혹은 건축학자들만으로 구성된 곳들도 있다.

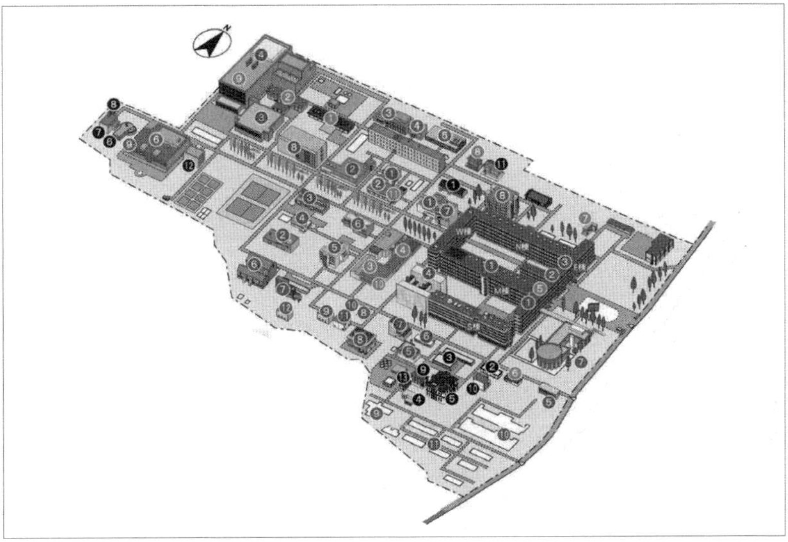

[그림 3-3] 교토대학 부설 방재연구소의 건물 배치도
출처: 京都大學防災研究所(2009)

연구실의 구성원은 학문 분과보다는 공통된 쟁점 혹은 대상에 관심을 갖고 있는 연구자들의 모임으로 구성되어 있음을 확인할 수 있다. 예를 들어 '광역 피해 지역의 발생과 감재'를 다루는 연구실은 건축학자, 행정정보공학자, 경제학자로 구성되어 있으며, 해구형 거대지진을 다루는 연구실은 측지학자와 지질학자, 그리고 지진학자로 구성되어 있다.

연구실들은 관측소, 실험실, 기술실, 데이터베이스실을 보유하고 있고, 연구 협정을 맺은 다른 연구 기관들, 그리고 '필드' 역할을 하는 지역 공동체들과 연계되어 있다. 연구소의 건물 배치도(그림 3-3 참조)와 각각의 연구실 내의 더욱 상세한 배치도에는 이러한 부속 시설과 관련 기관 및 현지들이 포함되어 있다. 따라서 일단 연구실까지 찾아갔다면 그다음부터는 연구실과 그 밖을 순환하는 사물들이 거쳐 가는 또 다른 장소들로 이동해야 할 필요가 있다. 이렇게 해서 문헌의 진술들-연구소의 장소들-연구소 밖의 현장들과 또 다른 기관들로 현지가 연장된다.

2) 장치를 든 예언자

지진의 목소리를 들려 달라는 나의 이메일에 지진학자로부터 답장이 왔다. 지진학자의 연구실에 방문한 필자는 그의 연구실이 익히 보아 왔던 다른 연구자들의 연구실과 별 다를 바 없다고 생각했다. 책과 자료집이 꽂혀 있는 서가, 책상과 그 위에 놓여 있는 컴퓨터, 회의를 할 수 있는 중앙의 탁자가 있다. 꽂혀 있는 책들이 물리학의 파동론과 지진학에 대한 책들이고 벽에 붙어 있는 포스터가 활단층과 해구형 거대지진들의 분포도라는 점밖에 다른 점을 찾을 수 없다. 눈에 띄는 것은 그의 연구실 구석구석에 지진계와 기록기를 담은 플라스틱 박스들이 놓여 있다는 점이다. 나와 동시에 인도의 뭄바이대학에서도 물리학자 두 명이 지진학자의 연구실을 방문했다. 세 방문자 앞에서 지진학자는 플라스틱 박스에서 지진계를 꺼내어 들었다.

사례 3-1

지진계와 지진학자: 짧은 연결

지진학자가 회의실 바닥에 앉아서 지진계 위에 수평계를 올려놓고 공기방울의 위치를 조절하며 수평을 맞춘 다음, 기술직원의 도움으로 지진계와 오실로스코프를 전선으로 연결했다. 설치를 끝낸 후에 지진학자가 엉거주춤하게 서서 무릎을 구부리며 회의실의 콘크리트 바닥에 몇 번 압력을 가하자 오실로스코프의 그래프가 떨리기 시작한다. 그가 동작을 하다 멈추곤 할 때마다 오실로스코프의 그래프도 물결을 치다가

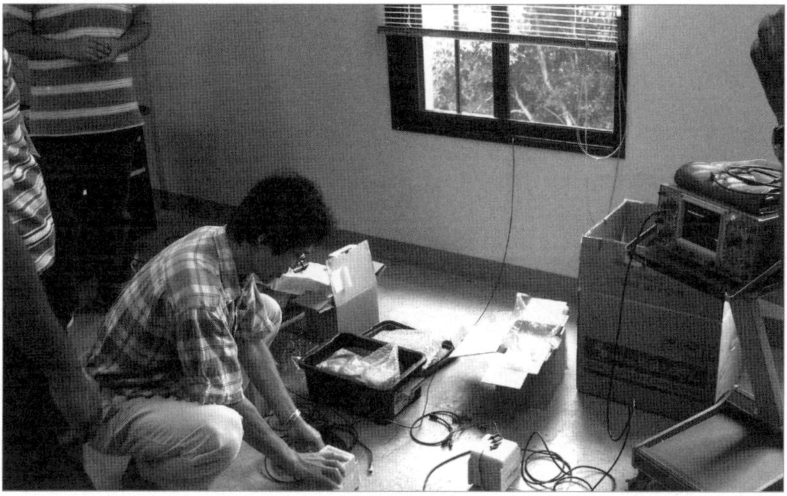

[그림 3-4] 지진계 성능 실험(2009년 8월 30일 촬영)

수평으로 돌아가기를 반복한다. 지진학자는 "자, 이 정도 진동까지 전달이 됩니다. 0.5mm 정도 되는 단층의 미끄러짐까지 탐지해 낼 수 있어요."라고 말하며 지켜보고 있던 물리학자들을 바라보았다.

_2009년 8월 30일, 지진학자의 연구실

지진학자는 생물학자럼 물질을 실험실의 작업대에 올려놓고 실험하는 모습을 보여 줄 수 없다. 병원처럼 진단을 받을 사람들이 진찰실로 찾아오지도 않는다. 지진학자는 장치를 연구실 밖에 설치한 후에나 신호로 변형된 지진동을 연구실로 옮겨 올 수 있다. 그래서 연구실 밖의 세계로 지진계를 파견하기 전에 지진계 자체에 대한 시험이 선행되어야 한다.

지진학자의 작은 실험은 지진계가 미세한 지진동을 제대로 옮겨 올 수 있을 만큼 정밀하다는 점을 방문자들에게 보여 주는 데 초점을 맞추고 있는 것이다. 따라서 이 단계에서는 진동이 지진에 의한 것인지 지진학자의 몸짓에 의한 것인지는 그리 중요하지 않다. 중요한 것은 이 장치가 앞으로 관측 지점에 설치되면 파동 그래프를 옮겨 옴으로써 매우 작은 단층의 미끄러짐까지도 탐지할 것이라고 지진학자가 예언하고 있다는 점이다.

공책을 든 필자는 지진계를 든 지진학자의 말이 그럴듯한지를 판단하기보다는 그가 예언을 하기까지의 모든 과정을 기술하는 데 집중하고 있다. 공책의 기록에 따르면, 진동은 지진계와 전선, 수평계, 기술직원의 수작업, 오실로스코프와 파동 그래프, 방문자들의 시선, 지진학자의 몸짓과 말로 이루어진 실천 속에서 연행되고 있다.

이 중 하나라도 다른 사물로 대체되거나 또 다른 무언가가 더해지면, 그 '진동'은 다른 사건이 될 것이다. 예를 들어 플라스틱 박스에 함께 들어 있던 기록기는 연결되지 않고 옆에 놓여 있다. 지진계와 파동 그래프의 접점을 보여 주려는 실험에서 이 그래프들을 꼭 기록해서 모아 둘 필요는 없기 때문이다.

실험을 통해 일어난 사건은 둘로 나눌 수 있다. 첫째, 오실로스코프에 파동 그래프가 나타났으며, 지진학자의 몸짓과 파동 그래프가 지진계를 매개로 관련을 맺고 있다는 점을 방문자들이 직접 눈으로 확인하였다. 둘째, 지진학자가 이 파동 그래프를 가리키며 '진동'이라고 언급하는 동시에, 파동 그래프를 지켜보던 방문자들이 지진학자의 말에 고개를 끄떡였다.

첫 번째 사건에서 장치의 세계와 이미지의 세계 간의 접점이 형성되었다. 두 번째의 사건에서는 이미지의 세계와 말의 세계의 접점이 형성되었다. 서로 다른 세계를 연결하는 두 매개자(장치와 지진학자)로 인해서 적어도 이 연구실 내에서는 '지진학자의 몸짓이 진동을 일으켰다'는 점은 의심의 여지가 없이 받아들여진다.[2]

지진학자는 '쿵' 발을 구르기도 하고, 방문을 '쾅' 닫기도 하고, 책상을 '탁' 치기도 했으나, 그의 모든 행위는 오실로스코프의 파동 그래프로 그려졌다. 그리고 이 날이미지들은 모두 지진학자와 방문자들에게 '진동'이라는 이름으로 불렸다.

필자는 도시사회공학자로부터 초대받은 워크숍에서 또 다른 예언을 하는 연구자와 장치를 둘러싸고 모여 있는 공학부 학생들과 만났다.

사례 3-2

토론 촉진 도구

큰 탁자 위에 사각형의 넓은 도면이 펼쳐져 있다. 도면은 피라미드를 위에서 내려다본 것처럼 네 면으로, 그리고 네 층으로 나뉘어져 있다. 그리고 탁자의 네 면에 학생들, 조교('퍼실리테이터'라고 불린다), 도시공학자가 둘러앉아서 회의를 시작한다. 이들은 교토 시에 지진이 일어났을 때 외국인 관광객들을 어떻게 대피시켜야 할지에 대해서 토론을 벌이고 있다. 탁자의 각 면에 학생, 행정 담당자, 외국인 관광객, 자주방재회의 역할을 맡은 학생들이 각자의 입장에서 자신들의 제안들을 메모지에 써서 도면 위에 붙인다. 5년, 3년, 1년으로 구획된 연도별 계획에 이들의 제안들이 들어찬다. 그리고 서로의 제안들을 돌아가며 읽고 서로 입장을 바꾸어 가면서 제안들에 대해 질문과 반박을 한다. 비슷한 제안들을

2 두 매개자로 인해 기존에는 '볼 수'도 없고 '들을 수'도 없었던 것이 미세한 진동으로 정의된다. 매개자의 차이는 실천에서의 차이를 만들어 내고 입력만으로 출력을 예측할 수 없게 만든다.(Latour 2005a: 37) 매개자를 바꾸면 그 대상 역시 달리 연행된다는 점을 알 수 있다.

[그림 3-5] 공학부의 계획학 워크숍에서 학생들의 사면회의(2009년 7월 2일 촬영)

같이 모으거나 대립하는 제안들 간의 타협점을 찾은 후, 최후에는 종합된 제안들과 연도별로 각각의 역할과 협력 사항을 정리한 관광객 대피 계획안을 도표로 정리해서 발표를 했다.

_2009년 7월 2일, 공학부 사면회의 실습

도시사회공학자가 '사면회의 시스템'이라고 부르는 이 도면과 회의 방식은 지역 주민들이나 기업의 방재 담당자들이 스스로 마을과 조직에 대한 방재 계획을 세울 수 있도록 하기 위해 도입한 장치이다.

그에게 중요한 것은 도면의 모양과 회의 절차뿐만 아니라, 어떻게 회의에 참석하고 있는 참여자들의 토론을 촉진하는가 하는 것이기도 하다. 그가 학생들에게 내내 강조하고 있는 것은 적극적으로 토론에 참여해야 한다는 점이다. "'이래도 좋고 저래도 좋고' 하는 말보다는 더 공격적으로 토론하도록!", "'일단은…'이라는 말을 쓰지 말고, '하겠습니다. 단…'이라고 말하면서 의욕을 보여 줄 것!", "정보를 제공한다고 하는데 자주방재단은 도대체 무슨 정보를 줄 수 있는지 구체적으로 말할 것!" 등등, 학생들의 회의에 도시사회공학자가 개입할 때마다 하는 말들은 모두 토론의 촉진에 초점을 맞추고 있다.

도시사회공학자에 따르면, '일본인'은 다른 사람 앞에서 자기 의견을 말하는 것이 서툴다. 부끄러워서 반대 의견을 내지 못해서이기도 하지만, 토론으로 인해서 인간관계까지 상하는 상황에 빠지기도 하기 때문이다. '외국인'이라면 주제에 대한 의견 차이를 확인하는 데 머물겠지만, '일본인'은 주제와 인간성을 구별하지 못하는 경우가 많다. 주민들이나 서로 다른 조직의 성원들이 토론을 할 때의 어려움이 여기에 있다. 그래서 문제 해결을 위한 아이디어가 잘 나오지 않는다.

이런 상황에서 '사면회의 시스템'은 토론하는 것을 즐기도록, 다른 사람의 입장에 서 보고 이해하도록, 그리고 조직의 입장에서 말을 하도록 촉진하고 그것을 기록하는 장치가 될 수 있다.[3] 여기서 '장치'란 기계라기보다는 기입을 위한 도면, 회의 절차, 그리고 토론을 촉진하는 '퍼실리테이터'로 구성된 일종의 게임 규칙이 된다. 이 장치를 통해서 학생들과 마찬가지로 장치가 파견될 지역의 주민들이나 기업의 직원들은 지진에 대한 방재 계획을 스스로 세우는 적극적인 '토론자'로 그 정

3 "기입 장치"(inscription devices)는 물질을 다이어그램, 표, 그리고 수치로 변형함으로써 과학자들이 그 안에서 '의미'를 찾고 논문이나 논쟁에서 '증거'로 사용할 수 있는 자료들을 생산하게 된다. 중요한 것은, 기입된 문서가 '원래의 물질'과 직접적인 관계를 맺고 있다고 간주된다는 점이다. 일단 기입 장치를 통해서 다이어그램과 표, 그리고 수치가 만들어지면 과학자들이 실험기구들을 통해서 물질에 간섭하고 물질을 변형했던 과정들이 괄호 안에 놓임으로써 더 이상 논쟁의 대상이 되지 않는다.(Latour & Woolgar 1986(1979))

체성이 재규정된다. 그리고 사면회의와 계획서에 기입되어 다시 연구실로 옮겨져 온 도면과 계획서를 가리키며 도시사회공학자는 이것이 "주민들의 목소리입니다."라고 언급할 수 있게 된다.

배치도를 따라 다른 연구실들로 이동하는 연구자는 각 연구실에서 또 다른 장치를 든 예언자들을 만난다.[4] 연구실을 이동할 때마다, 각 연구자들이 들고 있는 장치가 달라지면서 연구소로 옮겨 오는 실체들 역시 조금씩 달라진다는 점을 발견한다. 즉, 다른 연구실로의 이동은 장치에 의해 기입되는 것들의 차이, 기입된 것에 대해 언급하는 연구자들의 변화로 이어지며, 이에 따라 옮겨지는 실체들과 연행되는 대상들의 차이로 이어진다. 이러한 사건, 사물, 장소의 차이, 그리고 이들을 매개하는 장치, 대변인, 대상의 변화로 지진은 연구실마다 '다른 대상'이 된다.

다른 연구실로 이동하기 전에 나도 하나의 예언을 한다. '새로운 기입 장치들이 등장하면서 지진의 수가 증가할 것이다!'

3) 지진의 수를 늘리다: 대상의 연행

각 연구실의 연구자와 장치가 지진을 어떻게 규정하고 있는지를 추적하면서, 지진이 단순히 진동과 미세한 단층의 미끄러짐으로만 규정되는 것이 아니라는 점을 발견할 수 있다.

4 여기서의 '이동'은 요소들의 배치를 바꾼다는 의미까지 포함한다. 단순히 장소의 이동에서 나아가 사건, 사물, 장소가 새롭게 배치된다.

사례 3-3

지진계의 수와 지진의 수

효고 현 남부 지진(고베 대지진) 이후 방재과학기술연구소(NIED)[5]에서 고감도지진관측망(Hi-net)을 구축해 관측을 하고 있습니다. 이것만으로도 많은 자료를 축적하고 있기는 하지만, 연구 대상에 따라서는 자기 스스로 장치를 개발할 필요가 있겠죠. 내륙직하형 지진은 규모가 작기 때문에 NIED의 네트워크로는 충분한 자료를 얻을 수 없지요. 특히 긴키나 주부 지역처럼 좁은 지역을 상세히 관측하기 위해서는 더 많은 관측점이 필요합니다. 실제로는 긴키 지역에 500군데, 돗토리 현에 500군데를 설치한다든지 하는 각각의 프로젝트가 진행되고 있는데, 이것을 모두 포함해서 공통으로 논의하기 위해서 '만점(滿點) 계획'이라는 이름을 붙인 것입니다. 2006년 1년간 긴키 지역에서 일어난 미소지진이 기상청의 관측망을 통해서는 4천 개가 관측되었는데, 만점 계획의 관측망이 완전히 구축된다면 10배인 4만 개의 미소지진이 관측될 것입니다.

_2010년 7월 9일, 지진학자 이이오 면담

지진계의 수를 늘리면 지진의 수가 늘어난다. 지진의 수를 늘리는 가장 단순한 방법이다. 하지만 지진학자가 단순히 지진의 수를 늘리는

5 방재과학기술연구소(NIED)는 쓰쿠바 시에 자리 잡고 있는 독립행정법인 연구소이다. 지진과 관련해서는 전국의 연구자들이 공동으로 사용할 수 있는 연구 인프라를 구축하고 있다.

데 목적을 두고 있는 것은 아니다.[6] 한 대의 지진계와 여러 대의 지진계로 구축된 관측망은 단순히 수의 차이를 넘어서 전혀 다른 실체를 옮겨온다.

큰 지진이 발생한 이후에는 상당 기간 단층면에서 수많은 작은 여진들이 발생한다. 만약 기상청과 방재과학기술연구소의 관측망보다 충분히 조밀한 관측망을 구축할 수 있다면 이 여진들의 분포를 정확히 그려 낼 수 있을 것이고, 지진학자들은 주기적으로 발생하는 큰 지진의 단층면의 위치, 방향, 단면적, 변형력 변화의 추이 등을 알아낼 수 있을 것이다.

그림 3-6에서 오른쪽 그림은 동일한 기간 동안 방재연구소의 미소지진관측망을 통해 그려진 미소지진의 분포도이고, 왼쪽 그림은 기상청이 관측한 미소지진의 분포도이다. 설치한 지진계의 수가 많은 방재연구소 쪽이 더 많은 지진을 관측했다. 오른쪽에서 진원의 분포가 선과 면의 모양으로 나타나는 것은 큰 지진이 일어날 가능성이 있는 단층과 지각 구조를 반영하고 있기 때문이라고 가정된다. 따라서 지진계의 수를 늘려 미소지진의 수를 늘리는 지진학자는 큰 지진의 단층면으로 규정되는 새로운 대상을 연행하려 한다는 점을 알 수 있다. 지진학자가 구축하고자 하는 '조밀다점관측망'은 이제 지진을 진동이나 지각의 미세한 미끄러짐이 아니라, 큰 지진의 단층면으로 규정한다. 지진계 자체와는 구분되는 조밀다점관측망이라는 새로운 장치가 도입된 것이다.

결국 더 많은 지진계 혹은 더 조밀한 관측망을 보유하고 있는 지진

6 지진학자는 그의 연구계획서에서 "지각에서의 변형력의 장(stress field)을 알면, 큰 지진이 일어나기 전에 지각 변형력 '기상도'를 그릴 수 있고 이를 통해 지진을 예보(forecast)할 수 있다."라는 제안을 한 바 있다.(제2장) 그리고 지각 변형력의 장을 알기 위해서 기존의 관측망보다 훨씬 더 많은 미소지진계(고감도지진관측망)를 설치할 필요가 있다는 점을 강조해 왔다.

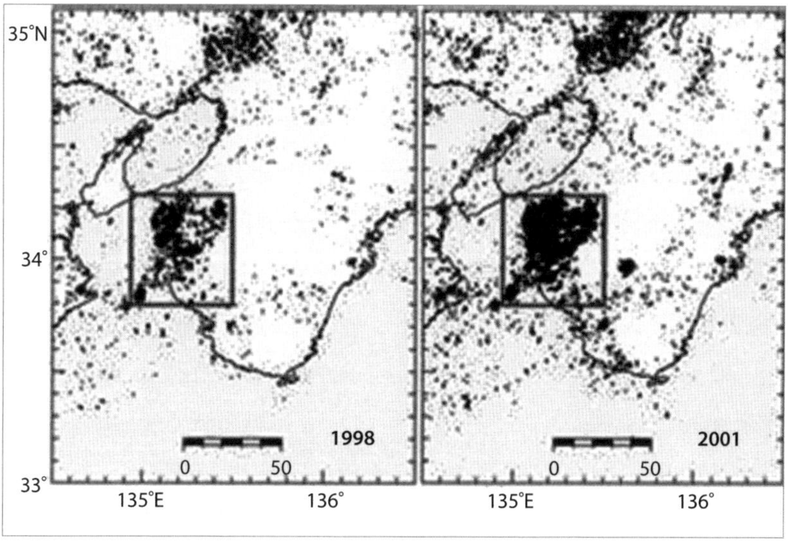

[그림 3-6] 미소지진계 관측망 배치 이전(왼쪽)과 이후(오른쪽)의 진원 분포 비교
출처: Hi-net 고감도지진관측망 홈페이지; http://www.hinet.bosai.go.jp/summary/?LANG=ja

학 연구실은 더 많은 지진을 관측할 수 있으며 다른 연구실보다 더 정밀한 단층의 분포도를 얻을 수 있다. 위의 지진학자는 방재과학기술연구소의 고감도지진관측망보다 더 정밀한 단층의 분포를 그려서 그것이 대지진의 단층면이라는 점을 언급함으로써 이 '수 싸움'에서 다른 지진학자들보다 유리한 위치에 서게 될 것이다. 따라서 진원의 분포를 통해서 지각에 축적된 변형력의 장을 그리고자 하는 전국의 지진학자들은 이 '수 싸움'으로부터 자유로울 수 없으며 자신이 설치한 고감도지진계의 수를 늘리거나 더 많은 고감도지진계들의 관측망을 갖고 있는 기관과 동맹을 맺음으로써 이 '수 싸움'에서 앞서 나가려 한다.[7]

7 '수 싸움'에서 이기기 위한 방법으로는 큰 지진이 일어난 직후 곧바로 진원 주변으로 가서 임시 관측점들을 가능한 많이 설치하는 방법이 있다. 상시 관

지진계를 설치할 관측점을 늘리기 위해서, 가설을 동원함으로써 대상을 재규정하기도 한다. 지진학자는 관측망이 옮겨 오는 진동과 단층을 '판 내부의 내륙직하형 지진'이라는 이름으로 부르고 동일한 정체성을 갖는 새로운 지진의 집합을 만들었다. 판 운동이 판 내부의 내륙직하형 지진의 발생에 영향을 끼치고 있다는 가설을 통해서 판의 경계에 있는 세계 여러 곳을 관측점의 후보로 규정하고 '판 내부의 내륙직하형 지진'에 그곳의 사람들이 관심을 갖고 협조하도록 설득할 수 있다. 그럼으로써 단순히 일본의 긴키 지역의 지진관측점에 국한되지 않고 판 경계에 위치한 뉴질랜드 등에서 새로운 관측점을 구축할 수 있다.

사례 3-4

판 내부의 내륙직하형 지진:
뉴질랜드 지진학자들과의 공동 관측

지금 뉴질랜드로 떠날 준비를 하고 있습니다. 뉴질랜드는 내륙직하형 지진이 잘 일어나는 곳이어서 관측 조건이 좋습니다. 오스트레일리아 판과 태평양 판이 만나는 곳에 뉴질랜드가 있는데, 반년 동안 뉴질랜드 지진학자와 함께 내륙 단층에 대한 공동 탐사를 하기로 했습니다. 즉 판 경계가 아니라 판 내부의 내륙직하형 지진을 관측할 것입니다. 우리들은 하부 지각에 관심이 있기 때문에, 하부 지각을 관측하기 위해서는

측점과 대비되는 임시 관측점은 더 가까운 곳에 많은 지진계를 임시로 설치할 수 있으므로 훨씬 더 많은 수의 지진(여진)을 가져올 수 있다. 하지만 매번 연구 인력이 투입되어야 한다는 점에서 상당한 인적·물적 비용을 필요로 한다.

훨씬 아래쪽의 작은 지진들을 조사할 필요가 있는 것이지요. (지도를 가리키며) 바로 이 부분에 지진이 굉장히 많이 일어나고 있습니다. 그곳은 길이 없는 험한 지형이라서 그쪽 연구자들에게도 '만점 지진계'가 필요합니다. 이미 이 지역의 전기비저항 구조가 나와 있는 상태여서, 이 지역의 미소지진 토모그래피(tomography; 단층촬영)를 완성하는 것이 프로젝트의 목표입니다.

_2009년 9월 1일, 지진학자 이이오 면담

지진학자는 자신이 개발한 지진계가 접근하기 어려운 곳까지 관측할 수 있기 때문에 공동 연구에서 다른 연구자들에게 좋은 반응을 얻고 있다고 강조한다. 그의 지진계가 더 많이 더 멀리 설치될수록 더 많은 지진들을 옮겨 올 수 있게 된다.

필자는 지진학자의 예언대로 많은 지진계가 실제로 현장에 파견되고 있는지, 이 관측망이 제대로 진동을 옮겨 오고 있는지, 그리고 다른 연구실보다 정확한 단층의 분포도를 그리고 있는지를 확인하기 위해서 지진계 설치와 유지보수 여행에 동행하기로 약속했다. 하지만 연구소 밖으로의 여행에 따라 나서기 전에, 우선 다른 장치와 연구자들, 그리고 대상이 있는 연구실로 이동하기로 한다.

강진동 연구실에서는 지진계의 수가 곧바로 지진의 수의 증가로 이어지지 않는다. 게다가 강진동을 연구하는 지진학자들의 연구실에서는 지진계와 기록기를 담고 있는 플라스틱 상자조차 찾아볼 수 없다. 이들은 연구실 생활의 상당 부분을 여러 가지의 지진관측망과 접속된 컴퓨터 앞에서 보낸다.

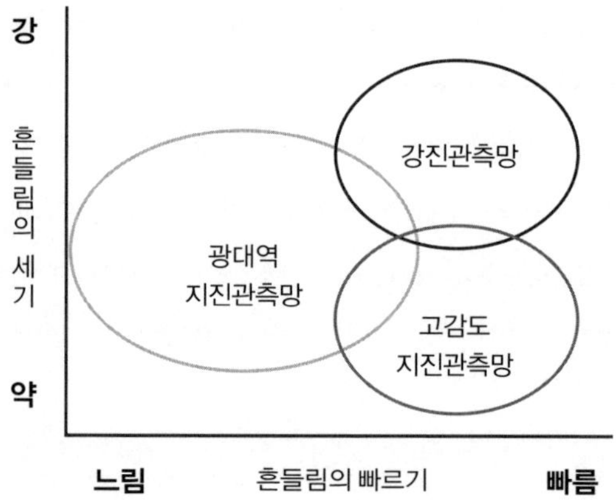

[그림 3-7] 강진동을 연구하는 지진학자가 그려 주며 설명한 방재과학기술연구소의 관측망
고감도지진관측망(Hi-net), 강진관측망(전국강진관측망, 기반강진관측망;K-net, Kik-net), 광대역지진관측망(F-net)의 관계도. 모두 고베 대지진 이후에 구축되어 온 관측망들이다.

사례 3-5

관측망의 수와 지진의 수

고감도지진관측망(Hi-net)은 민감해서 작은 지진, 즉 미소지진을 관측할 수 있습니다. 하지만 큰 지진은 너무 진동이 커서 기록이 불가능합니다. 단, 진동이 커도 지진이 멀리서 일어나면 약해진 진동을 탐지할 수 있겠지요. 중국의 쓰촨 성 지진이 큰 지진이었지만 멀리서 일어났기 때문에 일본에서는 이 고감도지진관측망으로 관측했습니다. 전국강진관측망(K-net)과 기반강진관측망(Kik-net)은 둘 다 강진관측망이기는 한데, K-net은 큰 도시에 놓여 있습니다. 특히 일본의 대도시가 있는 곳은 대부분 평야인데, 평야는 지면이 부드럽습니다. K-net는 주로 이런 도시 평야의 퇴적층 위에 놓여 있습니다. Kik-net은 지반이 단단한 산 위에 설치되어 있습니다. 땅속에, 그리고 땅 위에 두 개가 설치됩니다. 땅속과 지표 사이의 지진동의 전파 경로를 조사하면 지진파가 어떤 식으로 전달되어야 강진동으로 증폭되는가를 조사할 수 있게 되는 거지요. 마지막으로 광대역지진관측망(F-net)은 말 그대로 '광대역'이기 때문에 단주기파로부터 장주기파에 이르는 넓은 주기의 지진들을 관측할 수 있습니다. 그래서 강진동에 포함된 여러 주기의 진동들을 동시에 기록할 수 있습니다. 하지만 센서가 조금 비싸서 많이 설치되지는 못하고 밀도가 조금 낮습니다. 이에 반해, Hi-net은 싸서 많이 설치되어 있지요.

_2010년 7월 9일, 강진동 연구자 이와타 면담

'특정 지역에 나타나는 강한 흔들림', 즉 강진동을 연구하고 있는 지진학자들은 고감도지진계의 수를 늘리는 경쟁에 관심이 없다. 고감도지진계의 수를 아무리 늘려도 고감도지진계로는 이들이 원하는 강진동을 옮겨 오는 데 한계가 있기 때문이다. 진원에서 멀리 떨어져서 주기가 긴 진동으로 변한 장주기 지진동이나, 미소지진계의 관측 범위를 넘어서는 진폭이 크고 주기가 짧은 강한 진동은 짧은 주기와 미세한 진동을 감지하도록 고안된 고감도지진관측망에서는 존재하지 않게 된다. 즉 고감도지진계가 파동 그래프를 옮겨 오지 못하는 것이다. 그래서 이들은 여러 종류의 지진계의 관측망에 접속해서 가능한 한 다양한 경로를 통해서 강진동과 여진들을 옮겨 오는 데 관심이 있다. 진원에서의 단층의 미끄러짐을 보여 줄 수 있는 진동, 지진파가 기반(基盤)을 지나면서 증폭되거나 감쇄하는 과정을 보여 줄 수 있는 진동, 도시가 위치한 퇴적층에서 지진파가 증폭되거나 산란되는 과정을 보여 주는 진동 등 강진동 연구자들은 다양한 주기와 진폭의 진동들을 필요로 한다. 강진동 연구자들이 접속하는 관측망들은 진동에 서로 다른 정체성을 부여함으로써 진동이 강진동이라는 대상 혹은 목적에 종사하도록 하는 매개자들

인 것이다. 그래서 강진동 연구자들에게는 지진계의 수보다 얼마나 다양한 종류의 관측망에 접속할 수 있는가, 즉 관측망의 수가 중요하다.

여기서 '지진의 수를 늘리는' 방식이 미소지진 연구자들과 강진동 연구자에게서 차이가 있음을 알 수 있다. 전자가 같은 종류의 지진계를 늘려 하나의 관측망을 구축하는 데 그쳤다면, 후자는 방재과학기술연구소와 기상청(JMA) 혹은 간사이 지역의 지진연구자들의 협력을 통해 구축된 간사이지진관측연구협의회(CEORKA), 미국의 지질조사국(USGS), 국외 대학과 정부의 관측망 등 각국의 관측망과의 동맹을 통해서 훨씬 다양한 관측망에 접속을 하는 쪽으로 지진의 수를 늘리고 있다. 따라서 '미소지진 연구자와 강진동 연구자 중 어느 쪽이 더 지진의 수를 더 많이 늘렸는가?'라는 질문은 무의미하다. 이들은 같은 종목의 '수 싸움'의 경쟁자들이 아니다. 두 연구실은 지진동을 옮겨 올 장치의 차이에 따라서 지진을 전혀 다른 방식으로 규정하고 있으며, 서로 다른 방식으로 서로 다른 지진의 수를 늘리고 있다.[8] 즉 지진은 두 연구실에서 미소지진과 강진동이라는 서로 다른 대상으로 연행되고 있다.

주목할 만한 것은, 강진동을 연행하기 위해서는 미소지진 연구실에서도 언급되었던 '진원'이라는 대상이 필요하다는 점이다. 지진을 진원, 전파 경로, 지표지점의 관계로 재규정하는 강진동 연구실에서 이 '진원'은 미소지진에서와는 다른 정체성과 목적이 부여되고 있다.[9] 그

8 '경합'과는 다르다. 동일한 목적을 위해서 경쟁하는 집단들이 아니기 때문이다. 그보다는 다성(multi-vocal)적인 지진의 숨겨진 목소리를 찾아내면서 지진을 새롭게 연행하고 있다.

9 강진동 연구자들의 제안은 제2장 3절에서 다룬 바 있다. "좁고 긴 지역에 피해를 집중시킨 강진동을 정밀도 높게 예측할 수 있다면 '진재의 띠'와 같은 피해가 집중된 지역의 피해를 줄일 수 있을 것이다. 이를 위해서는, 강한 진동에 영향을 끼치는 요인들인 진원 특성, 전파 경로 특성, 지점 특성을 알아야 한다. 이 특성들을 알면 지진동이 느린지 빠른지, 강한지 약한지에 대해

래서 겉으로는 큰 차이가 없어 보이는 관측 활동도 어느 연구실의 연구자들이 참여하고 있는지에 따라서 다른 대상을 염두에 두고 있다.

사례 3-6

여진 관측 지점의 차이:
미소지진 연구와 강진동 연구

양쪽 다 여진을 관측했지만, 목적이 전혀 다릅니다. 이이오 선생님이나 나카오 선생님(미소지진 연구 지진학자)은 지반이 딱딱한 곳에 지진계를 놓고 여진을 관측하지만, 우리들은 피해가 발생한 곳, 예를 들어 집이 무너진 곳에 지진계를 설치합니다. 고베에서 지진이 일어났을 때 양쪽 다 곧바로 여진을 관측하러 갔지만, 이이오 선생님의 연구팀은 롯코 산(六甲山)으로 올라가 산 중턱에 지진계를 설치했습니다. 우리들은 고베의 시가지로 들어가서 지금 '진재의 띠'라고 불리는 곳이나 피난 장소가 된 초등학교 운동장, 혹은 전혀 피해가 일어나지 않은 주거지에 지진계를 설치하러 갔었습니다.

_2009년 12월 3일, 강진동 연구 지진학자 세키구치 면담

진원으로부터 지점까지 지진파가 도달하는 과정에서 어떻게 진동이 증폭되는지에 관심을 갖는 강진동 연구자들은 진원과 땅 위에서의 진동, 그리고 서로 다른 지점에서의 진동의 차이가 중요하다. 그래서 지

서 미리 예측할 수 있게 될 것이다."

표면에 따라 달라진 지진파 그 자체도 연구소로 옮겨 올 필요가 있다. 반면 여진의 진원을 정확히 찾고 이를 통해 큰 단층면을 그리는 데 초점을 맞추는 미소지진 연구자들은 가능한 지진동이 산란되거나 증폭되지 않고 그대로 전파되는 딱딱한 지반으로 이루어진 산 위에서 여진을 관측하는 것이다. 장치가 다르고, 진동에 서로 다른 정체성을 부여하며, 관측 작업의 운용을 달리함으로써 진원에 부여된 목적이 달라지고 있다.

장치와 진동의 정체성의 차이에 더해서, 연구자 집단의 구성 방식도 서로 다른 대상을 연행하는 데 중요한 요소가 된다. 처음 방문했던 미소지진 연구실에서 지진학자들은 '조밀다점관측망'을 구축하기 위해서 기술직원들, 전자기기 개발업체와 새로운 지진계의 개발과 설치 계획, 그리고 유지보수 방식에 대해 논의하고 있었다. 이에 비해 강진동 연구자들은 접속하는 관측망들 대부분을 지진학자 자신이 아닌 연구 인프라를 구축하는 또 다른 기관들에 관측망의 설치를 맡기고 있다. 그래서 강진동을 연구하는 연구실들에서는 지진 연구자와 지진계를 설치하는 기술직원으로 연구집단이 분화되어 있다.

사례 3-7

관측망을 구축하는 집단과 데이터를 수집하는 집단의 분화

정상 관측이라면 예전에 산업기술연구소에 있을 때, 사이타마 현(埼玉縣)에 지진관측점을 설치했던 적은 있습니다. 15개 정도 설치했는데 지금도 작동하고 있습니다. 하지만 지금은 별로 하지 않고 있어요. 방재과학기술연구소의 네트워크가 많아져서요. 스스로 하면 상당히 힘듭니다. 큰 지진이 일어난다면 임시 관측점을 설치하는 것은 지금도 하고 있지만, 평상시는 방재과학기술연구소(NIED)의 네트워크에 접속해서 데이터를 얻습니다. _2009년 12월 3일, 강진동 연구 지진학자 세키구치 면담

두 연구실의 차이는 이러한 연구자 집단의 분화 방식뿐만 아니라, 연구자 개개인의 학술적인 이력에서도 차이가 나고 있다.

사례 3-8

이학과 공학

일본에서의 석사학위논문은 건축물의 진동에 대해 썼습니다. 졸업 후에 미국 대학의 토목공학(civil engineering)과로 유학을 갔습니다. 석사 때 건축학 전공이었지만 구조물을 주로 연구했습니다. 미국에서는 구조물 연구를 주로 토목공학과에서 하고 있기 때문입니다. 그런데 이 토목공학과가 매우 작았습니다. 그래서 교수님이 거의 없고, 한 분이 토목공학과와 이학부의 지구행성물리학과를 겸임하고 있었습니다. 이 선생님과 함께 연구한 것을 계기로 지진학도 공부를 시작하고 '이거 재미있구나!' 생각해서 지진학과 토목공학을 연결하는 긴급지진속보(Earthquake early warning; EEW)로 박사논문을 썼습니다. 제가 속해 있는 지진 재해 연구 분야의 강진동 연구자들은 이학 전공자와 공학 전공자가 연구를 같이 하는 경우가 많습니다. 그에 반해, 지진예지 연구센터의 지진학자들은 과학자들이 많지요. 역시 공학 쪽 연구자들은 강진동의 결과를 알고 싶어 하겠죠. 작은 지진들보다는…. 강진동의 확률이 50%가 되면 건물이 어느 정도 무너질까와 같은 질문에 대해 관심을 갖는 거지요.

_2009년 9월 8일, 지진공학자 야마다 면담

대부분 지진학자들로 구성되어 있는 미소지진의 연구자들에 비해, 강진동 연구자들은 지진학자, 지반공학자, 토목공학자 및 건축학자들로 구성되어 있다. 강진동은 진원, 전파 경로, 지점의 특성으로 구성되기 때문에, 건축물의 지반이나 지표의 토질 등에 대한 연구가 필요하다. 그래서 강진동을 연행하기 위해서는 다양한 관측망과 이에 접속하는 학문 분과의 연구자들의 연합이 요구된다.

다음으로 미소지진이나 강진동을 연구하는 연구실과 옮겨 오는 실체 자체가 다른 또 다른 연구실로 이동한다. 지진학 연구실에서와는 달리 측지학 연구실에서의 지진은 전혀 다른 목적에 종사한다.

사례 3-9

종착지의 차이: 지진학과 측지학

우리들(측지학자들)은 지각 변동에 관심이 있습니다. 그런 의미에서는 지진학자들의 연구 분야와 오버랩되기는 합니다. 우리 측지학 학회에도 제가 지진에 흥미가 있다는 말을 듣고 지진학자도 따라서 몇 명은 옵니다. 그래도 측지학은 우주 안에서 지구가 어떤 형태를 하고 있는 것을 정하는 분야입니다. 지구의 형태를 정하는 것이기 때문에 지진이라는 사건에 관심이 있는 지진학과는 종착지가 다르다고 할 수 있습니다.

_2009년 10월 5일, 측지학자 하시모토 면담

지진학 연구실에서의 지진은 미소지진이든 강진동이든 지진계와의 연합을 통해 진동으로 규정되었지만, 측지학 연구실에서는 측지 장치들을 통해 지각의 변동으로 규정되고 있다. 그리고 모든 지각 변동이

진동 혹은 지진과 연관되어 있지는 않기 때문에 지진은 지각 변동의 일부일 뿐이라는 점, 그리고 지각 변동이 궁극적으로 갖게 될 정체성은 지진이 아니라 지구의 형태라는 점에서 측지학자는 지진학자들과 관심의 차이를 보이고 있다. 한 측지학자는 "지진은 지구의 변형 과정에서 한 찰나에 지나지 않는다."라는 말로 측지학에서 지진의 위치를 정립하고 있다.(2009년 11월 5일, 측지학자 가와자키 면담)

측지학자들은 체적변형계, 경사계, 신축계, Geo-net(GPS 관측망), SAR(Synthetic Aperture Radar; 합성개구레이더)와 같은 장치들을 '들고' 있다. 체적변형계에 의해서 지진은 '시굴공(borehole)에 삽입되어 있는 원통의 체적 변형'으로 규정된다. 경사계에 의해서는 '도관으로 연결된 두 수조의 수위 차'로 규정된다. 신축계에 의해서는 '직각 삼각형 모양으로 놓여 있는 세 개의 수정봉의 늘어남과 줄어듦의 변화'로 규정된다. 이러한 다양한 장치들은 지진계가 들여오지 못하는 지진까지 연구소로 들여올 수 있다는 점에 주목할 필요가 있다. 그 예로, 오랜 기간에 걸쳐 일어나는 '슬로 지진'은 신축계와 경사계를 통해서 관측될 뿐, 지진계를 통해서는 관측되기 어렵다. 슬로 지진은 지각의 미끄러짐이 판의 침강 속도보다는 빨라서 지진이라고 규정할 수도 있고, 지진계에 의해 관측되는 지진보다는 미끄러짐이 느려서 사람이나 지진계가 감지할 수 있는 진동이 거의 없다는 점에서, 지진과 단순한 지각 변동의 사이에 있는 '애매한' 대상이라고 할 수 있다.(川崎一朗 2006) 따라서 측지학자들은 지진학자들이 관측할 수 없는 방식으로 지진의 수를 늘리고 있다.

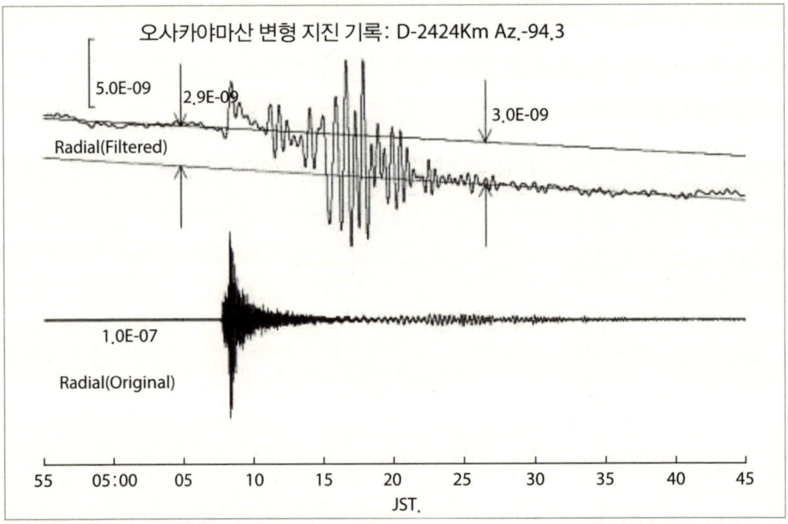

[그림 3-8] 2009년 8월 스루가 만 앞바다 지진의 기록

위의 파형은 신축계의 파형이고, 아래의 파형은 강진계의 파형이다. 아래의 지진계에 비해서 위의 신축계는 지진동 이후 변위된 지각이 드러난다. 신축계의 파형에서 두 직선 사이의 거리가 지면의 일그러짐으로 인해서 늘어난 혹은 줄어든 신축계의 길이이다.

출처: 『突發災害報告書』, 「2009年8月11日駿河灣地震」.

사례 3-10

새로운 장치와의 연합

정밀도 면에서는 GPS보다는 SAR 쪽이 압도적으로 높습니다. 시간분해능(能)은 조금 떨어지지만, SAR이 시작된 초기부터 공간분해능이 뛰어나다는 점이 인정되었고, 설령 시간분해능이 좀 떨어지더라도 플레이트의 침강은 시간적으로 갑자기 일어나지는 않지 않습니까? 활단층이 다음 지진을 일으킬 수 있는 변형력을 얼마나 담고 있는지는 오랜 기간 지켜봐야 하는 것이기 때문에 이런 점에서 데이터를 얻는 데는 SAR이 최상이지 않을까 생각합니다. 마침 2006년 1월에 다이치(인공위성)

가 발사되었습니다. 후쿠시마 군과 같은 젊고 쌩쌩한 친구와 함께 3년간 SAR로 연구를 하게 된 것입니다. 흥미로운 지진이 있으면 SAR 연구집단으로부터 데이터를 사서, 그 친구에게 대부분 계산을 맡기고 제가 해석을 합니다. 작년에 쓰촨 성에서 지진이 일어났는데, SAR을 활용할 수 있는 기회였습니다. 또 큰 피해는 없었지만 파푸아뉴기니 같은 곳에서 대규모 지진이 몇 회 일어났습니다. 이것들도 데이터를 얻어서 해석을 하고 있습니다.

_2009년 10월 5일, 측지학자 하시모토 면담

위의 측지학자는 일본 국토지리원의 Geo-net과의 동맹에 흥미를 잃고, 일본우주항공연구개발기구(JAXA)와 새로운 동맹을 맺음으로써 육역관측기술위성(ALOS)에 탑재된 SAR의 지각 변위 영상을 얻을 수 있게 되었다. GPS 안테나가 설치되어 있지 않은 곳의 지각 변동까지 인공위성의 레이더는 옮겨 올 수 있기 때문에 단층의 미끄러짐이나 해구 주변에서 판의 침강과 같은 지각 변동의 재현에서 다른 측지학자들보다 우위에 있을 수 있게 된다.

뿐만 아니라, 측지학자는 지진학자들보다도 더 상세하게 더 많은 단층을 재현할 수 있는 가능성을 내보인다. 물론 지진계의 파형들과 SAR의 영상자료를 상호 번역할 수 있지만, 이 단계에서는 두 장치 간 서로 다른 지진을 연행하고 있다는 점에 주목할 필요가 있다.

사례 3-11

지진계와 SAR의 비교

우리는 지진파 정보는 사용하지 않습니다. 어디까지나 '곁눈질로' 비교할 뿐입니다. (보고서의 표를 가리키며) 이 파라미터는 전위(dislocation) 이론을 통해 단층의 뒤틀림을 알아내는 데 사용됩니다. 단층이 미끄러지면 표면 지각이 어떻게 변형되는지를 알아낼 수 있는 거지요. 이에 비해, 지진학자들은 관측 파형으로부터 단층의 움직임을 추정합니다. 그들은 변위를 직접 보는 것이 아니라 파형을 통해서 예상하고 있을 뿐입니다. 지구상에 흩어져 있는 진원과 관측점이 수백 km 떨어져 있습니다. 활단층의 상세한 것은 지질학자들이 조사하는 것이겠지만, 공간분해능을 더 높이기 위해서는 역시 SAR이 필요하게 될 것입니다. 공간분해능이 높은 정보는 우리가 다루고 있기 때문에 이것을 근거로 단층 모델을 증명하거나, 관측 데이터로부터 모델을 만들어 내기도 합니다. _2009년 10월 5일, 측지학자 하시모토 면담

진동-미소지진-강진동-지각 변형의 관측으로 옮겨 가면서 새로운 장치와 대상이 더해지고 있다. 새로운 대상이 새로운 목적에 종사함으로써 지진이 재규정되고 있다는 점에 주목할 필요가 있다. 각기 다른 실체들의 집단을 소집하고 이들의 정체성을 규정하고 있는 장치의 차이가 지진의 목소리를 다중화하고 있음을 알 수 있다.

2. 옮겨 오기

여기서는 늘어나는 지진들을 계속 다루되, 관련된 행위자들의 집단을 불러 모으기 위해 연구실 밖으로 장치와 연구자들이 파견되는 과정까지 함께 다룬다. 각각의 연구실들이 구축하고 있는 현장으로도 여행을 떠나며 서로 다른 지진들을 연행하는 집단들이 옮겨져 오는 과정에 초

점을 맞추어 보자.

1) 집단을 찾아서

앞에서 기술한 바 있는 도시사회공학자의 사면회의 시스템은 지역 문제로서의 지진을 연행하는 새로운 집단을 소집하는 매개자로서 목소리 없는 주민들을 토론자, '스스로 문제를 제기하는 자'로 변형시키는 장치이다. 이 장치를 통해서 주민들의 목소리는 종이 위에 기입된다. 기입된 목소리는 보고서에 삽입됨으로써 '지역 주민의 문제 제기와 자발적인 방재 계획'으로 언급되며 멀리까지 옮겨 갈 수 있을 것이다.

지진학자의 연구실에서처럼, 도시사회공학자의 현지에도 방문자들이 찾아왔다.

사례 3-12

관련 집단들

스코틀랜드 방문단[10] 일행이 지즈 정의 정장실(町長室)에 도착했다. 방 안에는 지즈 정 주민들과 지역운동의 리더 데라타니, 교토 시 슈하치 학구 자주방재회의 간부들과 그 지역의 리더 오오타, 나고야 시의 볼런티어 단체 레스큐스톡의 연구원, 네팔의 지진 방재 연구자, 인도네시아 메라피 화산 지역의 방재 연구자들, 돗토리 현 소방서장, 그리고 지역 공

10 스코틀랜드 방문단은 대학교수, 왕립방재협회 직원, 소방구조단원, 고등학교 교사로 구성되어 있다. 도시사회공학자 오카다 교수의 초청으로 방재연구소에 해외 연수의 형식으로 방문하게 되었다.

[그림 3-9] 사면회의를 하고 있는 방문단(2009년 8월 17일 촬영)

무원들로 가득 찼다. 정장의 환영인사와 답례가 이어지고 선물이 교환된 후, 바로 옆에 위치하고 있는 사요 정(佐用町)에서 태풍 피해 복구를 거들다가 온 나고야 시의 볼런티어 단체의 활동가가 구호 활동에 대해 간단하게 발표했다. 청사를 나와서 마을 주민의 설명을 받으며 지즈 정의 마을 활성화 현장과 자연재해 위험 요소들을 돌아보는 마을 걷기를 했다. 그리고 초등학교 강당으로 옮겨 가서 마을이 처할 수 있는 재난과 그에 대한 예방책이라는 주제로 주민들과 연구자, 그리고 공무원들이 뒤섞여 몇 개의 팀으로 사면회를 했다.

_2009년 8월 17일, 스코틀랜드 방문단 마을 걷기

지진학자가 지진계의 성능을 방문자들에게 증명(demonstrate)함으로써 관측점을 늘려 왔듯이, 도시사회공학자는 지역 주민들이 스스로 문제를 제기하며 방재 계획을 세울 수 있다는 점을 방문객들 앞에서 시

위(demonstrate)하도록 함으로써 방문자들의 관심을 끈다. 지진학자에게나 도시사회공학자에게나 방문객들은 증인(witness)의 역할을 하고 있다.[11]

여기서 중요한 것은 어떤 집단이 도시사회공학자의 제안에 관심을 갖고 모여들고 있는가에 있다. 첫째, 지진으로 인한 산사태로 마을이 고립될 수 있지만 그에 대처할 활력을 잃은 산간 과소 지역의 주민들이 관심을 갖고 모였다. 둘째, 대지진 시에 며칠간 소방차 한 대 구경하지 못하고 식수를 구할 수 없었던 고베 시의 경험이 자신들에게도 반복될 것을 걱정하는 도시자주방재회의 간부들이 관심을 갖고 모였다. 셋째, 체계적인 구호 활동을 구축하기 위해서 학술적인 도움을 필요로 하는 볼런티어 단체가 관심을 갖고 참여했다. 넷째, 방재 시스템의 부재로 위험에 처해 있는 인도네시아와 네팔 공동체의 연구자들이 관심을 갖고 모였다.[12]

이곳에서 '지역 주민이 스스로 목소리를 내도록 하는 것', '아래로부터의 참여'를 실현함으로써 지역의 활성화와 방재의 연계를 강조하는 도시사회공학자의 제안이 여러 집단들의 관심의 구심점이 되고 있다는 점을 방문자들은 확인하게 된다. 그리고 이 집단들의 구성원 사이 혹은 집단들 간의 소통을 가능하게 하는 매개로서 사면회의 시스템이 사용되었다는 점 역시 강조된다. 실제로 각 집단들이 행한 사면회의 시

11 배리는 과학에서의 증명과 정치에서의 시위 모두 '공적인 장'에서 '보여 주기'(witness)라는 시각적·기술적·윤리적·정치적 행위와 연관되어 있음을 제시한다.(Barry 2001: 177-180)

12 칼롱은 학술대회에서의 논문 발표, 관련 집단 대표자들과의 간담회, 그리고 가리비가 군집을 이루도록 하는 수집기와 같은 장치들이 이들 집단에게 정체성을 부여하고 각각의 이해관계에 따라서 조직적인 행위를 하도록 하는 매개자임을 밝히고 있다. 그리고 이를 '관심 끌기'(interessement)라고 부른다.(Callon 1986)

[그림 3-10] 초등학교 강당 방재회의장에 전시된 사면회의 결과와 방재 계획(2009년 8월 17일 촬영)

스템의 도면들이 방문단과의 회의 장소에 전시(demonstration)되었다.(그림 3-10 참조)

'외부자'(よそ者)인 연구자들이 지역 주민의 이해관계를 자신의 목적에 맞게 변형시키는 데는 한계가 있기 때문에, 지역 활성화를 위해서 다른 집단들과의 소통과 조언을 원하는 지역 활성화 리더들과의 협력이 우선시된다. 따라서 이 지점에서 회의 도구를 고안한 것도, 처음으로 지역과 연구실의 동맹을 제안한 것도 연구자가 아니라 지역 활성화 운동의 리더였다는 점이 강조된다.[13] 사면회의 시스템과 같은 장치가 소개

13 사면회의 시스템은 1991년 지역 발전을 위한 계획을 실행하기 위한 워크숍 방법으로 돗토리 현 지즈 정 하야세 취락의 우체부 데라타니에 의해 고안되었다. 이를 교토대학 방재연구소의 오카다 교수가 이론화, 모델화했다. 2005년부터는 강점과 약점, 외부요소와 내부요소를 분석하는 SWOT 분석이 더해져서 "SWOT & 사면회의 시스템"으로 정착되었다.

된다고 해서 사람들이 도면 주변으로 스스로 모여들지는 않는다. 주민들과 도시사회공학자들을 매개하는 또 다른 매개자가 필요한 것이다.

지즈 정의 지역 활성화 운동 리더는 객지에 나갔다가 돌아온 고향의 침체된 분위기에 충격을 받고 스스로 '삼나무 엽서'와 같은 지역적 특색이 있는 상품을 개발하는 등의 활동을 시작했다. '지역을 위해서 내가 할 수 있는 것이 무엇인가?'라고 자문자답하는 중에, 그는 도시사회공학자에게 찾아가 마을에서 강의를 부탁했다. 이를 계기로 1988년 이후로 21년간 조언을 받아 '0분의 1(1/0) 마을 활성화 운동'과, 마을의 우체부가 우편물을 전달하면서 노인들의 안부를 확인하는 제도인 '해바라기 시스템'을 시작할 수 있었다.

지역 활성화 리더들은 연구소로 초대되어서 다른 연구자들 앞에서 지역 활성화의 성과를 발표하기도 하고, 자신의 수기를 영어로 번역해서 연구실과 연합하고 있는 또 다른 지역들로 이동시키기도 한다. 또 도시사회공학자가 개최하는 모임에서 다른 지역 주민들과 만날 기회를 얻고 자신이 속한 지역 밖의 여러 자원들을 동원할 수 있는 힘을 부여받게 된다.

그럼에도 불구하고 집단을 한곳으로 모으고, 이들의 활동 수기를 번역해서 다른 곳으로 옮기고, 이들의 목소리를 방재연구소로 옮겨 오는 자는 도시사회공학자이다. 사면회의 도면에 기입된 주민들의 목소리, 지역 활성화 리더들의 수기, 발표회에서의 발표문 등은 '아래로부터의 참여', '지역의 현장력'을 이행할 수 있다고 하는 도시사회공학자의 제안에 첨부됨으로써 도시사회공학자의 예언을 실현시키기 위한 동맹의 일원이 되고 있기 때문이다. 스스로 자신의 목적을 추구하고 있다고 생각하게끔 함으로써, 큰 저항 없이 도시사회공학자는 자신의 목적에 따라 움직이는 집단들을 얻고 목적을 이룰 수 있다.

장치를 통해 소집되는 집단들은 일본 내에 한정되지 않는다. 네팔과 인도네시아의 지역 공동체에 영국의 스코틀랜드 지역이 더해질 수도 있다. 방문단을 초대한 도시사회공학자의 목적은 단순히 '시위'에만 있지 않다. 그의 '보여 주기'를 위한 발표는 방문단의 일정이 막바지에 다다르면서 점차 '참여'를 권유하는 웅변으로 변형된다.

사례 3-13

이 네트워크로 들어오면 어떻겠습니까?

우리는 슈하치 학구 자주방재회와 지즈 정, 그리고 인도네시아의 메라피 화산 지역이라는 필드를 당신들에게 제공할 수 있습니다. 그리고 당신들도 스코틀랜드의 필드를 주십시오. 우리가 필드를 공유함으로써 지역 공동체도 다른 지역의 공동체로부터 배울 수 있습니다. 연구 활동 자체가 지역 간의 공동 학습으로 이어질 것입니다. 이행 자체가 과학이 될 것입니다. 이 네트워크로 들어오면 어떻겠습니까?

_2009년 8월 17일, 스코틀랜드 방문단 앞에서의
도시사회공학자 오카다 교수의 연설

이 연설로 이 증명, 시위, 혹은 전시의 모임이 끝났다.

도시사회공학자는 현지를 한 곳 더 늘리고 그의 제안에 첨부될 새로운 집단을 하나 더 늘렸다. 지진의 수를 늘리며 수 싸움을 벌이는 지진학자 및 측지학자와 마찬가지로, 도시사회공학자 역시 지역현장의 목소리를 내는 현지의 수를 늘림으로써 '지역 현장력'의 구축에서 다른 연구자들에 대해 우위를 점할 수 있게 된다. 하지만 이러한 수 싸움의 방향은 새로운 형태의 집단을 소집함으로써 얼마든지 바뀔 수 있다.

행정정보공학 연구자와 경제공학자들로 구성된 연구실은 부품과 원자재를 거래하는 대기업과 중소기업들, 혹은 공급계 라이프라인(전력, 수도, 도로 등)을 공유하고 있는 공업 지역의 기업들을 소집하는 '연구회'를 열었다. 이곳에서 지진은 유통의 단절, 공급의 단절, 업무의 단절로 연행된다. 기업들은 지진으로부터 피해를 최소화하기 위한 대응에 만족하지 않고, 재난 시에도 업무를 계속함으로써 공급처와 거래처로부터 단절되지 않도록 하는 '지속 가능성'에 관심을 갖기 시작했다. 정보공학자들과 경제학자들의 연구실은 거래처들 간의 관계의 지속성(BCP: 업무 연속성 계획), 공급계 라이프라인을 공유한 공업 지역의 지속성을 확보(District Continuity Plan; DCP)하기 위해서는 기업, 시설 관리 기관, 행정 정보 기관들 간의 협조가 필요하다는 점을 강조하고, 연구회에 교토 부 지역의 기업들뿐 아니라, 교토 부의 방재 담당 공무원도 참석을 권유했다. 서로 다른 이해관계를 갖고 있는 연구자, 기업, 행정 기관이 '교토 피닉스 지역 기업 방재 DCP 모델 개발연구회(가칭)'로 소집된 것이다.

연구소를 옮겨 가면서 지진과 관련된 집단들의 수가 점점 늘어난다는 점을 알 수 있다. 그리고 각각의 연구실에는 이 집단들의 목소리들이 옮겨져 와 쌓여 있다. 도시사회공학자의 연구실에는 메모지들이 붙어 있는 사면회의의 도면들이 쌓여 있다. 행정정보공학자의 연구실에서는 연구회의 회의록이 출력된다. 이와 마찬가지로 심리학자의 연구실에는 고베 대지진을 경험했던 공무원들과 자녀를 잃은 부모들을 면담한 녹음테이프들이 쌓여 있다. 그리고 볼런티어 단체나 고립된 지역 주민들의 체험을 담은 사례집과 민족지들도 책꽂이에 꽂혀 있다. 심리학자의 장치는 인류학자의 것과 유사하다. 그는 인류학자가 면담을 녹음하기 위해 가져간 MP3 플레이어 겸용의 작은 디지털 녹음기의 성능과 기능에 관심을 표했다. 하지만 그가 소집하고자 하는 집단에 대해서는 민족지 연구와의 차이점을 강조한다.

사례 3-14

민족지적 현재와 내러티브

게임을 만들기 위해서 제가 한 면담은 고베 대지진 이후 10년 정도 지난 시점에 이루어졌습니다. 그래서 고베 시 현장에 있던 공무원인 야마다 씨나 다나카 씨에게 "그 당시 어땠습니까?"라고 물어보는 방식인 것이지요. 야마다 씨나 다나카 씨는 그 당시의 상황을 생생하게 기억해 낸다고 해도, 그 10년 사이에 니가타 주에쓰 지진도 일어난 데다가, 그 사이에 그분들이 결혼을 했거나 다른 지진 피해 지역에 지원을 나갔을 지도 모릅니다. 이분들이 10년 전의 일을 10년이 지난 이후에 생생하게 말했다고 해도, 그 중간에 일어났던 일들을 조합해서 말을 했을 것입니다. 그래서 '민족지'라고 부르기보다는 '면담 기록'이라고 부르는 것이 맞겠지요.

_2009년 10월 20일, 심리학자 야모리 면담

면담을 통해서 대지진 피해자들과 공무원들의 이야기는 재해 현장에서의 공황의 체험으로 재규정되고, 면담자들은 '재해 체험자 집단'이라는 새로운 집단에 속하게 된다. 그리고 면담 기록에 대한 심리학자의 언급을 통해 지진은 공황의 체험이라는 새로운 대상으로 연행된다. 심리학자는 피면담자들이 당시의 상황을 정확하고 동일하게 재현하도록 하는 데 관심이 없다. 오히려 체험자들마다 서로 다른 목소리를 내도록 해서 재해 시의 공황의 상황을 더 풍부하게 기록하는 데 초점을 맞추고 있다. 따라서 심리학자가 기록하는 것은 공무원들의 대응 방식도, 그 당

시의 상황에 대한 정확한 재구성도 아니라 재해 체험에 대한 각자의 내러티브인 것이다. 그리고 다양한 재해 체험의 내러티브와 재해 체험자 집단은 심리학자가 제안하는 방재 내러티브의 소통이라는 목적을 위해 동원된다. 즉 재해 체험의 내러티브는 방재 담당 '전문가' 공무원들을 '대중' 지역 주민과 다른 집단으로 구분하는 대신, '재해 체험자 집단'이라는 하나의 집단에 공무원과 주민들을 함께 포함시키고 있다. 방재를 '담당'하는 공무원과, 방재 서비스를 '받는' 주민들 사이의 구별보다는 '재해 체험'이라는 새로운 집단의 구성 요건이 이 둘을 하나의 집단으로 소집하고 있는 것이다.

한편 심리학자는 그의 동료들이 민족지 연구를 하고 있다는 것을 언급하면서 그들의 연구와 자신의 연구에 분명한 차이가 있음을 강조한다. 그의 동료 연구자 중에는 2004년에 일어난 니가타 주에쓰 지진의 피해 지역인 시오다니(塩谷) 마을에서 참여관찰을 오랫동안 해 온 심리학자도 있는데, 그는 마을에서 직접 쌀농사를 지어 심리학자에게 보내주곤 한다. 이들은 '재해 시 공황 체험자'와 '피해 지역 현장의 주민'이라는 서로 다른 집단을 연구소로 옮겨 오고 있다.

심리학자는 내러티브의 다양성을 늘리기 위해 체험자만이 아니라 미체험자의 내러티브 역시 옮겨 온다.[14] 그래서 재해 체험의 목소리뿐 아니라 재해를 체험하지 못한 지역과 세대의 목소리도 옮겨 온다.

지진학자의 연구팀과 심리학자의 연구팀은 같은 방재연구소에 속하지만 지진학자는 지진예지 연구센터에, 심리학자는 거대재해 연구센터, 각기 다른 건물에 자리 잡고 있다. 필자는 두 건물의 연구실을 오가

14 과거의 재해 지역과 미래의 재해 지역, 혹은 서로 다른 재해 지역 간(inter-local), 그리고 과거, 현재, 미래의 세대 사이에(inter-generation) '방재 내러티브'를 주고받도록 할 필요가 있다는 것이 심리학자의 제안이었다.(제2장)

며 각각의 연구자들의 문헌에 삽입되어 있는 지진파 그래프와 초등학생들의 방재 교육의 사례가 어디서 왔는지, 그리고 어떻게 만들어지는지 보여 줄 것을 부탁했다. 어느 날 지진학자와 심리학자가 동시에 초등학교의 교실로 나를 불러냈다. 그곳은 심리학자가 집단을 소집하는 경로와 지진학자가 집단을 소집하는 경로가 교차하는 현장이었다.

사례 3-15

활단층 위의 초등학교

(교토 역에서 북쪽 산간 지역 방향으로 전차로 1시간 이상 가서 교단바 정이라는 마을의 시모야마 초등학교에 도착했다. 정식으로 지진계를 둘 곳이 정해졌다. 이곳은 (지각) 왜곡집중대 중에서도 단바 산지에 속한다. 초등학교 바로 밑에 활단층이 있다는 이야기이다.)

소형 지진계를 책상 위에 올려놓고 기술직원과 심리학 연구원들이 지진계와 오실로스코프를 연결하고 있다. VCR로 오실로스코프를 촬영하도록 설치한 다음, 대형 스크린에 그 영상이 비춰지도록 했다. 지진학자가 휴대폰을 책상 위에 올려놓고 그 휴대폰에 전화를 걸자, 휴대폰의 진동 소리와 함께 오실로스코프의 그래프가 요동을 치는 것이 스크린에 보이기 시작한다. 아이들은 '와!' 하고 탄성을 낸다. 스크린을 가리키며 "지진이 보이지요?"라고 지진학자가 묻는다. 이번에는 책상 위에 아이들을 앉히고 다른 아이에게 책상을 살짝 두드리도록 한다. 책상 위의 아이들은 아무것도 느끼지 못했지만, 오실로스코프의 그래프가 이번에도 작게 흔들렸다. 이어서 심리학자의 방재 교육이 시작되었다. 스크린에는 초등학교의 위치와 그 주변에서 2008년 2월 1일부터 2009년 11월 30일까지 일어난 수많은 지진들의 진앙이 비춰져 있다. "우리도 모르는 사

[그림 3-11] 초등학생들의 지진계 설치 실습(2009년 12월 8일 촬영)
연구소에서 파견된 기술직원의 도움을 받아 초등학교 학생이 지진계 설치 방향을 정하기 위해서 나침반으로 방향을 측정하고 있다.

이에 수많은 지진이 일어나고 있었지요?" 심리학자는 이 지진들을 아이들이 느낀 적이 있는가를 질문한다. 물론 아무도 손을 들지 못했다. 마지막으로, 우리가 느끼지도 못하는 작은 지진들을 연구하는 것이, 큰 지진이 언제 어디서 일어날지 알기 위해 필요한 중요한 연구라는 점을 지진학자를 인용해서 말한다. 이어서 지진학자와 기술직원들이 아이들에게 직접 지진계를 설치하는 법을 조를 나누어 가르치기 시작했다.

_2009년 12월 8일, 초등학교 지진계 설치

6개월 이후, 지진계와 연결된 기록기(logger)에 끼워져 있던 메모리 카드를 아이들이 수거해서 지진학자의 연구실로 옮겨 왔다. 동시에 지진계를 설치하고 메모리 카드를 수거하면서 아이들이 작성한 체험담이

담긴 공책들이 심리학자의 연구실로 옮겨져 왔다. 지진학자가 있는 지진예지 연구센터에는 미소지진의 지진 파형이 담겨 있는 메모리 카드가 축적되고, 거대재해 연구센터에는 '재해 미체험 세대'의 지진계 설치 체험을 적은 공책들이 축적된다. 지진학자는 심리학자와의 협력을 통해 관측점을 한 곳 더 늘리고, 메모리 카드에서 초등학교 주변에서 일어난 지진 파형을 얻었다.

지진계 설치 교육 중에 한 지역 공무원이 다른 지역에서의 교육도 부탁하며 지진학자에게 명함을 건네 주었다. 관측점을 하나 더 늘릴 기회이다. 심리학자는 지진학자와의 동맹을 통해서 재해를 체험하지 못한 아이들의 방재 교육 체험의 사례를 하나 더 늘렸다. 물론 교실에서의 강의와 실습의 장면은 NHK를 통해 전국으로 방영되었고, 방재연구소는 '사회에의 기여'(out-reach) 사례를 하나 더 늘렸다.

주목할 만한 것은, 각 텍스트, 장소, 세계가 하나의 장소가 아니라는 점이다. 심리학자의 보고서와 지진학자의 보고서는 서로 다른 텍스트이다. 심리학자의 연구실과 지진학자의 연구실 역시 분리된 건물에 자리 잡고 있다. 초등학교에서 옮겨 오는 사물들 역시 서로 다른 지점으로부터 왔다. 지진계가 설치된 곳, 기록기에 삽입된 카드와 아이들이 강의를 받고 지진계 설치 체험을 적은 공책은 구별되는 지점이다. 전자는 지진예지 연구센터로, 후자는 거대재해 연구센터로 이동했다. 각 연구소의 장소들은 이렇게 구별되는 지점들 간의 연계를 통해서 텍스트와 세계를 서로 다른 방식으로 연계시키고 있음을 알 수 있다. 그럼으로써 이 두 연합에서 지진은 서로 다른 사건, 사물, 장소들의 실천에서 연행되고 있다. 지진학자와 심리학자는 초등학교에서 만나고 있지만, 이들은 전혀 다른 집단들을 들여옴으로써 서로 다른 방식으로 연행되는 지진을 구축하고 있음을 알 수 있다.

심리학자와의 면담, 그리고 그의 현지를 통해서 필자는 다시 지진학자를 만나게 되었다. 지진학자 역시 미소지진의 군집 혹은 집단을 소집하기 위해서 관측점을 늘리는 데 많은 협의를 해야 한다. 지진학자뿐 아니라 관측점을 설치해야 하는 측지학자나 지자기학자들에게 역시 장소에 대한 협의는 중요한 문제로 자리 잡고 있다.

사례 3-16

인간과의 교섭

Q 외부자로부터 보면 과학 연구는 그저 장치를 설치하면 된다고 생각하기 쉬운데요.

A 사실은 인간과의 교섭이 가장 어렵습니다. 대개의 사람은 "좋습니다." 하는데, 그렇지 않은 사람과 만나면 다른 곳을 찾아야 하니까요. 부탁을 몇 번 정도 해서 허가를 얻기도 하지요. 하지만 토지 주인을 찾는 것이 가장 오래 걸립니다. 산간부는 과소화가 진행되고 있고, 젊은이는 특히 일터에 나가 있어서, 자기가 살고 있는 마을인데도 누가 소유하고 있는지 별로 지식이 없습니다. 고령화가 진행되고 있는 일본의 사회 구조와 교섭을 하지 않으면 안 되는 거지요.

_2009년 10월 5일, 지자기학자 오시만 면담

지진의 목소리를 들여오는 데 있어 현장에서 사람들과의 협상 과정은 그리 쉬운 것이 아니다.

사례 3-17

집단 소집의 어려움

'위험한 건물'을 조사하는 일은 별로 없습니다. 소유자가 허락하지 않기 때문입니다. 당신이 어느 빌딩의 소유자라고 합시다. 교토대학의 건축 전문가가 와서 위험성을 체크하겠다고 한다면, 소유주는 깜짝 놀랄 것입니다. '내 건물은 위험하지 않다'고 주장하겠죠. 건물로 생계를 꾸리거나 장사를 하고 있는데, 전문가가 '위험할 수 있다'고 말하면 싫어 할 것입니다. 그래서 일반 건물주로부터는 거의 허락받지 못합니다. 오래된 건물이 어느 정도 노후되었는지, 어느 정도의 힘이 주어질지를 사전에 해석해 둔 다음, 지진이 일어났을 때 어떻게 할지를 대비하면 좋겠지만, 현실에서는 어렵습니다. _2010년 8월 13일, 건축학자 나카지마 면담

집단을 소집하지 못하면 지진의 목소리는 없다. 연구자들은 그곳에서 '정보 제공자들'을 얻기보다는 그들이 '정보 제공자'가 되도록 협상하고 그러한 정체성을 갖게 함으로써 관심을 갖게 해야 한다.

2) 다중 정체성

실체는 어느 장치에 의해 기입되는가에 따라서 그 정체성과 존재의 목적과 소속 집단이 달라진다. 집단과 개인, 대상과 주체, 전체와 부분, 글로벌과 로컬의 '둘의 관계'로 이러한 정체성의 정치를 설명할 수 없다는 점에 주목할 필요가 있다. 매개자의 차이에 의해 소속 집단과 정체성이 달라지는 실체들은 '셋의 관계'로 바뀐다. 그래서 하나의 행위자는

하나의 집단에만 속하지 않는다. 서로 다른 매개자에 의해서 각기 다른 집단에 연결되고 다중적인 정체성을 갖게 될 수 있다.

도시사회공학자는 주민들이 직접 목소리를 내도록 함으로써 참석한 증인들에게 행정이 주민들의 목소리를 제대로 반영하지 못하고 있다는 점을 암묵적으로 지적하고 있다. 따라서 누가 주민들의 목소리를 대변할 수 있는가에 대해서 무대 뒤쪽에서는 정장[15]과 도시사회공학자 간의 긴장 관계를 엿볼 수 있다. 여러 곳에서 온 방문단과 지역 활성화 리더들, 그리고 정장 및 공무원들이 모여 회식을 갖고 있는 중에, 주민들의 참여가 더 적극적이 되었고 더 당당하게 발표에 임하고 있다는 점에 동의하며 화기애애한 대화가 이어졌다. 이때 정장이 농담을 꺼냈다. "데라타니 씨(지역 활성화 리더)는 오카다 선생(도시사회공학자)을 속이고, 오카다 선생은 마을 사람들을 속이고, 마을 사람들은 데라타니 씨를 속이고…." 모두 농담으로 받아들이며 웃고 있지만, 지역 활성화 리더인 데라타니 씨만은 나에게 절대로 아니라고 손을 흔들며 부인했다.

지자체장은 자신이 대표하고 있는 지역의 주민들이 기존의 행정적인 절차를 통해 문제를 제기하거나 그 문제를 파악하는 경로를 우회해서, 도시사회공학자가 주도한 발표회에서 주민들의 목소리가 대변될 수 있다는 점을 알고 있다. 행정 기관 이외의 경로로 지역 주민의 목소리가 지자체장을 경유하지 않고 발표회에 참석한 다른 연구자나 다른 지역의 주민들로 옮겨 가고 있는 것이다. 실제로 도시사회공학자는 마을 주민들의 문제 제기가 행정 기관을 움직였다는 점과 그것이 그들의 목소리에 귀를 기울이도록 하는 '보텀-업의 사례'라는 점을 강조한다. 주민들은 이때까지 행정 기관이 자신들의 목소리를 제대로 듣지 않았

15 일본 지방 행정 단위 중 시(市), 정(町), 촌(村)은 한국의 시, 읍, 면과 비슷하다.

다는 점을 깨닫고 행정 절차 대신 발표회를 택했다. 마을 주민의 대변인이 누구인가에 대해서 지자체장과 도시사회공학자가 긴장 관계에 있다는 점을 알 수 있다.

한편 마을 사람들은 연구에 협력을 해 주는 것일 뿐, 전적으로 도시사회공학자가 그들을 대변할 수 있다고는 생각하지 않는다. 중요한 것은 지역의 문제를 제기하는 실천에서만큼은 마을 주민들의 목소리가 매개자를 통해서 도시사회공학자에 의해 대변되도록 연결되어 있다는 점이다.

사례 3-18

이해관계의 번역

일본 시스템의 특성은 섭정의 정치입니다. 데라타니 씨가 바로 이 섭정이 아닌가 합니다. 겉으로는 덴노(天皇, 도시사회공학자를 의미 — 저자 주)의 재가를 받아서 하지만, 전면에 나타나는 사람은 따로 있는 거지요…. 마을 사람들도 이제 약아져서 단지 유명한 대학의 교수님이라고 해서 순응적으로 듣고 있지는 않아요. 교수님의 말이 너무 길어진다 싶으면 슬며시 술상을 차려서 들어오는 겁니다. 하하. 이제 그만하고 먹자는 이야기지요. 행정과 주민들, 그리고 교수님과 지역 활성화 리더, 지역 활성화 리더와 주민들, 서로가 얻는 것이 있으니까 몇십 년간 유지되고 있다고 생각합니다. 물론 서로 원하는 것이 딱 일치하지는 않겠지만요. 마을을 더 활기차게 만들고 재난에도 대비할 수 있다는 점에서는 어쨌든 의견이 일치하는 거니까요.

_2009년 6월 23일, 도시사회공학 연구실의 연구원 면담

사례 3-19

받아 주는 마음

교토 시의 슈하치 학구 자주방재회 간부들과 교토에 초대된 지즈 정의 야마자토 지구의 주민들이 회식을 가졌다. "슈하치나 야마자토처럼 '받아 주는 마음'이 있으니까 오카다 선생님도 연구하는 데 필요한 자료도 얻고 다른 곳에서 사람들도 불러서 보여 줄 수 있는 것이 아니겠습니까? 사실 선생님들이 우리 두 마을에게 감사해야 하는 거지요. 하하. 니가타 현에서 D 선생님(다른 연구자)도 많은 연구비와 시간을 들였는데도 마을 사람들이 진심으로 대하지 않아서 결국 실패하고 돌아갔으니까요."

_2009년 8월 19일, 야마자토 지구회장 등의 회식

이해관계의 번역은 하나의 언어를 통해 다른 언어를 해석하는 문제일 뿐, 하나의 언어가 다른 언어를 대체하는 것이 아니라는 점을 알 수 있다. 마을 주민들은 도시사회공학자나 지자체장에 의해 지배되거나 이들의 견해에 종속되는 것이 아니라, 어디까지나 이들의 능동적인 이해관계의 번역과 그것을 가능하게 해 주는 매개자 및 장치를 통해 여러 방식으로 해석되고 있을 뿐이다.[16] 주민들이 이러한 번역을 거부하면 연구자는 새로운 지역을 찾아 나설 수밖에 없으며 '주민-참가형 방재'의 중요성을 입증하는 사례를 얻을 수 없게 된다.

16 칼롱에 따르면, 번역은 폭력이나 일방적인 지배가 아니라 권유, 상호 양보, 유인, 지지, 그리고 동의 혹은 거절을 통해서 목소리가 변형되어 다른 곳으로 이동되는 것을 말한다.(Callon 1986)

특히 행정 지역의 구획을 통해 집단을 소집하고 주민들을 대표하는 공무원들과 새로운 집단을 소집해서 전혀 다른 정체성을 부여하는 연구자들 간의 긴장 관계에 대해서 연구자들은 자주 언급하고 있다.

사례 3-20

행정 기관과 심리학자의 대립

저의 연구에 대해서 행정 기관 쪽에서도 관심은 갖고 있다고 생각합니다. 많이 팔리고, 인기 있고. 그 나름 효력이 있다고 생각되고 있습니다. 방법 자체는…. 하지만 저의 방재에 대한 전체적인 사고방식에 대해서는 아마도 행정 기관 쪽의 사람들은 좋아하지 않을 거라고 생각합니다. 일본의 방재라는 것은 역시 프로가 하는 것이라고 생각하기 때문에…. "보통은 주민의 참여가 중요하다.", "협력이 중요하다."라고 말은 해도, 본심(本音)으로는 '역시 방재는 전문가나 행정 기관이 하는 것이고, 주민이나 어린이들은 지시를 가만히 잘 듣는 쪽이 낫다'는 사고방식이 주를 이루고 있다고 생각합니다.

_2009년 10월 20일, 심리학자 야모리 면담

주민이나 어린이들이 심리학자와의 면담을 통해 목소리를 내느냐, 행정 기관의 공무원을 통해 행정 서류에 기록되는가에 따라서 전혀 다른 네트워크와 연계되고 그들의 정체성도 달라진다. 공무원조차도 방재 워크숍에서는 '방재의 프로'가 되지만, 심리학자의 면담에서는 공황에 빠진 '재해 체험자'가 된다.

지진계를 설치하고 메모리 카드를 옮겨 오는 아이들은 지진 재해로부터 보호받아야 할 '대중'이 아니라, 지진계를 설치하고 기록 카드를 옮겨 오면서 과학 지식 생산에 관여하는 참여자 집단으로서의 정체성을 갖게 된다.[17] 지진계 설치와 기록 카드 회수의 체험을 적은 공책을 옮겨 오는 아이들은 간접 체험을 통해서 방재 교육을 받는 '재해 미체험 지역', '재해 미체험 세대' 집단의 정체성을 갖게 된다. 이로써 어린이들의 역할, 어린이들이 종사하는 목적, 어린이들의 목소리와 행위가 옮겨 가는 장소 등에서, 왜곡집중대 산간 지역 초등학교의 어린이들은 다중적으로 정의된다.

과소 지역 주민들도, 공무원도, 아이들도, 그리고 진동과 진원, 지진도 어느 매개자에 의해서 소집되는가에 따라서 전혀 다른 집단에 속하게 되며 상이한 정체성을 부여받는다는 점을 알 수 있다. 어느 매개자에 접속할 것인가에 따라서, 혹은 몇 개의 매개자에 동시에 접속할 것인지에 따라서 집단 정체성은 각각의 실체와 행위자들마다 유연하게 규정된다.

3) 잡음 속의 목소리

지진계의 설치 및 유지보수를 위해 떠나는 기술직원들과 동행하는 것이 허락되었다. 연구소를 떠나기 전에 수많은 장비와 자재들이 연구소의 창고로부터 지프차에 실렸고, 필자가 앉을 자리는 비좁아졌다. 나와 기술직원들은 시가 호 서안의 산속을 자동차로 달리며 평균 5km의 간

17 '살롱 토크'로 불리는 격의 없는 제 학문적 토론 모임이 매달 열린다. 이곳에서 심리학자는 서핑을 즐기는 시민들이 바람을 포함한 날씨 정보를 지진학자들에게 제공하면, 이를 서핑 마니아들에게 휴대폰을 통해 전송하는 기업의 CEO를 소개해 주었다. 아이들이 지진학의 지식 생산에 참여할 수 있는 가능성을 다른 분야의 사례를 통해 보여 주려 했다.

[그림 3-12] 지진계 위장(2009년 8월 5일 촬영)

격으로 작은 지진계들을 설치할 곳을 찾아 다녔다. 이들이 갖고 있는 지도에는 지진계의 위치가 D-1, D-2, D-3…와 같은 식으로 표시되어 있었고 이 지점들을 모두 방문하는 데는 1주일 정도가 걸렸다. 지진의 목소리를 제대로 듣기 위해서는 지구가 발하는 수많은 다른 목소리들과 미세한 지진의 목소리를 구별해 내야 한다. 이 구별을 위해서 지구의 다른 목소리들은 '노이즈'로 불리게 된다.

사례 3-21

산속의 지진계: 잡음과의 싸움

D-4 지점. 지진계의 다리를 제외한 부분을 잘 휘어지는 스펀지로 에워싸고 그 위를 다시 비닐로 둘둘 말아서 싼 다음에 나뭇잎과 약간의 흙으로 덮었다. 빗물이 들어가서 지진계가 망가질 수 있는 것을 방지하

기 위해서이기도 하지만, 지진계 위에 떨어지는 빗방울이 노이즈를 일으키기도 하기 때문이다. 또한 지금까지 실리콘으로 고정해 두었던 지진계의 다리를 시멘트로 고정시키는 작업도 더해졌다. 기존의 지진계들은 무거워서 실리콘 정도로 고정해도 문제가 없었지만, 지금 작업 중인 신형 지진계는 가벼워서 부드러운 실리콘으로 고정하는 것이 역시 노이즈를 일으킬 수 있다는 것이다. 다음 D-5 지점의 지진계에 대해서도 같은 작업을 반복했다. 이처럼 지진계가 설치된 지점마다 지진계가 지진동을 감지하는 데 방해가 되는 것들이 다르다는 것을 기술직원들은 기록해 두고 있다. 그래야 나중에 연구소로 옮겨져 온 파형에서 나타날 수 있는 노이즈가 무엇 때문인지를 추정할 수 있기 때문이다.

_2009년 8월 5일, 고감도지진계 유지보수

기술직원이 하는 작업은 지진의 목소리를 지진계에 연결시키는 동시에 다른 목소리들은 지진계로부터 단절시키는 것이다. 학교 내에 지진계를 설치하던 초등학교 학생들의 작업에 비해, 산속에 지진계를 설치하는 기술직원들의 작업은 훨씬 복잡하다. 물론 연구실 내에서 지진계를 설치해 보았던 인류학자의 작업보다도 훨씬 복잡하다. 이러한 작업의 복잡성은 잡음의 유무로부터 비롯된다. 이 지진계는 개발되는 과정에서부터 매우 미세한 지진동까지 포착할 수 있도록 설계되어 있어서 지진학자들이 전혀 관심을 갖지 않는 온갖 진동들까지 받아들일 수 있다. 따라서 단지 지진계를 설치하는 데서 그치지 않고 지진계가 다른 진동들로부터 격리되도록 정교한 연결과 단절의 선택을 내리지 않으면 안 된다. 딱딱한 암반 위에 설치하는 것이 가장 좋지만, 지면이 부드러운 곳은 흙 속에 지진계를 묻는다. GPS 안테나는 시멘트 축대 위나 나무 막대 위에 설치해서 동물의 접근을 어렵게 한다. 도로가 가까운 곳은

피한다. '지진동'과 '노이즈'라는 정체성이 이 연결과 단절의 과정에서 부여된다. 지진동을 노이즈로부터 추출하기 위해서 새로운 관계가 구축되고 있는 것이다.

사람의 목소리도 옮겨져 온다. 필자는 도시사회공학자를 따라 돗토리 현의 산간 지역 마을을 방문했다. 열차를 타고 수십 곳의 긴 터널을 지나 높은 산들로 둘러싸인 한 마을에 도착했다.

사례 3-22

발표 연습

마을 회관에 도착했다. 내일 있을 발표회를 준비하기 위해서 몇 사람의 주민들이 모여 있었다. 마을 사람 한 명이 도시사회공학자 앞에서 어눌한 발음과 어색한 자세로 발표 예행연습을 시작한다. 도시사회공학자는 발표문의 '마을 만들기'를 '안전·안심 마을 만들기'로 수정할 것을 제의하며 이들의 발표 연습을 돕고 있다. 발표의 사례에는 마을에 지진이 일어나 고립되었을 경우를 상정하고 마을 사람들 간 시뮬레이션을 했다는 내용과, 방재 활동을 위한 주민들 간의 회의 결과를 기록한 사면 회의의 도면, 그리고 산사태 위험이 있는 집의 뒷산에 마을 공동으로 축대 공사를 해 주었다는 내용도 들어 있다.

_2009년 2월 28일, 지즈 정 주민 발표 예행연습

여기서의 지진은 인구 과소화가 진행된 산간의 고립된 마을과 결부되어 있다. 도시사회공학자는 지진과 같은 재난으로 인해서 마을 사람들이 겪게 될 문제를 스스로 제기하는 수단으로 '발표'를 제시했다.

하지만 마을 사람들은 일상생활 속에서 자신들의 목소리를 명료하게 하는 방식에 서툴다. 발표 예행연습은 발표회장에서의 명료한 목소리와 연결되어야 하는 동시에 일상생활에서의 어눌함과 단절되어야 한다. '마을 만들기'에서 '안전·안심 마을 만들기'로 발표문의 내용을 수정해 주는 작업은 이러한 명료화 과정에 속한다.

하지만 연결과 단절의 정치만으로는 지각의 진동과 주민의 명료한 목소리를 옮겨 올 수 없다. 형식화를 통해서 다른 곳으로 목소리가 운송될 수 있도록 변형시키는 작업이 선행되어야 한다. 다시 지진학 연구실의 기술직원들의 작업으로 돌아가 보자.

사례 3-23

형식화와 운송

각 지점마다 지진계, 데이터 기록기(logger), 정확한 시간 기록을 위한 GPS 안테나가 한 세트로 되어 있다. 이 지점으로 오는 길에 기술직원들은 '멧돼지나 쥐가 데이터 기록기에 연결된 GPS 안테나선을 갉아 먹어서 데이터의 시간 기록이 누락되고 있는 것 같다'고 추측하는 대화를 나누었다. 도착해서 보니 실제로 안테나선은 두 군데나 절단되어 있었다. 한 기술직원이 절단면을 주의 깊게 살펴보았다. "멧돼지네." 기술직원들은 여분의 선을 가져와서 GPS 안테나를 다시 연결했으나, 주위에 절벽이 있어서 데이터 기록기가 신호를 잡는 데 시간이 꽤 걸렸다. 쥐가 싫어하는 고춧가루 성분으로 코팅된 플라스틱 박스 안에 데이터 기록기를 넣고 다음 지점으로 향했다. 혼자 남은 박스 위에는 과학 연구를 위한 연구소 장비임을 알리는 알림표가 붙어 있었다.

_2009년 8월 5일, 고감도지진계 유지보수 여행

[그림 3-13] 지진계 유지보수를 위해 떠나는 자동차와 화물들(2009년 8월 6일 촬영)

현장에는 지진계만 필요한 것이 아니라, 지진계에 전달되는 지진의 목소리를 기록하는 또 다른 장치들이 필요하다. 이 장치들과 지진계가 단절되면 지진계는 산속에 혼자 남겨진 기계 덩어리에 지나지 않는다. 지진동도 아무도 읽을 수 없는 무의미한 전자 신호일 뿐이다. 지진동은 GPS 시간이 기록된 로그 파일로 변형되어 기록됨으로써 더 먼 곳으로 더 이상의 변형 없이 옮겨질 수 있게 된다. 노이즈와의 관계를 단절시키는 작업에 더해서 지진동을 변형시키고 안전하게 운송하기 위한 노력이 이어져야 하는 것이다.[18]

과소 지역 주민의 목소리 역시 이러한 형식화가 필요하다. 필자는 마을에 방문하는 연구자들의 숙식처 역할을 하고 있는 건물의 서고에

18 "불변 가동물"(immutable mobile)(Latour 1987: 227)은 대상의 변형이 없이 그것을 다른 곳으로 이동시킬 수 있는 형식을 말한다.

서 마을 사람들이 했다는 시뮬레이션에 대한 기록물을 발견했다.

사례 3-24

폭설 중의 지진 시뮬레이션

"2009년 모월 모일 오전 5시, 한겨울의 추운 아침. 아직 주변은 어둡고, 때마침 혹독하게 눈이 내리고 있어서, 적설량은 70cm를 넘고 있다. 그때 갑작스럽게 야마자토를 지진이 습격했다." 문서에는 도시사회공학자가 이러한 상황을 설정했다는 점과 이 상황에서 마을 사람들이 어떤 문제에 직면할지에 대해 시뮬레이션 과제를 내 주었다는 설명이 적혀 있다. 마을 사람들이 시뮬레이션을 통해서 도출한 피해 상황은 다음과 같다. "우리 고장의 계절이나 발생 시각에서 보면 화재가 발생할 가능성은 적지만, 큰길 옆 오래된 가옥이 쓰러질 위험이 있다. 급경사를 중심으로 절벽이 붕괴해서 절벽 밑에 있는 고바야시 씨의 가옥이 매몰되거나, 지형상 터널이 많은 도로의 토사가 무너져서 함몰되거나 급행열차의 철로가 끊길 것이어서 거의 외부와의 통행이 차단될 것이다. 적어도 며칠간은 전기, 가스, 수도 등을 이용할 수 없게 된다."

_2009년 2월 28일, '만남의 집' 자료실 문서

도시사회공학자가 한 일은 지진으로 인해서 마을이 처할 수 있는 문제를 자신이 직접 제기하는 것이 아니라, 시뮬레이션이라는 형식화 도구를 제시함으로써 마을 사람들이 스스로 자신들이 처할 문제들을 찾아내고 그 결과를 스스로 문서에 기입하도록 하는 것이다. 도시사회공학자는 마을이 처한 문제가 어떤 것인지 구체적인 사항들에 대해서

는 정확히 모른다. 마을 사람들은 자신들이 어떤 문제에 처할지 미리 생각해 본 적이 없다. 지진 발생 시뮬레이션을 통해서 지진 시 과소화가 진행된 이 산간 마을이 어떤 혼란에 직면하게 될지에 대해 진단하는 일은 이처럼 양쪽의 협력을 통해 가능하게 된다.

도시사회공학자가 마을이 처한 문제들을 스스로 제기할 수 있다 하더라도, 그의 목적은 문제가 무엇인지 아는 것이라기보다는 마을 사람들이 직접 그 문제를 제기하도록 하는 데 있다는 것을 알 수 있다. 마을에서의 지진이란 산사태, 절벽, 매몰된 고바야시 씨의 가옥, 끊긴 급행열차, 차단된 전기와 가스와 수도이다. 이 지진에서는 기술직원의 작업이나 지진계, GPS 안테나는 보이지 않는다. 멧돼지나 빗물과 같은 방해꾼들도 없다. 이곳의 지진은 지진계가 놓여 있는 곳과는 전혀 다른 실천 속에서 연행되고 있다.

필자는 사람과 사물의 목소리 추출 작업을 따라가는 중에 문헌이나 학술발표회장보다 훨씬 많은 사물들이 현지로 함께 운반되고 있다는 것을 알게 되었다. 필자가 지프차에서 좁은 자리밖에 차지할 수 없었던 것도 이 사물들과 자리를 나누어야 했기 때문이다. 연결의 연쇄를 유지하고 보수하기 위해서 기술직원의 지프차는 시멘트 포대와 방위 기구 및 수평 기구, 전류 측정기, 건전지, 플라스틱 상자들과 실리콘, 여분의 전선, GPS 안테나, 오실로그래프, 방수포, 삽과 곡괭이 등으로 가득 차 있다. 이 자질구레한 기구와 장비들, 그리고 기술직원들의 작업이 지진계를 통해 지진동을 추출하는 실천을 이루고 있음을 알 수 있다.

이에 비해, 도시사회공학자는 나와 단둘이 기차를 타고 마을에 도착했다. 그가 가지고 간 것은 노트북 컴퓨터가 들어 있는 작은 가방뿐이다. 이메일을 통해서 이미 마을 사람들의 발표 원고를 받아 두었으며, 전화로 발표회에 외부 참관인으로 누가 올 것인지, 어떤 순서로 진행될 것인지를 사전에 협의해 두었다. 물론 현지에서의 생생한 경험과 참여

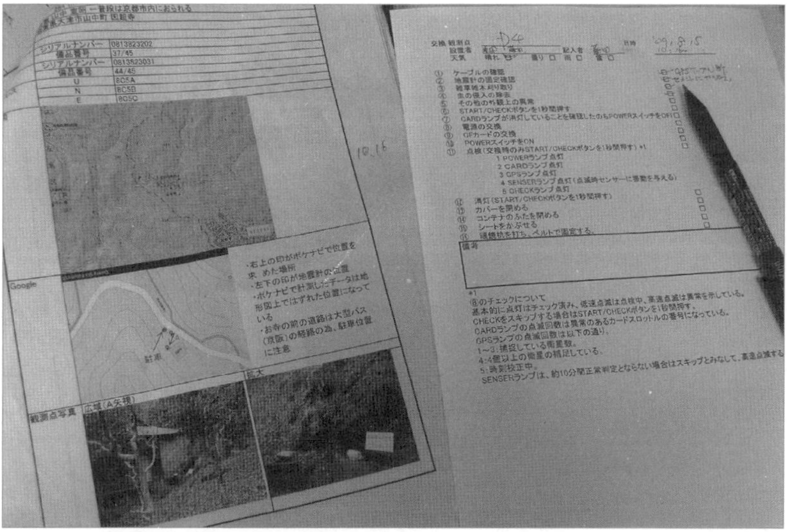

[그림 3-14] 관측점의 위치와 환경 정보 및 지진계 유지보수를 위한 체크리스트(2009년 8월 7일 촬영)

를 통해서 주민들의 목소리를 이끌어 내는 것이 중요하다는 점을 인류학자와 공감하기 위한 대화를 나누며 기차에서의 시간을 보냈다. 도시사회공학자 역시 문서와 전화, 그리고 대화 등을 통해서 주민들의 목소리를 이끌어 내는 데 수많은 사물과 사건들을 동반했다.

목소리들을 옮겨 오는 데는 또 다른 노력이 필요하다. 새로 만들어진 관계와 정체성이 사라지지 않게 하기 위해서 행위자들 간의 매개를 매 시간 고려할 수밖에 없다. 그래서 노이즈로부터 단절된 지진동을 안정적으로 연구소로 옮겨 오기 위해서는 보수 작업에 더해 유지 작업도 필요하다. 지진계 자체와 데이터 기록기가 스스로 작동할 수 있도록 건전지를 갈아 끼우거나 기록으로 가득 찬 메모리 카드를 새것으로 바꿔 주어야 한다. 또한 다른 기술직원들과의 작업의 연속성을 유지하기 위해서 지프차 안에는 다양한 문서 형식들도 함께 운반된다. 모든 작업들은 기술직원이 가져온 각종 문서와 장비에 계속 기록됨으로써 연구소의 지진학자들과 관측점의 기술직원 사이의, 그리고 새로운 기술직원 사이의 연결이 끊어지는 것을 막고 있다.

사례 3-25

문서 형식들

사람이 바뀌어도 파일 자료에 언제 무엇이 어떤 상태에 있었는지를 기록해 두었기 때문에 후에 다른 기술직원이 와도 모든 상황을 알 수 있어요. 건전지 양이나 메모리 카드 회수일, 지진계 주변의 환경 등. 기술직원들이 2년마다 방재연구소 내의 기술실들 사이를 옮겨 다니거든요. 저만 해도 작년까지 해양연구소 소속으로 파랑관측소에서 일을 했었습니다. 그래서 새로운 사람들을 위해 형식을 갖춰 기록해 둘 필요가 있습니다. 자동차 내비게이터에도 작업한 지점을 저장해 둡니다. 한 100군데 정도 되겠네요. 출장 보고, 관측점 정보, CF 데이터 정보, 점검 이력 데이터, 기자재 관리, 지진 모니터 등의 항목들. 출력 방식은 이메일을 통해 연구소 내에서 데이터베이스를 관리하는 또 다른 기술직원에게 보내집니다. _2009년 8월 5일, 고감도지진계 유지보수 여행 중 기술직원 요네다 면담

여기까지의 전개로 보아서 지진의 목소리와 마찬가지로 주민의 목소리의 운송도 유지보수 작업이 필요할 것이라는 점을 예견할 수 있다. 공학자와 마을의 간부, 그리고 지역 활성화 리더 간의 대화는 참여하는 주민들이 내부로부터의 비판을 극복하고 문제 제기와 그 문제 해결 모두에서 동기를 갖도록 하는 노력을 보여 준다. 마을 간부가 직접 사냥한 멧돼지 요리를 먹고 난 후 다음과 같은 대화가 이어졌다.

사례 3-26

마을 만들기와 자기 만들기

공학자 일부 마을 분들의 비판은 여러분들이 뭔가 했다는 것, 뭔가 이루고 있다는 것에 대한 반응이 아닐까요? 여러분들이 목적을 이루는 데 오히려 좋은 것이 될 수 있습니다. 진짜 문제는 무관심하다는 것입니다.

마을 간부 사실 그런 거 해서 뭐하느냐는 분들 때문에 힘이 빠지기는 합니다. 잘 모르기 때문에 의심을 갖거나 비판하는 것이겠죠. 그래서 이번 발표회처럼 사람들에게 제대로 알려서 설득할 수 있어야 한다고 생각합니다. 같이 문제가 뭔지 알고 무엇을 해야 할지 아는 게 중요한 것 같습니다.

지역 활성화 리더 자기 역할 혹은 입장을 고수하는 데 너무 집착하는 사람들이 있습니다. 그게 일본의 지금의 문제이기도 하고요. 이런 '포지션'에서 벗어나서 아무도 이야기하지 않는 비어 있는 공간에 적극적으로 개입하는 것이 필요합니다. '마을 만들기'(町づくり) 이전에 '자기 만들기'(自分作り)부터 해야 하는 거지요.

_2009년 2월 28일, 마을 공민관에서의 대화

도시사회공학자는 마을 사람들의 목소리를 주변 사람들의 비판이나 스스로의 시도에 대한 의심과 단절시키고 시뮬레이션이나 공적 장소에서의 발표회와 연결시킴으로써 관계를 유지하는 시도를 지속적으로 하고 있다. 특히 지역 활성화의 리더와 연합함으로써 도시사회공학자가 마을에 없더라도 일상에서 마을 사람들이 스스로 문제를 찾아 제기하도록 격려할 수 있다. 도시사회공학자가 구축한 네트워크의 바로 밖에는 그가 구축한 집단의 행위자들이 갖는 정체성과 전혀 다른 정체성을 갖고 있는 행위자들이 있다는 점을 알 수 있다. 도시사회공학자의 네트워크 구축 과정에서 이 다른 정체성들은 역시 잡음일 뿐이다. 그리고 이 잡음은 네트워크과 잡음 사이가 얼마나 가까운지, 그리고 얼마나 쉽게 침해될 수 있는지를 보여 준다.

그러면 기술직원들은 무엇을 갖고 연구소로 돌아오는가? 지진동을 로그 파일 형식으로 기록한 메모리 카드(SD 카드)이다. 이 메모리 카드가 연구소로 이송됨으로써 지진동은 시가 호 서안에서 교토 부의 우지 시에 있는 연구소로 이동할 수 있다. 지진동은 지진계에 의해 포착되고 기록기에 의해 로그 파일로 변형되어서 안전하게 원래 장소로부터 멀리까지 옮겨진다. 물론 사람이 직접 로그 파일들을 옮겨 올 필요가 없는 관측망도 있다. 하지만 험준한 지형에 조밀한 관측망을 구축하기 위해서는 전선보다는 사람의 발이 필요하다. 이렇게 옮겨 온 로그 파일을 통해서 연구소의 지진학자는 연구실 책상에 앉아서 멀리서, 그리고 여러 곳에서 일어난 미세한 지진동을 비교하며 볼 수 있게 된다. 며칠 후 필자가 찾아간 곳은 기술직원들이 가져온 메모리 카드들이 옮겨 온 지진학자의 연구실이다.

사례 3-27

이게 지진이네요

지진학자가 프로그램을 통해서 메모리 카드 내에 저장된 파일 목록들을 불러냈다. 파일의 앞쪽 번호가 데이터 기록 장치의 번호이고, 그 뒤의 숫자들이 파일이 기록된 일시이다. 각 파일들은 1분 동안의 데이터를 담고 있다. 지진학자가 파일들 중 하나를 실행시키자 노트북 화면에 파

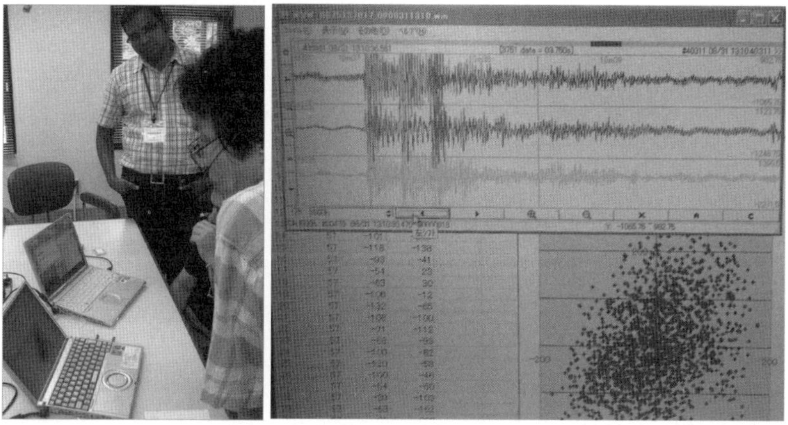

[그림 3-15] 미소지진계의 메모리 카드에서 추출된 화면 위의 지진파(2009년 9월 1일 촬영)

형 그래프들이 보이기 시작한다. 아무런 흔들림도 없는 잔잔한 파형이 이어지다가 어떤 파일에서 심하게 위아래로 흔들린 파형들이 보이기 시작한다. "이건 노이즈고…." 몇 군데의 위아래로 들쑥날쑥한 그래프를 그냥 넘기다가 멈춰 선다. "이게 지진이네요." 하며 지진학자가 가리킨다. 지진학자가 몇몇 수치를 변경하자 지진파 그래프가 입자 운동(particle motion)그래프로 바뀌었다. 이어서 그는 데이터실의 다른 지진관측망의 자료에서도 파동이 기록되었다는 점을 확인시켜 주었다.

_2009년 9월 1일, 지진학자의 연구실

드디어 필자는 지진의 목소리를 들었다. 정확히는 지진 파형을 노트북 화면 위에서 지진학자의 지시에 따라서 보았다. 노이즈를 뒤로하고 지진이 보이기 시작하는 순간, 즉 지진학자가 "이게 지진이네요."라는 말을 하는 순간, 그때까지 필자가 기술해 왔던 수많은 사물과 사람과 장소, 그리고 사건들이 잊힌다. 그 '지진'이 프로그램의 실행으로 노트

북 스크린 위에서 일어났다는 점이 잊힌다. 메모리 카드가 어디서 왔는지가 잊힌다. 그 메모리 카드에 데이터가 기록되기 위해서 필요했던 시멘트, 비닐, 스펀지, 나뭇잎, 흙 등이 잊힌다. 멧돼지와 쥐, 빗물과 절벽과 싸우던 기술직원들도 잊힌다. 기술직원들이 기록해 둔 수많은 문서들과 그들이 갖고 있는 나침반, 경사계, 관측점의 지도, 자동차 내비게이터가 잊힌다. 기술직원들을 2년마다 다른 연구소의 기술실로 보내는 순환 시스템이나 지진계의 유지보수를 위해 지급되는 연구비 역시 숨겨진다. 이렇게 얻은 노트북 화면 위의 파동은 다른 관측망과의 비교를 통해서 '지진'이라는 점에 동의를 얻게 되고, 계산을 통해서 지진학자의 보고서와 보고서 속에 진원 분포도로 삽입된다. 문헌에서 지진파 그래프는 그때부터 지진 그 자체로 간주되기 시작한다.

그렇다고 필자가 "이게 지진이네요."라는 지진학자의 말을 의심하는 것은 아니다. 그래프가 지진으로 간주되기까지 거쳐 온 실천에 눈을 떼지 않을 뿐이다. 지진학자의 "이게 지진이네요."라는 말은 배경 없이는 있을 수 없는 전경이라는 점을 알 수 있다. 필자는 전경과 배경을 같이 보는 눈을 갖고 있다. 그리고 전경과 배경을 동시에 보기 위해서는 발이 필요하다. 이것이 필자가 '실제로 걷는다' 혹은 '실제로 밟아 본다'는 의미를 갖고 있는 '실천'(實踐)을 기술하는 이유이다.

이번에는 도시사회공학자가 꾸민 무대로 옮겨 가 보자. 도시사회공학자는 문제를 공적으로 제기하는 일도 마을 사람들이 직접 하도록 격려하고 이들을 지켜보는 참관인들을 발표회장으로 불러들인다. 돗토리 현의 공무원, 지즈 정장, 농촌공학연구소의 연구원, 히로시마 현의 주민들이 참석했다. 물론 한국의 대학교에서 온 '인류학자'도 자리를 함께한다는 소개도 이어졌다. 이 참석자들은 '현장에서의 생생한 목소리를 듣는' 것이 과소 지역 주민들의 문제 해결에 훨씬 도움이 될 것이라고 하는 도시사회공학자의 제안에 관심을 갖고 이곳에 참석했다. 공무원에게는 자신의 관할 구역의 주민들의 목소리를 들을 수 있는 기회이다. 농촌공학연구소의 연구원에게는 농촌 문제를 그곳의 주민들로부터 직접 들을 수 있는 기회이다. 히로시마 현의 주민들은 자신들도 스스로의 목소리를 내는 데 있어 비슷한 상황의 마을 활성화 노력에 관한 본보기를 얻을 수 있다.

사면회의를 하는 모습의 사진을 보여 주면서 발표자 주민은 "인프라를 변화시키니, 저의 생활세계가 변했습니다."라는 말로 발표를 시작했다.

사례 3-28

주민의 문제 제기

고령화와 독거세대의 증가로 공민관(公民館)이나 재산구(財産區), 사협(社協) 등으로 이루어져 왔던 횡적 연대가 부족해지면서 평시에 안심할 수도 없고 재난이 일어나도 안전을 확보하기가 힘들게 되었습니다. 이렇게 되면 재난 문제가 단순히 재난 문제에 그치지 않을 것입니다. 현역에서 은퇴하는 '단괴'(團塊) 세대도 증가하고 있고, 여성의 취업이 늘어나면서 우리 지역에서 모임의 장이 사라졌습니다. 비어 있는 집들이 늘면서 택지가 적어지고 있지만, 주민 감정과 관례상 외부로부터 사람들이 들어오거나 간섭하는 것을 꺼려 하고 있습니다. 딱히 내세울 수 있는 특산품이나 관광 자원이 개발되어 있지 않은 데다가, 전통 행사와 관습도 풍화되고 있습니다. 그래서 (도시로부터 귀향하는) U턴이나 (다른 지역으로부터의) I턴을 노려 보기도 힘든 상황입니다.[19]

_2009년 2월 29일, 지즈 정 시민회관에서의 주민 발표

지진이라는 말이 명확하게 드러나 있지는 않지만, 지진과 언제라도 결부될 수 있는 과소화된 산간 마을의 문제들이 끄집어내지고 있다. 그리고 이 문제들이 단순히 지진과만 연계되는 것도 아니고, 그 문제를 해결하기 위해 지진에만 대비해야 하는 것만도 아니다. 지진 문제가 마을의 경제적 침체와 주민의 감소 등 여러 문제와 얽히면서 복잡해지고 있기 때문이다.

공학자가 제안한 지진 발생 시의 시뮬레이션은 이렇게 뒤얽힌 문제들이 지진 발생으로 갑자기 현실화될 것이라고 우려하는 주민들의 목소리를 전면으로 끄집어냈다는 것을 알 수 있다. 이로써 발표자와 참관인 사이에서 도시사회공학자의 개입은 배경으로 사라지고 '주민의 목소리'만 드러나게 된다. 그럼으로써 지역 주민의 입장에서 일상적으로 고민되는 복지, 건강, 위생, 교육, 환경, 교통의 문제가 재난 문제와 함께 종합적으로 다뤄져야 한다는 도시사회공학자의 제안들이 공적인 현장에서 주민들에 의해 직접 제시되도록 하고 있다. 행정 기관이 간과하고 있는 지역 주민의 일상적 고민들이 주민들 스스로를 통해 대변된다. 그리고 이러한 주민들의 목소리는 도시사회공학자의 보고서 속의 사례로 삽입된다.

지구로부터 연구소로 옮겨져 오는 다양한 목소리들의 여정을 살펴보았다. 다음에는 이 목소리들의 모임, 즉 일종의 공회당의 모습을 하고 있는 연구소 안으로 들어가 보자. 그곳은 서로 다른 시공간을 구성하는 목소리들이 거칠게 그 경계를 드러내며 모여 있는 곳이다.

19 야마자토 지구(山里地區)는 현재 주민이 654명인데, 10년 후에는 510명으로 21% 감소할 것으로 예상된다.(도시사회공학 연구실 내부 자료)

3. 지진의 아상블라주: 관여와 비관여

2009년 8월 11일 새벽에 일어난 스루가 만 앞바다 지진(M 6.5)은 도카이 지진이 발생할 것으로 염려되는 시즈오카 현 앞바다에서 일어났다. 뉴스에서는 일본의 명절인 '오봉'(お盆, 8월 15일)을 며칠 남기지 않고 지진으로 인해 통행량이 많은 도쿄와 고베를 잇는 고속도로가 끊겼다는 점, 그리고 도카이 지진 발생이 우려되는 지진역과 비슷한 지역이라는 점을 우려했다. 그날 아침 관측소에 함께 방문하기로 약속한 지진학자가 지진예지연락회에 급하게 참석해야 했기 때문에, 필자는 관측소 대신 강진동 연구실을 방문했다. 강진동 연구자는 스루가 만 앞바다 지진에 대한 강진동과 긴급지진속보 보고서를 인쇄해 주었다.[20] 다음 날, 방재연구소의 홈페이지의 재해 보고서에 동일한 보고서가 게재되어 있는 것을 발견했다. 다른 연구실들이 게재한 여러 보고서들이 '스루가 만 앞바다 지진 해석 보고'라는 제목 아래 함께 덧붙어 있었다. 게재된 보고서들은, 강진동의 파형과 가속도 분포, 신축계로 측정된 지각 변형 그래프, 미소지진계의 지진파 그래프, 지반공학자들의 산사태 현지조사 보고서, 인터넷 포털에 게재된 신문 기사들의 추이에 대한 보고서들이다.(그림 3-16[21]) 스루가 만 앞바다 지진의 피해는 도쿄 시와 고베 시를 잇는 고속도로의 부분적 붕괴에 그쳤기 때문에 이 지진에 관심을 갖는 연구실들은 주로 지진학, 강진동 연구, 지반공학, 그리고 정보공학의 연구실에 그치고 있다. 지역 주민의 피해나 건축물의 피해, 화재 및 쓰나

20 지진 발생 후 8초 후에 긴급지진속보 제1보가 발령되었다. 하지만 지진 규모가 과소평가되어 실제 관측 기록인 진도 6.5보다 훨씬 낮은 진도 5약으로 발령되었다.

21 그림 3-16에서 그림 3-22까지는 이 책 181-186쪽에 따로 수록하였다.

미 등을 연구하는 연구실들의 보고서들은 찾아볼 수 없다.[22]

이러한 연구실들의 관여와 비관여의 차이를 통해 드러나는 것은 하나의 지진을 계기로 소집되는 연합들과 그 연합을 통해 운반되어 온 그래프들과 이미지들이 지진마다 다를 것이라는 점이다. 그래서 각 지진들은 단순히 일어난 시간, 진앙, 규모와 진도로서가 아니라 필자가 이제까지 추적해 왔던 서로 다른 연결망을 통해 연구소로 들어와 가공된 이미지들의 모임으로서 존재하게 된다. 필자는 이 모임을 '지진의 아상블라주'라고 부르기로 한다. 재해 보고서의 '스루가 만 앞바다 지진의 해석'이라는 보고서는 이러한 연합들을 통해 생산된 재현들이 하나의 보고서에 덧붙여진 결과물인 것이다. 방재연구소 외에 다른 지진 관련 연구 기관들이나 정부 기관들에서도 이러한 보고서들을 발행하고 있기 때문에 보고서에는 관련 기관들의 링크도 함께 게재된다.

각각의 이미지가 보고서에 오르기 위해서 그 뒤에 수많은 사물과 장소와 사건들이 배경 속에 숨겨져 있다는 점을 앞에서 살펴본 바 있다. 또 다른 지진의 사례를 살펴보면, 각각의 연합 혹은 네트워크들의 관여와 비관여의 차이에 따라 지진을 구성하는 그래프, 이미지, 사진의 수가 달라진다는 점이 더욱 명확하게 드러난다.

2007년 7월 16일 발생한 니가타 주에쓰 지진(M 6.8)은 여섯 곳의 연구실로부터 보고서가 게재되었다. 스루가 만 앞바다 지진과 비교해서 첨부된 보고서들과 그 수에서는 큰 차이가 없지만, 보고서를 게재한 연구실의 차이, 즉 관여하는 연합들의 차이가 있음을 알 수 있다. 보고서에는 강진동 분석, 도로 피해, 건축물들 붕괴, 산사태와 지반 침하, 항구의 액상화에 대한 보고서들이 지진의 아상블라주를 구성하고 있다.

22 '재해조사보고서'는 다음 웹페이지에 게재되어 있다.
http://www.dpri.kyoto-u.ac.jp/disaster_report/

스루가 만 앞바다 지진과 니가타 주에쓰 지진의 차이는 흔히 알려져 있는 진앙, 규모, 진도의 차이에서 그치지 않는다. 보고서에 첨부된 이미지들의 차이만큼 두 지진은 다르다.

단순히 피해가 많고 적음에 따라서 지진을 구성하는 연합 혹은 네트워크의 수가 증가하고 감소하는 것이 아니라는 점은 지구를 연구소로 옮겨 오는 네트워크가 구축된 곳과 구축되지 않은 곳에서의 지진의 차이를 통해 명확히 드러난다. 2008년 5월 12일에 일어난 중국 쓰촨 성 지진(M 7.9)은 일본 국외에서 발생한 지진임에도 불구하고 여러 연구실로부터 보고서가 게재되었다. 이 지진의 보고서는 일본 내에 구축된 아홉 곳의 신축계그래프 보고서, 인공위성 탑재된 SAR의 간섭 영상, 고감도지진관측망(Hi-net)의 지진파 그래프, 지표에서의 산란파가 기록된 광대역지진관측망(F-net)의 지진파 그래프, 인터넷 포털 뉴스기사의 추이 보고서를 포함한다. 그리고 몇 개월의 시차를 두고 재해 보고서와는 별도로, 심리학자의 현지조사보고서 역시 방재연구소 내에서 발행되는 책자에 실렸다. 주민들의 공황 체험에 대한 면담, 지방 정부의 복구 계획, 근대적 신도시 건설에 대한 청사진이 보고서에 포함되어 있다.[23](그림 3-18, 3-19 참조) 이에 반해 2010년 1월 13일의 아이티 지진(M 7.0)은 대규모 피해가 발생했음에도 불구하고 단 두 곳의 연구실에서 두 건의 보고서만 게재되었다.[24] 그것들은 SAR의 간섭 영상의 지각 변위에 대한 분석과 일본 내의 인터넷 포털에서의 지진에 대한 기사의 추이 보고

23 쓰촨 성 지진으로 사망자 약 69,000명, 부상자 약 374,000명, 행방불명자 약 18,000명, 재산피해자 누계 약 4,616만 명, 붕괴된 가옥 약 216,000동의 피해가 발생했다. 특히 학교 건물의 붕괴로 인해 교사와 학생에게 많은 피해가 집중되었다.

24 약 23만 명이 목숨을 잃고 30만 명이 부상당했으며, 이재민 수는 160만여 명에 달했다.

서이다.(그림 3-17 참조) 이 두 네트워크는 모두 '지역적 제한'을 거의 받지 않는 장치를 통해서 지진을 옮겨 오고 있다. 반면 지진관측망은 아이티 지진으로부터 어떠한 목소리도 옮겨 오지 못했기 때문에 보고서가 게재되지 못했다. 측지학자는 지진의 수를 늘렸지만, 지진학자는 다른 국가의 연구소를 통해서 지진에 대한 정보를 얻을 수밖에 없다.

방재연구소의 지진학자들이 아이티 지진에 대해 연구하기 위해서는 미국의 지질조사국에서 구축한 관측망의 자료를 이용할 수밖에 없게 된다. 심리학자나 도시사회공학자 역시 현지조사단을 파견하지는 않았다. 막대한 비용이 들 뿐만 아니라, 아이티에서 가까운 미국과 멕시코의 연구자들이 작성한 보고서를 읽을 수 있기 때문이다. 이들은 자신이 구축한 동맹을 통해서 어떤 재현도 할 수 없었다.

쓰촨 성 지진과 아이티 지진의 차이는 지진의 규모와 피해의 규모에 의해서가 아니라, 연구자들, 현지, 집단, 유지보수로 이루어진 네트워크들이 얼마나 멀리까지 연장되고 또 방재연구소가 보유한 네트워크가 얼마나 많은가에 따라서 지진을 구성하는 요소들의 수가 정해진다는 점을 보여 준다.

연구실들이 구축한 거의 모든 연합이 소집된 지진도 있다. 2011년 3월 11일 동일본 대지진[25](M 9.0)은 현재까지 방재연구소에서 구축한 연결망들 거의 모두가 관여함으로써 보고서의 수가 가장 많은, 즉 가장 다양한 대상 및 집단들로 구성된 지진이 되었다. GPS 관측, SAR 간섭 영상, K-net의 강진동 관측, F-net의 산란파, Hi-net을 통한 여진 활

25 이 지진은 미 지질조사국의 지진 규모 기준으로, 근대적인 지진 진도 관측이 시작된 이래 네 번째 규모이자 일본 관측 사상 최대 규모의 지진이다. 지진의 이름은 '동일본 대지진'이고, 이 지진으로 인한 재해는 '동일본 대진재'로 불린다. 한국에서는 이 두 표기를 구별하지 않고, '도호쿠 대지진', '동일본 대지진' 등으로 부른다.

동 기록과 화산 주변의 진원 분포의 추이에 대한 보고서, 신축계의 변위 그래프, 도로 및 고가도로와 같은 토목 구조물 피해, 진도에 따른 건축물 붕괴, 인터넷 포털의 뉴스의 추이, 피해 지역 공동체의 현지조사, 강수량와 산사태의 관련, 도쿄 항만에서 관측된 장주기 지진동, 주택가의 지반 침하, 해안 부두의 액상화, 쓰나미 발생 시 조수 높이 변화, 그리고 쓰나미 피해 지역의 분포가 게재되고 있다.(그림 3-20, 3-21, 3-22 참조) 그리고 피해 지역 주민의 심리 상태나 공동체 주민들의 체험에 대한 보고서 역시 후에 첨부되고 있는 중이다. 동일본 대지진에서는 고베 대지진이 일어난 이후 방재연구소의 연구실들이 구축해 온 연합들이 거의 모두 동원되고 있음을 알 수 있다. 이 지진은 그만큼 많은 관심을 받고 있다.

한편 즉각적으로 보고서가 게재되지 않는 수많은 지진들이 있다. 하루에도 수십 번 일어나고 있는 미소지진들은 방재과학기술연구소의 고감도지진관측망이나 방재연구소의 미소지진관측망을 통해 기록되기는 하지만, 연구소의 재해 보고서에는 제출되지 않는다. 이름조차 붙여지지 않는 수많은 지진들이 방재과학기술연구소의 Hi-net 데이터베이스에 기록되거나 방재연구소의 지진예지 연구센터의 데이터베이스실에 축적되고 있다. 그래서 이러한 작은 지진에 대한 관심은 미소지진 연구자의 연구실에 머문다.

재해 보고서는 지진 발생 이후 즉시 올라오는 보고서들로 이루어진다. 하지만 곧바로 네트워크를 가동할 수 없는 연구실들도 있다. 피해 지역에서 더 정확한 현지조사가 필요하거나 자료들의 분석에 시간이 걸리는 경우, 재해 보고서가 아닌 더 풍부한 내용의 보고서를 통해 학술대회 등에서 발표된다. 특히 심리학 연구실이나 도시사회공학 연구실에서는 이러한 보고서와 문헌들을 훨씬 후에 생산한다는 점에서 지진을 구성하는 모임에 뒤늦게 가담하게 된다. 또 대규모 지진에서 공동체가 피해를 입거나 사람들이 공황에 빠지는 경우가 많기 때문에 매우 큰 지진 재해에 대해서만 보고서가 작성되고 있고, 그만큼 보고서가 작성되는 빈도가 낮다. 2004년 니가타 주에쓰 지진의 피해 지역에서 민족지 연구를 하고 있는 심리학자의 보고서나, 1995년 고베 대지진에 대한 공무원들의 현장에서의 공황 상태를 면담한 보고서들은 몇 년 후에나 지진의 일부로 덧붙여졌다. 동일본 대지진은 여전히 그 보고서가 더해지고 있는 상황이다. 새로운 쟁점이 부각된다면 새로운 목소리들이 탐지되어야 할 것이며, 이를 위한 장치와 연구자들, 그리고 연구실, 현지, 집단들의 연합도 구축될 것이다. 그리고 이 연합을 통해서 옮겨져 온 목소리가 이 지진의 아상블라주에 추가될 것이다.[26]

앞에서 각각의 연합, 동맹, 네트워크가 여러 장소들로 연결되어 있음을 보았다. 지진계들은 설치 장소가 필요하다. 지진파 그래프는 장소가 필요한 것이다. 지역의 현지조사를 위해서는 연구자의 개입을 받아들이는 지역 공동체가 있어야 한다. '지역 현장력'이나 '재해 체험자의 공황' 역시 장소가 필요하다. 따라서 각각의 연합들은 철저히 국지적인 장소들에 발을 딛고 있다는 점을 간과해서는 안 된다. 각 연합들은 서로 다른 지역적 범위를 갖고 있는 것이다. 그러므로 지진들의 보고서가 게재될 때마다 각 지진은 서로 다른 지리적인 범위를 보이는 순환 경로 혹은 네트워크를 동원한다는 점에 주목할 수 있다. 지진은 단순히 보고서에서만이 아니라, 보고서의 이미지들을 옮겨 오기 위해 구축된 미소지

26 동일본 대지진에서 방재연구소의 모든 네트워크가 동원되었다 하더라도, 이 지진과 관련된 모든 집단들의 목소리를 들여왔다고는 할 수 없다. 구축된 네트워크만큼 지진은 존재한다. 동일본 대지진의 '전모'(全貌)는 그래서 방재연구소에 구축된 네트워크만큼의 규모를 갖게 된다. 새로운 문제들이 제기되고 새로운 외부의 실체들이 대변되기 시작하면, 그때부터 네트워크는 확장되고 지금까지는 반영되지 않았던 목소리들이 연구소로 들어올 것이다. 그로써 동일본 대지진의 '전모'가 확장된다. '전모'가 먼저 있고, 네트워크가 그것을 밝히는 것이 아니라, 네트워크가 '전모'를 만들어 낸다.

진의 관측점들, 강진동 관측망들, 인공위성의 궤도, 산간 과소 지역, 도시자주방재단, 도로, 전선, 상수도와 같은 라이프라인이 있는 곳과 연결되어 있다. 따라서 하나의 지진이 구성되기 위해서는 수많은 연구실, 관측점, 현지, 집회 장소, 기록 파일들, 재해 현장에서의 체험의 기술, 장치와 같은 장소들의 연결이 전제되어야 한다는 결론에 이르게 된다.

개별적인 지진이 보고서에 게재될 때마다 연구소의 안과 밖을 순환하는 장치들과 정보들, 그리고 이들이 생산되는 현지와 이들을 이동시키는 도관들이 수시로 순환 경로의 수와 그 지리적 범위를 변경하고 있는 것이다. 또한 연구소로 실체들이 옮겨져 오기까지 걸리는 시간 역시 네트워크들마다 차이가 난다는 점에서 각 지진의 구성이 완결되는 시점 역시 유동적이라는 점을 알 수 있다. 지진마다 달리 구성되는 아상블라주들은 그 유동성을 특징으로 한다. 따라서 한 번 구성되고 마는 것이 아니라, 관여와 비관여의 계기가 되는 각각의 지진에 따라서 달리 구성된다.

이 유동적 아상블라주들은 "유체 공간"(fluid space)(Mol & Law 2004) 혹은 "플라스마"(Latour 2005a: 241)로 불릴 수도 잇다. 그래서 '지진의 정체(正體)는 유체(流體)'라는 모순적인 말로 지진을 표현할 수 있다. 장치를 통해서 옮겨져 온 사물들의 집합이며, 이들을 옮기기 위해 연결된 장소들이고, 관여와 비관여를 통해서 수시로 바뀌는 집단들의 모임이다.

여기서 아상블라주의 의미를 되새겨 보자. 아상블라주는 그려지거나 조각된 것이 아닌, 긁어모은 잡다한 것으로 구성된 작품을 말한다. 아상블라주를 구성하고 있는 것들은 자연물 또는 공업 제품처럼 예술적 목적을 전혀 의도하지 않고 만들어진 물건들이다. 그래서 대리석이나 청동보다 플라스틱, 유리, 철, 강철 등 공업적으로 생산된 재료들이 선호된다. 아상블라주로서의 지진은 비객관적인 덩어리를 깎아서 만든 객관적 대상이 아니다. 하나의 객관적 덩어리로 주조된 소조 작품도 아니다. 잡다한 것들을 비틀고 자르고 용접해서 만들어진 지진의 아상블라주는 객관적 덩어리로 환원되지 않는다. 지진은 객관적 대상 혹은 '덩어리'가 아닌 것이다. 아상블라주와 비슷한 말로, 조립(assembly)과 의회(assembly)라는 비대칭적인 용어들이 있다. 필자는 이 장에서 아상블라주(assemblage)라는 미술 용어를 사용함으로써 사물도 사람도 지진의 연행을 위해서 동원되고 있는 대칭적인 공간을 만들어 낼 수 있었다. 지진이 존재하는 공간은 완성품 혹은 블랙박스처럼 고정된 기계를 전제하는 조립이 아니다. 원형 지붕을 갖고 있는 건물 속에 제도화되어 사람들만 모이는 의회도 아니다. 아상블라주는 각각의 계기마다 관심 있는 행위자들이 소집되는 비제도적이고 비고정적인 모임들이라는 점을 잘 보여 줄 수 있는 용어이다.

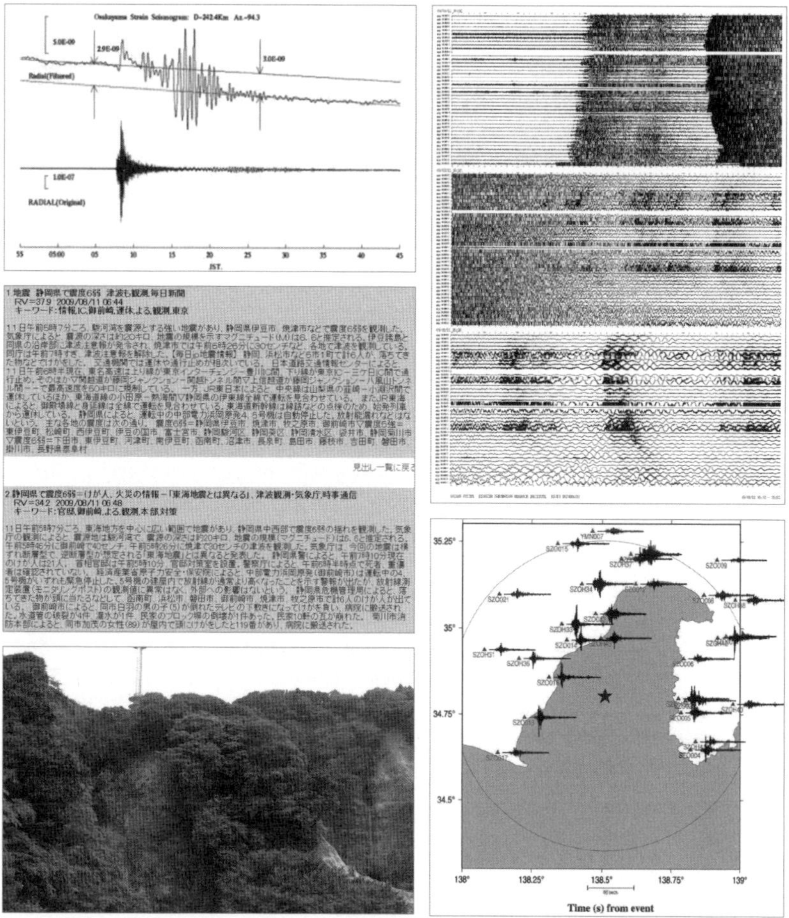

[그림 3-16] 스루가 만 앞바다 지진의 아상블라주

신축계와 강진계로 측정된 지각 변형, 고감도지진관측망의 지진 파형 그래프, 인터넷 포털에 게재된 신문 기사의 추이, 지반공학자의 산사태 현지조사 보고서, 긴급지진속보에 활용된 강진동 분포

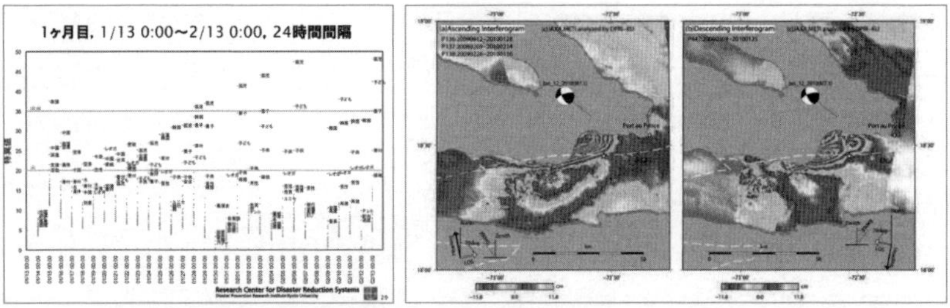

[그림 3-17] 아이티 지진의 아상블라주

인터넷 포털에 게재된 신문 기사의 추이, inSAR 간섭 영상의 지각 변위

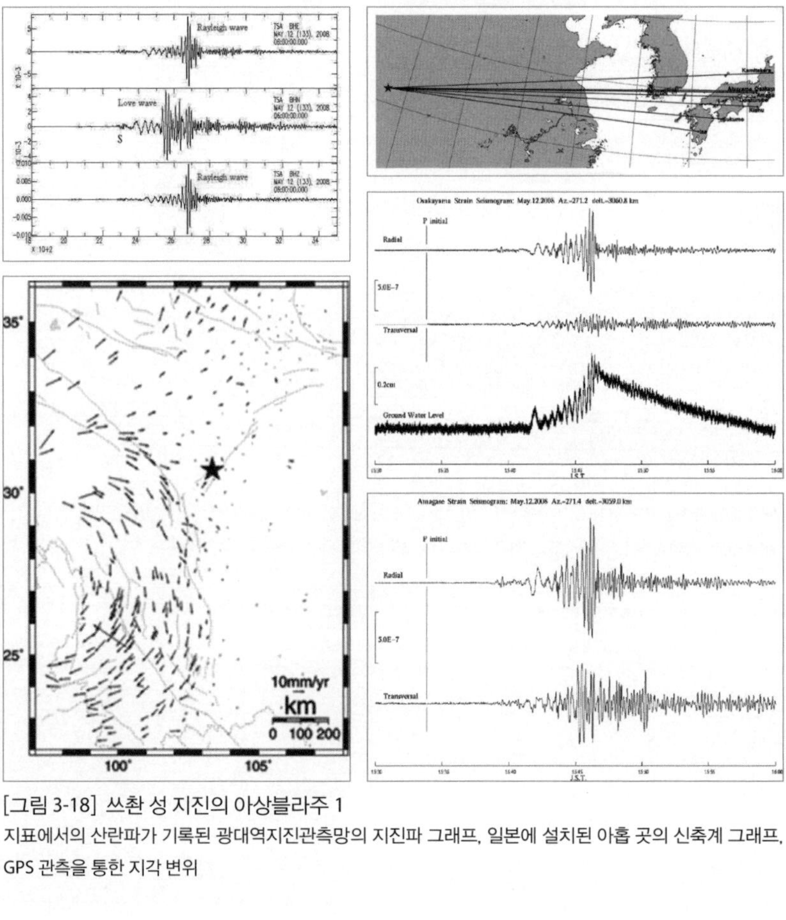

[그림 3-18] 쓰촨 성 지진의 아상블라주 1

지표에서의 산란파가 기록된 광대역지진관측망의 지진파 그래프, 일본에 설치된 아홉 곳의 신축계 그래프, GPS 관측을 통한 지각 변위

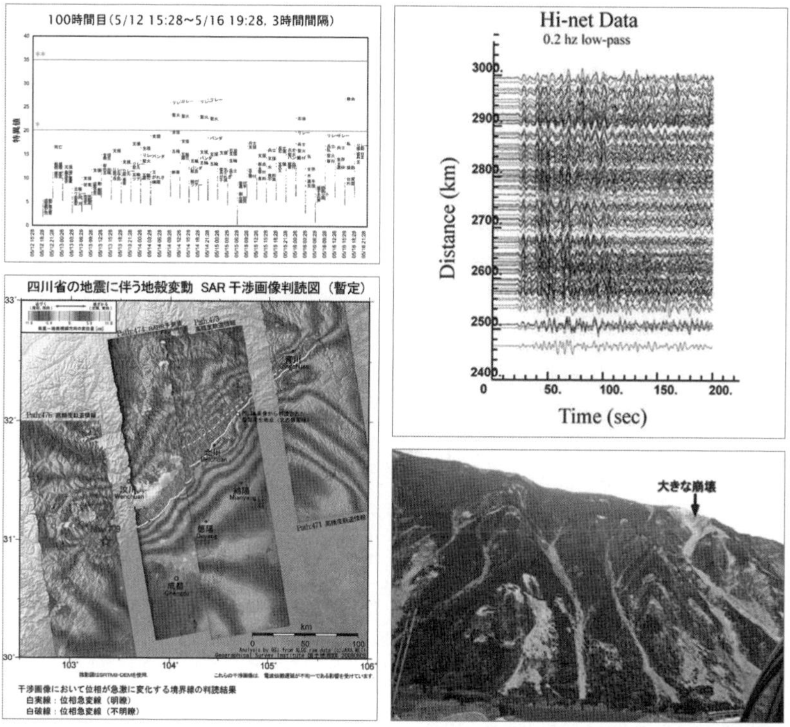

[그림 3-19] 쓰촨 성 지진의 아상블라주 2

인터넷 포털에 게재된 신문 기사의 추이, 고감도지진관측망의 지진 파형 그래프, inSAR 간섭 영상의 지각 변위, 지반공학자의 산사태 현지조사 보고서

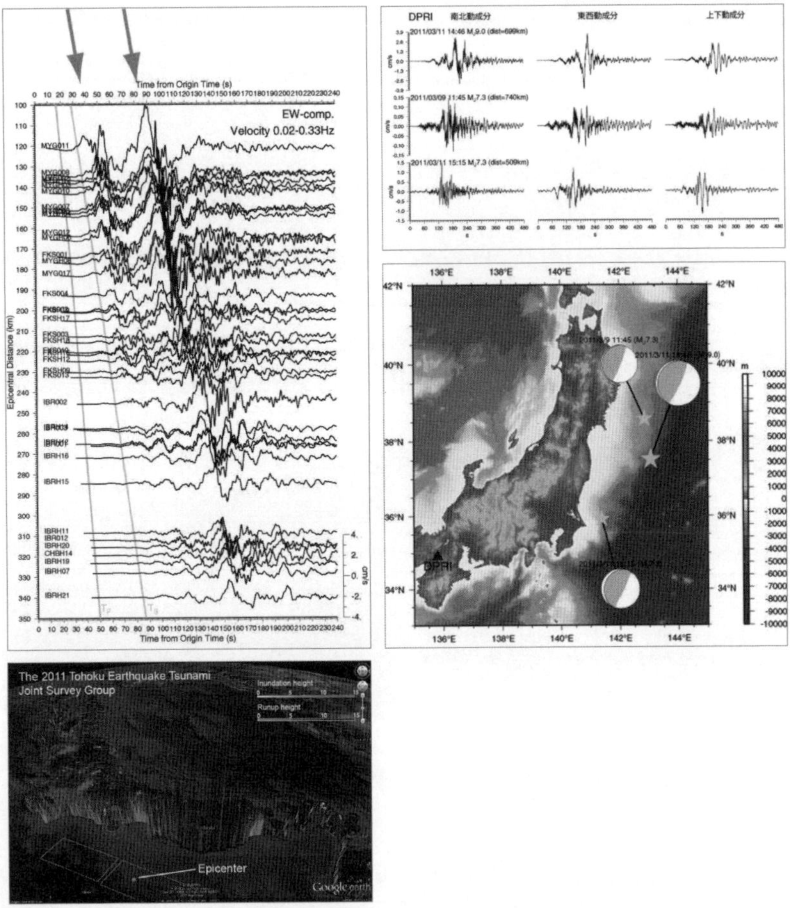

[그림 3-20] 동일본 대지진의 아상블라주 1

강진관측망의 지진파 그래프, 광대역지진관측망의 지진파 그래프, 화산 주변의 진원 분포의 추이, 쓰나미 발생 시 조수 높이 변화, 쓰나미 피해 지역의 분포

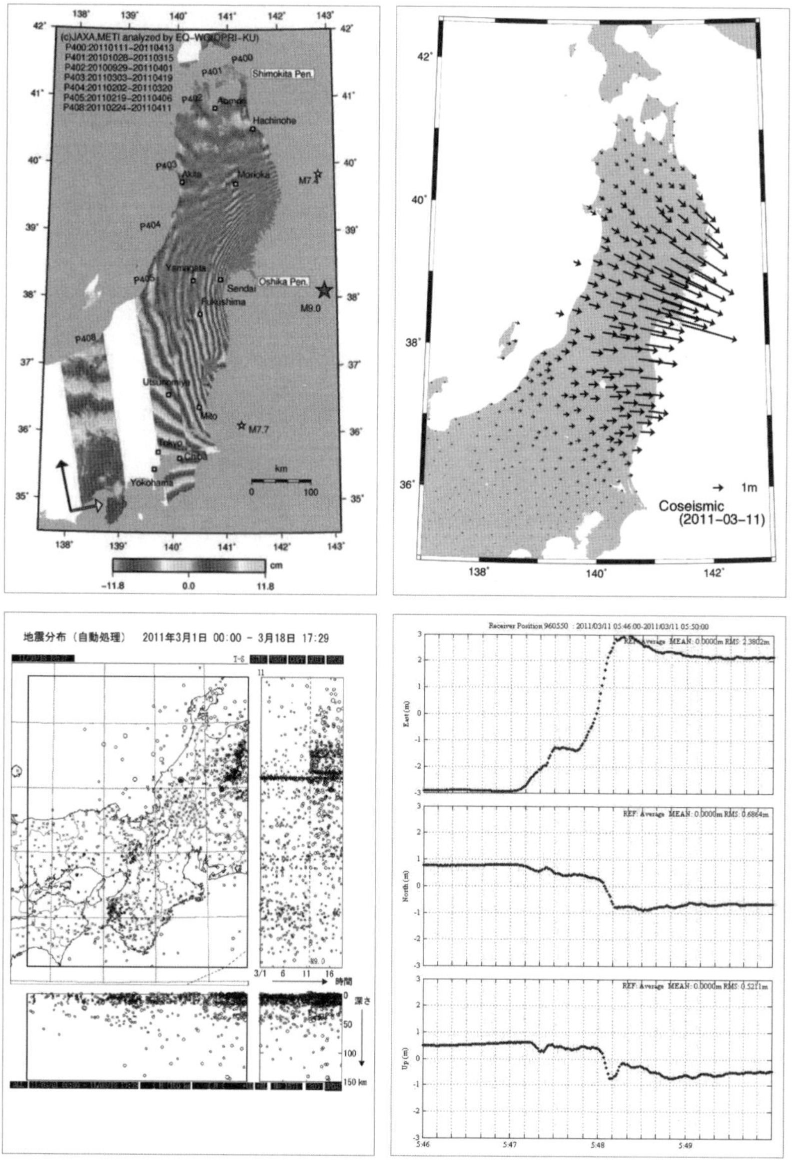

[그림 3-21] 동일본 대지진의 아상블라주 2

inSAR 간섭 영상의 지각 변위, GPS 관측을 통한 지각 변위, 고감도지진관측망을 통한 전진 및 여진 기록, 신축계의 변위 그래프

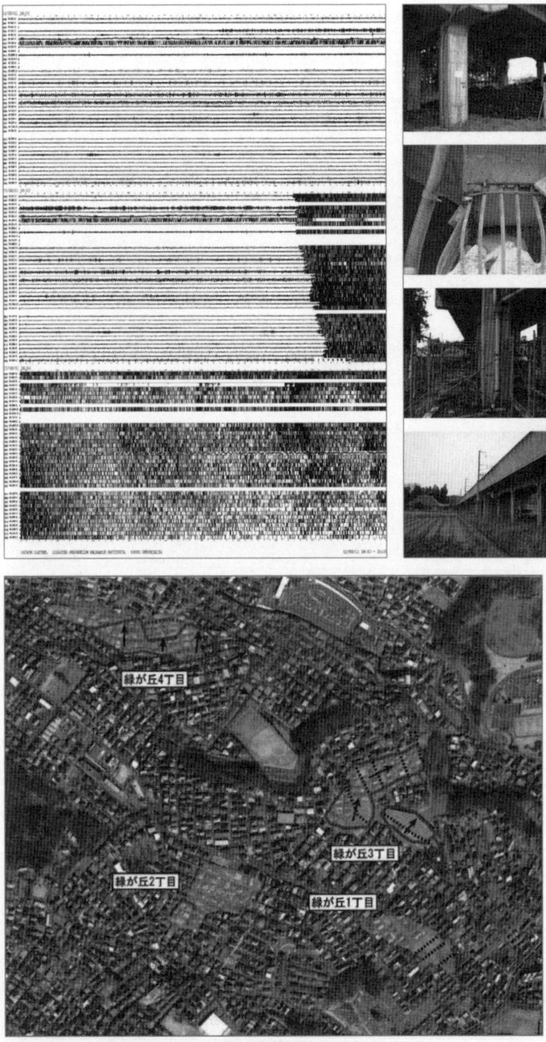

[그림 3-22] 동일본 대지진의 아상블라주 3
고감도지진관측망의 지진 파형 그래프, 고가 도로 등 토목 구조물 피해 보고서, 주택가의 지반 침하 보고서

4. 국지적 지구들의 지정학

도시사회공학자들은 '지역 활성화'에 관심을 갖는 돗토리 현의 산간 과소 지역 주민들, 교토 시의 자주방재회, 나고야 시의 볼런티어 단체, 인도네시아 메라피 화산의 주민들, 네팔 고산 지역 주민들의 관심을 끌고 있다. 이들과 연결된 집단들은 '글로벌'하다. 그의 글로벌한 연합에 앞으로 스코틀랜드의 지역 공동체가 더해질 것이다. 지진학자는 긴키 지역뿐 아니라, 뉴질랜드에서도 고감도지진계를 설치해서 플레이트 내부의 하부 지각에서 일어나는 미소지진을 연구소로 옮겨 오고 있다. 지자기학자는 돗토리 현 서부와 터키의 아타톨리아 단층대에 지자기계를 설치하고 비저항 구조를 옮겨 온다. 측지학자는 인공위성에 탑재된 합성개구레이더를 통해서 파푸아뉴기니와 서사모아의 지각 변동을 옮겨 온다. 이들의 동맹 역시 '글로벌'하다.

한편 또 다른 용례의 '지구'가 있다. 지구물리학자로도 불리는 지진학자, 측지학자, 지자기학자의 공통된 대상은 '지구'이다. 이들은 핵, 맨틀, 판, 활단층, 기반, 퇴적층, 건물 기초, 도시 환경, 전리층 등의 부분들을 모아서 전체로서의 '지구'를 연행할 수 있다. 지구물리학 교과서에는 내핵, 외핵, 맨틀, 지각, 대기로 층을 이루고 있는 지구와 그 지구의 층들에서 굴절하며 전파되는 지진파의 속도 구조가 그려져 있다. 방재연구소에는 자신의 네트워크에 대하여 '지구'라고 주장하는 연구실들로 가득 차 있다. 앞의 국경을 넘는 '글로벌'(global)의 지구와 뒤의 부분의 합으로서의 '어스'(Earth)의 지구가 공존한다.

앞의 지구는 글로벌/로컬의 이분법을, 뒤의 지구는 전체/부분의 이분법을 전제하고 있다. 하지만 다음과 같은 질문에 대해서 이 선험적인 이분법들은 어떠한 경험적인 대답도 내놓지 못한다. '글로벌'과 '로컬'의 이분법이 지진의 아상블라주에서도 가능한가? 국지적인 것들이 모이면 혹은 그중 하나가 확장되면 글로벌을 이루는가? 전체는 부분의 합인가? 글로벌한 것이 국지적인 것에 스며들거나 확산되는가? 이 선험적인 이분법을 제거하고, 필자가 추적해 온 연합들과 지진의 아상블라주가 위치하고 있는 실천을 고려한다면, '글로벌'과 '어스'는 국지적인 실천 속에서 연행되는 대상에 붙여진 대변인들의 언급에 지나지 않는다는 것을 알게 된다. 필자가 추적해 온 네트워크에서는 두 '지구' 모두 국지적이다. 이들이 구축하고 있는 '지구'들은 여러 장소들의 연결을 통해서 사물들이 매개 장치들에 의해 옮겨 다니는 국지적인 실천 속에서 연행되고 있다는 점에 주목할 수 있다.[27]

지진학자의 지구는 지진계가 설치된 곳까지이다. 측지학자의 지구는 인공위성까지이다.[28] 도시사회공학자의 지구는 현지조사에 대한 양해가 이루어진 지역들까지이다. 그들이 아무리 '전 지구적'이라는 혹은 '지구 행성'이라는 언급을 한다고 해도, 그 언급조차도 이미지, 장소, 집단들의 국지적인 실천 속에 있다. 장치들과 언급과 같은 매개자로부터 자유로울 수 없다. 도시사회공학자가 세계 전도 위에 자신의 현지가 위치한 지점을 찍어 두어도, 지진학자가 지구 내부 구조도를 들고 지진파

27 각 연구실이 동맹을 통해 구축하고 있는 '지구'들은 모두 하나의 기술-경관(techno-scape)에 지나지 않는다.(Barry 2006) 기술을 통해 연결된 장소들로 이루어진 국지적인 네트워크일 뿐이다. 이 기술-경관들 각각은 모두 국지적이다. 하지만 모두 자신들이 지구를 대변하고 있다고 주장한다. 이러한 이유로 필자는 "global assemblage"(Ong & Collier 2005)라는 말에서 'global'을 제거한다.

28 인공위성은 '전 지구'를 재현할 수 있다고 생각되기 쉽지만, 전리층으로 인한 교란과 같은 노이즈로 인해서 영상을 얻지 못하는 경우가 비일비재하다. 또한 지진이 발생한 시기에 인공위성의 위치가 지구 반대편이었다면 지진 관측 역시 불가능하다. 이에 더해서 인공위성마다 다른 레이더의 파장 때문에 나무가 많은 지역은 지각 변동 영상을 얻지 못하는 경우도 있다. 인공위성이 측지학자가 말하는 지구의 '조건'임을 알 수 있다.

가 그 안에서 전파된다고 하더라도 이 모든 행위 자체는 연구소의 한 장소에서 슬라이드 혹은 작은 종이를 통해, 연구자들의 손짓과 말을 통해 벌어지는 재현일 뿐이라는 것이 명확해진다.

글로벌을 로컬 앞에 두는 조어 방식의 습성에서 벗어나, 로컬을 글로벌 앞에 놓아 보자. 어떠한 '지구'들도 국지적이다. 또한 어떠한 국지적인 것들도 화자들 간의 동의에 이르기만 한다면 '지구'를 재현할 수 있다. 연구소에서 그려지는 지구들은 장치라는 매개를 통해 국지적인 스크린, 종이, 그래프 속에서 재현되고 있다. 따라서 실천 속에서 지구는 매개자들의 연결만큼만 '지구적'이라고도 할 수 있다.

'지구'의 국지성을 알아차렸으면 다음은 국지적인 지구들 간의 정치를 돌아보게 된다. 이 아상블라주에서는 하나의 지구가 다른 지구들을 압도할 수 없다. 그래서 다른 지구들과 시공간의 거친 경계를 맞대고 공존할 수밖에 없다. 전 세계에 현지를 구축하고 그곳으로부터 지역 주민의 목소리를 옮겨 오는 도시사회공학자는 파푸아뉴기니에서 일어난 지진을 옮겨 오는 측지학자 앞에서는 국지적일 수밖에 없다. 이들은 서로 다른 지구를 주장하는 국지적인 진영들로 공존하고 있을 뿐이다. 따라서 지진학이 지진을 대변하는 길목을 지키고 있는 제국 지배 체제가 아니라, 세력 균형을 이루거나 그 균형이 깨져 전쟁을 벌이고 있는 여러 연구실의 국지적 지구들 간의 정치가 펼쳐진다. 또한 네트워크를 구축할 수만 있다면 지진을 구성하는 행위자가 새롭게 등장할 수 있는 여지가 주어진다. 심리학자가 구축한 네트워크는 '공황의 체험'이 순환할 수 있는 재해 체험자 집단과 재해 미체험자 집단으로 이루어진다. '지구적인' 현상으로서의 재해 시의 공황 체험을 구축하기 위해 독일과 미국의 몇몇 면담자 집단을 소집하는 것만으로도 '지구적'이라고 주장할 수 있다. 그는 전 세계 모든 사람을 다 면담할 수도 없으며, 활단층이나 고층 건물과는 더더욱 면담할 수 없다. 그럼에도 불구하고 지진의 아상블라주에 새롭게 등장한 '공황 체험'의 네트워크로서 '지구'를 주장할 수 있게 된다.

이 국지적 지구들의 정치를 무엇이라고 부를 수 있을까? 국제정치학이 선점한 용어인 '지정학'을 단순히 국가의 지리적 위치가 변수가 되는 정치라는 의미를 넘어서서, '지구'들을 주장하는 국지적인 네트워크들 간의 정치라고 재규정해 보자. 지진의 아상블라주가 국지성들의 정치학으로서의 '지정학'이라는 점을 받아들인다면, 새로운 국지적인 지구를 재현 혹은 대표하기 위해서 국지적인 장소들을 연결하고 새로운 집단들을 소집하는 시도가 지진의 아상블라주에 추가됨으로써 그동안 들리지 않았던 목소리들, 사물들, 집단들을 이 지진의 지정학에 참여시킬 수 있게 된다. 지금까지 필자가 기술한 것은 지진 예지를 중심으로 구축된 지진학자의 네트워크와, 행정 기관을 중심으로 구축된 매뉴얼 중심의 네트워크의 이분법에 도전해 온 새로운 연합들이 구축되는 과정을 보여 주고 있다. 강진동 연구자, 측지학자, 토목환경공학자, 건축학자, 정보공학자, 도시사회공학자, 심리학자가 구축한 지진의 시공간들이 더해지면서 이 국지적 지구들의 지정학이 활성화되었다. 과학과 정치 '양극단' 사이에서 목소리를 내고 있는 다양한 행위자들과 집단들이 보이기 시작한다. 지진 예지의 활단층 대신 지표면의 강진동의 목소리에 힘이 부여되었다. 행정 기관의 위로부터의 통치가 아닌, 지역 주민의 아래로부터의 참여에 힘이 부여되었다. 재해 미체험자에게도 지진과 관련해서 목소리를 낼 수 있는 통로가 구축되었다. 단순히 재해로부터의 피해를 줄이는 것을 넘어서 재해 중에도 업무를 계속하고자 하는 기업들의 목소리들이 지진의 '공회당'에서 울려 퍼지기 시작했다. 그럼으로써 '보편적 지구', 하나의 원리로만 보편화되거나 환원되는 '지구화'가 아니라, 또 다른 장소와 집단과 사물로 구성된 새로운 국지적 지구에 대한 가능성을 열어 놓는 개방된 정치의 가능성을 제시하고 있다.

제4장

재난은 세계의 수를 늘린다: 재앙의 상연

연구소 안에서는 수많은 지진과 재해가 일어나고 있다. 정확히 말하면, 수치의 계산을 통하여, 모니터의 스크린 위에서, 실험실의 진동대(shaking table) 위에서, 게임에 참여하는 사람들의 마음속에서 '이미 일어난', 그리고 '앞으로 일어날' 진재가 상연된다.

이 장은 지진 재해가 방재과학기술을 매개로 해서 집단들의 다양한 관심, 해석, 개입에 열려 있는 '두꺼운' 사물임을 제시한다. 즉 방재과학기술에 매개되는 지진 재해가 풍부한 잠재적 세계들을 '두껍게' 포함할 수 있다는 점을 보여 줄 것이다. 그럼으로써 인문사회과학이 과학기술을 비판하면서 종종 반복하는 '획일화에 대한 우려', '얇은 것과 두꺼운 것의 대립', '재현과 실천의 불일치' 혹은 '의도치 않은 결과'에 대한 이야기와 방향을 달리해 보고자 한다.

많은 사회과학 연구가 자료를 연구소로 들여오는 단계에서 현지연구를 멈추고 연구소 내에서 일어나는 일들에 대해서는 더 이상 추적

● 이 장은 2014년 11월 「재난은 세계의 수를 늘린다: 일본 방재과학기술과 지진재해의 상연(上演)」이라는 이름으로 출간된 바 있다.(『한국문화인류학』 47(3): 9-64)

하지 않는 경향이 있다는 점을 과학기술인류학 연구들이 지적한 바 있다.(Latour 1987: 241-247, 1999: 109-112) 상당수의 사회과학 논의는 재현들로 가득 찬 과학기술의 공간이 풍부한 실천과 관계로 살아 숨 쉬는 실제 세계와 일치하지 않을 것이며, 결국 과학기술의 의도적 재현과 사회 세계의 비의도적 실천의 불일치가 의도치 않은 결과를 초래한다는 이야기에 집중한다.[1] 이러한 시각은 과학기술이 생생한 일상의 풍부함을 '틀 지우기'(enframing)를 통해 획일화할 것이라는 염려와 연관되어 있다.[2]

과학기술인류학의 연구들은 여러 집단의 이해관계 간 타협을 시도하는 데 계수(係數)이론, 알고리즘, 시뮬레이션이 활용되고 있다는 점에 주목해 왔고, 기술이 집단들을 틀 지우기보다는 오히려 새로운 집단이 생성하고 관계를 맺는 것을 촉진하는 매개자가 되고 있다는 점을 밝혔다.(오명석 2012; 이강원 2013a) 그리고 과학기술의 대상이 되는 사물은 관련된 집단들의 이해관계만큼 다양한 방식으로 해석되며 여러 "세계상"(cosmograms)(Tresch 2007)을 불러들인다는 점 역시 강조되고 있다. 따라서 '난로 위 주전자'나 '농부의 헤진 구두' 같은 일상적인 것들과 마찬가지로 과학기술이 생산해 낸 사물 역시 '두꺼운 사물'로 불릴 수 있게 되었다. 자동차, 우주선, 건축물, 통신 매체와 같은 기계뿐 아니라 지진, 초원, 프리온, 세균 같은 사건과 물질 역시 과학기술을 매개로 여러 세계상을 불러들이는 "우주적 사물"(cosmic thing)(Tresch 2007)로서 존재하고 있다.

필자는 이 장에서 사물에 '행위자성을 부여'하고 사건을 '일어나

1 사회과학이 과학기술 연구에 미친 하이데거의 영향과 한계에 대해서는 Harman(2005), Roty(2005), Tresch(2007) 참고.

2 하이데거의 '세계-그림'(Heidegger 1977: 115-154)에 대한 논의에서 비롯되는 산업사회 기술 비판에 대해서는 Dijksterhuis(1961) 참고.

게' 하는 모든 행위를 "상연"(enacting)(Mol 2002)이라고 명명했다. 지진 재해는 방재연구소의 기술을 통해서 매개되는 여러 행위자 집단 간의 연합을 통해서 상연된다. 필자는 방재과학기술의 여러 연구소를 이동하면서 집단들이 연합하는 양식, 즉 지진 재해가 상연되는 양식이 연구소의 지점들마다 달라진다는 점에 주목하게 되었다. 이러한 상연 양식의 차이는 지진 재해의 상연에 참여하는 구성원들의 관계 방식의 차이를 반영하며, '지진 재해가 어떻게 일어나고 어떤 피해를 초래할지', '피해를 어떻게 줄일지'에 대한 판단의 차이를 이끌어 낸다. 즉 상연 양식의 차이는 지진 재해를 상연하는 데 참여하는 집단들의 복잡한 이해관계를 협상하고 타협하는 방식이 다수임을 반영하는 동시에, 지진 재해가 초래하는 문제가 복합적이라는 점을 의미한다.[3]

그래서 지진 재해를 상연하는 방재연구소는 상연 양식의 차이를 통해 여러 개의 잠재적 세계를 시험하고 협의해 보는 "세계정치"(cosmopolitics)의 장이라고 부를 수 있다. 라투르는 세계정치의 핵심을 '다수의 배제된 실체들이 고려되고 배려될 것을 요구하며 집합체(collective)로 다시 돌아올 때 위험을 탐지하는 감각'으로 규정한다.(Latour 2004a) 이에 비해 스텐저스는 '배제된 실체들과 관계들을 고려하는 도덕적 의무'로 세계정치를 규정한다.(Stengers 2005, 2011) 전자가 감각이나 탐지 쪽에 중점을 두고 있다면, 후자는 배려와 실천과 같은 윤리에 중점을 두고 있다. 그럼에도 불구하고 양쪽은 이미 배제되어 부재하게 된 실체들이 어떻게 다시 우리의 삶에 포함되면서 잠재적 세계의 수를

3 로와 몰은 개인, 집단, 습관, 건물, 기술 등을 질서 지우기 위한 시도를 "배열 방식"(modes of ordering)(Law 1994; Mol 2002)으로 명명하면서 하나의 공간에 다수의 패러다임, 합리성, 정당성이 공존할 수 있음을 나타내는 "복잡성"(complexity)(Law & Mol 2002: 1) 연구를 제시했다.

늘릴 수 있는지를 정치적으로 이슈화하고 있다는 점에서 공통점을 갖는다. 이러한 세계정치의 과정에서는 행위자의 실천을 규정하는 관념적인 우주론(cosmology)이나 더 이상의 논쟁과 정치를 불허하며 실천 밖에 위치하는 물리적 우주(cosmos)는 미리 주어지지 않는다. 또한 모든 차이를 포괄하는 보편적 질서가 통용될 수 있다고 믿는 범세계주의(cosmopolitanism) 역시 쉽게 발을 들이지 못한다.[4]

파리어스는 칠레에서 발생한 지진·쓰나미 경보 시스템의 실패와 이를 둘러싼 논쟁을 다루면서, 경보 시스템의 책임자들이 정해진 규정과 기존의 판단 방식을 고수하며 잠재적 세계의 가능성을 무시했다는 점에서 경보 시스템이 실패한 원인을 찾았다.(Farías 2014) 파리어스의 연구는 시스템에서 배제되었던 목소리에 귀를 기울이고 잠재적 세계의 출현에 개방되어 있는 세계정치의 윤리가 재난 피해의 감소와 밀접하게 연계되어 있음을 보여 준다. 하지만 그동안 배제되었던 목소리들과 실체들을 세계정치의 과정으로 어떻게 초대할지, 그리고 이들을 포함하는 정치에서 지진 재해에 대한 대응과 방재가 어떠한 모습으로 존재하게 될지에 대해서는 언급한 바 없다.

이 장은 고베 대지진 이후 일본의 방재과학기술을 통해 진행된 세계정치와 그 결과로서 발현한 세계상들의 공존을 기술한다는 점에서 세계정치에 대한 논의를 한 단계 진전시키려는 시도이기도 하다. 지진 재해가 초래하는 불확실성과 필연적인 오인(misrecognition)이 일본의 방재과학기술에 어떻게 받아들여졌으며, 그로 인해 지진 재해가 어떤 다

4 세계상의 차이에 대해 무지한 채 보편성을 추구하는 "코즈모폴리터니즘"(Beck & Sznaider 2006)과 상이한 세계상들 간의 정치를 다루는 "코즈모폴리틱스"(cosmopolitcis)(Stengers 2005, 2010)는 다르다. 라투르는 코즈모폴리틱스에 비해서 코즈모폴리터니즘은 '인류학 맹(盲)'의 상태에 있다고 지적한다.(Latour 2004c)

양한 방식으로 존재할 수 있을지가 이 장이 기술하는 지진 재해의 상연을 통해 드러난다.

필자는 행위자성의 부여라는 의미에서의 '상연'이라는 말을 활용하고 있지만, 글의 구성에도 공연 작품의 '상연'이라는 은유를 활용했다. 그것은 다음과 같은 세 가지 점에서 드러난다. 첫째, 행위자 혹은 연기자(actor)를 섭외하고 이들의 배역을 부여하기 위해 협상과 타협을 하는 과정을 여러 연구실을 가로지르며 다각적으로 기술했다. 이 과정에서 테이블이 중요한 매개로 등장하고 협상과 타협의 결과에 따라 행위자들의 주요 역할이 분배된다는 점이 드러난다. 둘째, 지진 재해의 여러 시나리오의 판본이 행위자들의 행위 능력 혹은 연기력을 통하여 증식되는 과정을 제시한다. 그리고 이 시나리오에 따라 지진 재해가 상연되기까지 중요한 매개자가 되고 있는 상연 양식들의 목록을 정리한다. 셋째, 여러 상연 양식의 지진 재해들이 대규모 프로젝트를 통해 합성됨으로써 상이한 시나리오와 상연물들이 부분적으로 연결되어 있는 모습을 갖출 수 있게 된다.

1. 섭외

건조한 그래프, 수치, 관측 자료, 보고서들로 가득 찬 방재연구소의 문서고에서 며칠간 자료를 수집하다가 유독 눈에 띄는 그림동화책 한 권을 발견했다. 『빛고을의 마물(魔物)』이란 이름의 이 동화책은 다채롭고 부드러운 인물과 사물의 그림들, 그리고 그림 옆에 적혀 있는 짤막한 이야기로 구성되어 있었다.(林春男·GK Kyoto 2001) 이 책은 일본(日本)을 암시하는 '빛고을'에 그 정체를 알 수 없는 마물이 지하의 어두운 곳으로부터 솟아 나와 불꽃을 일으키고 대포 소리를 내며 땅을 요동시켜 나무와 집들을 엉망진창으로 만들어 버리는 사건으로부터 시작된다. 갑자기 마물이 빛고을에 들이닥쳤을 때, 사람들은 그것이 무엇인지에 대해 전혀 다른 해석을 내리기 시작했다. 누군가는 낫을 든 저승사자로, 누군가는 불을 뿜는 용으로, 누군가는 집채만 한 파도로, 누군가는 끈적끈적한 끈끈이로, 누군가는 모두를 덮칠 수 있는 거대한 돌로, 또 누군가는 이웃 국가가 발사한 비밀병기로 보았다. 우왕좌왕하고 있는 고을 사람들에 대해 왕은 마물이 도대체 어떻게 생겼는지 그림으로 그려 와 서로 맞추어 볼 것을 명했다. 마을 사람들이 그려 온 마물의 그림은 각기 다른 모습을 하고 있어서 모두 놀라움을 금치 못했고, 도대체 올가미를 어떻게 만들어야 마물을 잡을 수 있을지 마을 사람들로서는 알 수가 없었다. 이때 마을의 장로가 입을 열었다. "마물을 퇴치할 수도 없고 우리가 이 고을을 떠날 수도 없습니다. 마물과 함께 사는 방법을 찾는 수밖에 없을 것 같습니다."

그림동화책의 외양을 하고 있는 이 책의 부제는 "지진 방재의 철학을 해설하다"이다. 마을 사람들이 마물과 '함께 사는 법'을 공동으로 찾아 나가는 그림동화책의 전체 이야기는, 지진이라는 사물을 중심으로 모이는 집단들, 그들의 관계 양식들, 그리고 이 관계들을 매개하는 방재과학기술로 이루어진 세계정치를 암시적으로 그려 내고 있다. 기술이 사물을 획일적인 '세계-그림'을 통해서 얇게 만든다는 전제와는 달리 방재과학기술은 지진을 두껍게 만들고 있으며, 이 그림동화책은 이러한 실천을 연구자들이 스스로 그려 내고 있는 또 하나의 세계상이다. 이 세계-그림이 그리고 있는 방재연구소의 실천을 따라가 보자.

1) 자료실에서 스크린으로

거친 자료들이 생산되는 장소로부터 매끄러운 스크린 위 상연의 세계로 통하는 길을 찾을 필요가 있다. 이 길을 따라감으로서 단순한 이미지, 숫자, 로그 파일, 면담 자료, 그래프가 '앞으로 일어날' 대지진, 쓰나미, 토목건축물의 진동, 공급계 라이프라인의 두절, 산간 마을의 고립, 재해 중의 공황으로 상연되는 과정을 추적할 수 있다. 자료실과 데이터베이스실은 이 길의 출발점이다.[5]

지진예지 연구센터 내의 지각활동 데이터베이스실에는 지진관측망의 데이터를 축적하고 계산하고 제공하는 서버, 측지학 데이터를 축적하고 계산하고 제공하는 서버가 놓여 있다. 거대재해 연구센터에도 대지진의 피해를 기록한 사진, 비디오테이프, 신문 자료, 그리고 현지조사 자료를 축적하고 있는 자료실이 있다. 필자는 우선 지진예지 연구센터의 지각활동 데이터베이스실에 놓여 있는 서버로부터 스크린으로 이어지는 길목에 들어섰다. 지진관측망의 서버는 다양한 계산기들의 모음이다. 수신 계산기, 진원 계산기, 진원 표시 계산기, 각 관측망(Hi-net, Kik-net, K-net, F-net 등)의 정보 처리 서버로 구성되어 있다. 0번부터 9번까지의 번호가 관측망을 구축한 각 기관들에 따라서 서버에 매겨져 있다. 숫자 뒤에 따라 붙는 A부터 F까지의 문자는 서로 다른 대역폭을 갖는 관측망의 차이들을 나타내고 있다.

데이터베이스실을 안내해 준 측지학자와 기술직원에 따르면, 이 서버들은 별 문제 없이 기록하고 계산하고 축적하고 제공하고 있다. 서버는 연구소 밖의 관측망과 연구소 내의 연구자들 간에 지진의 목소리

5 "일단 디지털화되고 나면 데이터는 정리되어야 하고 조직화되어야 하며 색인을 붙여야 한다. 컴퓨터 시대는 실재→미디어→데이터→데이터베이스라는 새로운 문화적 알고리즘을 가져왔다."(마노비치 2004: 291) 앞 장에서 '데이터'까지를 다루었다면, 본 장에서는 데이터베이스로부터 스크린에 이르는 연장된 알고리즘을 추적한다. 이 연장된 알고리즘의 끝에는 합성물로서의 복합재해가 자리 잡고 있다.

의 흐름을 매끄럽게 중개하고 있을 뿐이다. 그래서 서버가 고장이 나지 않는 이상 연구자들이나 기술직원 사이에서 언급되거나 주목되는 일도 적다. 따라서 서버 안에서 일어나는 계산, 정보의 축적, 정보 제공에 대해서도 언급되지 않는다. 모든 것이 '자연스레' 흘러가는 듯이 보인다. 그래서 데이터베이스실은 연구소가 전국의 관측망으로부터 관측 정보를 받고 있다는 점을 외부 방문자들에게 보여 주기 위한 전시실의 역할을 하고 있다. 하지만 나로서는 데이터베이스실의 서버에서 무슨 일이 일어나는지, 서버와 스크린 위의 파형들이 무슨 관계인지를 추적할 필요가 있다. 같은 건물에 위치하고 있는 또 다른 데이터베이스실에서는 이러한 관계와 사건들이 더 명확하게 보인다.

사례 4-1

계산식과의 동맹

인간 활동이 시간대에 따라서 파형에 드러납니다. 그래서 지진이 없어도 들쑥날쑥합니다. 건설현장이나 기차 통과 지점에 있는 관측점들의 파형이 그런 것 같아요. 그래서 연구소에서 파형들이 노이즈인지 아닌지를 계산해야 합니다. 오오미 선생님(다른 연구실의 지진학자)이 개발한 계산식 프로그램을 이용합니다. 1분간 관측점 1,500점의 평균값을 구해서 거기서 벗어난 파형이 노이즈가 됩니다.

_2010년 6월 24일, '만점 계획' 데이터베이스실 기술직원 사와다 면담

'만점 계획' 프로젝트를 진행 중인 지진학 연구실은 내부에 별도의 데이터베이스실을 갖추고 있다. 관측망을 계속 넓히고 있고 그에 맞게

데이터베이스를 구축하고 있는 단계여서 '서버'와 '클라이언트' 간의 정보 처리 과정이 아직 기계화되지 않았다. 안을 들여다볼 수 없는 지각 활동 데이터베이스실의 서버들과는 달리, 이 데이터베이스실에서는 노이즈로부터 지진의 파형을 분리해 내기 위해서 다른 지진학자가 개발한 계산식과 동맹을 맺고 있다는 점이 투명하게 드러난다. 기술직원은 계산식을 통해서 지진의 목소리를 노이즈로부터 다시 한 번 걸러 낸다. 서버를 구성하는 요소들이 여기서는 하나하나 보이기 시작한다.

사례 4-2

정보 제공

기술직원 원지(遠地)지진, 근지(近地)지진 중 어떤 파형이 필요한 건가요?

지진학자 심발(深發)지진이나 원지지진보다는 근지지진이 중요하니까, 근지지진의 파형으로 충분합니다.

기술직원 그럼 어디서부터 드리면 되겠습니까? 어느 곳의 파형을 집중적으로 추출하는 게 좋을까요?

지진학자 긴키가 최우선으로 필요합니다. 지금 노비 지역의 일이 끝나면 긴키 및 비와 호(琵琶湖) 왜곡집중대를 시작할 것입니다. 특히 비와 호 주변이 중요한 단층대이니까, 보고서에도 특히 이 왜곡집중대에 집중해서 연구하겠다고 썼어요.

기술직원 추출하는 데 시간이 좀 걸립니다. 일정에 맞추어서 비와 호와 긴키를 최우선으로 잘라 드리겠습니다.

_2010년 7월 27일, 지진학자와 기술직원들의 회의

[그림 4-1] 지각활동 데이터베이스실의 서버들(위)과 전시를 위해 설치된 스크린 위의 파형(아래)(2010년 6월 24일 촬영)

서버로부터 연구자들의 컴퓨터(클라이언트)로 이동하는 정보는 지각활동 데이터베이스실에서는 직접 볼 수 없다. 연구자들은 자신의 컴퓨터에서 명령어를 통해서 필요한 시간과 지역의 지진파 정보를 추출한다. 하지만 '만점 계획' 데이터베이스실에서는 지진학자가 원하는 지진파를 물어보고, 기술직원이 지진파를 잘라 내서 지진학자에게 건네주는 작업이 드러난다. 기술직원의 작업을 통해서 지진학자는 자신이 관심 있는 지역과 시간대의 지진 파형들을 제공받을 수 있다. 서버와 스크린의 명령어 사이에서 은밀하게 진행되던 변형과 이동의 관계가 여기서는 생생하게 보이기 시작한다.

기술직원이 안내한 자료실에는 관측점으로부터 들어온 지진 파형들을 저장하고 있는 하드디스크들이 태그를 붙인 채 선반 위에 가득 차 있다. 필자는 박물관으로 바뀐 연구소의 한 관측소에서 지진 관측이 시작된 이래로 변화되어 온 저장 장치들이 전시되어 있는 것을 본 적이 있다. 숯을 입힌 종이에 기록이 시작되었다가 금속판으로, 테이프레코드로, 그리고 플로피디스크로부터 하드디스크로 축적의 장소가 바뀌어 왔다. 서버들을 볼 때와는 달리, 정보가 축적되는 장소와 기록 장치들의 역사가 눈에 들어온다.

서버들만 놓여 있는 지각활동 데이터베이스실에 비해서 지진학 연구실의 '만점 계획' 데이터베이스실에서는 계산식과의 동맹, 정보를 추출하는 매개자로서의 기술직원, 그리고 축적 형식의 변화 과정을 알게 해 주는 저장 장치들이 가시화되고 있다. 전자의 서버는 연구소의 안팎을 중개하는 중개자로서 그 속에서 어떤 과정이 진행되고 있는지 알 수 없는 '블랙박스'였다. 후자의 데이터베이스실에서는 계산, 추출, 축적, 제공의 과정이 가시화되었다. 그럼으로써 계산식, 기술직원의 기술, 저장 장치, 지진학자와의 대화에 따라서 투입된 자료와 산출된 스크린 간의 관계가 바뀔 수 있는 잠재성을 보여 준다. 외부 방문자에게 데이터는 블랙박스를 통과하면서 매끄럽게 전달되고 있는 듯이 보인다. 반면 참여관찰 중인 필자는 그 흐름의 도관을 구축하고 연장하고 그것을 유지하는 매개자들의 동맹을 계속 추적함으로써 이 블랙박스를 열어 보고 있다.

2) 협상 테이블을 마련하다

테이블은 우리말로 '표'(表), '대'(臺), '탁자' 등으로 경우에 따라 달리 불린다. 스크린과 종이 위에 있는 테이블은 '표'로 불리고, 실험실과 관측소에 있는 테이블은 '대'로 불린다. 마을회관과 회의실에 놓여 있는 테이블은 '탁자'이다. 필자가 기술하는 테이블이 사람들이 주변에 모여 앉는 탁자인지, 아니면 보고서나 논문에서 흔히 보이는 표인지, 관측이나 실험 혹은 연행을 위해서 평평하게 만들어 놓은 곳인지를 구별하는 것은 큰 의미가 없다. 중요한 것은 그 테이블 주변에 혹은 그 위에 모인 사람들과 사물들이 협상을 통해 타협에 이르는 과정에 초대되었다는 점이다.

첫 번째 테이블은 지진학자의 연구실에서 볼 수 있다. 데이터베이스실의 기술직원이 추출한 지진 파형들을 지진학자에게 건네 주었다. 이렇게 해서 지진학자의 연구실 컴퓨터로 파형 그래프들이 옮겨 갔다.

지진학자는 컴퓨터 스크린 위에 좌표를 열었다. 이 좌표에는 관측점을 Y축으로 하고 시간을 X축으로 한 좌표가 있다. 옮겨져 온 파형들이 이 좌표 위에 나란히 정렬된다. 그러면 진앙에 가장 가까운 관측점에서 먼 곳으로 갈수록 점점 늦은 시간에 파동이 시작되었다는 점이 드러난다. 가장 이른 시간에 파동이 드러난 관측점이 진앙에서 가장 가까운 지점이 된다. 그리고 진앙 주변의 관측점에 도착한 P파와 S파의 시간차를 통해서 진원의 깊이를 계산해 낸다. 이렇게 해서 여진(餘震) 하나의 진앙과 진원의 위치가 정해졌다.

지진학자는 또 다른 좌표를 열었다. 이 좌표에는 X축도 Y축도 km 단위의 거리로 표시되어 있고 방향 표시도 덧붙어 있다. 그리고 깊이를 나타내는 좌표도 나란히 위치하고 있다. 앞에서 얻어 낸 여진의 진원은 이 좌표 위에서 한 점으로 표시되었다. 점의 크기는 여진의 규모에 따라

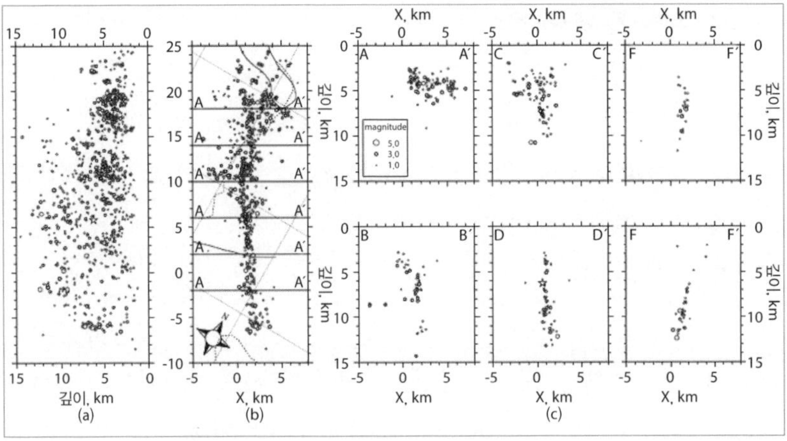

[그림 4-2] 돗토리 현 서부 지진의 여진 진원 분포
별표는 본진의 진원이다. (a)는 Y축을 따라 그려진 진원의 깊이 분포, (b)는 X축을 따라 그려진 여진의 진앙 분포, (c)는 (b)의 단면들에 나타난 진원의 깊이 분포이다.
출처: 飯尾能久(2009b: 115)

다르다. 애초에 수백 개의 파동 그래프였던 지진이 이 좌표 위에서 진원을 나타내는 작은 점이 되었다. 지진학자는 큰 지진과 그 지진이 일어난 후에 뒤따라 일어나는 여진들의 파형 그래프들을 동일한 방법으로 반복적으로 정렬함으로써 수많은 여진들의 진원을 좌표 위에 정렬했다.

여진의 분포가 곧 큰 지진의 단층면을 보여 준다는 가설에 따라서, 지진학자는 이 분포도를 큰 지진의 '단층'이라고 언급한다.(飯尾能久 2009b) 이로써 여진들의 집단은 좌표 위에서 본진(本震)의 단층면이 되었다. 그리고 이 단층면은 분절되어서 남서 방향에서 동북 방향으로 잘려진 몇 개의 단면도가 되기도 한다. 이렇게 지진 파형에 새로운 형식을 부여하는 과정에서 지진 파형 데이터베이스, 지진 파형을 추출하는 기술직원, 깊이와 거리를 축으로 하는 좌표, '단층'을 언급하는 지진학자가 지진을 연행하는 매개자로 등장하고 있다.

이 매개자들을 통해서 지진은 좌표라는 새로운 장소, 단층면의 재

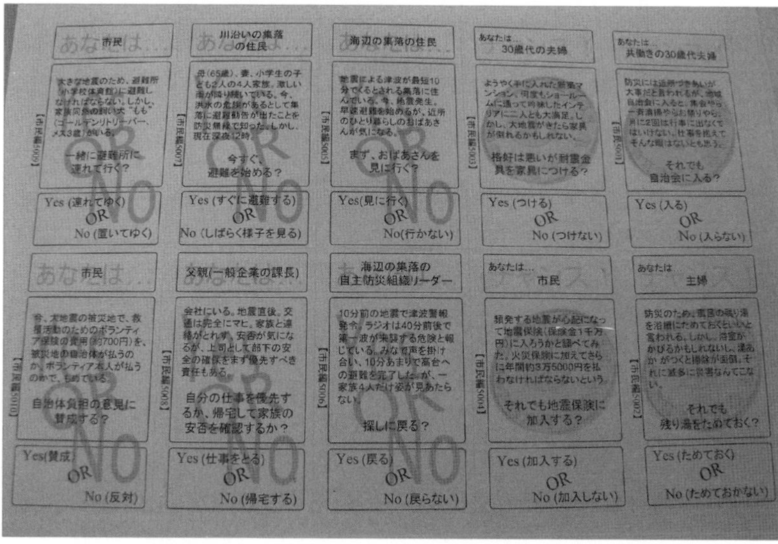

[그림 4-3] 오려 내기 이전의 '시민 편' 크로스로드의 카드 표(2009년 10월 25일 촬영)
카드로 오려 내서 게임에 활용한다. 카드 표의 내용은 사례 4-3을 참고할 것.

현이라는 새로운 사건, 그리고 단층의 단면도라는 새로운 사물로 이루어지는 실천 속에서 연행된다. 여기서 중요한 것은, 지진 파형들이 점으로 변형되었다는 것만이 아니라, 지진의 목소리들이 더 이동하기 쉽고 잘라 내서 다른 실체와 조합하기 쉬운 좌표 혹은 테이블이라는 형식으로 스크린 위에 위치하기 시작했다는 점이다. 수백 개의 여진들이 스크린 위의 점들과 색들로 점멸한다. 이 '거대한', '보이지 않는' 지각, 단층, 지하 구조와 여진들을 지진학자는 들여오고, 올려놓고, 잘라 내고, 색을 입히고, 이름을 붙였다. 그리고 이들을 한눈에 내려다보고 작은 종이 위에 올려놓고 여러 곳으로 발송한다.

지진학자가 방위, 거리, 깊이, 속도의 좌표 위에 지진의 목소리들을 위치시켰다면, 심리학자는 직책, 상황, 게임 카드, 그리고 탁자 위에 사람들의 목소리를 위치시켰다.

사례 4-3

크로스로드 게임의 상황 부여 카드 예

• **시청 공무원**(고베 대지진 사례) 새벽에 대지진이 발생하여 자택은 반파된 상태. 다행히 부상은 없었지만, 가족은 두려워하고 있다. 전차도 끊기고, 출근에는 걸어서 2-3시간이 걸릴 것으로 예상된다. 출근하겠는가? Yes(출근한다) or No(출근하지 않는다).

• **시청 직원**(고베 대지진 사례) 대지진 후 24시간. 격진으로 시청사가 완파 상태. 그러나 재해 대응에 필요한 서류는 붕괴 위험 상태인 청사 내 사무실에 있다. 출입 금지 명령을 무시하고 서류를 가지러 간다? Yes(가지러 간다) or No(가지 않는다).

• **구급대원**(일반 지진 사례) 많은 부상자가 나온 현장. 건물 잔해 아래에서 가족이 구출되었다. 아버지와 어머니는 중상이지만 수술하면 괜찮을 것 같다. 한편 아이는 심폐 정지 상태. 살릴 수 있는 부모부터 옮긴다? Yes(부모를 옮긴다) or No(아이를 옮긴다).

• **자치회 간부**(일반 지진 사례) 마을은 목조 주택이 밀집해서 지진이 일어나면 큰 피해가 날 것으로 예측된다. 시청은 재해에 강한 마을 만들기를 위해 도로 확충을 계획. 그렇게 되면 옛날부터 이어 온 거리를 잃게 된다. 도로 확충 계획에 찬성한다? Yes(찬성) or No(반대).

• **시민**(일반 지진 사례) 고베 대지진에서는 건물에 깔린 사람의 약 90%가 이웃집 사람에 의해 구출되었기 때문에, 방재에는 지역 만들기가 중요하다는 의견이 있다. 하지만 건물이 튼튼하다면 애초에 피해가 나지 않는다는 사고방식도 있다. 지역 만들기에 찬성하는가? Yes(지역 만들기 우선) or No(내진화 우선).

[그림 4-4] 크로스로드 게임(2009년 7월 14일 촬영)
파란색과 금색의 작은 '방석'들, 선택의 상황이 적혀 있는 카드, Yes/No 카드, 토론 내용을 기록하는 서기, 각 게임 모임을 옮겨 다니며 토론을 촉진하는 퍼실리테이터, 그리고 참석자들로 게임은 진행된다.

심리학자는 면담자들이 재난 현장에서 처했던 다양한 공황의 상황을 동일한 분류 기준에 따라서 표나 카드 위에 배치하고 있다. 그래서 몇백 장의 카드 안에 수백 명의 공무원 및 마을 주민들의 복잡하고 생생하고 절절했던 체험이 단순화된 형식으로 정렬되었다. 게임에 참여하는 재해 미체험자들은 재난 지역에서 온 재해 체험들을 카드의 형식으로 손안에 쥐고 한눈에 내려다볼 수 있다. 그래서 다른 지역과 직장의 사람들이 회의 테이블 주위에 모여 앉아 카드를 쥐고 읽으면서 재해 체험자들의 체험과 만날 수 있다. 현장의 목소리들이 연구소로 들어오는 과정에서 면담 자료나 민족지 형식으로 변형되었듯이, 연구소 안에서 민족지와 면담 자료는 게임 카드의 형식으로 변형되었다. 그럼으로써 목소리들은 더 이동하기 쉽고 조합하기 쉬운 게임 카드와 여러 사람이 둘러앉은 탁자 위에 배치된다. 지진학자와 마찬가지로 심리학자도 자신들이 대변하고 있는 집단들을 새로운 기준으로 형식화하고 정렬함으로써 이동 가능성, 조정 가능성을 증가시키고 있음을 알 수 있다.

지진학자의 좌표, 심리학자의 게임 카드를 지나 필자는 흔들리고 끊어지고 쓰러지는 물건들이 있는 건축학자의 실험실로 이동했다. 이곳에서는 신생아 인큐베이터를 진동대 위에 올려놓고 흔들고 있다. 표면상으로는 좀 더 '생생한 현장'으로의 이동처럼 보이지만, 사실 이곳 역시 도표, 표본, 모형 등과 같은 변형물들이 테이블 주위에서 협상하는 또 다른 지진 재해의 상연관이라는 점을 곧바로 알아차리게 된다.

사례 4-4

진동대 위의 신생아실

"오케이, 시작해 볼까?"라는 건축학자의 말에 기술직원이 2층에 있는 진동대 운전실로 올라간다. 진동대 위에는 바퀴 달린 신생아 인큐베이터가 놓여 있다. 인큐베이터 안에는 신생아 인형이 눕혀져 있다. 인큐베이터 주변에는 인큐베이터의 상태를 측정하는 장치들이 배치되어 있고 인큐베이터와 각종 전선으로 연결되어 있다. 연구원 한 명이 문제를 제기했다. "심박동 관계 장치나 산소공급선이 연결되어 있지 않네요. 실제로 병원에 가 보면 저쪽에 ○○기계가 놓여 있을 텐데요."라며 실제 병원의 배치와의 차이에 대해서 교수와 토론을 하고 있다. 실험실 한쪽에는 다음 실험에 사용할 중환자용 침대, 그 위에 눕혀져 있는 환자 마네킹, 그리고 의사 가운을 입고 있는 마네킹, 병원에서 흔히 볼 수 있는 대형 철제 기구와 가구들이 놓여 있다. 그리고 이것들을 옮기는 지게차와 크레인이 서 있다.

_2010년 8월 13일, 진동대 실험실

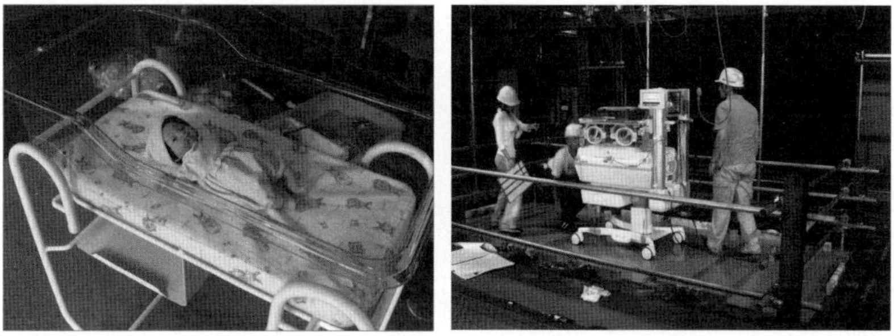

[그림 4-5] 면진 설비된 고층 병원에서의 신생아실 인큐베이터 진동대 실험(2010년 8월 13일 촬영)

물론 신생아 병동의 환경을 그대로 실험실로 들여올 수는 없다. 어느 정도 물건들을 배치해야 '신생아 병동'이 되는가, 혹은 '중환자실'이 되는가는 실험현장에서까지 논쟁 거리이다. 또한 지진파와 건물이 만났을 때의 진동을 그대로 진동대 위로 옮겨 올 수도 없다. 그래서 지진파와 면진 설비된 고층 병원이 만났을 때의 진동을 계산해야 한다. 이 계산된 진동을 진동대에 입력해서 인형이 누워 있는 인큐베이터를 흔든다. 결국 이 진동들은 지진파 자체가 아니다. 병원 역시 그 자체가 아니다. 아기는 실제 인간의 아기가 아니다. 따라서 진동대를 통해 조합되는 지진, 건물, 신생아실 모두에게서 정보의 탈락이 있다. 이 '탈락'을 통해 신생아 병동이 실험실로 옮겨져 왔고, 지진은 지구가 아니라 진동대를 흔들 수 있게 된다. 지진파와 인큐베이터 안의 아기는 정보를 잃었지만, 진동대에서 조합될 수 있는 유통 경로를 얻었다.

이렇듯 이동과 조정이 쉽도록 만들어진 형식들은 그 변형 과정에서 본래 갖고 있던 정보를 손실할 수밖에 없다는 점에 주목할 필요가 있다. 지진학자가 좌표 위에 배치한 여진은 수십 년간에 걸쳐 시간차를 두고 일어난 지진들이다. 하지만 좌표로 옮겨지면서 여진들의 발생 시간, 속도, 파형의 차이에 대한 정보는 사라지고 좌표 위의 공간에 찍힌 점들로 나란히 위치하고 있다. 여진은 단지 깊이와 위치를 갖고 있는 좌표 위의 점들로 축소되었고, 본진의 단층면을 재현하기 위한 역할만이 부여되었다.

정보의 탈락은 심리학자의 게임 카드도 피할 수 없다. 2004년 니가타 주에쓰 지진으로 재해를 입은 마을 주민의 생활을 기록한 심리학자의 민족지도, 딸과 아들을 1995년 고베 대지진에서 잃은 부모들의 '이야기회'(語り部)의 내러티브들도 게임 카드의 양 갈래 길에 서 있는 사람들의 상황으로 단순화되었다. 이러한 정보의 손실은 카드 위에 인쇄되어 있는 상황들이 정확히 누구로부터, 그리고 어떤 면담 상황과 현지에서 수집된 것인지를 알 수 없게 만든다.

그럼에도 불구하고 추출된 정보의 이동성은 개선된다. 정보 손실에 대한 양보를 통해서 유통을 혁신할 수 있는 타협점을 찾고 있는 것이다.

사례 4-5

정보 손실에도 불구하고 유통은 개선된다

Q 공무원들의 면담 자료를 보고 싶습니다.

A 면담은 200명 했습니다. 200명의 기록을 전부 파일로 갖고 있습니다. 그렇지만 죄송한데 그분들에게 다른 사람에게 보여 주지 않도록 약속했습니다. 관계자 일부는 보지만, 그 형식(면담 기록) 그대로 다른 사람에게 보여 주지 않는다는 조건으로 면담을 했습니다. 게임이라는 형식을 취하면 그대로의 기록을 보여 주지 않아도 되고, 그 핵심만 취해 출간할 수 있어서 그렇게 한 것입니다. 공무원들의 입장으로서는 재해 현장에서 공황에 빠졌거나 매뉴얼대로 하지 않았다는 점은 그리 밝히고 싶지 않은 일들이니까요. 또 당시 갈등을 빚었던 사람들과의 관계도 고려하지 않을 수 없습니다. 면담 허락을 받기 전 몇십 년 지난 후에 공개

한다고 면담자들과 약속했습니다. 그래서 지금은 비밀입니다.

_2009년 10월 20일, 심리학자 야모리 면담

만약 면담에 대한 구체적인 정보들이 게임 카드에 포함된다면, 공무원들을 비롯한 재해 체험자들의 목소리는 자유롭게 유통될 수 없다. 그 '비밀'이 되었어야 할 이야기들은 상세 정보를 탈락시키는 게임 카드라는 형식을 통해 더 멀리까지 공공연하게 옮겨 다닐 수 있다. 면담 기록이라는 형식과 게임 카드라는 또 다른 형식을 거쳐 정보 유통의 문제가 해결된 것이다. 얻는 것이 있으면 잃는 것이 있다는 것이 타협의 실천이다. 여러 형태의 테이블들이 이러한 변형과 양보와 타협의 매개자가 되고 있다. 필자는 상세한 면담 자료들을 손에 넣는 데는 실패했지만, 면담 자료들이 변형되고 이동하기 위해서 어떤 양보와 타협을 하고 있는지를 추적하는 데는 성공하고 있다. 다시 한 번, 얻는 것이 있으면 잃는 것이 있다.[6]

6 독자들이 인류학자라면 면담의 구체적인 내용과 민족지 사례들에 대해서 궁금해할지도 모른다. 구체적으로 기술된 '피와 살'의 사례들을 제시하는 것도 인류학 연구로서 가치가 있다. 하지만 본 연구는 현장에서 민족지와 면담 기록으로, 이것이 다시 게임 카드로, 또다시 게임 참여자의 재앙의 상연으로, 다시 일상생활에서의 걱정으로 연쇄되는 형식의 변화와 이동에 초점을 맞추고 있다. 과학 활동의 상당 부분이 이러한 형식화 과정으로 채워져 있다는 점에 주목할 필요가 있다. 방재과학기술의 '피와 살'에는 이러한 형식화의 과정이 큰 비중을 차지한다. 면담의 '생생한' 사례에서 오래 머물기에는 훨씬 긴 여정이 남아 있다는 점에서 구체적인 구술 기록을 제시함으로써 길을 벗어나는 것을 삼가도록 한다.

3) 요소요소의 요소들

서로 자신이 '진정한' 지진이라고 주장하는 공약 불가능한(incommensurable) 목소리들이 연구소에 모였다. 양보와 타협에 이르지 않고서는 이 목소리들은 연구소를 혼란에 빠뜨리는 또 다른 잡음이 될 수 있다. 그래서 이 목소리들 역시 종이와 스크린, 그리고 테이블 위로의 이동과 변형을 피할 수 없다. 이러한 형식화(in-formation)는 한 번으로 끝나지 않는다.[7] *n*번째의 형식화 뒤에, *n*+1번째의 형식화가 뒤따라온다. 형식화의 끝에서 목소리들은 비로소 지진 재해를 상연하는 데 참여하는 요소로서 행위소(行爲素, actant)(Latour 1987: 84-89)가 되고 그 역할과 위치를 배정받는다.

지진학자는 지진이 연행되기 위한 요소로서 단층면뿐만 아니라, 단층 주변의 지각 구조의 중요성을 들고 있다. 단층면 주변 지각에 축적된 응력(stress)에 의해서 단층면이 갑자기 미끄러지게 되면 그것이 지진이다. 단층 주변의 응력 분포도 혹은 '응력 기상도'를 알면 지진이 일어날 확률을 계산할 수 있어서 일기예보처럼 지진을 예보할 수 있다. 결국 이 응력 기상도를 그려 내는 것이 형식화의 목적지라고 할 수 있다. 그래서 지진학자는 여진들의 상대적 속도를 계산해서 단층 주변의 지각 구조를 재현하는 세 번째 좌표를 그린다.(그림 4-6 참조) 여진들이 각 관측점에 도달되는 시간의 상대적 차이, 즉 지진파의 속도 구조가 단층의 단면도 위에 색의 차이로 그려졌다. 그리고 지진학자는 이 속도 구조를

7 관념에서 물질로의 이동은 '형식화'를 통해서 진행된다. 형식의 변형은 곧 이동하기 좋은 형식으로의 변형이다. 그리고 그것이 곧 정보(information)이다.(Latour 2005a: 223) 형식화를 다시 형식화하는 변형을 통해서 지진은 관념이 아니라 물질로서 세속적이고 실천적인 의미를 갖게 된다.

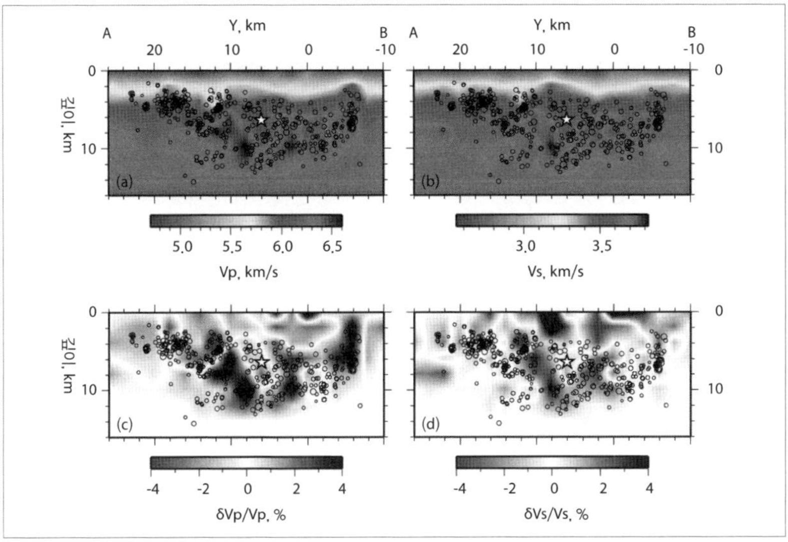

[그림 4-6] 2000년 돗토리 현 서부 지진 단층의 불균질 구조와 여진 관측을 통한 지진파 속도 구조

출처: Shibutani et al.(2005)

'단층 주변의 지각 구조'라고 언급한다.(Shibutani et al. 2005) 각 관측점에 도달한 지진파의 속도 차이는 곧 단층 주변 지각의 불균질한 구조를 드러내는 것으로, 지각의 밀도와 물질의 차이를 보여 준다고 여겨진다.

이로써 처음 여진의 파동 그래프 형식으로 연구소로 들어온 지진파는 좌표 위의 진원으로 변형되면서 단층을 재현하게 되었고, 다시 속도 구조의 계산을 통해서 활단층 주변의 불균질한 지각 구조를 재현하게 되었다. 첫 번째 재현, 두 번째 재현, 세 번째 재현으로 이어지면서, 지진학자는 지진파 그래프, 단층, 단층 주변의 지각 구조로 지진을 연행하는 요소들을 늘릴 수 있다. 지진 파형을 관측하는 단계를 지나서, 지진이 일어나는 과정을 상연하기 위한 요소들을 하나하나 섭외해 가고 있다.

지진학자의 연구실에서 발견한 그래프들 중 하나는 다른 건물에 있는 지자기학자의 연구길로부터 옮겨져 왔다. 지진 파형이 좌표 위로 이동하고 변형되는 과정을 추적했듯이, 필자는 지자기학자의 '심부 지하 전기비저항 구조' 그래프가 만들어진 지자기학자의 연구실로 발길을 옮겼다. 지진학자와 마찬가지로 지자기학자 역시 지자기계를 설치할 관측점을 선정하는 데 일본 주민들뿐만이 아니라 터키 당국자들 및 주민들과의 협상에서 고생한 이야기를 들려준다. 하지만 여기서는 그의 현지 혹은 관측점보다는 도면에 초점을 맞추어 보자.

지자기학자는 지자기측정기와 지자기전위법(MT法)을 통해서 지하 심부까지의 전기비저항 구조를 그려 낼 수 있다. 그의 도면은 진원 및 단층보다 더 깊은 지하 심부에 대해서 전위차를 측정함으로써 단층 주변의 불균질한 구조를 재현하고 있다.(그림 4-7 참조) 지자기학자에 따르면, 액체에 가까울수록 전기비저항이 낮아진다. 그래서 단층 하부의 지각에서 전기비저항이 낮은 지하수나 용암의 위치를 추정할 수 있다.

이 과정을 정리하면, ① 진원들만 표시되어 있는 좌표가 지진학자의 연구실로부터 옮겨져 온다. ② 지자기학자는 전기비저항의 차이를 나타내는 그래프를 그 좌표 위에 덧그린다. 다음으로 ③ 지자기학자에 의해서 용암이나 지하수가 위치한 구역이 그래프 위에 표시된다. ④ 그리고 이 전기비저항 구조 그래프는 지진학자의 발표 영상으로 옮겨 가 여러 곳으로부터 온 좌표와 도면들과 나란히 배치되어서 비교되기 시작한다. ⑤ 지자기학자는 액체가 있는 곳 위쪽에 응력이 축적되어 상부의 단층이 미끄러진다는 지진학자의 모델에 근거해서 전기비저항이 낮은 곳이 '지진의 소굴'(地震の巣)이 될 것이라는 점을 제시했다. 그 주변이 지진이 일어날 곳이다.

측지학자의 연구실로부터는 인공위성의 합성개구레이더를 통해서 그려진 단층 주변의 inSAR이 옮겨져 온다. 측지학자는 필터를 통해서 변위량(變位量)이 같은 부분이 명확하게 다른 부분과 구별되도록 색을 입힌다. 그러면 지진으로 인해서 주변 지각이 어느 정도 변위되었는

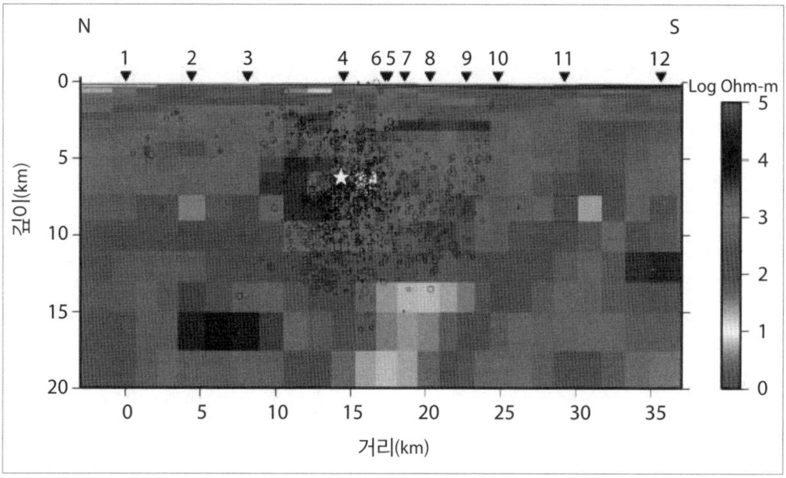

[그림 4-7] 2000년 돗토리 현 서부 지진 주변의 심부 지각 전기비저항 구조
별표가 진원이고, 작은 점들이 여진들의 진원이다. 진원과 여진의 위치가 나타나 있는 좌표를 지진학자로부터 받아서 그 위에 전기비저항 구조를 덧씌우고 있다.
출처: Oshiman et al.(2003)

가가 새로운 도면에 나타난다. 이를 통해, 측지학자는 액체가 있는 단층 주변 지각의 변위량이 주변 지각과 어떤 차이가 있는지를 다른 연구실로부터 온 도면들과의 비교를 통해 추정할 수 있다.(그림 4-8 참조)

이렇게 해서 지진학자는 측지학자나 지자기학자의 연구실로부터 옮겨 온 또 다른 그래프들과 자신의 지진파 속도 구조 그래프를 스크린 위에서 혹은 종이를 맞대고 견주어 볼 수 있게 되었다. 학술대회의 발표에서는 이 좌표들과 그래프들을 나열하고 그 사이의 유사점과 차이점에 대해 추정하고 해석하는 광경을 자주 볼 수 있다. '같은' 지진이라고 믿고 있는 지진을 재-재현하는 상이한 도면들이 한곳에 모여 논의되는 것이다. 그리고 각 도면들은 깊이와 거리와 방위를 갖고 있는 동일한 형식의 테이블 위에 그려진다. 하지만 '같은 지진', '같은 단층', 그리고 '같은 지하 구조'를 재현하고 있다고 모두 믿고 있다고 해도, 이들이 같

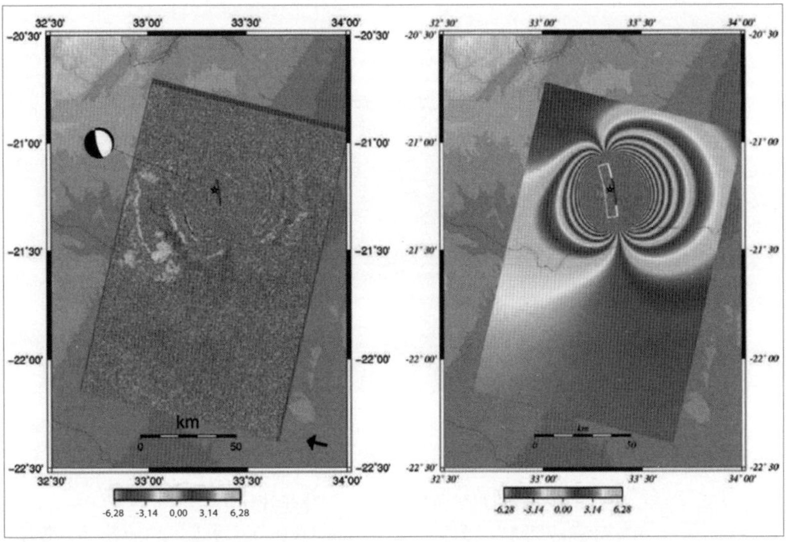

[그림 4-8] 2007년 모잠비크 지진(M 7.0)의 간섭 영상(왼쪽)과 진원 단층 모델을 통해 그려진 진원 단층 및 필터링된 간섭 영상(오른쪽)
별표는 진앙이다.
출처: Hashimoto et al.(2007)

은 것을 재현하고 있다는 완전한 동의에 이르기 위해서는 여전히 요소에 대한 조정 과정을 거쳐야 한다.

지진학자, 측지학자, 지자기학자가 참석한 지구과학 세미나에서 측지학자가 히다(飛騨) 산맥의 심부 구조를 관측한 자료들을 하나하나 나열하면서 단층 주변의 지각 구조에 대해 해석을 내렸다. 그는 지진학, 지질학, 측지학, 지자기학으로부터 온 여러 좌표와 그래프들을 비교했다.

사례 4-6

여기서 갑자기 끝입니다

"히다 산맥은 니가타와 고베를 연결하고 있습니다. 화산 활동 자료, 군발(群發)지진 자료, 주변 지질 자료, 인공 지진, 왜곡집중대 관측 등 종합적인 자료를 통해서 왜 산맥으로 융기되었는가를 연구하고 있습니다. 우선 인공 지진으로 Vs, Vp를 고려해 지진파 토모그래피를 얻어 내서 용암의 위치를 알아냈습니다. 기록상으로도 10여 년 전에 화산에서 군발지진이 발생했던 적이 있습니다. 이에 더해서, 중력 데이터에서도 이 부분이 중력 이상을 보였습니다. 중력 이상은 물이 있음을 의미하지요. 뿔뿔이 흩어져 있는 데이터이기는 하지만, 무리해서라도 상상력을 더하면 이런 그림이 됩니다."

(그림을 보여 준다.)

"마그마가 한 부분의 지각을 얇게 했을 것입니다. 양쪽의 압력으로 옭어진 부분만 융기한 것이지요. 지구화학적 데이터에서는 이 부분의 대기 중 헬륨 농도가 높았습니다. 하지만 Vp 분포와 헬륨의 양을 비교해 봤는데 두 수치가 잘 대응되지는 않습니다. 그래도 마그마 덩어리가 있다는 것, 심부 저주파 지진의 분포와 오오미 선생님의 군발지진의 분포도와 맞추어 보면 추측할 수는 있습니다."

서로 다른 연구실로부터 온 이 관측 자료들이 공통적으로 어떤 요소를 보여 주고 있는지에 대해 쉽게 결론이 나질 않는다. 논쟁이 진행된다. 용암의 영향이 아니라 필리핀 판의 섭입(攝入) 과정에서 같이 스며든 바닷물의 영향일 수도 있다는 주장이 나왔다. 이어서 어디서부터가 필리핀 판 때문이고 어디서부터가 용암과 물 때문인지에 대한 논쟁으로 이어졌다. 용암과 물, 그리고 응력이 축적된 곳에 대한 추측을 할 뿐이다.

마지막으로 그는 단 한 마디 말을 던지고 발표를 마쳤다.

"여기서 갑자기 '발표 끝'입니다."

참석한 연구자들은 이 파편적인 자료들로부터 내려진 허무한 결론에 대해 한바탕 웃어 대며 공감했다.

_2009년 10월 5일, 지구과학 세미나에서 지진학자 가와자키의 발표

지진학자와 지자기학자는 병원에서의 이미지 생산 방식과 지구물리학에서의 이미지 생산 방식을 비교하곤 한다. 자기공명영상(MRI)은 지자기학자들의 전기비저항 구조에 해당된다. 지진학자의 지진파 토모그래피는 단층촬영(CT)에 해당된다. 병원에서는 서로 다른 영상과 이미지들 간의 관계를 조정하는 기준이나 지표가 마련되어 있는 반면, 지구과학에서는 여전히 이들 간의 상관관계에 대해 지표가 마련되어 있지 않다. '인간의 몸은 열어 볼 수 있지만, 지구는 열어 보기에 혹은 파보기에 너무도 거대하고 깊다'는 것이 이러한 한계를 초래하는 한 가지 이유로 제시되기도 한다.

협상 테이블이 마련되었고, 재-재현의 연쇄와 그 차이의 조정을 통해서 마침내 처음에는 보이지 않았던 새로운 요소들이 점차 시야에 드러나기 시작하고 있다. 심부 지각에 있는 액체, 즉 용암과 지하수로 추정되는 물질이 상부 지각에 응력이 축적되도록 해서 지진에 이르게 하는 요소로 등장하고 있는 것이다. 지진계 관측망, 인공위성의 합성개구레이더, 지자기계를 통해 기입된 공약 불가능했던 목소리들이 협상 테이블 위에서는 소통되기 시작했고, 그 결과물로 심부 지각에 있는 용암과 지하수라는 요소가 등장했다.

해구형 거대지진 연구자들은 판의 섭입을 통한 해구형 거대지진 모델을 구축하는 데 집중하고 있다. 내륙직하형 지진 연구자들이 활단

층 주변의 지각 구조와 특히 액체라는 요소에 관심을 갖는 반면, 해구형 거대지진 연구자들은 판과 판이 마찰되는 암석의 특성(감람암의 존재), 판과 판의 고착면(애스퍼리티), 평소에도 조금씩 느리게 미끄러지는 부분에서 발생하는 저주파 지진과 같은 새로운 요소들을 관심의 대상에 더한다. 이들 역시 지진계를 통해서 들어온 파형들과 암석실험실에서 얻은 자료들을 재-재현하는 과정을 통해서 맨틀에서 지각에 이르는 지진파의 속도 구조, 속도 구조 위에 그려진 판의 섭입 구조 모델을 구축하고 있다.(그림 4-9 참조)(伊藤潔 外 2005) 이들이 제시하고 있는 좌표에서는 재-재현의 연쇄, 그리고 지진 발생의 요소들과 모델이 구축되는 과정이 연쇄적으로 잘 드러나고 있다. 여러 재-재현들의 조화를 통해서 내륙직하형 지진 혹은 해구형 거대지진의 진원 과정을 밝혀내고자 하는 지진학자, 측지학자, 지자기학자들은 테이블과 요소들의 조화를 통해서 진원 과정 모델을 밝히기 위한 동맹을 맺고 있음을 알 수 있다.

한편 진동대 실험실에서는 지진학자의 연구실에서와는 다른 요소들이 지진 재해를 연행할 행위소들로 제시되었다.

사례 4-7

요소들의 조합과 진동대 위의 진재

"가진(加震) 시작!"

운전실의 스피커에서 나온 기술직원의 방송이 실험실의 넓고 높은 공간에 울려 퍼졌다. 진동대를 예열하는 기계음이 시작된 얼마 후, "1Hz, 최대 가속도 500Gal, X방향…."이라고 기술직원이 진동대에 입력한 수치를 불러 준다. 매회 Hz, Gal(가속도의 단위), 그리고 XYZ(세로, 가로, 수직)의 조합을 바꿔 가면서 진동을 만들어 내고 있다. 15번째 진동은

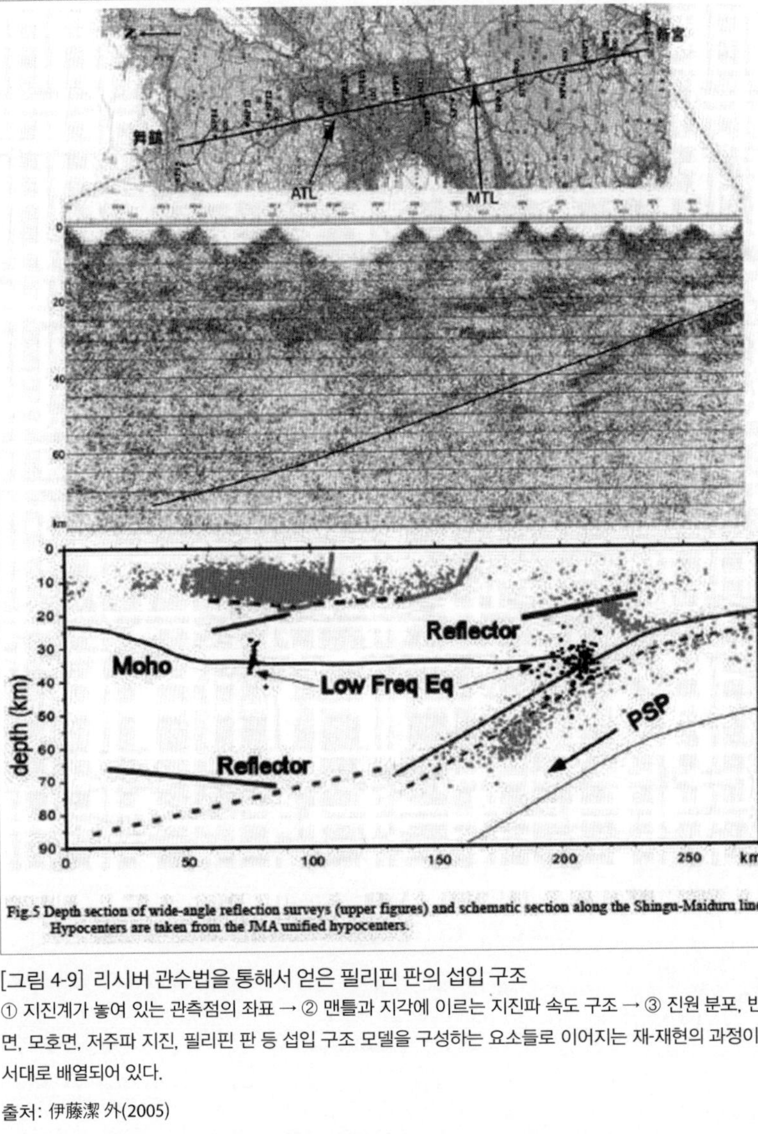

Fig.5 Depth section of wide-angle reflection surveys (upper figures) and schematic section along the Shingu-Maiduru line. Hypocenters are taken from the JMA unified hypocenters.

[그림 4-9] 리시버 관수법을 통해서 얻은 필리핀 판의 섭입 구조

① 지진계가 놓여 있는 관측점의 좌표 → ② 맨틀과 지각에 이르는 지진파 속도 구조 → ③ 진원 분포, 반사면, 모호면, 저주파 지진, 필리핀 판 등 섭입 구조 모델을 구성하는 요소들로 이어지는 재-재현의 과정이 순서대로 배열되어 있다.

출처: 伊藤潔 外(2005)

'4Hz-500Gal, X축과 2Hz-250Gal, Y축, 그리고 0.5Hz-1000Gal, Z축'의 조합으로 흔들었다. 각 진동이 끝날 때마다 대학원생들이 진동대 주

변의 보호선을 넘어 들어가 전자 의료 기기들의 작동 여부를 확인하고 진동대 바닥에 그려진 모눈 수치를 보고 인큐베이터가 변위된 좌표를 적는다. 그리고 그것을 진동대를 향해 네 방향에 설치된 카메라에 비춰 준다. 권투 경기장에서 다음 라운드를 알리는 모습과 흡사하다. 그리고 각각의 진동 수치들이 적혀 있는 로그북에 인큐베이터의 변위량을 기입한다. 오전에는 sin(삼각함수의 사인)을 통해 만들어진 파형으로 진동대를 흔들다가, 오후에 들어서는 일본기상청(JMA)에서 관측된 지진 파형이 건물에 전달됨으로써 나타나는 파형으로 흔들기 시작한다. 진동대 옆의 모니터에는 진동대가 흔들리는 동시에, 입력된 JMA 관측 파형, 지진이 건물에 전달될 때의 파형이 그려지기 시작해서 진동대의 진동이 끝나는 순간 파형의 모습도 완성된다. 모니터의 그래프와 진동대가 대위법처럼 동시에 그려지고 흔들린다. _2010년 8월 13일, 진동대 실험실

'유사 지진' 실험을 통해서 건축학자는 수많은 진동을 단기간에 만들어 낼 수 있다. 연구자가 관람한 실험실에서만 하루에 28번의 지진이 일어났다. 진동대에 가해진 진동의 요소는 진동 주기와 최대가속도, 그리고 흔들림이라는 더 세분화된 항목들로 나눠진 데 더해서, 실제 관측된 지진파가 건물에 전달되었을 때의 흔들림이라는 계산 결과까지 포함하고 있다. 이러한 진동의 조합들은 표를 통해서 정렬된다.(그림 4-10 참조) 표에 정렬된 진동의 조합들이 기술직원의 조작을 통해서 다시 진동대로 옮겨 간다. 진동대에서 진동과 인큐베이터의 조합이 이루어진다. 그리고 그 결과로서의 인큐베이터의 변위와 변형은 연구원의 기입을 통해서 다시 로그북의 표로 옮겨 간다.(그림 4-11 참조) 그리고 이 표들과 진동대 실험 장면의 사진들은 건축학자가 작성하는 논문에 '그림'과 '표'로 삽입된다. 고층 병원의 신생아 인큐베이터를 흔드는 요소들

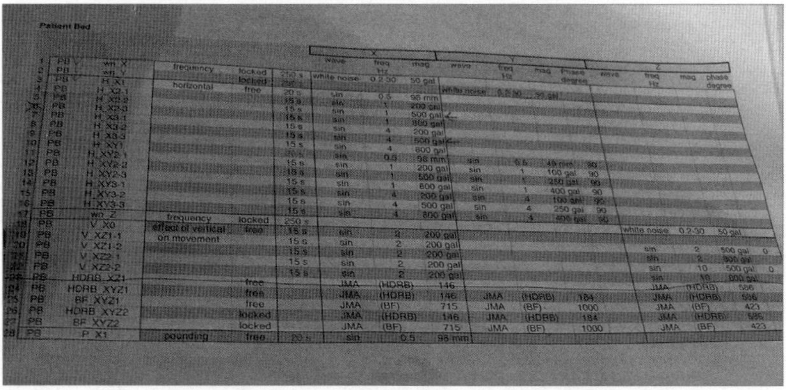

[그림 4-10] 진동대에 입력되는 Hz, Gal, XYZ의 조합 표(2010년 8월 13일 촬영)

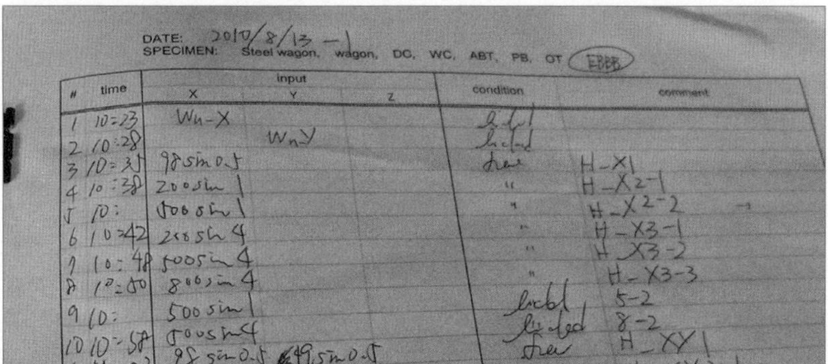

[그림 4-11] 진동대 가동 이후 인큐베이터의 상태와 변위를 기록한 로그북(2010년 8월 13일 촬영)

은 지진파 데이터베이스, 표와 진동대, 기술직원과 대학원생, 로그북과 논문, 건축학자라는 실체들의 연합을 통해서 상연되기 시작한다.

심리학자의 연구실에서도 재앙의 상연을 위해서 섭외되는 요소가 있다. 심리학자가 '크로스로드'라는 이름을 붙인 게임을 만든 것은 재해 현장의 '뒤죽박죽'의 상황을 재현하는 무대를 배치하기 위해서였다. 심리학자에 따르면, 재해 관리의 일반적인 방법이 뭔가 올바른 방법, 즉 정답을 열심히 찾으려고 하기 때문에 매뉴얼이나 경직된 계획을 중시하는 경향이 있다. 그는 이 방법이 모두 틀렸다고는 생각하지 않지만, 모든 것이 혼란스런 재해 상황에서 대응 방식에 대한 정답을 하나로 정해 두는 것은 한계가 있음을 지적한다. 그가 체험자들을 면담했을 때 깨달은 것은 그 상황에서 정답이라는 것이 없었다는 점이다. 미리 생각해 두었던 답들이 전부 쓸모없었다는 생각이 면담 속에 공통으로 들어 있었다.

사례 4-8

매뉴얼과 게임

그것이 재해에 대한 대비의 가장 기본적인 준비라고 할 수 있지요. 그러나 현장에서는 사실상 그렇게 되질 않죠. 이 사람은 이렇게 저 사람은 저렇게. 엉망이죠. 재해의 현장은 결국 그런 모습이니까, 여기서 이런 뒤죽박죽이 된 상황을 재현할 수 있는 매체가 바로 '크로스로드'인 것입니다.[8] 게임을 통해 갈림길에 서게 되면 여러 가지 선택들이 나오겠지요. 다섯 명 중에서 네 명이 'Yes'이고 한 명이 'No'이면, 소수 의견을 낸 사람에게 금방석을 상으로 줍니다. 저와 동료 심리학자들은 그러한 재해 상황을 재현하는 매체가 이전까지는 없었다고 생각했습니다. 게임이라는 형식은 바로 이런 이유에서 선택한 것입니다. 매뉴얼은 받아들이는 쪽에서 아무것도 스스로 선택할 수가 없습니다. 매뉴얼에는 당시 현장의 경험자가 말하는 것이 모두 옳다고 전제되어 있고, 또 그에 대해 반론도 할 수 없습니다. 재해 현장의 엉망인 상태와 공황을 전혀 재현하지 못하는 거지요.

_2009년 9월 25일, 심리학자 야모리 면담

8 크로스로드 게임에 대한 자세한 내용은 吉川肇子 外(2009), 矢守克也(2006) 참고.

갈림길을 복잡하게 하는 게임은 단순히 면담 기록에서 재현된 재해를 재-재현하는 것을 넘어서서 예상치 못했던 사건들을 증식시켜야 한다. 이를 위해서 게임에 반드시 포함되어야 하는 요소가 있다. 그것은 의견 충돌을 두려워하지 않고 부조화에 부담을 갖지 않으며 자신의 '본심'을 적극적으로 드러내는 사람이다. 독특한 의견을 내는 참여자는 다른 참여자들과 의견이 불일치함으로써 오는 감정적 부담을 지는 대신, 게임을 하면서 점수를 더 많이 따게 된다. 의견의 불일치에서 오는 부담보다는 의견의 차이를 촉진하도록 게임이 설계되어 있음을 알 수 있다.

이에 더해서 게임 촉진자(퍼실리테이터)들은 토론을 통해 'Yes' 혹은 'No'로 의견을 통일하는 것이 아니라, 'Yes'와 'No'를 개인이 먼저 결정한 다음 각자 Yes/No를 선택한 이유에 대해서 토론하는 시간을 갖게 한다. 이 과정에서 '서로 다른 Yes들'과 '서로 다른 No들'이 만들어짐으로써 참여자들의 마음속에서 상연되는 재난의 상황은 더욱 복잡해진다. 여기부터 게임은 과거에 일어난 지진 재해의 상황을 재현 혹은 재-재현하는 것을 넘어 앞으로 일어날 수 있는 지진 재해의 상황들을 만들어 내고 고민하도록 한다. 동시에 다양한 의견들의 교환과 토론을 통해서 앞으로의 재난 상황 속에서 사람들이 처할 의견 충돌과 공황을 체험하도록 한다. 토론 과정에서 갈림길은 단순히 'Yes'와 'No'로 갈리는 것을 넘어서서 서로 다른 가치관과 경험을 갖고 있는 사람들 사이에, 정답이 없는 상황들의 교차점을 형성하게 되는 것이다.

따라서 게임의 궁극적인 목적은 단순히 갈림길에서 참여자들의 선택이 다양하다는 것을 보여 주는 것이 아니라, 그러한 선택의 이유들 역시 매우 다양하며 현장에서는 이러한 이해관계의 충돌이 일어날 수 있다는 점을 보여 주는 데 있다. 평상시부터 이러한 충돌을 어떻게 위계화할지에 대해서 걱정하고 고민하도록 할 수 있다면 게임의 목적은 달성된다.

그 모습은 조금 다르지만 각 연구실에 협상 테이블이 마련되었다. 그리고 그 테이블 위에서 혹은 그 주변에서 여러 목소리 간의 타협이 있었다. 그 과정에서 목소리들의 변형과 정보의 탈락이 있었지만, 협상에 참여한 여러 집단을 대표하여 재해 혹은 재앙의 상연에 출연할 행위소들이 섭외되었다. 단층 주변의 불균질 지각 구조, 용암과 지하수 같은 '지진의 소굴', 의견 충돌을 두려워하지 않고 적극적으로 의견을 개진하는 자, 면진 설비된 고층 병원에 전달된 지진파의 가속도, 주기, 방향과 인큐베이터 속의 아기 등이 지진 재해의 출연자들이다.

2. 상연

여러 연구실, 그리고 연구자 사이에서 중요시되는 것은 지진 재해를 상연하는 행위소들이 행위자성(agency)을 발휘할 수 있도록 하는 것이다. 그래서 행위자들을 틀 지우기보다는 오히려 기존에 행위자가 아닌 것처럼 보였을 '객체'들을 '주체'로 변형시킬 필요가 있다.[9] '행위자성을

9 데 카스트로는 '주체를 객체로 변형시키는 데' 익숙한 '서구 근대'의 접근과는 달리 '객체를 주체로 변형시키는 데' 더 익숙한 아메리칸 인디언들의 접근을 소개하고 있다.(de Castro 2004) 인간의 몸이 갖는 자연의 보편성에 비해 여러 종족에게서 보이는 문화적 차이를 중시한 것이 서구 인류학자들의 문화 상대주의(자연 절대주의)의 접근이었다. 이에 반해 물질, 동물, 인간이 모두 동등하게 관계를 맺는 영혼의 보편성을 공유하고 있다는 믿음에서 출발하는 인디언들은 전혀 다른 접근을 하고 있다. 이들에게는 물질과 육체의 차이란 영혼의 보편성에서 갈라져 나온 사후적인 특성일 뿐이다. 그래서 물질과 동물에게도 인간과 소통할 수 있는 영혼이 있으며, 이때 이들과 인간이 소통할 수 있고 친족 관계를 맺을 수 있다는 점에서 그것은 '애니미즘'이라고 불려 왔다. 데 카스트로는 서구 근대 문화 상대주의 접근과 인디언의 접근을 대칭적으로 파악함으로써 인디언들의 접근법을 '다자연주의'

이끌어 내는(enacting)' 연출과 이 연출을 살리는 출연자들의 관계에서 여러 방식의 시도들이 진행된다. 특히 장치, 도구, 기술은 대상 혹은 객체를 행위자, 연기자로 변형시키고 이들에게 활력을 불어넣는 매개자이다. 그래서 지진 재해가 상연되는 방재연구소에서는 생생하게 살아 움직이는 사물들의 모습을 볼 수있다.[10]

1) 시나리오의 증식: 전문가에서 연출자로, 대중에서 출연자로

전문가도 모르는데 시민들은 어떻게 할까요?

(크로스로드 게임 중 한 도시사회공학자의 말)

앞에서 심리학자는 "의견 충돌에 두려워하지 않고 부조화에 부담을 갖지 않으며 자신의 '본심'을 적극적으로 드러내는 사람"이 재앙을 상연하는 데 중요한 요소 혹은 행위소라는 점을 언급했다. 예측하지 못한 "놀라운" 상황을 거리낌 없이 말할 수 있는 사람이 게임 참여자들이 함께 걱정하고 고민을 할 재앙의 시나리오를 증식시키기 때문이다.

도시사회공학자와의 인터뷰에 따르면, '일본인'은 다른 사람 앞에서 자기 의견을 말하는 것이 서툴다. 부끄러워서 반대 의견을 내지 못해서이기도 하지만, 토론으로 인간관계까지 상하는 것을 두려워하기 때문이기도 하다. 그는 '조화'를 중시하는 분위기에서 문제 해결을 위한 새로운 아이디어가 잘 나오지 않기 때문에 이러한 분위기를 깰 수 있는

(multinaturalism)라고 명명했다.

10 기술을 통해 대상에 활기를 불어넣어 주체로 변형시키는 작업들에 대해서는 테크노-애니미즘(techno-animism)에 대한 앨리슨과 얀센·블록의 연구(Allison 2006; Jansen & Blok 2013)를 참고.

도구가 필요하다고 말한다. 평소 지진 재해에 관심이 없던 '대중'을 적극적으로 자신의 역할을 하는 출연자로 만들기 위해서는 전문가/대중의 역할 분담에 익숙해진 집단적 습성의 변화를 필요로 하게 된다.[11]

사례 4-9

전문가와 대중

저는 이쪽, 그리고 극단적인 저쪽 간의 사람들이 이야기도 안 되고, 서로 논쟁도 안 되고, 서로에 대해 아무것도 모르는 상태 자체가 '리스키'하다고 생각합니다. 작은 영역의 프로페셔널이 되어서 다른 것에는 무관심한 사람이 되는 거지요. 하지만 결국 원래 하나였지요. 200년 전에는 방재 전문가가 없었습니다. 주변의 위험을 발견하고 탈출한다든지, 강이 불어나면 벗어나야 한다든지 하는 정도의 감각은 모두 조금씩은 갖고 있었지요. 지금은 점점 갈라져서 아무것도 모르는 1억 명의 사람들과 좁은 영역에만 밝은 100여 명의 사람으로 나뉘는 결과를 낳게 된 거지요. 조금씩이라도 좋으니까, 원래 갈라져 나왔던 출발점에 서 보려고 노력 하는 것이 매우 중요하다고 생각합니다. 그래서 전문가와 일반 사람이 함께할 수 있는 게임을 만든다든지, 어린이들이 실제 지진 전문가에게 필요한 일을 한다든지 하는 기회가 필요합니다.

_2009년 10월 20일, 심리학자 야모리 면담

---

11 '습성'은 습관, 습속, 풍토, 성향 등 광범위한 의미로 사용되고 있다. 사람뿐 아니라 동물, 사물의 습성까지 포함한다.

심리학자가 그리는 그림에서 '대중'은 게임 중 역할을 살리는 행위를 하는 능동적인 출연자가 되어야 한다. 그리고 전문가 역시 출연자들이 행위자성을 발휘하도록 촉진하는 연출자가 되어야 한다. 그래서 크로스로드 게임을 촉진하는 전문가는 어떠한 해답도 사전에 제시하지 않는다. 게임을 한 뒤에 어떠한 매뉴얼이나 계획도 제공하지 않는다. 그는 게임 참여자들이 토론을 통해서, 그리고 각자가 처한 일상 속에서 재해 현장에서 공황을 '스스로' 상연하도록 하고 그에 대한 대비 역시 '스스로' 찾도록 도울 뿐이다.

도시사회공학자 역시 주민들이 대지진으로 인한 지역의 피해를 '스스로' 예상하도록 하고 그에 대한 방재 계획을 세우도록 도울 뿐, 자신은 피해 시나리오도 방재 계획도 제시하지 않는다. 이들이 제공하는 것은 주민들의 참여를 촉진하는 수단이나 기구일 뿐이다. 주민들은 전문가보다 더 자세히 지역의 상황을 진단할 수 있으며, 지역의 상황에 맞는 대비책을 세울 수 있다는 것이 이들의 공통된 믿음이다.

이러한 믿음은 '전문가'의 역할에 대한 연구자들의 성찰에서 나왔다. 고베 대지진 직후 앞의 심리학자는 "사회과학의 전 분야가 고베 대지진 앞에서는 '제로'였다. 아무것도 할 수 없었다. 나와 다른 사회과학자들 모두 어찌할 줄을 몰랐다."라는 스승의 고백을 들으며 사회과학에서 이 방재 연구의 방향을 고민해 왔다.

전문가의 무지에 대한 성찰과 시민들의 적극적 참여를 통해서 '권위적 전문가'와 '무관심하거나 무지한 대중'의 이분법은 사라진다. '전문 지식에 대한 대중의 오해', '전문가와 대중의 소통불가' 등 전문가/대중의 이분법으로부터 파생되는 문제들이 이러한 새로운 습성을 습득함으로써 사라질 수 있다.

심리학자가 개발한 게임은 이러한 습성을 습득하도록 촉진하는 일종의 훈련 도구이다. 이 게임에서 전문가와 대중의 관계는 토론 촉진자와 토론 참여자의 관계로 변형되고 있다. 질문에 대한 해답은 전문가들이 제공하는 여러 문제적 상황과의 조우를 통해서, 서로의 토론을 통해서, 그리고 각자의 일상의 상황에 대한 고민을 통해서 서서히 제시될 것이다.

도시사회공학자들 사이에서는 전문가(專門家)란 해결하는 사람이 아니라 질문하는 사람(專問家) 혹은 고민하는 사람(專悶家)이다. 일본어에서는 이 세 단어가 '센몬카'라고 동일하게 발음된다. 그리고 문제(問題)는 단순한 질문이 아닌 고민의 대상(悶題)으로 제시된다. 역시 두 단어가 '몬다이'라고 동일하게 발음된다. 그래서 해답(正解)이 있는 것이 아니라 답을 만들어 가는 과정(成解)이 있을 뿐임을 강조한다. 이 '해답'과 '과정' 역시 '세이카이'라고 동일하게 발음된다. 문제와 고민거리를 늘리고 지역 주민이 답을 만들어 가도록 돕는 전문가가 되는 것이 '연출자'로서의 바람직한 방향이다.

이로써 전문가들은 대중과 문제를 풀기 위한 협력을 마다하지 않는 습성을 가져야 하는 동시에, 다른 분과 학문의 전문가와도 적극적으로 협력하고자 하는 습성을 길러야 한다. 규율하는 자에서 연출하는 자로의 변신이 요구된다. 동시에 대중은 토론과 적극적인 참여를 통해 스스로 예상치 못한 것을 예상할 수 있는 출연자가 되어야 한다. 규율되는 습성에서 참여하는 습성으로, 답을 맞추는 습성에서 답을 생성해 내는 습성으로의 변형을 통해서 지진 재해는 풍부하게 상연될 수 있다.

행위자성을 이끌어 냄으로써 지진 재해의 시나리오를 증식하는 작업은 '사람'에 대한 문제만은 아니다. 강진동[12] 시뮬레이션 실험을 하는

12 강진동은 지표면의 강한 흔들림을 말한다. 즉 지진의 결과물로서 실질적으로 지면 위의 사람들에게 피해를 입히는 실체이다. 강진동을 예측하기 위해서는 미끄러짐이 시작되는 활단층, 지진파가 전달되는 단층 주변의 지각 구조, 그

연구실에서는 활단층이 핵심적인 출연자 중 하나이다. 활단층이 어떻게 연기할지에 따라서 강진동 시뮬레이션은 완전히 다른 방향으로 전개된다.

사례 4-10

새로 고려해야 할 요소들

Q 새로운 방법에 추가되는 것이 무엇입니까?

A 구체적으로 말해도 괜찮겠습니까? 기존의 강진동 시뮬레이션은 매우 단순한 단층 모델을 사용하는 데 더해서, 지반 구조도 포함되어 있지 않았습니다. 그리고 단층의 응력이 고려되어 있지 않고, 미끄러짐의 각도도 직각이나 수평 등으로 매우 간단했습니다. 애스퍼리티(고착면)[13]의 수 혹은 위치로 인해서 달라지는 지진파의 복잡한 주기들도 고려되지 않았죠. 나름 오랜 역사가 있고 여러 연구자가 지금도 그렇게 하고 있지만 현실적으로 지진 예측을 하는 경우, 상당한 갭이 생겨 버립니다. 단층을 너무 단순하게 모델화하고, 활단층 정보를 통해 복잡한 주기의 지진파가 발생한다는 점도 고려하지 않고 있다는 것을 저는 지적하고 싶습니다. 그 이후에 추가된 것에 대해 말씀드리자면, 예를 들어 지하에 잠겨 있는 단층 주변 지표를 여러 번 굴삭 조사를 했습니다. 그래서 과거에

리고 지표면의 강도와 지형의 연관성을 고려해야 한다.

13 큰 단층면 중에서 미소지진이 오랫동안 일어나지 않고 있다면 그곳이 '고착면'(애스퍼리티)이라고 간주된다.(가미누마 2010: 66) 실제로 큰 지진이 일어나는 경우, 이 고착면이 가장 많이 미끄러질 것이고 그만큼 진폭이 큰 지진파를 발생시킬 것이다. 따라서 강진동을 예측하기 위해서는 고착면의 넓이, 고착면의 수, 고착면이 미끄러지는 방향과 각도 등이 중요한 변수가 된다.

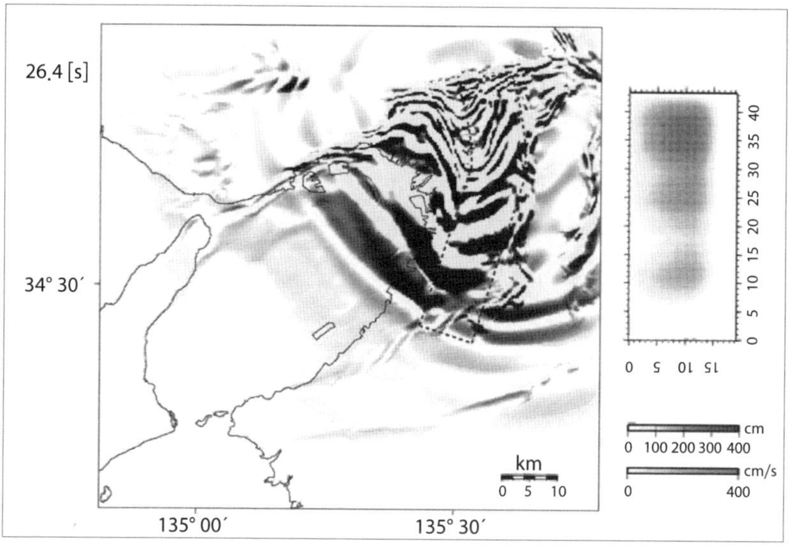

[그림 4-12] 지진학자가 USB 메모리에 옮겨 준 우에마치 단층 지진의 강진동 전파 시뮬레이션
오사카 만 주변이다. 시뮬레이션 오른쪽의 점선 모양이 우에마치 단층이고, 시뮬레이션 밖 오른쪽에 있는 직사각형은 단층의 미끄러짐 분포를 보여 주고 있다. 진한 부분이 고착면이다.

출처: 2011년 10월 10일 시뮬레이션 캡처

어느 정도의 미끄러짐이 일어났고, 단층이 특정 지점에서 작아진다든가 하는 정보를 얻었습니다. 우에마치 단층의 경우는 이런 분포에 대한 정보가 잘 구축되어 있습니다. 미끄러짐의 분포와 면의 마찰력 정보를 계산에 집어넣을 수 있게 된 거지요. _2009년 12월 9일, 지진학자 세키구치 면담

지진학자들의 이야기를 종합하면 활단층이라는 연기자가 발휘해야 할 '캐릭터'는 다음과 같다. 활단층은 오랜 기간 스트레스를 받아 왔다. 주변의 지각 구조에 따라서 활단층은 다른 활단층보다 더 큰 스트레스를 받을 수도 있다. 활단층은 직각으로 미끄러질 수도 있고 수평으로 미끄러질 수도 있다. 하지만 대부분은 그 중간의 어떤 각도로 미끄러지

는데 미끄러지는 중에도 각도가 바뀌어서 도무지 그 방향을 알 수 없는 성격의 소유자이다. 재앙을 상연할 때 그의 이러한 잠재력이 발휘되면 더 좋은 연기가 될 것이다. 그가 어디로, 얼마만큼, 어떻게 미끄러질지에 따라서 고층 건물, 충적 평야, 석유 콤비나트, 고속철 등의 다른 연기자들과의 관계를 통해서 상연되는 지진 재해의 모습이 더 풍부해지고 정교해질 수 있다.

활단층은 그 내부에 몇몇 응어리(고착면)를 품고 있는 것처럼 연기해야 한다. 주변의 누군가가 그 응어리를 건드리면 갑자기 쌓였던 스트레스가 폭발해 버린다. 응어리가 거대하면 거대할수록 그의 폭발력은 커진다. 혹여 응어리가 많기라도 해서 한 번에 여러 응어리에 쌓여 있던 스트레스가 연쇄적으로 폭발하는 날에는 그의 행동의 방향성은 예측할 수 없을 만큼 다양한 패턴을 보일 것이다. 그 패턴은 복잡한 주기의 지진파로 이루어질 것이기에 지표면에서 고층 건물이나 철도, 다리 등이 어떻게 흔들리게 될지 그 경우의 수가 폭증한다.

이렇게 활단층이라는 출연자의 '캐릭터'를 기술해 본다면, 재앙의 상연에서 각 행위소에 행위자성을 풍부하게 부여하는 작업의 중요성을 이해할 수 있다. 강진동 시뮬레이션 연구자들은 활단층이 이러한 폭발적인 연기력을 발휘할 것을 기대한다. 연출자가 출연자에게 주문하는 미묘하면서도 복잡한 연기는 상연에 활기와 생기를 불어넣고 있다. 다시 말하면, 활단층에 축적된 응력, 미끄러짐의 각도, 고착면의 수와 위치의 조합에 따라서 강진동에 미치는 세밀한 차이가 계산될 수 있다. 그리고 그만큼 활단층이라는 요소 하나만으로도 강진동의 시나리오의 수가 크게 늘어난다. 행위소로서의 활단층은 자신에게 부여된 세밀한 차이들을 통해서 여러 방식으로 강진동의 상연에 영향을 끼칠 수 있는 잠재력을 갖게 된다. 그럼으로써 더 세밀하고 정교한 연행(상연)을 행할 수 있는 강력한 매개자로서의 역할을 부여받게 되었다. 그는 여러 배역을 소화할 수 있는 '천의 얼굴'을 가진 배우로 거듭나고 있다.

이에 반해 '기존의' 강진동 시뮬레이션은 이러한 활단층의 잠재적 면모를 충분히 살리지 못했다. 활단층은 하나의 둔감한 '덩어리'처럼 여겨져 미묘한 감정의 처리를 해 내지 못했으며, 그로 인해 강진동 시뮬레이션은 충분히 증식되지 못하고 실제 강진동의 파형에 근접한 시뮬레이션 파형도 얻기 힘들었다. 즉 활단층은 강진동의 상연을 풍부하게 할 '자율성'을 부여받지 못했고 한정된 조건 속에서 정해진 몇 가지 역할만 해 내면 되는 재연 배우에 그친다.

기존의 시뮬레이션과 새로운 시뮬레이션의 차이는 이 요소의 잠재성, 즉 행위소의 면모를 다각화시켜서 그 잠재력을 키우는 것에 있다는 점을 알 수 있다. 앞에서 "의견 충돌에 두려워하지 않고 부조화에 부담을 갖지 않으며 자신의 '본심'을 적극적으로 드러내는 사람"을 심리학자가 원했던 것처럼, "지역이 처한 문제들을 만들어 내고 그에 맞는 답을 생성하는 주민들"을 도시사회공학자가 원했던 것처럼, 강진동 연구자 역시 "스트레스가 응축된 응어리를 파괴하면서 예측하기 쉽지 않은 '놀라운' 행동을 거리낌 없이 행할 수 있는" 활단층의 출연을 원하고 있음을 알 수 있다.

건축학자의 진동대 역시 고층 병원 인큐베이터에 전해진 장주기지진동에 적극적으로 행위자성을 부여하는 도구라고 할 수 있다. 실제 지진동이 아니라 진동대가 만들어 낸 지진이라 할지라도 실험이 거듭되고 결과가 나올 때쯤 그 실험은 '신생아실에 지진이 일어나는 사건'을 상연하게 되는 것이다. 그 사건은 실제로 한 번도 일어나지 않았지만, 지진동에 적극적으로 행위자성을 부여함으로써 진동대 위에서 일어나도록 연출된 것이다.

사례 4-11

장주기 지진동에 의해 공진 현상이 발생한 면진 고층 병원 신생아실의 아기

"아기의 머리가 부딪혔다!" 연구원이 외쳤다. 진동대에 입력된 진동의 주기가 커지면서 인큐베이터 속의 아기 인형의 머리가 침대 난간에 크게 부딪혔다가 멀리 튕겨 나갔다. 다른 진동에서 아기는 공중에 붕 떴다가 침대 밖으로 떨어졌다. 또 다른 진동에서의 아기는 침대 위에서 덜덜거리면서 심하게 요동치며 뒤집어졌다. 다른 진동에서는 인큐베이터에 연결된 산소공급선이 끊어지거나 전자 의료 기기의 작동이 중단되었다. 매 진동이 끝나고 나서 연구원들과 대학원생들이 다시 아기의 위치를 제자리로 되돌려 놓는다. 인큐베이터를 바닥 모눈의 0점에 맞추어 놓는다. 다시 산소공급선을 연결하고 의료 기기를 작동시킨다.

_2010년 8월 13일, 진동대 실험실

인큐베이터 속의 아기 인형은 이 순간 인형이 아니라 아기이다. 이 실험을 통해서 작성되는 논문은 신생아 병동에서 어떤 진동이 신생아의 건강과 생명에 위협을 가하는지를 '보여 준다'고 가정된다. 그리고 그 논문을 읽는 독자들은 진동대의 진동과 아기 인형과 가설된 신생아실과 아기 인형의 부딪침을 단지 '유사한' 위험으로 보지 않게 된다. '진동대로 아기 인형이 놓여 있는 인큐베이터 모형을 흔들면 인형과 모형은 얼마나 변위할 것인가?'라는 질문은 '지진이 일어났을 때 신생아 병동 인큐베이터에 있는 신생아가 어떠한 위험에 처할 것인가?'라는 질문으로 바뀐다.

결국 진동대 실험에 투입된 Hz, Gal, XYZ 좌표들의 조합은 인큐베이터 속의 아기가 처할 상황을 다각화하고 있다. 아직 일어난 적이 없는 대지진, 30층 이상의 건물이 장주기 지진동과 만나서 공진 현상을 일으키는 경우, 이미 지진으로 약해진 건물이 또다시 지진에 흔들릴 경우 등 건축학자는 진동대를 통해 여러 요소를 조합해 봄으로써 지진 재해의 시나리오를 증식시킨다. 따라서 요소들을 늘리고 이 조합의 방식들을 늘리는 것 자체가 지진에게 예측 불가한 행위자성을 부여하기 위한 시도라는 점을 알 수 있다.

2) 상연 양식의 목록

필자는 각기 다른 방식으로 지진 재해를 상연하는 연구실들을 이동하면서 그들이 그려 내는 상연 양식의 목록을 작성했다. 각 양식은 테이블을 중심으로 협상과 타협에 참여하는 다양한 집단 사이에서 공유되고 있다. 상연 양식을 공유하고 있는 집단들은 그들을 매개해 주는 몇몇 세계상들을 포함하고 있다. 이 세계상 역시 하나의 사물로서, 집단들이 새로운 세계에 대한 실험을 진행하는 데 이정표로서의 역할을 하고 있다. 단 이 '질서 잡힌 세계의 모습' 역시 사물이라는 점에서 얼마든지 오류의 가능성이 있다. 즉 세계상과 실제 세계의 불일치 가능성이 상연 실험에 참여하는 집단 사이에서 받아들여진다. 그래서 여러 상연 양식들은 공존할 수 있고, 개인 혹은 집단은 하나의 양식에만 접속할 필요도 없다. 이하에서 필자가 정리한 여섯 가지의 상연 양식들, 즉 ① 조화, ② 거래, ③ 조합, ④ 레시피, ⑤ 적응, ⑥ 갈림길을 차례대로 제시한다.

① 진원 과정 모델과의 조화

진원 과정 모델과 지진 예보의 구도를 담고 있는 지진학자의 「제안서」

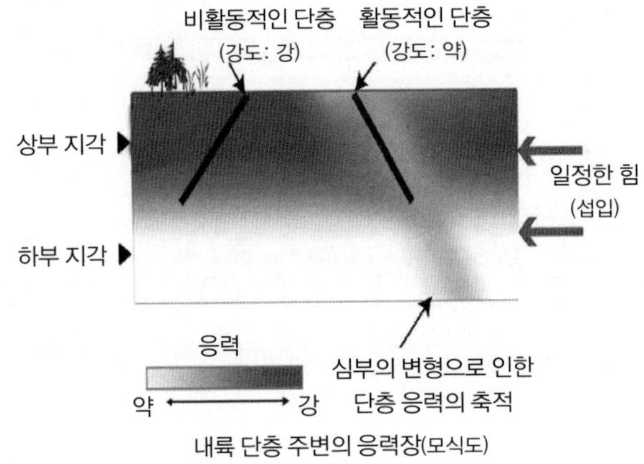

[그림 4-13] 지진학자의 진원 과정 모델
단층 주변의 지각 구조와 단층면에 작용하는 응력의 축적의 관계로 지진 발생의 기제를 설명하고 있다. 이 기제를 입증하기 위해서 하부 지각에 응력이 축적되기 쉬운 액체의 존재를 밝혀내야 한다.
출처: 飯尾能久(2009a)

에는 여러 요소들의 조화를 그리고 있는 그림이 있다.(그림 4-13 참조)(飯尾能久 2009a) 지진학자는 단층에 축적된 응력의 변화가 지진의 주기적인 발생과 관련이 있다는 점을 주장해 왔다. 그리고 이 응력 변화에 착안하여 지진 발생 전후로 해서 진원에서 일어나는 응력 변화 과정과 단층의 미끄러짐을 관련짓는 모델을 제시했다. 이 모델에 따르면 단층 아래의 심부 지각에 용암이나 지하수와 같은 액체가 있으면, 그것이 단층에 응력이 쌓이도록 해서 지진을 발생시키는 '지진의 소굴'이 될 수 있다. 만약 이 모델대로 지진이 발생한다는 점이 밝혀지면 여러 활단층 주변 지각의 응력의 변화를 감시할 수 있는 응력 기상도를 작성할 수 있다. 그럼으로써 지진 발생 전에 어느 곳에서 언제 지진이 일어날지를 주민들이나 지역에 예보할 수 있다. 그러면 주민이나 기업들은 지진 예보에 따라서 대피하거나 대비를 할 수 있게 된다.

지진학자, 측지학자, 지자기학자가 지각의 심부에서 지진파의 속도가 느리고 전기비저항이 낮은 액체에 관심을 기울였던 것은 이들이 지진학자의 이러한 그림, 즉 '진원 과정 모델'에 동의하고 있기 때문이다. 그래서 이들의 액체에 대한 관심과 지진 발생의 원인에 대한 이야기들은 모두 지진학자의 진원 과정 모델과의 조화에 근거하고 있다. 따라서 진원 과정의 모델은 단층, 지각 구조, 용암, 지하수와 같은 요소들을 각자의 역할에 맞도록 요소요소에 배치하는 매개자이다.

사례 4-12

믿는가, 믿지 않는가

Q 선생님이 제시한 취성(脆性)·소성(塑性) 모델이 어떤 논쟁 과정 속에서 지금처럼 상당히 많은 연구자에게 받아들여질 수 있었는지에 대해 알고 싶습니다.

A '믿는가, 믿지 않는가'의 문제입니다. 사실 그 외에 대체할 모델이 별로 없어요. 지금 단계에서는. 그 모델에 조화적인 데이터가 모이고 있을 뿐입니다. 저는 모두가 반신반의하고 있을 것이라고 생각합니다만, 조화적인 데이터가 많이 수집되면 공고한 모델이 될 수 있겠죠. 모델을 구축하는 데 다른 분야로부터의 연구 성과들, 즉 비저항 구조나 측지학 자료 등도 참고해 왔습니다.

Q 다른 연구 분야의 결과와 선생님의 모델이 '조화적'이라고 판단하는 데 기준이 되는 뭔가가 있습니까? 이미지가 일치한다든가, 지표가 마련되어 있다든가 등.

A 객관적인 기준은 없지요. 조금 닮았다든지 하는 그 정도입니다.

Q '조화적'인지를 판단할 기준이 만들어질 가능성은 어느 정도입

니까?

A 몇십 년 후에는 될지도 모르지요.

Q 다른 지진학자도 선생님의 모델에 대해서 동의하고 있습니까?

A 예. 하부 지각에 대한 몇 가지 다른 이론이 있습니다. 나는 점성·소성 모델을 주장하고 있습니다. 그리고 물의 영향을 중시합니다. 다른 연구자들 중에는 열이 영향을 끼친다는 주장이 있습니다. 그런 요인도 물론 있겠죠. 지금으로서는 '물 vs. 열'의 구도가 있기는 합니다. 장소에 따라서 어느 쪽이 더 큰 영향을 끼치는가는 달라질 것입니다.

Q 열과 물의 모델 중 어느 쪽이 더 좋은 모델인가에 대해 논쟁되고 있는 건가요?

A 지금도 논쟁이 되고 있습니다. 지금 물이 새로 조명되기 시작한 거죠. 진원 과정 모델의 변수에 집어넣으려고 하고 있는 거지요. 지금은 저의 모델이 유력하다고 생각해서 문부과학성 과학기술학술심의회에서 이걸 검증하자고 하는 단계가 되었습니다.

_2010년 7월 9일, 지진학자 이이오 면담

지진학자의 모델은 많은 동료 연구자들에 의해 받아들여지고 있기는 하지만, 이를 통해서 단층들의 응력 기상도를 모두 그려 내는 데까지는 나아가고 있지 못하다. 지진파 토모그래피나 전기비저항 구조, 그리고 단층의 미끄러짐 분포에 대한 데이터가 여전히 충분히 축적되어 있지 않아서 모델을 입증해 줄 요소들을 소집할 만큼 자료가 충분치 못하기 때문이다. 그래서 지진학자는 자신의 모델을 입증해 줄 수 있는 더 많은 미소지진의 데이터를 모으고, 또 전기비저항 구조와 측지학자료들이 그것을 뒷받침해 줄 수 있을 정도의 자료가 축적될 것을 기대하고 있다.

'조화'의 상연 양식은 지진학자, 측지학자, 지자기학자가 그린 좌표들과 하나의 세계상으로서의 진원 과정 모델이 조화를 이루도록 격려한다. 하지만 조화는 단순히 연구자들이 그린 그림들 간의 조화에 머물지는 않는다. 지진학자가 그린 응력 기상도에 따라 지진 예보를 하는 기상청, 예보에 따른 대비 태세를 교육하는 안전 전문가, 이를 정책적으로 추진하는 지자체, 예보에 따라 훈련한 대로 대비하고 대피하는 주민과 기업이 전체적인 조화를 이루어야만 지진으로 인한 혼란으로부터 벗어나는 총체적이며 질서 잡힌 세계가 그려질 수 있다. '조화'를 위한 세계-그림은 연구소 내에서 그려졌지만, 연구소 밖의 여러 집단들로 공유됨으로써 '조화로운' 질서를 구축할 수 있게 된다. 즉 지진 예보에 참여하는 모든 사물과 사람의 집단들은 '조화'를 이루어야 한다는 가치(values)를 공유하는 동시에 데이터들과 집단들 간의 조화를 통해서 진원 과정에 대한 사실(facts)을 구축할 수 있게 된다.

② 신속성과 정확성의 거래

지진이 언제, 어디서 일어날지를 응력 기상도를 통해 예보하고 대피를 한다고 하는 그림은 진원 과정 모델이 여전히 검증되지 않은 점과 지하구조 데이터 간의 부조화 문제로 인해서 아직 갈 길이 멀다. 이 시점에서 비록 정확도가 떨어지더라도 지진이 일어난 직후 강진동이 특정 지점에 도달하기 전까지의 짧은 시간만이라도 확보해서 피해를 줄일 수 있다는 새로운 그림이 주목을 받았다.

방재연구소의 한 지진학자는 『네이처』 지와의 인터뷰에서 고베 대지진 이후, 공중의 관심이 '지진 예지'에 대한 시도보다는, 지진으로 인한 피해를 감소시키는 '강진동 예측'으로 이동하고 있다는 말로 현재 지진학의 전반적 흐름을 평가하고 있다. 특히 연구비가 강진동 예측이나 긴급지진속보 쪽으로 돌려짐으로써 지진 예지보다는 강진동 예측과

$$t_c = \frac{1}{0.21V_s}\left(\frac{7M_0}{16\Delta\sigma}\right)^{1/3}$$

[그림 4-14] 3초간의 P파가 입력되는 계산식

속보에 많은 인력과 자금이 투입되고 있다는 점을 밝혔다.[14]

긴급지진속보는 '지진이 일어나기 전'이 아니라 '지진이 일어난 직후'에 초점을 맞추고 있다. 하나의 관측점(지진계)에서 관측된 3초간의 P파만으로 지진의 규모와 진도를 계산해서 특정 지역에 진도 5 이상을 유발할 수 있는 S파가 도달하기 전에 그곳으로 속보를 발신하는 방식이다. 비교적 피해가 적은 초기의 P파로 피해가 더 큰 S파에 대한 대비를 하는 것을 목적으로 하고 있다.[15]

긴급지진속보를 받는 지역은 P파가 도착한 이후, S파가 도착할 때까지 단 몇 초간 지진에 대비할 시간을 얻을 수 있다. 이를 위해 3초간의 P파와 지진의 규모 및 진도의 관계를 S파가 도달하기 전에 신속하게 계산하는 알고리즘의 개발이 중요하다.[16] 그래서 긴급지진속보의 세계에서는'3초간의 P파'가 재앙을 상연하는 출발점으로 관심을 받게 된다.

하지만 3초는 지진의 규모를 알기 위해서는 너무 짧은 시간일 수 있다. 그래서 더 긴 시간 동안의 P파를 계산식에 넣으면 더 정확한 규모를 얻을 수 있다는 유혹이 계속된다. 계산에 투입되는 P파의 시간을 10초 혹은 20초로 늘린다면, 이론적인 계산 결과가 실제 발생한 지진들의

14 Graoski, D., 2004. 10. 28., "Earthquake Prediction: Aseismic shift in thinking", *Nature*, 431(1032).

15 P파의 속도가 6cm/s 정도이고, S파의 속도가 3.3cm/s 정도이다. 따라서 특정 지점에 P파가 먼저 도착하고 몇 초 후 S파가 도착한다. P파는 종파(위아래로 흔들림)이고 S파는 횡파(좌우로 흔들림)이기 때문에 S파에서 더 큰 피해가 일어나는 경우가 많다.

16 규모(Magnitude; M)는 단층 자체에서 발산되는 에너지의 양이다. 반면 진도(seismic intensity)는 지진파가 도달한 지점에서의 흔들림의 세기를 말한다.

규모에 더욱 근접하게 된다. 그럼에도 불구하고 10초와 20초라는 시간은 이미 지진의 미끄러짐이 완결되고 S파가 특정 지역에 도달해 버릴 수 있는 시간이라는 점에서 긴급지진속보의 유용성을 무력화시킬 수 있다.

따라서 '거래'(trad-off)가 필요하다.(Wu et al. 2007) 신속함인가, 정확성인가? 빠른 속보의 발신인가 아니면 정확한 지진 규모의 계산인가? 3초간의 P파가 이러한 거래의 결과물이다. 즉 어느 정도의 정확성과 어느 정도의 신속함 모두를 확보할 수 있는 지점이다. 결국 거래의 세계에서는 3초간의 P파가 지진의 규모를 가능한 정확히 알려 줄 수 있도록 긴급지진속보의 알고리즘을 개선하는 것이 연구의 목적이 된다.

거래의 상연 양식 속에 거주하려는 집단들은 이 거래의 삶의 방식을 받아들여야 한다. 그래서 긴급지진속보를 발송하는 기상청, 이를 알리는 방송국, 속보를 받아서 대비하는 고속철, 공장, 학교 역시 긴급지진속보를 받고 나서 몇 초간의 시간을 재난 대비에 활용할 수 있는 방안들을 고안해 내야 한다. 예를 들어 공장은 긴급지진속보가 발령되면, 자동으로 공장을 멈추고 중요한 장비들을 지면으로부터 떨어뜨리는 장치를 설치해야 한다. 고속철도는 속보에 따라 자동으로 감속하는 장치와 이를 통제하는 시스템을 갖추어야 한다. 가정에서는 긴급지진속보를 수신할 수 있는 수신기를 설치하고, 학교는 몇 초 안에 안전한 곳으로 아이들을 숨길 수 있는 훈련을 진행해야 한다. 긴급지진속보의 정확성이 떨어져서 속보가 틀렸다 하더라도 그로 인해 발생하는 비용이나 손실을 감수하는 삶을 받아들여야 한다.

이렇듯 '거래'의 상연 양식과 접속한 집단들은 방재 연구자들과 마찬가지로 스스로 정확성과 신속성 간의 거래를 일상적인 삶의 현장에서 진행해야 한다. 이런 세계가 성취된다면 이 세계의 거주민들은 3초간 P파의 계산으로 발령된 긴급지진속보에 따라서 몇 초 안에 S파에 대비함으로써 지진 피해를 줄여 나가면서 그 정확성을 심각하게 문제 삼지 않는 삶을 살아가게 될 것이다.

③ 흔들림, 건물, 그리고 사람과 사물의 조합

신생아실 인큐베이터를 진동대 위에 놓고 흔들던 건축학 실험실과 마찬가지로 다른 곳에서도 흔들기와 비틀기가 계속된다. 모래와 진흙, 그리고 물을 섞어 흔들거나(액상화 실험), 경사진 곳에 여러 종류의 암석과 흙을 층 지워서 흔들며(산사태 실험), 지하철역 모형에 수만 톤의 물을 흘려 넣는(지하철 홍수 실험) 실험실들 역시 방재연구소의 곳곳에 위치하고 있다.

물론 이곳에서도 여러 경우의 조합을 위해 변형된 모형들과 지진파 좌표들, 표본들이 쌓여 있다. 지진, 진동, 홍수, 건물, 내진재, 토양, 교각, 석유 탱크, 중환자실, 신생아 인큐베이터, 병원, 지하철역을 서로 조합하며 진동대나 실험 설비를 통해 흔들어 재앙을 상연하는 이 장소들은 건물의 공진, 내진재의 열화, 항만과 해안 공업 지대의 액상화, 중환자실과 신생아실의 기능 상실, 고층 건물 사무실의 가구 전도, 지하철의 수몰과 같은 재앙들을 상연한다. 이곳에서 지진 재해는 요소들의 '조화'를 통해서 혹은 요소 간 '거래'를 통해서 행해지는 것이 아니라, 요소들을 여러 경우의 수로 조합하면서 일어나고 있다. 긴급지진속보에서는 P파가 온 후 S파가 오기까지의 시간을 확보하는 혁신이 있었다면, 여기에서는 한 번도 경험해 보지 못한 장주기 지진동과 한 번도 공진 현상을 겪어 본 적이 없는 고층 건물이나 토목·건축물들을 병원, 신생아, 인큐베이터와 조합해서 눈앞에 직접적으로 상연하는 혁신이 이루어지고 있다.

④ 현실과 가장 유사한 시뮬레이션을 가동할 수 있는 레시피

시뮬레이션 강진동이 실제 일어난 적이 있는 강진동을 재현하기 위해

서는 시뮬레이션을 가동하는 데 첨가될 요소들과 그 역할에 대한 개선이 필요하다. 따라서 강진동의 상연에 영향을 끼친다고 가정되는 새로운 요소들을 추가하는 동시에, 그 요소들에 잠재되어 있는 여러 면모들을 끄집어내서 강진동의 시나리오를 증식시킬 필요가 있다. 증식된 다양한 시나리오들 중에 실제 기록된 강진동과 일치하는 강진동을 얻었다면, 그 강진동을 만들어 내는 데 사용된 시뮬레이션은 앞으로 일어날 강진동도 예측할 수 있다고 생각된다. 강진동 연구자들은 시뮬레이션에 첨가된 요소들의 성분, 비율, 분량 등을 정해 놓고 이를 비결, 방안, 조리법의 의미를 가진 '레시피'(recipe)라는 이름을 붙였다.(Irikura 2006) 따라서 강진동 실험실에서는 실제 일어난 강진동의 파형을 재현하는 레시피를 찾기 위해서 시나리오를 증식시키는 실험을 반복하게 된다.

사례 4-13

부드럽게 말하기

'레시피'라는 말은 저의 스승이었던 이리쿠라(入倉) 선생님이 중심이 되어서 사용하기 시작했습니다. 예를 들어 강진동을 예측하기 위해서는 진원을 설정을 한다든지, 단층의 움직임을 재설정한다든지, 후에 거기의 지반의 조건이 어떻게 되는지에 대해서 전부 조사한다든지 하지 않으면 안 되기 때문에 전문가라도 귀찮다고 생각하기 쉽습니다. 그만큼 여러 요소를 뒤섞어서 조리해야 합니다. '방법' 혹은 '메소드'라는 딱딱한 말 대신 조금 부드럽게 말해서 '레시피'라고 부르자고 한 것이지요. 강진동 예측이라는 것이 그렇게 어려운 것이 아니라 누구라도 할 수 있다는 생각이 들도록 사용하고 있는 겁니다. 물론 과학적인 연구에 '레시피'라는 말을 사용하지 않는 것이 보통입니다. 그렇지만 매뉴얼이라든가 메소드라는 말을 쓰면 '아, 굉장히 어렵구나' 하고 생각할 것이고, 이런 상황을 피하려고 사용한 것이죠.

_2010년 7월 5일, 강진동 예측 연구자 이와타 면담

어떤 레시피가 이미 일어난 지진을 잘 재현하는지를 판단할 수 있다. 그리고 이 레시피에 맞게 새로운 성분들을 넣어 시뮬레이션을 돌리면 앞으로 일어날 지진을 예측할 수 있게 된다. 이러한 그림에서는 활단층뿐 아니라 지각 구조, 지표면의 지형, 건물의 층수와 밀도, 상수도관, 인구 밀도, 주민들의 연령 등이 레시피에 따라 조리됨으로써 지진이 일어나서 피해를 일으키기까지의 시뮬레이션을 상연할 수 있다. 여러 이해관계 집단이 이 레시피에 따라 혼합되고 시뮬레이션을 통해 조리됨으로써 해안 지역의 침수나 상하수도관의 파열, 산간 과소 지역의 고립 등의 피해를 예측하고 이에 대응할 수 있게 된다.

⑤ 다이어그램을 통해 상상되고 실천되는 적응

한편 도시사회공학자가 현지들의 묶음을 확장하고 유지하기 위해 돌아다니는 거리와 소요되는 비용에 비해서, 그가 연구소 내에서 하는 작업은 매우 간단해 보인다. 그의 작업의 대부분은 다이어그램을 고쳐 그리는 것, 다이어그램들 간의 관계를 새로 구축하는 것에 할당되어 있기 때문이다.[17] 연구실의 책상, 혹은 연구원의 노트북 스크린, 도시사회공학

17 도시사회공학 연구실의 서가에는 *Simulating Society: A Mathematica Toolkit for Modeling Socioeconomic Behavior* (1998) 와 같은 서적이 놓여 있기도 하다. 이 연구실에서는 '사회' 역시 가상적 생산물이 된다. 사회를 구성하는 개인들이 '시뮬레이팅'이라는 매개자를 통해서 관계를 맺게 된다. 그래서 사회는 '기술'(記述)의 대상이 아니라 '상연물'이 된다.

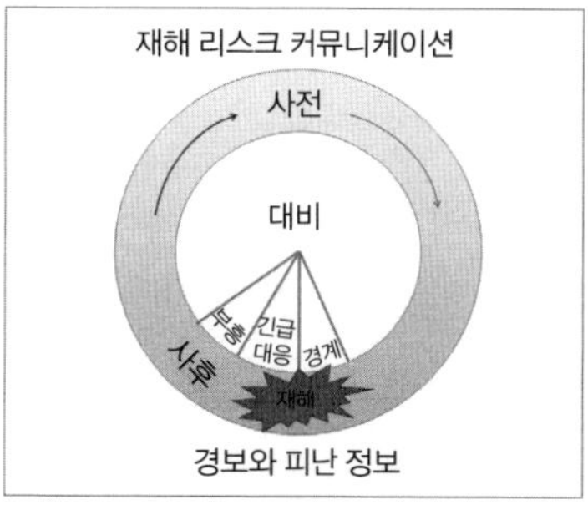

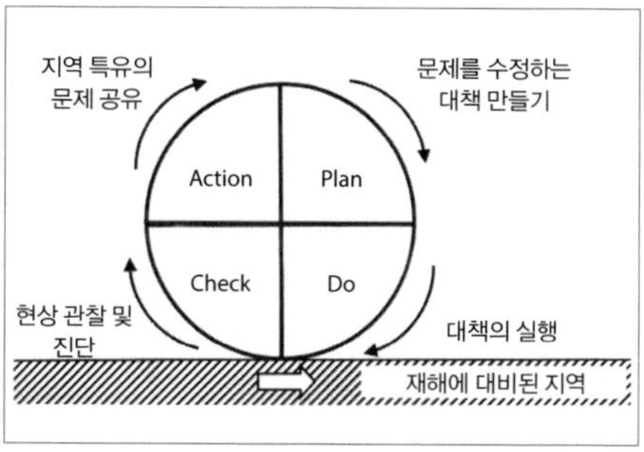

[그림 4-15] 지진 전후로 반복되는 경계-긴급 대응-부흥-사전 대비의 재해 시계(왼쪽)와, 재해에 대비하기 위해서 계획-이행-진단-시도로 순환되는 PDCA 시계(오른쪽)
두 시계의 동기화가 지진 대비의 핵심이다.

출처: 岡田憲夫(2009)

자가 참여하는 학술회의 발표문 위에는 매번 조금씩 고쳐 그려진 다이어그램들이 등장한다.(그림 4-15 참조)

왼쪽의 다이어그램은 재해가 일어나기 전(사전)과 재해가 일어난 후(사후)로 크게 나뉜다. 그중에서 대부분을 차지하는 '사전 대비'의 기간에 '재해 리스크 커뮤니케이션'을 통한 대책을 배치하고, 재해 직전과 직후의 '경계', '긴급 대응', '부흥'으로 이루어진 짧은 기간에 '경보와 피난 정보'를 통한 대책을 배치해 두고 있다. 도시사회공학자는 이 다이어그램을 '자연의 시간'이라고 부른다. 지진의 발생을 중심으로 '사전'과 '사후'로 나뉘고 이에 따라 사전 대비와 사후 대응으로 나뉘는 방재 대책들이 결정되기 때문이다.

주민들은 지역에 주어진 문제들을 공동으로 해결하려 시도하는 과정에서 작은 재난들에 대한 대비책들을 연습할 수 있게 된다. 이 체험을 살려서 문제를 진단하고(Check; C), 일단 시도해 본 다음(Action; A), 본격적으로 계획을 세우고(Plan; P), 구체적인 이행(Do; D)을 하는 과정을 반복하면서 문제 해결 능력이 향상될 수 있다. 그리고 큰 재해와 마주친다고 해도 아무런 준비와 연습 없이 마주치는 것보다는 피해를 훨씬 감소시킬 수 있다는 것이 주민들이 공유하고 있는 상연 방식이다. 그리고 이 두 번째 다이어그램은 '인간의 시간'이라고 이름 붙여졌다.

도시사회공학자는 이 두 다이어그램 혹은 두 시계를 동기화(synchronization)함으로써 리스크 커뮤니케이션과 CAPD 사이클을 통한 주민들의 방재 계획이 실제로 재해를 경감하는 데 도움을 줄 것이라는 점을 강조하고 있다. 즉 '자연의 시계'와 '인간의 시계'를 동기화하기 위한 끊임없는 관리를 통해서만이 재해를 줄일 수 있다.

주목할 만한 것은 소규모 재해를 주민들이 대비하는 과정에서 지진 재해의 시나리오 역시 증식된다는 점이다. 더 많은 지역의 문제들을 제기하고 이에 대한 협의를 하며, 그 문제들을 수정하려는 대비책들을 세우고 실행하는 과정에서 큰 재난에 이르렀을 때 일어날 수 있는 문제들의 리스트는 늘어난다. 막연하게 큰 재난을 기다리는 세계에서는 재난 시 일어날 문제들의 리스트가 추상적이고 그 수 역시 적다. 따라서 도시사회공학자들이 '적응적 매니지먼트'(Okada 2008)라고 부르는 후자의 세계가 단 한 번의 대재앙만을 대비하는 세계에 비하여 구체적이고 많은 수의 재앙을 상연하고 대비할 수 있다.

실제로 도시사회공학 연구실과 연계된 곳곳의 지역 주민들은 CAPD 사이클을 통해서 스스로 문제를 제기하고 협의하고 대책을 세워 실행하도록 격려받는다. 그리고 그들은 소규모 재해들에 대해서 '적응'을 반복함으로써 점차 고려해야 할 요소들, 배려해야 할 요소들, 통제해야 할 요소들, 강화해야 할 요소들을 늘린다. 이 요소들의 결합이 바로 재앙의 상연이라는 점에서 사이클의 반복과 적응 과정은 재앙에 대한 상상과 대비의 실천을 확장시키는 나선형의 모습으로 그려진다. 도시사회공학자가 이 시나리오를 증식시킬 필요는 없다. 그와 연계된 각지의 현지 주민들이 대비 과정에서 스스로 재앙의 시나리오의 리스트를 늘리고 스스로 방재 계획을 세우기 때문이다. 도시사회공학자가

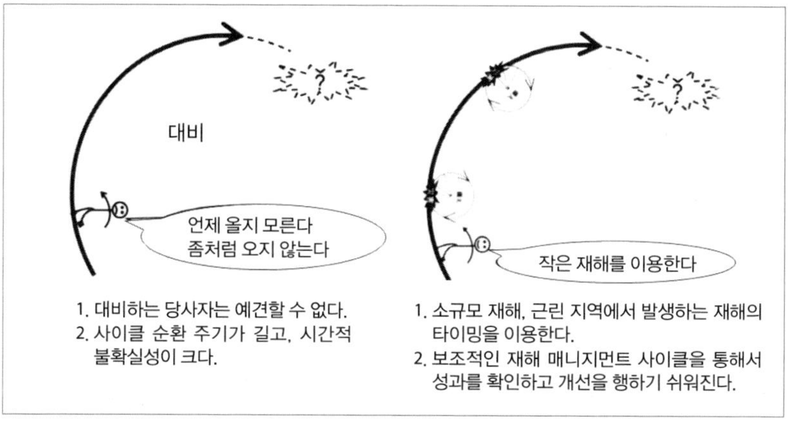

[그림 4-16] '적응적 매니지먼트'의 다이어그램
언제 올지 모르는 큰 지진에 대비하기보다는 평소의 작은 지진에 대비하면서 학습 혹은 적응해 가는 과정을 그리고 있다.
출처: Okada(2008)

하는 일은 적응의 세계에 대한 그림을 제공하고 주민이 이에 따라 지진 재해를 상연하고 대비하도록 힘을 불어 넣는 것(empowerment)이다.

⑥ 재난에서 마주치는 중대한 갈림길

'걱정하는 자들' 혹은 '고민하는 자들'은 이제부터 자신의 마음속에서 상연되는 재앙들에 대해 스스로 해결책을 찾기 시작한다. 이 과정에서 게임의 참여자들은 타인에게 본심을 드러내지 않고 전체의 의견을 따르고자 하는 '일본인'의 습성을 양보해야 한다. 다수의 의견이 무엇인지 모르는 상황에서 자신의 의견(Yes/No)을 내야 하고, 서로 다른 답을 낸 사람들, 그리고 같은 답을 낸 사람들과 차이를 드러내는 토론을 해야 한다. 공무원들은 매뉴얼이 준비되어 있다고 해서 재난 시의 상황에 대해 무관심할 수가 없다. 그리고 주민들은 전문가에게 답을 구하거나 평상시의 방재를 모두 전문가나 공무원들에게 위임할 수 없다. 그 대신 갈림길의 공황 상태에 대해 스스로 고민하고 의견의 충돌 속에서 해결책을 찾기 위한 노력을 해야 한다.

갈림길의 양식에서는 전문가와 주민 간의 역할이 변하고, 주민들이 평상시에 고민해야 할 것이 늘어난다. 스스로 선택하고 행동해야 할 일들이 늘어난다. 새로운 '갈림길에 서 있는 자기 자신'이라는 세계상의 등장으로 집단들의 습성과 집단 간 관계가 새롭게 배열되고 있다는 점이 드러나고 있다. 게임을 통해 재앙을 상연하기 위해서는 이러한 새로운 배역을 떠맡은 출연자들의 동맹이 필요한 것이다.

여기에서 스스로 해결 방식을 찾도록 하는 것이 "문제의 해결을 모두 독립적인 개개인에게 미루어 버리는 것"이라고 해석될 수도 있다. 하지만 스스로 해결책을 찾도록 재난의 상황을 재-재현하고 이를 통해 게임의 참여자들이 재앙을 상연하는 행위에는 참여자들 말고도 재해 지역의 면담자, 공황에 빠졌던 공무원, 게임 카드, 게임 규칙, 게임 촉진자들의 말 등 다양한 사람과 사물이 포함되어 있다. '스스로'는 이 사람과 사물과의 연합을 통해 행해진다. '스스로 해결책을 찾는 것'과 '문제의 해결을 개인 단독의 책임으로 전가하는 것'이 전혀 다른 행위인 이유이다. "주체적인" 개인의 선택은 '간주관적인' 토론을 통해서 촉진되었으며, 이 토론은 다시 '간객관적인' 게임 카드라는 재-재현물을 통해 촉진되었다. 그럼으로써 재앙에서의 공황이라는 '대상'은 이 간주관적이면서도 간객관적인 사람과 사물에 의해서 상연되고 있다.

⑦ 세계상들의 성쇠: '예지'와 '매뉴얼'의 경우

방재연구소에서 찾아볼 수 있는 상연 양식의 목록에서 탈락할 위기에 있는 것들이 있다. 고베 대지진 이전까지 여러 지진학자가 지진이 일어나기 직전(약 3일)에 지진이 일어날 것을 '미리 감지'(豫知, prediction)함으로써 피해 예상 지역에 대피 명령을 미리 내릴 수 있다는 점을 주장해 왔다. 이를 위해 거대지진이 반복적으로 일어나는 곳에서 지각의 움직임을 집중적으로 감시할 필요가 있다. 하지만 현재 지진 예지가 실패하고 있다는 점을 지적하면서 대지진이 일어난 후 정부의 초동 대응에 집중하는 것이 더 낫다고 주장하는 정치가나 연구자들의 반대가 있었다. 고베 대지진 이후 지진 예지가 불가능하다는 것이 지진학자들 사이에 받아들여졌고, 동일본 대지진 이후에는 지진 예지를 통해 방재를 할 수 있다는 세계상은 거의 언급되지 않고 있으며 그것은 교과서, 역사 자료, 거의 폐기되다시피 한 법령에만 남아 있다.

한편 지진 예지에 자원을 집중하자는 주장과, 병원, 방송국, 자위대, 각 성청의 협력이 재난 현장에서 가동되도록 매뉴얼을 정교화하고 철저히 대비 훈련을 할 필요가 있다는 주장이 대립해 왔다. 후자는 매뉴얼과 매뉴얼에 따른 훈련을 중심으로 하는 상연 양식이다. 재해의 시나리오에 따라서 재난을 상연하고 그에 맞는 대책을 세우는 것은 '정답'을 미리 찾도록 하는 방식이다. 심리학자가 인정한 바처럼 방재연구소 내에서 매뉴얼 작성을 돕는 연구실과 게임을 통해 재해 시의 공황을 재현하도록 돕는 연구실이 공존하고 있다. 하지만 고베 대지진 이후 이러한 규격화된 '행정 정보 처리'는 큰 비난에 직면해야 했다. 행정정보공학자의 연구실에 속한 연구자나 대학원생들이 학술회의에서 여전히 규격화된 정보 처리 방식을 고수하는 데 대해서 많은 비판을 받아 왔다. 또 그것은 연구실의 연구원과 대학원생의 감소로 이어져 연구실을 유지하는 것도 어렵게 하고 있을 정도이다. 방재 매뉴얼 작성을 위한 워크숍에 굳이 대학의 연구실이 참여할 필요가 있는지에 대한 회의 또한 연구소 내의 연구자 사이에서 제기되고 있는 중이다.

이상 두 배열 방식의 쇠퇴는 방재연구소에서 상연 양식들을 통해 연합하는 집단들의 수적 감소를 동반한다. 또한 이러한 양식들을 집단들과 접속하게 해 주는 세계상과 같은 여러 매개자 역시 더 이상 생산되지 않고 있다. 방재연구소에서 찾아낼 수 있는 상연 양식들의 목록의 증감은 상연 양식들과 접속하고 있는 이러한 매개자들과 관련 집단들의 수에 의해 그 쇠퇴와 번성이 결정된다는 점을 알 수 있다. 양식들의 쇠퇴는 더 이상 '질서 잡힌 세계의 모습'을 제시하는 것이 불가능하다는 것을 의미하거나 더 이상의 실험이 불필요할 정도로 이미 연구소 밖 주민들의 일상에서 공고하게 자리 잡고 있다는 것을 의미한다. 적어도 방재연구에서만큼은 완전히 안전을 보장해 주는 세계상이 없다는 점에서 위의 두 세계상은 그 세를 잃고 쇠퇴 중에 있다고 할 수 있다.[18]

필자가 수집한 주요 상연 양식은 '조화', '거래', '조합', '레시피', '적응', '갈림길'이다. 이들은 서로 다른 '관계의 논리', '배열의 방식'을 갖추고 있다. 그리고 서로 다른 세계상을 동원하면서 여러 사물과 사람들을 한데 묶고 있다. 표 4-1에서 표 4-6까지는 각 상연 양식의 구성 과정을 보여 준다. 각 표를 읽어 나가면 제2장에서 제4장으로 이르는 변형과 이동의 궤적들이 눈에 들어온다. 상연 양식이 명확해질 때까지 대지진은 장치-서로 다른 지진-재현-재재현-협상 테이블-요소요소의 요소-시나리오의 증식-습성의 변형에 이르는 전이(轉移, transaction) 과정을 거쳐 왔다는 점을 알 수 있다.

18 지진 재해와 방재에 대해서 상이한 제안을 하는 연구자, 정치가, 시민운동가, 저널리스트 간의 긴장, 갈등, 지진 예지의 성공 가능성과 그 대안들에 대한 장기적 논쟁의 맥락, 해외 연구 경향과의 관계에 대해서는 제2장 참고.

[표 4-1] '조화'(調和)의 양식

상연 양식	조화		
장치	고감도지진관측망	지자기계	합성개구레이더
서로 다른 지진	미소지진	전기비저항	지각 변형
재현	지진 파형	전기비저항 그래프	간섭 영상
재-재현	토모그래피, 속도 구조	심부 지하 구조	지각 변위 분포도
협상 테이블	좌표		
요소요소의 요소	액체(지하수와 용암) 및 '지진의 소굴'과 진원 과정 모델의 조화		
시나리오의 증식	응력 기상도		
습성의 변형	기상청의 지진 예보와 예보에 따라 대비하는 주민들		

[표 4-2] '거래'(trade-off)의 양식

상연 양식	거래		
장치	강진관측망 1 (K-net, Kik-net)	고감도지진관측망 (Hi-net)	강진관측망 2 (K-net, Kik-net)
서로 다른 지진	지점에서의 강진동	여진	강진동의 진원
재현	t초간 P파의 지진 파형	지진 파형	
재-재현	t초간 수직변위(U(t))	활단층의 반지름(r)	지진의 규모(M)
협상 테이블	방정식들		
요소요소의 요소	계수(Tau_c 등)와 변수들		
시나리오의 증식	3초, 10초, 20초의 P파에 따른 규모와 진도에 대한 정확성과 신속성의 거래		
습성의 변형	긴급지진속보를 받는 학교, 공장, 철도의 거래		

[표 4-3] '조합'(combination)의 양식

상연 양식	조합			
장치	광대역지진 관측망(F-net)	계산기	운반 차량	미디어
서로 다른 지진	장주기 지진동	면진 고층 건물 의 공진 현상	신생아실 장비들의 고장	신생아의 부상
재현	지진 파형	고유 주기	인큐베이터	아기 인형
재-재현	계산된 지진동		모형 신생아실	
협상 테이블	표(Gal, Hz, XYZ)와 진동대			
요소요소의 요소	건물에 전달된 지진동, 인큐베이터의 변위, 아기의 위험			
시나리오의 증식	요소들의 조합을 통한 수십 번의 유사 지진과 건물 피해			
습성의 변형	장주기 지진동으로 인한 면진 건물의 피해, 업무의 지속, 요구 성능 연구자와 보유 성능 연구자의 협력			

[표 4-4] '레시피'(recipe)의 양식

상연 양식	레시피				
장치	고감도지진관측망(Hi-net)		발파 및 반사법	굴삭 및 시굴공	계측기
서로 다른 지진	미소지진	활단층	전파 경로		지점의 고층 건물의 공진 현상
재현	지진 파형	단층 구조	전파 속도 구조		고유 주기
재-재현	활단층 데이터		지반 구조		계산된 건물의 진동
협상 테이블	스크린				
요소요소의 요소	활단층, 전파 경로, 지점 등의 요소들을 레시피에 따라 계산				
시나리오의 증식	수십 개의 시뮬레이션 파일				
습성의 변형	활단층 면모의 다양화, 강진동 예측 및 다른 시뮬레이션과의 연동				

[표 4-5] '적응'의 양식

상연 양식	적응		
장치	사면회의 시스템	행정 기관	NPO 단체의 앙케이트
서로 다른 지진	고립된 지역	지역 주민과의 단절	볼런티어 활동 지역
재현	문제 제기 및 방재 계획 발표회	지역 문제	
재-재현	도면과 문서 자료들	행정 문서상의 수치	보고서
협상 테이블	CAPD 사이클		
요소요소의 요소	작은 재해를 이용한 적응적 매니지먼트		
시나리오의 증식	점진적인 위험 리스크의 증가와 대비책의 마련		
습성의 변형	주민 참여형 지역 활성화와 행정, NPO 등의 협력		

[표 4-6] '갈림길'(crossroad)의 양식

상연 양식	갈림길		
장치	면담	현지조사 노트	지진계 설치 실습
서로 다른 지진	공무원의 공황	재해 체험 지역	재해 미체험자의 일상 체험
재현	내러티브	민족지	체험 수기
재-재현	공황 상황별 항목	부흥 과정의 쟁점	유형별 항목
협상 테이블	게임 카드		
요소요소의 요소	재해 체험 항목들, 재해 미체험자(게임 참여자), 촉진자, 그리고 갈림길		
시나리오의 증식	'Yes'와 'No'의 선택 및 토론		
습성의 변형	스스로 고민하고 대처하는 자 되기, 연출자 및 출연자 되기		

3. 복합재해: "나에게 연구소를 달라, 지구를 파괴해 보이겠다"

서로 다른 상연 양식에 종사하는 연구자들은 서로의 연구에 무관심할 수도 있고 적대적일 수도 있다. 평소에는 전혀 다른 학술대회에서 학문 분과에 따라 서로 다른 주제로 논문이 발표된다. 상이한 상연 양식에 따라 상연된 지진들은 서로 다른 시공간과 세계상을 그리고 있어서 하나의 3차원적 좌표 위에 그려질 수 없었다. 그럼에도 불구하고 대규모 프로젝트를 통해 다양한 양식의 지진 재해들이 '서일본 대지진'과 같은 하나의 지진으로 '합성'되는 경우가 있다. 진영들 간의 적대감, 무관심, 혹은 부조화에도 불구하고 여러 연구 진영들은 잠시나마 프로젝트 보고서 상에서 하나의 지진을 복합적으로 상연한다. 합성 혹은 복합의 과정은 여러 '세계들'이 프로젝트를 통해 거칠게 합성되어 병렬되는 과정이다.

이상의 다양한 양식과 그에 따른 지진 재해의 시나리오들은 어떻게 공존할 수 있는가? 필자가 연구소의 서고에서 찾아낸 두툼한 보고서에서는 상연의 양식을 달리하는 재앙들이 하나의 파노라마처럼 흘러가고 있다. 그 차이 때문에 하나가 될 수는 없지만 그렇다고 따로 존재하는 다수도 아닌, '부분적으로 연결된' 것이 이 파노라마를 통해서 가능해진다.[19]

19 "부분적 연결"(Strathern 1991)은 기능적인 단위도 적대적인 이항 대립도 아닌 것을 기술할 때 필요한 말이다. 그것은 지역적인 것이 더 큰 무언가의 한 부분이라는 전통적인 규모의 관념에서 벗어날 것을 주장한다. 그래서 부분은 전체에 속하는 대신 다른 부분과 부분적으로 연결되어 있을 뿐이다. 이 부분적 연결들의 뭉치 혹은 덩어리가 '유기체'이다. 이러한 덩어리는 "하나 이상이지만 다수는 아닌"(more than one and less than many)(Mol 2002) 존재 방식을 갖게 된다.

2002-2006년에 진행되었던 '대도시대진재경감화특별프로젝트'(대대특 프로젝트)는 태평양 연안 대도시권에서 도카이·도난카이·난카이 지진이 발생했을 때의 피해를 대폭적으로 경감하기 위해 문부과학성, 방재과학기술연구소, 도쿄대학 지진연구소, 교토대학 부설 방재연구소를 주축으로 실시된 프로젝트이다. 프로젝트 보고서는 필자가 이동하면서 관람해 온 여러 지진 재해의 상연물들로 엮여 있다.(文部科學省 硏究開發局 2006)

시뮬레이션 속에서의 강진동, 쓰나미, 건축학 실험동의 면진 고층 건물의 공진 현상, 사면회의 시스템을 통해서 지역의 문제를 제기하는 주민들, 게임 카드를 통해서 미리 재해 현장에서의 공황을 체험하는 재해 미체험자들이 다른 연구 기관과 연구실로부터 온 또 다른 지진 재해와 나란히 배치됨으로써 '태평양 연안 대도시권에 닥친 대재앙'의 파노라마가 전개된다.

사례 4-14

재앙의 파노라마:
도카이·도난카이·난카이 지진

강진동 시뮬레이션을 통해서 도카이·도난카이·난카이 지진이 동시에 발생할 경우의 진도 분포 예측 결과가 제시되었다. 그 결과 진도 6강 이상의 진동이 퇴적층이 많은 오사카 평야나 노비 평야 등을 포함한 넓은 범위에서 일어난다. 강진동만 발생하는 것이 아니라 5초 이상의 주기를 갖는 장주기 지진동이 발생한다는 점도 관찰되었다. 고유 주기가 큰 고층 건물이나 긴 다리, 석유 콤비나트와 같은 구조물들이 크게 흔들린다. 공진 현상이 일어나서 오사카 시에 집중되어 있는 고층 건물의 높은

층은 매우 심하게 흔들리게 되고 건물 내 엘리베이터, 수도, 전기 등의 라이프라인이 두절될 것이다. 기업의 업무가 마비되고 신뢰가 붕괴될 위험에 처한다. 2003년 9월 도카치 난바다 지진에서 일어난 장주기 지진동으로 인한 '슬로싱'으로 도마코마이(小牧) 석유 탱크에서 화재가 발생한 적이 있으므로, 석유 콤비나트 지역에서 화재가 발생할 가능성이 높다. 해안 지역에는 강진동과 장주기 지진동에 더해서 10m가 넘는 쓰나미가 순식간에 여러 곳을 덮친다. 고치 현(高知縣) 연안에는 최대 10m의 쓰나미가 10분에서 20분 뒤에 도달한다.

세토나이카이(瀨戶內海) 연안에는 최대 3m 정도의 쓰나미가 밀어닥친다. 큰 쓰나미는 6시간에 걸쳐 밀어닥치고 쓰나미 자체는 하루 이상 계속된다. 연안 지역에 강과 운하를 타고 올라와 범람함으로써 피난 경로를 잘못 택한 사람들과 구조대들이 익사할 가능성이 커진다. 오사카 시의 경우, 수문이 열린 채 그대로 있을 가능성이 높아 다이쇼 구(大正區)는 대부분 침수된다. 오사카 시로 오는 쓰나미의 제1파는 지진 발생 2시간 뒤에 도달할 것으로 예측된다. 쓰나미가 가장 먼저 도착하는 곳은 지진 발생 후 10분 되는 거리에 위치하고 있는 시코쿠(四國)와 와카야마 현(和歌山縣)의 곶들이다. 지형의 영향으로 쓰나미가 밀어닥치는 간격이 20분 정도로 짧아지거나 대륙붕을 따라 나아가는 쓰나미로 인해서 피해가 더 커질 수 있다. 상수도 배관은 약 8만 군데가 연안 지역을 중심으로 단절된다는 결과가 나왔다. 복구에 필요한 기간은 각 지자체에서 1일 10개 복구반을 투입한 경우나 1일 20개 복구반을 투입한 경우, 모두 도카이 지역에서는 응급 복구에 적어도 30일이 걸렸다. 도시가스관의 피해 건수 역시 도카이 지역에서 많이 발생할 것이다. 해안 지역의 액상화의 경우, 오사카 평야와 노비 평야에 집중된다. 액상화로 건물이 기울거나 도로와 상수도관이 단절될 것이다. 도로는 시즈오카 현 하마마쓰 시(靜岡縣濱松市) 부근의 도로망에서 주로 일어난다. 간선도로에 해당되는 국도와 고속도로, 교량의 피해에 대해서는 도메이 고속도로, 국도 1호선 등 주요 간선도로의 교량에 피해가 일어날 것이라고 예측되었다. 와카야마 현을 포함하고 있는 긴키권에는 2030년에 이르면 노인 인구 비율이 40퍼센트를 넘는 곳이 여러 곳 있다. 강진동과 쓰나미로 인한 노인 사상자 수가 클 것으로 예측되었다. 산간 과소 지역의 노령 인구 고립으로 사상자 수가 늘 것이다.

파노라마는 여기에서 그치지 않는다. 진동대를 통한 다리, 발전소, 석유 탱크 구조물의 붕괴 과정, 경제학의 계산식을 통해 그려지는 외환시장의 혼란과 항만 물류 시스템의 경쟁력 약화, 산사태, 전철의 탈선 등 또 다른 재해들이 보고서의 다른 부분에 더 첨부된다. 위에서 제시한 재앙의 합성은 단지 강진동 시뮬레이션을 위주로 되어 있다는 점에서 파노라마의 전모는 아니다. 크로스로드 게임의 참여자들의 마음속에서 일어나는 대재앙 역시 이 파노라마에 추가된다. 산간 과소 지역의 주민들이 방재 계획을 세우기 위해 회의를 하는 과정에서도 마을에 닥칠 재앙의 파노라마가 상연된다. '대대특 프로젝트' 전체를 통해서 상연되는 재앙에는 훨씬 많은 첨부물이 더해진다. 서로 다른 상연의 방식들이 '도카이·도난카이·난카이 지진'이라는 이름으로 연결됨으로써 하나의 지진으로 합성되고 있다.

이러한 합성은 세 지진이 한꺼번에 일어난다는 '상정'에 머물지 않는다. 새로운 조건이 주어지면 그에 따라 새로운 복합재해의 합성이 쓰나미처럼 차이를 보이며 밀려온다.

사례 4-15

시뮬레이션들의 연쇄

최근에는 그 후속 연구로서 세 지진이 시간차를 두고 일어나는 경우에 대한 시뮬레이션이 만들어지고 있습니다. 이것이 완성되면 우리 연구실도 이 시뮬레이션을 근거로 또 다른 쓰나미 시뮬레이션을 만들게 되겠죠. 지금은 우선 시뮬레이션이 나올 때까지 기다리고 있는 중입니다. 세 지진이 동시에 일어나는 경우, 한 번에 피해가 닥치므로 대응과 복구를 위해서 많은 사람과 물자가 필요하게 됩니다. 그 자체로 엄청난 자원이 소모될 것입니다. 그런데 세 지진이 시간차로 일어난다면, 도카이 지진이 일어난 이후에, 다른 지진이 일어나기까지의 기간 동안 사람들은 불안에 휩싸이게 될 것입니다. 두 번째 일어난 지진은 이미 피해를 입은 지역에 한 번 더 치명적인 피해를 입힐 수 있다는 점에서 더 심각한 혼란을 초래할 수 있습니다. 바로 이 두 번째 지진부터가 문제입니다. 불안과 경제적 파탄이 심해질 것입니다. 도카이 지역에 이미 지진이 일어난 상태에서 난카이 지역의 물자가 도카이 지역의 피해 지역으로 옮겨 간 상태이기 때문에, 난카이 지역마저도 피해를 입으면 어떻게 대처해야 할지 아무런 준비가 되어 있지 않은 상태입니다.

_2009년 9월 2일, 정보공학자 스즈키 면담

한편 피해 지역이 광역에 이르지 않기 때문에 각 지자체의 방재회의에서 머물고 있는 복합재해들도 있다. 그리고 이 지역적인 복합재해는 앞에서 논의된 광역 복합재해들보다 그 수가 훨씬 많다. 예를 들어 강진동 연구자의 시뮬레이션을 통해서 상연되었던 우에마치 단층의 지진과 오사카 만의 장주기 지진동은 오사카 부의 건축사나 지자체가 제공한 지반 구조 모델이나 공진 현상과 같은 요소들과의 복합을 통해서 상연된다. 교토 부의 방재회의에서 논의되는 하나오리 단층으로 인한 진재 역시 화재 시뮬레이션과 문화재로 지정된 목조 건물들에 대한 진동대 실험과 같은 상연의 합성을 통해서 파노라마화된다. 일본의 각 지자체별로 이러한 '지역적' 내륙직하형 지진으로 인한 복합재해를 상연하고 그에 대한 대책을 마련한다.(京都市防災會議 2011)

이처럼 지진 재해는 여러 상연 양식의 복합(複合, composition)을 통해서 상연되었다. 각 상연 양식을 통해 섭외된 요소들 혹은 행위소들이 이 복합의 과정에서 더해지고 빠진다. 그래서 각 복합재해는 서로 다른 요소들의 합성(合成, composition)이며, 서로 다른 성분(成分, components)을 포함하고 있는 재앙이라는 점이 드러난다. 이에 더해서 상연 양식과 요소들을 달리함으로써 합성은 여러 번 이루어질 수 있었다. 네 번 합성된 복합재해(교토 시의 하나오리 단층 지진)가 있는가 하면, 18회(수도직하 지진) 혹은 30회(오사카 부의 우에마치 단층 지진) 합성된 복합재해도 있다. 그래서 하나의 복합재해가 여러 버전의 합성을 거치고 그만큼 다양한 상황에 대한 예측과 대비로 이어지고 있다.

연구소에 모인 공약 불가능한 목소리들은 하나의 이름으로 불리는 복합재해를 상연하기 위해서 합성되었다. 이 목소리들은 협상 테이블을 둘러싸고 여러 요소 간의 조정을 위한 양보와 타협을 진행해 왔다. 그리고 하나의 파노라마와 같은 복합재해를 상연하는 데 이르러 이 상이한 이해관계와 정체성을 가졌던 목소리들이 화의(和議, composition)에 도달할 가능성을 보이고 있다. 이들은 완벽한 동의(同意)를 통해 지진 재해의 모습을 하나로 그려 내지는 못했다. 혹은 비동의 상태에서 서로 무관심하거나 갈등하며 충돌하고 있는데 멈추지도 않았다. 여러 지진 재해의 세계상은 적어도 거칠게 합성될 정도의 총의(總意)에는 이르고

있음을 알 수 있다.[20]

방재연구소 내부에는 연구실마다, 그리고 상연관마다 차이와 긴장이 여전히 존재하고 있다. 하지만 위의 프로젝트 보고서나 합동 세미나에서 보이듯이 한 곳의 연구실이나 학문 분과 혹은 과학자가 다른 상연 양식에 승리하거나 그것을 포섭하는 데까지는 나아가지 않는다. 총의는 여전히 갈등이 잠재해 있고 명확한 언어로 동의를 표하지 않은 상태에서도 이해관계의 번역이 가능한 최소한의 지점에 대해 '반대하지 않는' 상황에서 가능하다. 평소 각 연구실은 학술대회를 함께 열지 않고 논문을 내는 잡지도 다르며 전혀 다른 분과에 속해 있어서 서로 만날 기회가 많지 않다. 그럼에도 불구하고 '거대지진'을 복합적으로 상연하기 위한 대규모 프로젝트에는 참여하고 있는데, 별 반대나 갈등 없이 그 차이를 유지하면서 참여하는 것 자체가 이 총의라는 의사 결정 방식에 기대고 있다 할 수 있다. 각 상연 양식들은 총의에 따른 합성을 통해서 차이를 그대로 유지하면서도 공존할 수 있는 새롭고 유연한 장소들을 창설하고 있다.

20 총의는 동의와 다르다. 총의는 국제 무역 기구(WTO)의 의결 방식으로 사용되고 있다. 동의는 모든 참가자의 적극적 의사 표시를 전제하고 의견의 일치를 추구한다. 불일치와 무관심, 갈등의 상태에 있는 비동의와 대립된다. 동의/비동의의 이항 대립에 비하여 총의는 참가자들의 의견이 일치하지 않더라도 기본적인 원칙에 큰 이견을 표하지 않으면 안건이 통과된다. 의견의 불일치에도 불구하고 적극적으로 반대 의사를 표하지 않음으로써 참가자들은 사실의 불일치 및 가치관의 불일치 속에서도 최소한의 개념과 원칙을 공유할 수 있게 된다. 유엔 총회에서도 어젠다를 제시하는 경우 총의에 따른다. 구체적인 사항에 대해서는 당사자 국가 간의 동의 혹은 비동의가 뒤따른다.

4. 방재와 감재의 위계: 여러 세계를 사는 법

'시기적(epochal) 구분'은 재앙의 양식들을 다루는 데 걸림돌이 된다. 예를 들어 '산업사회에서 위험사회로'(벡 2006(1986)), 혹은 '위험사회에서 글로벌 위험사회로'(벡 2010) 상이한 시기를 구분하는 방법은 새로운 상연 양식의 출현을 부각시키지만, 기존의 방식들과 새로운 방식들이 공존하면서 연계되어 있다는 점에 대해서는 침묵한다. 또한 하나의 새로운 방식이 출현한다고 해서 기존의 방식들이 사라지는 것도 아니라는 점에서 이러한 시기적 구분이 상연 양식들을 식별하는 데 방해물이 되고 있다. 얼마나 많은 질서의 기획들이 있는지, 얼마나 많은 세계상들이 합성과 화의를 통해서 복합재해들을 상연하고 있는지를 추적하는 자에게는 이러한 시기적 구분이 불필요하다.

고베 대지진 '이전'의 지진 대책은 "'지진이 발생하기 전' 어떻게 대피하고 피해를 막을 수 있을까?"라는 질문으로 좁혀졌다. 그리고 고베 대지진 '이후'에는 "'지진 피해가 일어난 후에' 어떻게 지진에 대응하고 피해를 줄일까?"라는 질문이 더해졌다. 전자가 피해의 억지(抑止)를 목적으로 하는 방재(防災)의 '어젠다'라면, 후자는 피해의 경감(輕減)을 목적으로 하는 감재(減災)의 '어젠다'로 분류된다. 감재를 중시하는 연구자들은 "고베 대지진을 기점으로 '방재의 시대'에서 '감재의 시대'로 넘어갔다."라는 말을 종종 하고 있다. 이들의 입장에서는, 대지진이 발생하면 피해가 어차피 발생할 것이라는 점에서 피해를 상정하고 대책을 세우는 감재가 중요하게 된다. 대책을 세웠다고 해서 안전한 것은 없다는 점, 모든 건물, 지역, 개인이 피해를 입을 것이므로 이 정도 했으니 '안전하다'는 확신을 버려야 한다는 점에서 출발한다.[21]

이에 반해 방재를 중시하는 연구자들은 방재가 중심이 되어야 하고, 감재는 어디까지나 예외적인 상황에서 필요한 대비책이라는 점을 강조한다. 그리고 감재 대책들이 얼마나 피해 경감에 효과를 발휘하고 있는지에 대한 평가조차 불가능하다는 점을 들며 궁극적인 대비책으로 방재 대책들을 여전히 제시하고 있다.

따라서 방재는 지진 예지, 건축 내진, 긴급 대응 매뉴얼과 같은 대책들로 이루어져 있다. 그리고 피해를 억지하지 못하는 대책들을 배제한다. 이에 반해 감재는 피해를 억지하지는 못해도 피해를 줄일 수 있는 대책들을 포함한다. 그래서 방재가 전제하고 있는 재앙보다 훨씬 다양한 상연 양식들과 대비책들로 재앙이 상연된다. 공적인 원조가 며칠간 제공되지 않는 산간 과소 지역 마을의 고립, 매뉴얼대로는 아무것도 할 수 없는 상황에서 공황에 빠진 공무원, 건축물에 피해가 발생했음에도 불구하고 업무를 지속함으로써 신뢰를 잃지 않으려는 기업을 통해서 상연되는 복합재해가 감재 대책의 대상이 된다. 그래서 '일어날 확률이 크지 않고' 더 큰 '외력'을 갖고 있는 '상당한 재해'에 대한 대비책들로 이루어져 있다.

따라서 감재의 출현은 더 많은 상연 양식들의 합성을 필요로 한다. 하나의 재앙에 대비를 해도 다른 양식의 재앙이 피해를 초래한다는 것이 알려졌기 때문이다. 각 연구실들은 자신들의 예측과 방재 대책이 안전을 확보할 수 있다는 '과감한' 주장을 할 수 없다. 그 대신 다른 연구실들과의 화의를 통해 감재에는 이를 수 있다는 점에 대해서 총의를 이

21 "지금까지의 일본의 지진 대책은, 현실적으로 예지는커녕 예측조차도 되어 있지 않았던 것이다. 일본의 지진 대책은 대폭 수정되어야 할 상황에 처했다. 이제부터 지진 대책은 '어떻게 지진에 사전에 대비해서 피해를 줄일 수 있을까?'라는 질문으로 좁혀진다. '감재'의 중요성이 부각되기 시작한 것이다. 감재의 방법은 정확한 피해 예측을 행하고 약점을 보강한 다음, 확률적인 대책을 짜는 것이 중요하다. 피해 상정, 예지 불가한 지진도, 강진동 예측이 가능하다. 그 발생 확률을 계산하는 것이다."(和田章 2006)

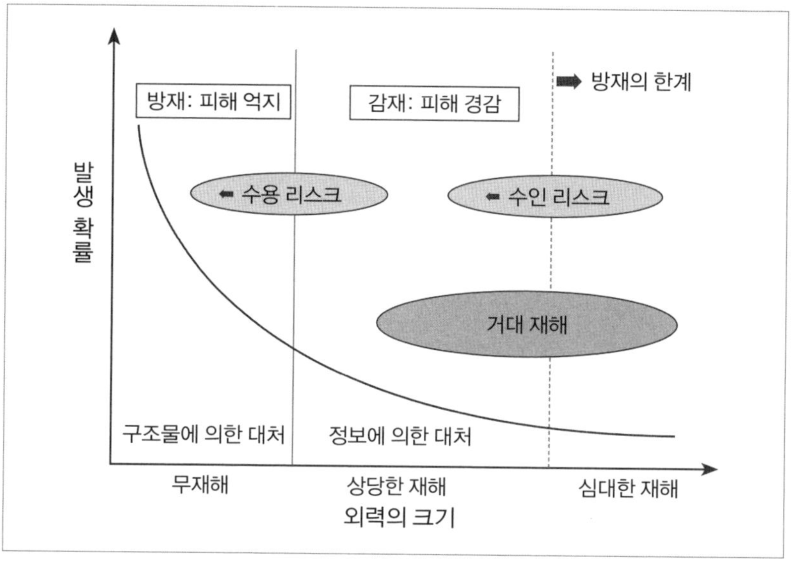

[그림 4-17] 재해를 수용 가능한 리스크로 만드는 피해 억지(방재)와 거대 재해를 수인 가능한 리스크로 만드는 피해 경감(감재)을 나타낸 그래프

모든 피해에 대해 방재를 추구하지만, 그것이 실질적으로 불가능한 경우의 피해에 대해서는 방재 대책에 감재 대책을 더할 수 있다.

출처: Kawata(2007)

루고 있다.

간과하지 말아야 할 것은, '감재'라는 새로운 어젠다가 '방재'를 중심으로 한 상연 양식이나 예측 혹은 대비책들을 배제하지 않는다는 점이다. 비록 '외력'의 크기가 크지는 않지만, 훨씬 큰 확률로 발생하는 지진들이 있다. 이 경우, 감재 대책들은 피해 억지에 아무런 도움이 되지 않을 수 있다. 이러한 지진들에 대해서는 피해를 철저히 억지하는 것을 목적으로 함으로써 감재에 사용되는 대비책과는 또 다른 대비책들이 여전히 중시되고 있다.

그림 4-17의 그래프는 방재와 감재를 동일한 공간에 배열하고 있다. 그래서 외력의 크기와 발생 확률의 정도의 문제로 방재와 감재를 구

분하고 있음을 알 수 있다. 그래서 '방재의 시대에서 감재의 시대로'와 같은 시기적 분류가 자리 잡을 곳이 없다. 감재를 위해서 피해를 경감할 수 있는 온갖 대비책들이 도입되기는 하지만, 방재를 위해서는 이러한 감재 대책들이 무용할 수 있다는 점이 드러난다. 단순히 여러 상연 양식들의 병렬과 합성이 가치 있는 것이 아니라, 일정 규모 이하의 재해 위험에 대해서는 방재를 위한 대비책들만이 필요하게 되며 그 이상의 재해에 대해서는 감재 대책이 필요하게 된다. 또한 이 그래프는 하나의 복합재해가 방재와 감재 중 하나에만 속하지 않는다는 점을 보여 준다. 복합재해는 합성의 재개를 통해서 여러 수준의 재앙을 상연한다. 그래서 방재의 수준에서 대비해야 할 재앙과 감재의 수준에서 대비해야 할 재앙들로 여러 복합재해의 버전들이 나뉠 수 있다. 즉 하나의 이름으로 불리는 복합재해일지라도 합성의 재개를 통해서 방재의 대상에도, 감재의 대상에도 속할 수 있다.

그리하여 상연된 복합재해들은 위의 좌표 어딘가에 위치하고 있다. 우에마치 단층 지진의 시뮬레이션 결과가 모두 감재 대상에 속하는 것은 아니다. 단지 건축물의 내진과 위기 시의 대응 매뉴얼 같은 방재 대책만으로도 피해를 억지할 수 있는 작은 피해의 상연 결과도 있다. 외력이 작은 상연 결과를 배제하거나 피해가 너무 크게 나오는 상연 결과를 배제하는 것이 아니라, 이 모든 결과들이 위의 감재와 방재의 위계 좌표 위에 위치할 수 있게 된다는 것이다. 그래서 30회 상연된 복합재해인 우에마치 단층 지진의 결과물들은 감재와 방재의 위계에 따라서 그에 알맞은 대비책들과 짝을 이룰 수 있게 된다. 하나의 지진에 대해서도 피해를 '억지'할 수 있는 재해와 피해를 억지하지는 못하더라도 적어도 피해를 '경감'할 수 있는 재해가 나뉜다. 방재 대책을 세워야 할 재해와 감재 대책을 세워야 할 재해로, 그리고 예측조차 불가능한 재해로 위계화된다. 그리고 이 억지 가능성과 경감 가능성의 위계에 따라서 전자는

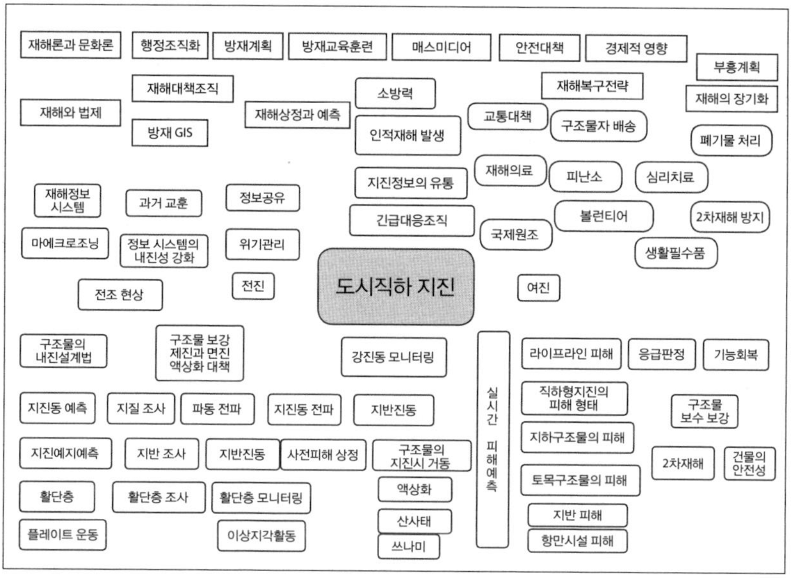

[그림 4-18] 고베 대지진 이후 연구 대상의 확대(방재학의 전망)
가로축은 시간, 세로축은 공간을 나타낸다.
출처: 교토대학 부설 방재연구소에서 1999년 한 연구자에 의해 작성됨.

구조물(내진 설비, 방파제, 매뉴얼)에 의한 방재 대책을 세우는 한편, 후자는 정보 처리(강진동 예측, 업무 연속성 계획, 크로스로드 게임 등)를 통한 감재 대책을 세우게 된다.

이로써 단순히 다양한 복합재해들의 병렬을 넘어서서 이 복합재해들을 방재와 감재로 위계화할 수 있는 척도가 지진의 총 집합에 마련되어 있음을 알 수 있다. 다양성의 병렬에서 그치는 것이 아니라, 합성을 재개하는 데 방향을 잡아 주는 위계가 마련된 것이다. 화의를 이어 가는 데 기본적인 원칙으로서 어젠다가 마련된 것이다. 다양성에서 복합성으로의 전이이다.

필자는 지진 재해가 방재과학기술을 매개로 집단들의 다양한 관심, 해석, 개입에 열려 있는 "두꺼운" 사물이라는 점을 제시했다. 특히 지진 재해가 풍부한 잠재적 세계들을 "두껍게" 포함할 수 있다는 점을 보여 줌으로써 개인들과 집단 혹은 공동체의 지진 재해에 대한 탄력성을 높일 수 있는 체계가 구축될 수 있는 가능성을 보여 주었다. 그 과정은 다음과 같다.

방재연구소에서 행위자들은 새로운 협상 테이블을 통해서 그 목소리를 반영할 수 있게 되었지만, 타협의 과정을 통해서 더 멀리 옮겨 가 다른 행위자들과 연합할 수 있도록 그 정보의 일부를 탈락시켜야 했다. 이렇게 해서 새로 만들어진 집단들은 지진 재해를 상연하는 중요한 행위소로 등장하게 된다. 행위소들은 정해진 방식대로 행위하는 수동적인 객체로 다뤄지기보다는 스스로 새로운 행위를 증식할 수 있는 능동적인 주체로 변형된다. 그럼으로써 지진 재해의 시나리오는 행위소들의 예측 불가한 행위 능력으로 인해 다양한 갈래로 증식된다. 이 과정은 상이한 양식에 따라 지진 재해를 상연하게 되는데, 본 연구에서는 상연 양식의 목록을 제시함으로써 여러 방식으로 지진 재해가 해석되고 상연될 수 있음을 보여 주었다. 상이한 양식들의 지진 재해는 어떻게 하나의 지진 재해처럼 보이는가에 대한 질문에 대해서는 프로젝트를 통한 '합성'의 방식을 제시했다. 그 결과 개개의 행위자들이 능동적으로 여러 양식과 접속하면서 상이한 '생존', '생활', '생명', '생태'의 궤적들을 그려 내며 여러 잠재적 세계들을 살 수 있게 되었다. '여러 세계를 사는 법'에 대해는 다음 장에서 다루기로 한다.

세계상과 세계정치, 그리고 우주적 사물로서 "두꺼운" 지진에 대한 기술이 인류학과 민족지 연구에 기여할 점은 다음과 같다. 여러 세계상들이 공존하고 새로운 세계상에 개방되어 있는 복잡성의 공간은 행위자들에게 하나의 행위 양식에 따라서 획일적으로 행동할 것을 요구하지 않는다. 대신 각각의 행위자가 서로 다른 세계상들과 접속하면서 상이한 시공간을 가로지르고 선택하고 대체하고 만들어 낼 수 있도록 개방되어 있다. 이러한 공간을 연구하는 연구자는 '세계관'이나 '문화'와 같은 관념적 인공물들로 행위자들의 행위를 통제하는 위험에서 벗어나,[22] 행위자들이 능동적으로 여러 양식과 접속하면서 그려 내는 상이한 궤적들을 기술할 수 있는 길을 열어 준다.[23] 이로써 인류학자는 행위자와 집단범주, 행위자와 문화, 행위자와 세계관, 행위자와 구조라는 '둘의 문제'에서 자유로워질 수 있다.

행위자의 능동성을 중시할 것인지, 아니면 그들이 공유하고 있는 문화와 세계관의 힘을 중시할 것인지를 고민할 필요는 없다. 각 행위자는 세계상들, 여러 방재 기술과 접속함으로써 연망(network)의 생산에 참여한다. 동시에 접속과 단절을 통해 여러 세계상에 유동적으로 접속함으로써 삶의 탄력성을 높일 수 있다. 필자가 '셋의 문제'라고 부르는 행위자, 세계상, 그리고 접속을 통해서 행위를 기술하는 시도는 세계정치를 통해 발현하는 수많은 잠재적 세계들을 가능하게 하는 새로운 실체와 집단들의 목소리들을 탐지하고 배려하는 감각(sense)을 더욱 세련되게 할 것이다.

22 문화 개념에 대한 인류학 내부의 비판(Abu-Lughod 1991: 137-162; Bourdieu 1977; Marcus & Clifford 1986; Wagner 1981) 이후 인류학 연구들은 자기 폐쇄적이고 관념적인 상징, 이론, 믿음의 체계로 세계를 제시하지 않는다. 그 대신 실천 속의 사건, 사물, 장소들이 연결된 망으로서 세계를 그려 낸다.

23 여러 세계상이 공존하는 공간에서의 존재 방식에 대한 논의들은 Mol(1998, 2002), Thompson(2002, 2005), Latour(2013) 등을 참고. 특히 사건, 사물, 장소의 변화에 따라 행위자의 존재가 연행될 수 있다는 점을 다루는 방법으로 "존재론적 안무"(ontological choreography)(Cussins 1996), 인식론을 배제하고 철저히 사건, 사물, 장소의 실천으로 행위와 대상을 기술하는 방법으로 "실천지"(praxiography)(Mol 2002) 혹은 "존재지"(ontography)(Holbraad 2009a, 2009b; Lynch 2013) 등을 들 수 있다.

제5장

안전·안심의 지리학

연구소가 만들어 낸 거대한 지진 재해는 '찻잔 속의 태풍'처럼 작았다. 해양판과 대륙판의 충돌, 수십에서 수백 km에 이르는 단층대, 30층 이상의 고층 건물, 일본 남동 해안 대도시권에서 일어나는 대재앙의 파노라마는 협소한 연구소 건물의 한구석에서 휘몰아치고 있었다.

연구소 밖의 주민, 마을, 학교, 기업, 관공서 사람들 중 어떤 이는 이 '대규모' 지진 재해에 대해 걱정하고 대비를 하지만, 또 어떤 이는 무시하거나 의심을 한다. 결국 얼마나 많은 곳에서 진지하게 받아들이고, 얼마나 멀리까지 통용될 수 있는가에 따라서 연구소의 여러 작은 상연물들이 찻잔 속에 머물지 않고 일상에서의 안전과 안심을 확보하는 데까지 힘을 발휘할 수 있게 된다.

이 장에서는 ① 연구소가 만들어 낸 지진 재해가 배포되고, ② 지진 재해에 대한 대비책들이 배정됨으로써, ③ 안전과 안심을 연계하는 다양한 방식들이 일상의 곳곳에 배치되는 과정을 지리학적 언어로 기술한다. 나아가 ④ 연구소의 '힘'이 미치는 지리적 한계를 명확히 함으로써 이 지리지(誌)에 분포되지 못한 실체들을 배려하고자 하는 시도를 다룬다.

힘을 지리적 문제로 다룬 논의들은 힘을 개체 혹은 실체의 속성으로 다루던 논의와는 차이를 보인다. 여러 지점들을 매개해서 연결망을 구축하는 행위자(매개자)들의 역할을 강조하고,[1] 여러 연결망들을 가로지르며 접속과 상호 개입을 통해 새로운 실재를 실현하는 행위자의 능동성을 부각시킨다.[2] 힘은 이렇게 해서 구축된 행위자들의 복합체로서 하나의 실체나 개체에 전적으로 속할 수 없게 된다. 잘 엮어진 힘의 연결망은 연구소의 국지적 장소에서 만들어진 '찻잔 속의 태풍'을 연구소 밖의 광범위한 지역으로 이동시킬 것이다. 그 이동의 범위만큼 재난의 상연물은 더 많은 사람과 사물이 재난을 예측하고 대비하면서 안전과 안심을 추구하도록 유혹한다.[3] 그리고 그 연결 방식의 수만큼 생존할 수 있는 세계상과의 접속점을 풍부하게 확보할 수 있게 된다.[4] 한편 현

1 얼마나 멀리까지 동봉된 블랙박스를 파견할 수 있는가, 그 범위(scale)가 곧 권력이다. 로가 겔리선을 통해 제시한 "동봉"(envelop)(Law 1986)과 라투르가 실험실을 통해 제시한 "불변가동물"(immutable mobile)(Latour 1987)은 권력의 범위를 결정짓는 매개자의 '배포'에 주목하고 있다. 그래서 권력의 크기(size)에 따라서 거시 정치와 미시 정치를 미리 나누고 몇몇 행위자에게서 권력의 속성을 찾는 기존의 논의와 차별화된다.

2 몰은 서로 다른 양식들이 경합하는 대신 여러 층위로 배정되는 과정을 기술했다.(Mol 2002: 104-105) 행위자들이 상황에 따라 각 층위를 오르내리면서 여러 실재들이 배려될 수 있다. 이 과정은 '다른 실재'를 외부로 배제하기보다는 그것이 위치할 수 있는 새로운 장소를 내부에 창설할 수 있음을 보여준다.

3 명제를 "느낌을 위한 유혹"이라고 정의하고 있는 화이트헤드(2005: 378-379)를 따라서, 이 장은 정말로 연구소가 제공한 '예측이 맞아떨어졌는지', 그에 대한 '대비책이 효과가 있는지', 그것들이 '과학적인지, 비과학적인지'에 대한 진위 판단에 집착하지 않는다. '차 한잔하실까요?'라는 현지인의 권유가 인류학자를 판단보다는 관심으로 이끌었듯이(권숙인 1998) 연구소로부터 제공된 '태풍이 든 찻잔'은 연구소 밖의 여러 사람과 사물들에 관심, 걱정, 우려, 배려, 돌봄을 권유하고 있다.

4 일상적인 도시 공간에서는 옮겨 가는 장소마다 상이한 양식들과 질서들이 뒤얽혀서 실천되고 있음을 발견하게 된다.(de Certeau 1984) 연구소 밖의 공간에서는 여러 양식의 질서들이 실용적인 목적을 위해 다양한 방식으로 접합된다. 실천에서 행위자들이 논리들, 틀들, 양식들, 레퍼토리들, 담론들 중

재의 세계상 속에 분포되지 못한 무수한 사물들도 있다. 이 분포도 위에 '자리 잡지 못한 자들'에 대한 배려가 안전·안심의 추구에 중요한 윤리적 문제로 떠오른다.[5]

필자는 이 장에서 사물이 새로운 장소로 이동하고, 다른 사물과의 관계 속에서 자리를 잡으며, 새로운 장소의 형성에 개입하면서, 세계의 성원이 되는 과정을 '배포', '배정', '배치', '분포'로 언급하고 있다.[6] 장소의 이동과 공간의 구성에 대한 실천을 기술하는 데 활용된다는 점에서 이 네 용어는 지리학적이다. 필자는 이 지리학적 용어들을 사회과학이 암묵적으로 전제해 오면서 실천을 기술하는 데 걸림돌이 되어 왔던 이분법을 드러내고 그것들을 들어내는 데 활용했다.

따라서 이 장의 구성 역시 배포-배정-배치-분포의 순서로 전개된다. ① 우선 장비의 배포에 따른 기술 구역의 형성을 기술했다. 연구자들의 출장을 따라가면 상연물이 연구소 밖으로 연장되는 과정이 밝혀진다. 그리고 여러 상연물의 배포 범위에 따라서 기술 구역의 과거, 현

하나에 안주하지 않고 끊임없이 타협하고 옮겨 가면서 여러 상황에 맞게 재해 대책들을 전유하고 있기 때문이다. 이들은 내부와 외부를 구분 짓는 '경계'를 구성하거나 하나의 '합성물'을 만들기보다는, 여러 장비들과 능력들을 상황에 따라 동원함으로써 이질적인 질서의 기획들을 엮어 놓는다.

5 사전 배려의 원칙과 세계정치에 대해서는 이미 제4장 서론에서 다룬 바 있다. 여기서는 사전 배려의 원칙이 연구소 밖에서 어떻게 실천되고 있는지에 초점을 맞춘다.

6 세르가 제시한 "distribution"(세르 2009)은 여러 용례의 한자어로 번역될 수 있다. 이 장에서는 그 의미들을 네 가지 위상으로 나누어서 활용했다. 배포(配布)란 '널리 나누어 준다'는 의미로, 거리 및 이동과 관련되어 있다. 배정(配定)이란 '몫을 나누어 정한다'는 의미로, 나눔의 비율과 관련되어 있다. 배치(配置)란 '일정한 자리에 알맞게 나누어 둔다'는 의미로, 장소를 정하는 일과 관련되어 있다. 분포(分布)란 '일정한 범위에 흩어져 있다'는 의미로, 정해진 범위가 그림으로 그려질 수 있음을 의미한다.

재, 미래가 나뉜다. ② 교차하는 기술 구역들이 여러 층위로 배정됨으로써 집단들은 재난 피해로부터 회복할 수 있는 탄성을 확보할 수 있다. 앞에서 기술된 여러 예측과 대비들은 서로 배제하거나 충돌하기보다는 이 배정의 과정을 통해 병행되고, 포함되고, 연계된다. ③ 배포와 배정의 과정을 통해서 객관적 안전과 주관적 안심이 정책적으로 배치된다. 안전과 안심의 상호 포함적인 관계는 전문가 중심주의와 주민 참여 간의 대립을 해소할 수 있는 아이디어를 제공한다. ④ 안전·안심의 지리학에 그 자리를 얻지 못한 실체들을 배려하는 시도를 '상정의 바깥'(想定外)이라는 말을 중심으로 기술했다. '상정의 바깥'이라는 말이 관련자들의 책임회피를 위한 구실로 활용되는 것이 아니라, 배려에 대한 책임을 의미하는 말로서 윤리적 잠재력을 발휘할 수 있음을 제시한다.

1. 배포

1) 출장과 연장

연구소는 걸어서 30분이면 충분히 한 바퀴를 돌 수 있다. 필자는 하루에 한 번씩 연구소 부지를 돌며 산책을 했다. 이 연구소 곳곳에 위치한 몇몇 건물에서 지진 재해가 상연되었다. 사실 '건물'이라고 말하는 것도 너무 넓다. 이 건물들과 몇몇 필드 내에 있는 문헌, 컴퓨터 스크린, 프로젝터, 게임 카드, 참가자들의 마음속에서 지금까지 우리가 봐 왔던 복합재해 혹은 대재앙이 일어났다고 말하는 것이 정확하다 하겠다.

하지만 연구소 밖의 장소들은 연구소의 상연물들에 대해서 적대적인 사람들과 잡음이 가득한 황무지이다. 그래서 예측과 대비를 위한 상연물을 연구소 밖까지 연장시키기 위해서 또 다른 협상과 타협이 필요하다. 연구소 밖 집단들에게 연구소에서 옮겨져 오는 것들을 받아들이고 그 밖의 적대적 '잡음'과 연결을 끊도록 설득해야 한다. 연구소 밖으로 길을 냄으로써 복합재해가 연구소 밖에서도 상연될 수 있는 환경을 만들고, 그에 따른 방재 대책을 집단들이 이행하도록 유혹해야 한다. 예측과 대비는 연구소 밖으로 연장된 이 장소들 내에서만 살아남을 수 있다. 장래의 진재에 대한 예측은 이 장소들 내에서만 '맞아떨어지고', 방재 혹은 감재 대책 역시도 이 장소들 위에서 '성취'된다. 연구자들의 출장과 상연물의 연장은 이러한 장소들을 늘리기 위한 모험이다.

도시사회공학자는 '건설컨설턴트 협회'의 고문이다. 산간 과소 지역의 활성화를 담고 있는 그의 실험은 인도네시아에 세워지고 있는 신도시 마을에 하나의 모델로 소개되었다. 사면회의 시스템과 마을 활성화의 성공 사례를 들고 기업들로 출장을 다녔던 도시사회공학 연구자들은 건설사로부터 재정 지원을 얻어 낼 수 있었다. 신도시의 '하드'한 건설을 담당하고 있던 일본의 건설사가 도시사회공학자에게 '소프트한' 건설로서 마을 활성화를 의뢰했기 때문이다.

이렇게 해서 도시사회공학 실험실의 연구자들은 일본의 산간 지역을 넘어서 인도세시아의 한 마을로 출장을 나가기 시작했다. 첫 번째 출장은 실패였다. 사면회의를 열기로 했던 곳에 주민들이 모이지 않았다. 사면회의를 할 장소와 주민들이 준비되었다고 인도네시아 대학 측의 연구자들이 장담을 했다. 하지만 실제로 모임이 열리는 곳에는 주민들이 '생업 종사'를 이유로 오지도 않았고, 장소가 다른 용도로 사용되는 일이 반복되었다.

주민들이 모이는 집회가 열리지 않아 주민들의 토론을 매개하는 사면회의 시스템이 가동될 기회를 얻지 못했고, 따라서 '촉진자'의 자격으로 출장을 나간 연구원은 촉진할 수 있는 행위자들을 만날 수조차 없었다. 사면회의 시스템이라는 '장비'가 작동하기 위해서 새로운 집단들을 소집할 필요가 있었다. 이렇게 일본의 한 산간 지역에서 잘 작동하던 모델은 인도네시아 신도시에서 작동의 기회조차 얻지 못한 채 무력해졌다. 결국 건설 회사 담당자는 몇 달간의 지지부진한 경과를 보고받고 출장 나온 연구원의 교체를 요구했다.

두 번째 출장을 간 연구원은 주민들을 회의에 참석시키는 데 성공했다. 하지만 통역이 있음에도 불구하고 현지 마을의 상황을 잘 몰라서 원주민들의 토론에 대해 이해하기 힘들었다. 무엇보다도 인도네시아 주민들이 일본 주민들보다 더 토론을 꺼려 해서 사면회의가 잘 진행되지 않았다. 사면회의 시스템은 주민들의 대화와 촉진자의 촉진을 전혀 매개할 수 없었다.

지역 활성화에 대한 도시사회공학자의 제안은 여전히 인도네시아의 지역까지 제대로 연장되지 못하고 있다. 그곳에도 도면과 촉진자가 있고 회의도 열렸지만, 주민들은 모이지 않았고 토론하지 않았으며 '적응적 매니지먼트'라는 세계상도 공유하지 않았다. 그래서 주민들은 사면회의 시스템을 통해서 자신들의 마을을 대변할 어떠한 목소리도 만들어 내지 못했다. 그저 어쩌다 모인 주민들이 일상적인 대화를 주고받다가 돌아가는 평소의 모습이 반복되었다. 결국 일상의 불편, 불평, 불만이 잡음과 분리되어 조음된 목소리가 되는 과정은 시작되지 못했다. '대화'에서 그친 목소리들은 '지역 활성화'라는 명제로서 다른 주민들과 지자체의 공무원들을 유혹할 수 있는 힘을 얻는 데까지 나아가지 못한 것이다. 즉 주민들의 목소리는 '대화'에 머물 뿐, '여론'이 되지는 못했다.

세 번째 연구원이 출장을 갔을 때는 상황이 달라져 있었다. 인도네시아 대학 내 도시사회공학자 연구실에서 유학을 했던 연구자가 교수로 부임했다. 그는 마을 주민들을 모으고 이들과 소통하는 데 중요한 역할을 했다. 출장을 나간 연구자들의 체류 환경과 주민들과의 소통이 크게 개선되었고, 출장이 필요 없을 정도로 인도네시아 내의 연구자들에 의해 사면회의 시스템을 통한 마을의 활성화가 시도되기에 이르렀다. 인도네시아 대학의 교수와 그의 연구실로 이루어진 강력한 동맹을 얻었다는 점에서 도시사회공학자와 인도네시아 마을을 연결하는 매개자의 수가 급증했다는 점을 알 수 있다.

연구소 밖에서 핵심적인 매개자와의 동맹은 출장을 늘리고 연장을 손쉽게 하는 요소임을 알 수 있다. 네팔에 파견된 네팔인 연구원은 네팔 NPO 활동가들의 도움을 얻었다. 주민이 네팔 전통의 색으로 염색한 천에 사면회의 도면을 그려 넣고 적극적으로 회의에 임하는 사진을 보고서에 삽입해서 발표했다. 사진과 발표자의 발표에 따르면 '복합적인 지역 현장력'을 구축하는 데 주민들과 활동가들이 적극적으로 자신들의 '문화'를 드러내고 의견을 교환하며 참여했다. 네팔의 사례에서는 연구소에서 파견된 것들과 주민들이 직접 대면하기보다는 방재와 구호를 담당하는 국제기구나 NPO 활동가들이 매개자의 역할을 했다. 이미 마을에서 방재 교육을 하고 구호를 외쳐 오던 NPO와의 동맹을 통해서 연구자들과 마을 간의 연결이 인도네시아의 경우보다 더 적은 대가를 치르고 이루어지고 있음을 알 수 있다.

바꿔 말하면, 출장과 연장을 통해서 동맹의 수를 늘려 나가는 작업 없이는 연구소 내에서의 상연물들이 아무런 힘을 가질 수 없다. 그래서 연구원들뿐만 아니라 연구실 교수, 연구소 소장은 또 다른 방향으로의 연장을 위해서 출장을 반복하고 있다. 그래서 출장과 연장 자체를 제도화하는 시도 역시 이어진다.

도시사회공학자는 자신의 제안에 관심을 갖는 연구소와 지역을 묶어서 "CASiFiCA"(Case Station-Field Campus)라는 이름을 붙였다. CASiFiCA 내의 교류를 통해서 다른 도시사회공학 연구자들은 '현지 지향'의 연구 활동을 안정적으로 추진할 수 있다. 일본(DPRI), 중국

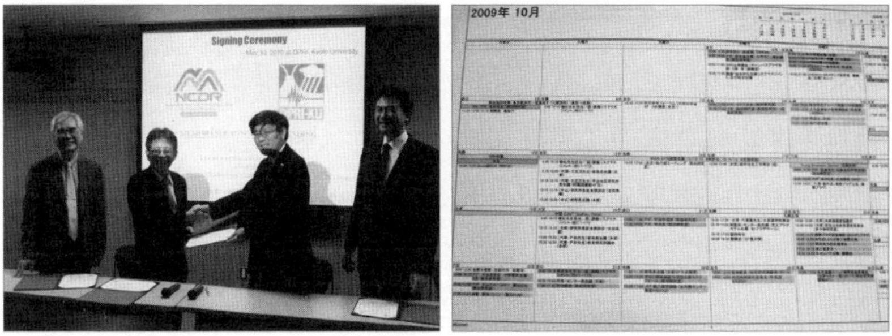

[그림 5-1] 대만 연구 기관과 교류 협정을 맺는 소장(왼쪽)과 그의 비서가 보여 준 소장의 일정표(오른쪽)(2009년 7월 5일, 2010년 8월 11일 촬영)

(BNU), 인도(SEED), 네팔(NSET), 대만(NCDR), 터키 등의 연구소들(Case Station)과 협정을 맺고 이 연구소들이 각국의 현지(field)를 공유한다. 그럼으로써 자신의 제안에 협력하는 동맹을 늘리고, 사면회의 시스템과 같은 지역 활성화의 기술과 성공 사례를 새로운 지역에 운송하는 경로를 마련할 수 있다.

이를 위해서 도시사회공학자는 여러 나라의 방재 연구 기관으로, 그리고 그 기관들과 연계된 현지들로 수많은 출장을 간다. 출장은 단순히 협력을 맺은 연구 기관과 현지들을 연장하는 데서 그치지 않는다. 협정을 맺은 여러 연구소로부터 연구자들이 도시사회공학자의 연구실을 방문한다. 인도, 인도네시아, 네팔, 중국, 한국으로부터 온 연구자와 대학원생으로 도시사회공학 연구실의 연구 인력이 충원된다. 연구소나 현지를 넘어서 국제기구를 통한 ODA(정부개발원조)에 참여하기도 한다. 그럼으로써 지진 등의 재해로 인해 피해를 보고 있는 개발도상국들의 정부 부서들로 도시사회공학자의 출장지를 늘린다. 이러한 교류를 통해서 자신의 동맹들이 '적응적 매니지먼트'의 세계상을 공유하도록 촉진할 수 있다.

그 결과 한 산간 마을의 작은 사례를 근거로 출간된 초기 연구실의 논문들과는 달리, 최근 연구원의 논문들은 인도네시아의 메라피 화산 지역, 네팔의 재난 구호 NPO, 지즈 정과 교류 협정을 맺은 한국의 양구군의 자주방재회 등으로부터 온 사면회의 도면과 지역 활성화의 사례를 싣고 있다. 산간 과소 지역 활성화 사례와 리더의 수기가 영어로 번역되어 새로 협정을 맺은 스코틀랜드의 소방서나 지역 방재 네트워크로 순환된다. 그의 연구실을 통해 연구를 진행한 각국 연구원들의 '제2' 혹은 '제3' 저자로 그의 이름이 포함됨으로써 그가 쓴 논문과 산간 과소 지역 마을의 사례가 더 많은 연구자들에 의해 인용된다. 방재연구소의 다른 연구실 연구자들이 그의 주장과 성공 사례에 공감하고 동참하기 시작해서 일본의 또 다른 현지에서 '지역 현장력'을 높이는 실험을 시작하거나, 일본의 방재 시스템을 전반적으로 다루는 저서에 도시사회공학 연구실의 사례가 첨부된다.[7]

도시사회공학자는 광범위한 네트워크 구축 능력을 인정받아 방재연구소 소장으로 선출되었다. 일정 중에 주목할 만한 것은, 그의 출장지가 연구소의 각 실험실들의 성과를 배포할 또 다른 지역과 현장, 그러한 지역 및 현장과의 연결을 확장하는 데 도움이 되는 정부, 기업, 비정부 기구들의 위원회, 간담회, 협의회로 연장되었다는 점이다.

2) 장비 갖추기

연구자의 입장에서는 출장과 연장이라고 할 수 있는 이와 같은 이동이 연구소 밖의 집단들의 입장에서는 '장비를 갖추는' 일로 번역된다.

7 도시사회공학자의 '지즈 정의 사례'가 한 지진학자가 쓴 책의 "도난카이·난카이 지진에 대비하는 사회 만들기"라는 장에서 "지역으로부터의 도전"이라는 제목으로 다뤄지고 있다.(川崎一朗 2009)

행위자들은 "장비"(equipment)(Latour 2005a)를 갖춤으로써 위기 시에 스스로 자기 몸과 마음, 그리고 마을과 조직을 지키는 능력을 갖추게(equipment) 된다. 그래서 외부로부터 들여오는 이 장비들을 몸에 익히는 것이 곧 재해에 대한 대응 능력(preparedness)이라 할 수 있다.

대응 능력을 구성하는 장비들은 '장'(field) 밖으로부터 연결된 다양한 연결망을 통해 들어오면서 행위자들 혹은 집단들을 가로지른다. 그래서 자아, 몸, 집단, 구역 등은 서로 다른 질서에 기반을 둔 장비들이 교차하고 접붙여지는 장소라는 점에서, 처음부터 독립된 경계를 두른 동일체가 아니다.

필자는 대응 능력이 '장비'이기도 하면서 '갖춤'이기도 하다는 점, 그리고 인간과 비인간의 연합이라는 점에 주목한다. 행위 능력의 혼종성을 밝힐수록 힘 혹은 능력이 형성되는 과정을 알 수 있고, 또 재난에 대한 대응 능력을 늘리는 데 정책적인 도움을 얻을 수 있다.

연구소 내에서 긴급지진속보 연구자가 하는 일은 논문 위에서 변수와 계수들을 이리저리 맞추어 보는 데 지나지 않았다. 하지만 단말기를 개발하는 다른 대학의 연구자와 이 단말기를 공장이나 철도 혹은 엘리베이터에 장착해서 피해 경감 시스템을 구축하는 회사들이 더해지면서 긴급지진속보에 연결된 집단들이 늘어났다. 강진동 연구자가 계산식을 개선해서 더 정확하고 신속하게 지진의 규모와 최대가속도를 얻을 수 있게 되면, 이 단말기를 갖춘 집단들에게 개선된 알고리즘이 배포됨으로써 자신이 직접 이동하지 않고 단말기와 애플리케이션을 갖고 있는 수많은 집단들에게 새로운 계산식을 업그레이드할 수 있게 된다.

사례 5-1

단말기와 수신자들의 연결망

(자신의 연구실 내에 설치되어 있는 단말기를 가리키며) 저것이 우리의 긴급지진속보 단말기입니다. 저걸 만들고 있는 분이 아이치(愛知) 공업대학에 있지요. 아이치 현의 고등학교나 회사를 포함해서 서른 군데에 단말기를 팔았습니다. 이 구입자들에게 긴급지진속보를 발신하는 경로를 개선하는 연구를 하고 있습니다. 이에 반해 저는 어떻게 더 정확하고 신속한 계산을 가능하게 할 것인가를 연구하고 있는 거지요. 이번 워크숍을 통해서 긴급지진속보 서비스를 받는 곳으로 연구자들을 따라 견학을 갔습니다. 철도 회사에서 긴급지진속보를 철도 시스템의 자동 중지 혹은 감속에 연계시키는 방식과 여전히 풀리지 않는 문제점들에 대해 듣고 왔습니다. 기상청에도 물론 갔었지요. 재해 시 고층 건물의 안전을 확보하기 위해서 엘리베이터 통제실에 긴급지진속보 단말기를 설치해 자동적으로 운행을 멈추고 사람들을 대피시키는 대학 담당자도 만났습니다. 시미즈 건설은 긴급지진속보가 발령되었을 때 정보 시스템의 통제하에 직원들이 피난하는 시범을 보여 주었습니다. 반도체 회사에 '설비 자동 격리 시스템'을 팔고 있는 회사는 긴급지진속보 시에 자동으로 고가의 장비를 멈추고 지면으로부터 격리시키는 시스템을 보여 주었습니다. _2009년 9월 8일, 긴급지진속보 연구자 야마다 면담

긴급지진속보 연구자는 워크숍을 출발점으로 긴급지진속보 단말기의 연결망을 따라가면서 단말기를 매개로 연합하고 있는 다양한 집단들과 만날 수 있었다. 그럼으로써 자신이 연구하고 있는 계산식을 통

과해 가는 3초간의 P파, 활단층의 반지름(r)과 지진의 규모(M 0), 그리고 최대속도(PGV)가 어떻게 변형되어서 연결망의 다른 장소들로 이동했는지를 확인할 수 있었다.

하지만 장비를 갖추는 것이 단순히 집단들의 수를 늘리는 것에 그치는 것은 아니다. 앞 장에서 긴급지진속보는 정확성과 신속성의 거래를 통해서 상연된다는 점을 살펴보았다. 단말기를 갖추고 긴급지진속보를 수신하는 주민, 공무원, 공장주 역시 이 거래에 동참해야 한다.

사례 5-2

지금 상황에서는 할 수 없는 일

지난주에 긴급지진속보가 한 번 실패했었지요. 알고 있나요? 그때는 계산식이 아니라 시스템 장치 자체에 문제가 생겨서 작은 지진을 큰 지진이라고 전송하게 된 것입니다. 그건 '빗나감'(空振り)이지요. '빠뜨림'(見逃し)은 아니지만. 그럼에도 불구하고 그나마 다행인 거죠. 만약 빠뜨렸다면 문제가 더 커지는 거지요. 이렇게 빗나가거나 빠뜨리거나 하는 문제가 여전히 긴급지진속보에 있지만, 그래도 특별히 소송이 걸리거나 하지는 않습니다. 만약 정말로 문제가 큰 경우는 소송을 하겠죠. '기상청이 틀려서 용서할 수 없다'고…. 하지만 그런 일은 아직 없었습니다. 지금 미국이나 이탈리아의 경우는 소송을 당하기 때문에 틀리면 상당히 곤란해지기는 합니다. 일본에서는 여전히 문제가 해결되지 않았지만 사람들이 별로 신경을 쓰고 있지는 않습니다. 긴급지진속보를 그리 많이 사용하고 있지는 않기 때문에 틀려도 변명할 것도 없겠지요. 하지만 지금 상황에서는 할 수 없는 일입니다. 여전히 개선되어야 할 부분이 많으니까요.

_2009년 9월 8일, 긴급지진속보 연구자 야마다 면담

'정확성과 신속성 간의 거래를 할 것인가 말 것인가'의 선택이 이 긴급지진속보의 네트워크와의 접속점이다. 그리고 실천에서는 단말기를 구입해서 설치하는 것이 '거래'의 세계에 접속하는 것이다. 긴급지진속보 단말기를 갖춘 주민이나 조직은 긴급지진속보를 수신하는 장비를 선택함으로써 이 '거래'의 세계상을 받아들인다.

이러한 선택 방식은 긴급지진속보 논쟁을 종결시키지는 못한다. 이 세계-그림에 동조하지 않는 자들은 긴급지진속보의 부정확성에 대해 비난할 것이다. 거래에서 멈추지 말고, 정확하고 신속한 조기경보를 보낼 수 있는 장비의 개발에 더 관심을 가질 것이다. 이와는 달리, 자발적으로 '거래'의 세계상을 수용하는 집단들을 통해서 긴급지진속보는 일상적 현실로 받아들여지기 시작한다. 연구자들 간의 논쟁이 계속된다 할지라도, 혹은 다른 주민들이 정확성과 신속성 간의 거래를 거부한다 할지라도, 단말기를 장착한 주민, 기업, 학교, 지하철 회사들은 이미 긴급지진속보의 거래 방식을 받아들이고 있다. 그럼으로써 긴급지진속보는 이미 여러 학교, 반도체 공장, 지하철, 고속철, 고층 건물의 엘리베이터 등에서 실현된다.

결국 연구소 내에서 논쟁은 동의를 통해 종결되기보다는 비종결 상태로 남겨지게 되었다. 긴급지진속보는 연구자들 간의 명확한 동의를 우회해서, 연구소 밖에서 '비가역적 총의'(irreversible consensus)에 이르렀음을 알 수 있다. 바로 이러한 이유에서 긴급지진속보가 조금 빗나가더라도 장비를 갖춘 자들은 긴급지진속보의 부정확성에 크게 문제를 제기하지 않게 된다. 긴급지진속보 단말기를 갖춘 자들은 정확성과 신속성의 거래라는 세계상을 받아들였고, 그 세계상이 발하는 유혹에 이끌려 어느 정도의 정확성을 포기하고 있기 때문이다.[8]

장비를 갖추는 것이 세계상의 수용과 연관된다는 점은 도시사회공학자의 동맹들에게도 마찬가지이다. 도시사회공학자의 연구실로부터 파견된 훈련받은 촉진자, 회의 도구, 다이어그램, 성공 사례[9], 지역 활성화 리더의 수기 등은 이미 다른 지역의 지역 활성화 프로젝트나 기업의 업무 연속성 계획의 수립 속에 도구로 삽입되어 있다. 또 다른 지역과 기업 등에서 새로운 목적을 이루기 위한 도구가 되어 버린 성공 사례, 수기, 도안과 회의 도구들은 '블랙박스'로서 더 이상 그 제작 과정과 작동 과정을 들여다볼 수 없는 현실이 된다. 도시사회공학자의 제안의 시초는 문헌 속의 진술에 지나지 않았지만, 이 단계에서는 '도구적 현실'에 이르게 되었다. 인도네시아 신도시의 주민들과 기업의 담당자들은, '지역 활성화 모델'의 대변인인 도시사회공학자나 지역 활성화 리더, 그리고 회의의 촉진자들에게 반박하거나 논쟁을 하는 데 시간을 보내지 않는다. 대신 이 도구들을 '갖추고' 지역을 활성화하기 위해서 주민들 스스로 할 수 있는 일들이 무엇인가, 업무 연속성 계획에서 고려해야 할

8 이탈리아의 지진학자들은 실패한 지진 예측 때문에 소송을 당했다.(『한겨레신문』, 2014. 11. 11, ''지진' 예측 실패한 과학자는 유죄, 무죄?'.) 이와는 달리 일본에서는 긴급지진속보의 부정확함을 이유로 소송 문제가 생기지는 않는다. 일본의 긴급지진속보가 정확성과 신속성의 거래라는 데 초점을 맞추고 있는 데 반해서, 이탈리아의 경우 지진학자들에게 정확성과 신속성 모두를 포함하는 '예지'(豫知)가 기대되었기 때문이다. 거래의 세계상에서는 정확성이 다소 떨어져도 신속하게 속보를 발령하는 것이 중요하다. '빗나감'은 용서되지만, '빠뜨림'은 용서될 수 없다. 그래서 결과적으로 빗나간 속보에 대한 부담이 줄어든다. 이에 반해 이탈리아에서는 정확성을 포기할 수 없기에 '빗나감'이 큰 문제가 된다. 그 결과 지진학자들이 신속하게 판단을 내리는 데 큰 부담을 질 수밖에 없다. 결국 이탈리아의 지진학자는 신속하게 경보를 발령하는 데 실패했다. 정확성은 물론 신속성까지 잃으면서 소송에 휘말리게 되었다.

9 インフラストカクヤー研究所(RIIM), 2005. 5,『地域經營ことはじめ講義ノート: 地域アドバイザー養成セミナーの記録』; インフラストカクヤー研究所(RIIM), 2008. 6,『地域經營の資格とマネジメントの實際: 地域アドバイザー養成セミナーの記録 2』.

사항들은 무엇인가에 집중한다. 이들은 이 도구들을 갖춤으로서 '적응적 매니지먼트'라는 세계상을 수용하고 있다. 지역 활성화 모델이 실제 재난 피해를 줄이는데 별 효과를 보지 못했다고 해도, 그 실패는 다음 재난에 대비하기 위한 '적응'이라고 하는 질서 구축의 과정으로 해석된다.

물론 장비 혹은 도구를 통해서 전해지는 세계상을 받아들이지 않는 사람들도 있다. 독일어로 번역된 크로스로드 게임을 하던 독일 주민은 '왜 이런 질문에 대답을 해야 하는지'를 촉진자에게 질문을 하는 데 시간을 보냈다. '사적인 영역에 대한 대비는 혼자 알아서 잘해야 하는 것이 아닌지' 반문하면서 게임에 적극적으로 참여하지 않는 사람이 있었고, 토론 내내 의심을 표해서 일본에서 파견된 촉진자들을 당황시키기도 했다. 심리학자에 따르면, 스스로를 방재 전문가로 생각하는 지자체의 방재 담당 공무원도 매뉴얼에 벗어나 자신을 공황 속에 빠뜨리는 게임에 참석하길 꺼려 했다. 이들은 자신들이 게임을 하기보다는 주민들이 게임을 하도록 하는 데 관심이 있었다. 그리고 바로 그 지점에서 크로스로드 게임의 연결망은 공무원에게까지 충분히 연장되지 못했다. 그곳에서 기술 구역의 외부와 내부를 가르는 경계가 형성된다. 이 기술 구역의 밖에서는 게임을 통한 공황의 체험이 존재하지 않는다. '갈림길에서 곰곰이 생각하는 사람'으로 그려지는 세계상은 이 지점에서 더 이상 실현되지 못한다. 이 세계 밖에 있는 공무원이나 주민에게는 대재앙에서의 공황이 사전 준비 없이 곧바로 들이닥칠 것이다.

요약하면, 장비와 도구를 통해서 연구자들의 제안은 구체적인 사물과 사건과 장소로 일상화되었다. 그리고 또 다른 목적을 위해서 다른 제안들에 삽입되었다. 여전히 논쟁이 진행되고 있음에도 불구하고 긴급지진속보나 지역 활성화의 제안들은 이미 연구실 밖에서 수많은 동맹들을 거느리고 있다. 어느 정도의 효과가 있어야 이 제안들을 둘러싼 논쟁이 종결되는지에 대해서 연구자들 간의 동의가 없다. 그럼에도 불구하고 도시사회공학자는 "불완전한 지식이라도 그것이 요청되면 연구자는 제공할 수밖에 없다."라는 말과 함께, 회의 도구와 도상, 성공 사례, 수기, 촉진자들의 일상화와 도구화를 통해서 자신의 제안을 이행하고 있다. 긴급지진속보 연구자 역시 "지금 상황에서는 개선할 점이 많아서 어쩔 수 없다."라는 말을 하고 있지만, 이미 수신기와 단말기를 통해서 학교, 철도, 공장 등에서 재해를 줄이기 위한 도구가 되어 있는 긴급지진속보를 발송하고 있다.

실험은 실험실이나 연구소에서 끝나지 않는다. 이 '불완전한' 장비와 도구를 갖춤으로써 각각 '적응'과 '거래'의 세계상을 받아들인 연구소 밖의 동맹들 역시 이 실험에 참여하고 있다. 이들은 실험을 통해 증명되고 연구자들의 의견일치에 이른 완성품을 받아들이고 있는 것이 아니다. 실험실 밖의 일상생활 속에서 그들 자신도 이 실험의 참여자가 되고 있고, 연구자들과 마찬가지로 '불완전한 지식'과 '개선할 점이 많은 기술'의 불확실성을 받아들이고 있다. 그러면서 질서를 구축하는 과정 속에 함께 있다.

3) 예측의 장소: 미래, 과거, 현재의 파동

기억과 마찬가지로 예측도 장소가 필요하다. 예측의 장소는 장비를 갖추고 세계상을 공유하면서 재난을 예측하고 대비하는 실천이 행해지는 곳이다. 연구소에서 만들어진 상연물이 장비를 통해서 일상화되기까지는 그 환경적 여건이 되는 예측의 장소가 전제된다. 이 예측의 장소는 우주적 질서, 즉 세계상을 포함하고 있다. 앞에서 장비를 갖춤으로써 장비가 그리고 있는 세계상을 함께 수용하는 과정을 살펴본 바 있다. 그 세계상이란 미래에 실현될 잠재적인 '또 하나의 실재'이다.[10]

예측의 장소는 이미 실현된 장비, 예측, 대비책 등으로 결합된 현실적인 여건도 포함하고 있다. 연구소 밖에는 이미 오래전에 연구소가 파견했으며, 집단들이 갖추고 있었던 여러 장비들이 자리 잡고 있다. 이전 상연물에 근거한 예측과 대비들이 이행되고 있으며, 그로부터 발생하는 새로운 문제점들도 포함하고 있다. 이 과거의 것들은 새로운 예측과 대비의 상연을 위해서 또 다른 세계상에 따라 포함되고 재배치되어야 할 현실적 여건들이다.

이 여건들을 세계상에 따라 재배치하고 포함시키는 과정을 통해서 연구소로부터 파견된 예측과 대비책은 실현될 수 있다. 또 다른 실재를 미래라고 하고, 현실적 여건을 과거라고 한다면, 이 또 다른 실재가 실현되는 과정을 현재라고 할 수 있다.[11] 필자는 미래-과거-현재로 흐르고, 잠재적 실재-현실-실재의 실현으로 이르는 과정이 진행되는 곳을 '예측의 장소'라고 부르고자 한다. 이 '예측의 장소'에서는 상연물이 힘을 발휘하고, 새로운 질서가 구현되고, 여러 집단들이 장비를 갖춤으로써 예측과 대비를 받아들이게 된다.

연구원들의 출장을 따라서 방문한 산간 지역과 도심의 마을에서 필자는 연구소에서 보지 못했던 장비들을 발견했다. 이미 연구소에서는 더 이상 상연되고 있지 않은 예측과 대비를 담고 있는 장비들이 도시

10 화이트헤드에 따르면, "생존은 질서를 필요로 한다." '지금뿐 아니라 앞으로도' 한 존재가 살아남을 수 있을지를 예측하기 위해서는 우주적 질서가 전제되어야 한다. 그래서 이 우주적 질서가 전제되지 않은 예측은 무의미하다.(화이트헤드 2005: 413)

11 이 장에서는 '실재', '현실', '실현'을 각각 미래, 과거, 현재로 구분하고 있다. 실재는 제안과 세계상을 통해 그려지는 잠재적 세계이다. 현실은 '현실태'라고도 부를 수 있으며, 이미 존재해 왔던 객체들이다. 실현은 잠재적 실재에 따라 현실의 집단들이 재결합되면서 구성되는 합성물이다. 이 합성물은 새로운 세계 속에 새로운 배치로 존재하기 때문에 기존 현실과 미래의 실재로 이루어진 "실현된 실재"(화이트헤드 2005: 431)라고 부를 수 있다.

[그림 5-2] 집집마다 비치된 소화기(교토 시 나카교 구 슈하치 학구 자주방재회 주민의 집)(2009년 7월 28일 촬영)

의 자주방재회, 기업, 공장, 방송국, 학교의 곳곳에 자리 잡고 있다.

교토 시 슈하치 학구 자주방재회의 총회에서는 방재회의 간부들과 주민들이 소화기의 구입에 대한 논의를 진행하고 있었다. 자주방재회의 간부들은 각 지부장(정내회별 방재 담당)에게 소화기의 개수와 위치를 기록한 문서 양식을 기록해서 제출할 것을 부탁했다. 교토 시로부터 지원받은 금액으로 구입한 소화기인지, 개인이 비치한 소화기인지를 구별해서 정확히 기록해야 한다. 방재회에서는 이 소화기들을 마을의 취약 지역에 적정한 거리로 배치할 계획이다. 흔히 볼 수 있는 소화기에 대한 논의가 총회에서 중요한 의제가 되고 있었다.

마을을 돌아 보면 집집마다 소화기와 방화수통이 놓여 있는 모습을 볼 수 있다. 학생들과 주민들이 방문해서 방재 교육을 받을 수 있는 교토 시의 시민방재회관에서는 방문자에게 소화기 사용법을 훈련시킨다. 이처럼 연구소 밖의 일상에서 소화기를 어디서든 볼 수 있지만, 방재연구소 내에서는 더 이상 소화기에 대한 학술적 연구가 진행되지 않고 있다.

연구소에서 소화기가 주목받지 못한 것은 소화기에게 더 이상의 예측 불가능성을 기대할 수 없기 때문이다. 무엇과 연계될지 예측이 불가능했던 개발단계의 소화기의 기능과 그 배치법은 방재의 효과에 크게 영향을 끼쳤다. 하지만 이미 그 효과와 한계에 대해 충분한 연구가 이루어진 지금, 소화기는 연구소 연구자들과 연구소 안팎 대부분의 사람들의 시야에서 사라졌다.[12]

소화기 외에도 필자는 학교 건물의 내진 설비와 학교 운동장 아래의 빗물 저수조를 발견했다. 자주방재회와 소방관들은 화재경보기 설치를 개인의 선택에 맡기면서 '가능하면' 설치할 것을 권유했다.

연구소 내에서는 어떤 연구도 진행 중이지 않았지만, 이 장비들은 과거에 중요한 연구 대상이었다. 연구소 밖으로 그 연결망을 연장시키기 위해서 수많은 출장과 파견이 있었다. 지금은 연구 성과들을 모아 둔 자료실에서 소화기와 소화전을 적정한 장소에 배치하는 방법에 대한 오래된 연구 결과들을 찾아볼 수 있다. 학교와 같은 공공 건물의 내진 설비 역시 연구소 내부에서는 더 이상 연구의 대상이 되지 않고 있다. 지자체의 방재과에서 '내진율 90%를 목적으로 한다'는 계획서 속에서 찾아볼 수 있는 주제가 되었다.

한편 연구실의 제안들 혹은 상연물들이 모두 연구소 밖으로 연장

12 중간항(intermediaries)은 변형 없이 의미를 전달하는 것으로, 입력만으로 중간항을 통해 산출된 것이 무엇인지 예측할 수 있다. 이에 반해 매개자(mediators)는 입력만으로는 그 산출에 대한 예측을 할 수 없다. 그래서 매시간 그 입·출력 간의 차이를 고려해야 한다.(Latour 2005a) 매개자는 연구소 내에서 더 잘 보인다. 그리고 연구소 밖으로 갈수록 당연하게 여겨지는 것들, 잘 안 보이는 것들인 중간자들이 대부분을 이루고 있다.

되어 현실에 이른 것은 아니다. 예측과 대비책을 실현시켜 줄 만한 장비를 개발해 내지 못해서 연구소 밖에서는 상연조차 되지 못한 것들이 얼마든지 있다. 제안과 상연물이 실현되었는지 아닌지를 구분하는 방법은 연구소 밖에 얼마나 많은 동맹들이 굳건하게 자리 잡고 있는지를 확인해 보면 된다.

일본의 문부과학성은 전 분야의 전문가들에 대한 델파이 조사를 통해서 2006년부터 2035년까지 중점적으로 과학기술의 역량을 집중해야 할 858개의 '예측 과제'들을 선정했다.[13] 표5-1에 실린 제안들의 실현 연도는 모두 필자가 현지연구를 진행한 연도보다 더 미래의 시점으로 지정되어 있다. 그럼에도 불구하고 이 '미래'의 예측 기술과 방재 기술들은 연구소의 여러 현장에서 '민족지적 현재'로 경험된 바 있다. 연구소 내에는 이미 연결망이 잘 구축되어 있다. 그래서 미래에 실현될 것이라고 예측된 기술들이 매끄럽게 상연되고 있었다. 대비책들의 효과가 실험과 시뮬레이션을 통해서 확인된다. 연구소 내에서만큼은 이 제안들과 상연물이 현실이다.

13 2004년 9월부터 10월까지 1차 조사가 있었다. 이후 연구자들이 조사결과를 참고하도록 한 후 2004년 12월부터 2005년 1월까지 2차 조사가 이루어졌다.(일본 문부과학성 과학기술정책연구소 2005) 한편 2010년 3월의 델파이 조사에서는 2040년까지의 예측 과제들에 대한 조사가 있었지만, 연구 영역들 간의 상대적 중요도를 평가하지는 않았다.(文部科學省科學技術政策研究所 科學技術動向研究センター, 2010. 3, 『將來社會を支える科學技術の予測調査: 第9回デルファイ調査』.)

[표 5-1] 문부과학성의 델파이 조사 표

순위	중요도	재난 관련 예측 과제	실현 연도	분야
1	98	재해 감시 위성, 통신 위성, GPS, 무인 비행기 등을 활용하여 재해를 감시하고, 지진 발생 후의 재해 상황 파악과 신속한 대응(필요한 곳에 필요한 정보를 발신)을 가능하게 하는 위기 관리 시스템	2014	프런티어
3	98	플레이트 경계 지진과 내륙직하형 지진의 지각에서 규모 7 이상의 지진이 발생할 가능성(장소와 시기)을 탐지하고, 재해의 경감에 도움이 될 정도로 높은 정확도로 예측하는 기술	2030	프런티어
4	96	지진 예지에 이용되는 지진 및 지각 변동 종합 관측 장치를 대도시, 산간부, 대륙붕 등에 균질하고 조밀하게 배치하기 위한 기술	2016	프런티어
8	95	지진 발생역에서 지각 내 광역응력장의 측정을 가능하게 하는 기술	2026	프런티어
12	94	지진검지점을 전국적인 네트워크로 구축함으로써 50km 이상 떨어진 곳에서 발생한 지진이 도달하기 전에 정보를 전달할 수 있는 방재 시스템	2013	사회기반
18	93	지각의 일그러짐 분포나 과거 지진 이력 분석을 통해서 중기적(5-10년 정도 앞서)인 대규모 지진(M 8 이상)의 발생을 예측하는 기술	2021	사회기반
20	93	대규모 재해 시 효율적으로 피해를 파악하고 확대 예측 시스템에 기초한 효과적인 응급 대응 활동 전략을 책정하는 기술	2015	사회기반
22	93	지진 발생 몇 분 전 예지를 가능하게 하는 지각 변동 센서	2023	일렉트로닉스
26	93	거대지진 발생 시의 구조물이나 지반의 거동을 정확하게 시뮬레이션하는 기술	2014	사회기반
27	92	장주기 구조의 해구형 거대지진에 대한 고층 건물이나 석유 저장 탱크의 내진성을 평가하고 보강하는 기술	2014	사회기반
31	92	비직하형지진의 지진파가 도달하기까지의 시간을 이용하여 인명의 안전을 확보하는 건물의 통합관리 시스템 및 홈시큐리티 시스템의 일반화	2020	정보통신
35	91	지진이나 화산, 홍수 등의 자연현상 혹은 인위적 사고에 수반되는 재해 리스크 가능성을 주민이 인식하고 이해하여 행정과의 협력을 통해 재해 저감 대책을 구축할 수 있는 시스템	2014	사회기반

순위	중요도	재난 관련 예측 과제	실현 연도	분야
45	90	건물 안전성과 재산 보존성의 비약적인 향상을 가져올 면진 장치 및 제진 장치	2013	사회기반
48	99	지역 커뮤니티에 기초한 방재 및 복지 활동 능력을 향상시키기 위한 효과적인 정보 시스템 및 사회 제도 구축	2014	사회기반
61	88	대규모 재해 발생 시에 위성의 화상, 레이저 레이더 장치에 의한 해석 등을 사용하여 광역의 재해 상황을 감시, 신속하고 안전한 피난 유도가 가능하도록 하는 광역 재해 상황 감시 시스템	2018	사회기술
81	85	지진 발생 확률의 장기 평가 기법 확립에 기초한 지진 리스크 관리의 일반화	2018	사회기반

출처: 일본 문부과학성 과학기술정책연구소·미래공학연구소(2002)

반면 연구소의 밖에서 연구소 내부를 바라보면, 상대적으로 연구소의 상연물과 장비의 상당수가 '미래'에나 실현될 예측과 대비책들이 되었다. 연구소 밖에서는 진재를 상연할 상연관을 확보하지 못한 제안들이 늘어났기 때문이다. 연결망이 연구소 밖으로 연장되지 못하면서 연구소 밖에서까지 상연되는 재난들이 점차 줄어들었다. 그래서 연구소 밖에서 보면 많은 제안들이 '미래'에 남겨져 있다. 결국 관찰자가 위치를 옮기면서, 과거, 미래, 그리고 현재는 상대적이 된다.

과거와 미래의 구분은 지리적 범위의 차이로 드러난다. 미래는 그 범위가 좁아서 연구소 안에 거주한다. 과거의 상연과 장비들은 연구소 밖으로 오래전에 연장되었고, 그 연장의 연결망은 풍화되어 더 이상 보이지 않게 되었다. 현재는 상연의 범위가 연구소 밖으로 연장되고 있고, 연구소 밖에 있는 현실과의 동맹을 통해서 잠재적인 실재를 실현하는 과정에 있다.

연구소 내에서 연구소 밖으로의, 미래에서 현재로의 지리적 범위를 결정하는 것은 잡음의 유무이다. 잡음으로부터 해방되지 못하면 상연물은 연구소 밖에서 무력해진다. 델파이 조사 표의 1순위에 중요도가 98에 이르는 과제가 있다. 그것은 '재해 감시 위성, 통신 위성, GPS, 무인 비행기 등을 활용하여 재해를 감시하고, 지진 발생 후의 재해 상황 파악과 신속한 대응(필요한 곳에 필요한 정보를 발신)을 가능하게 하는 위기 관리 시스템'이다. 위성에 탑재된 합성개구레이더를 통해서 지진 직후의 지각의 변위를 관측해 왔던 측지학자가 이 연구 과제를 진행 중이었다는 점을 앞에서 다룬 바 있다. 측지학자는 돌발 재해 보고서에 합성개구레이더를 통해 옮겨 온 진원 주변의 지각 변위 분포도를 게재함으로써 지진을 연행하는 데 관여하고 있었다.(제3장) 또한 지진학자의 지진파 토모그래피, 지자기학자의 전기비저항 구조도와 함께 이 지각 변위 분포도를 비교함으로써 단층 주변의 지각 구조를 상연하고 있다.(제4장) 하지만 과제의 후반부에 있는 '신속한 대응 및 위기 관리'에 합성개구레이더의 영상은 아무런 역할을 못하고 있다. 합성개구레이더의 영상은 여전히 많은 '노이즈'로 인해서 지각 변위 영상을 명확하게 옮겨 오기가 불가능한 경우가 자주 발생하기 때문이다.

사례 5-3

전리층과의 싸움

이 시점에서 큰 문제가 되고 있는 것은 상당히 큰 노이즈가 있다는 것입니다. 그것이 전리층 같다는 것을 간신히 확인할 수 있었습니다. 지금 오히려 지진보다 전리층 연구가 중요한 상황이 되었습니다. GPS의 파장도 그렇지만, 대충 파장 20cm 전후인 L 밴드가 다른 유럽의 위성이 사용하고 있는 C 밴드에 비해서 9배에서 10배 더 전리층의 영향을 받게 됩니다. 그런 문제는 어느 정도 지적되어 왔지만, 이번 쓰촨 성 지진의 결과에서 이 문제가 부각되었었습니다. 아직 어디서도 발표하지 않은 것이지만, 지난달에 수마트라에서 큰 지진이 있었는데 그 데이터를 얻어서 해석을 해 보니, 사상 최악의 결과가 나왔어요. 전리층의 영향이 엄청나서 지진이 일어난 부근을 모두 가려 버렸던 거죠. 나 자신은, 실은 대학에서 전리층에 대해서는 거의 공부한 적이 없습니다. 하하. 내 쪽에서는 풀 수 없는 문제도 있기 때문에, 이학 연구과에서 전리층을 연구하고 있는 사이토 씨라든지 그런 분들로부터 도움을 계속 받고 있습니다.

_2010년 10월 5일, 측지학자 하시모토 면담

합성개구레이더 영상을 이용해서 위기에 대응하는 기술은 연구소 밖의 시점에서 보면 여전히 '2014년'이라는 '미래'에 위치하고 있다.[14] 연구소 밖의 집단들이 지진에 대한 '신속한 대응 및 위기 관리'에 합성개구레이더의 영상을 이용하기 위해서는 전리층과 합성개구레이더를 떼어 놓는 것이 우선이기 때문이다. 이 노이즈가 합성개구레이더 영상에 첨부되어 있는 한, 합성개구레이더 영상은 연구소 밖에서 신속한 대응을 하고 위기를 관리해야 하는 집단들에까지 연장되지 못하게 된다.

'미래'에 머물고 있는 제안들로부터 '현재'로 연장된 제안들로 옮겨 가 보자. 순위 12번인 긴급지진속보는 실현 시기가 2013년으로 계획되어 있었고, 계획대로 진행되어 현재는 실현 단계에 이르렀다. 그리고 그만큼 연결망의 범위가 연구소 밖으로 광범위하게 연장되었다. 긴급지진속보가 연구소 밖으로 연장되는 과정을 살펴보면, 새로운 동맹을 통한 지리적 확장이 곧 실현 과정임을 알 수 있다.

14 현재 2014년이 지났으나 합성개구레이더를 통해서 위기에 대응하는 기술은 여전히 완벽하게 실현되지 않고 있다.

긴급지진속보는 기상청의 전송망을 통해서 전국의 공장, 학교, 지하철로 보내진다는 점에서 단순히 단말기를 갖출지 말지에 대한 선택을 넘어섰다. 긴급지진속보의 알고리즘을 연구하는 지진학자는 기상청의 연구위원회에 출장을 가서 공무원들을 설득하는 것으로 자신의 알고리즘을 통해서 발신되는 속보의 범위를 전국으로 연장시킬 수 있다. 기상청을 매개로 발송되는 긴급지진속보의 범위는 단순히 수신기와 단말기의 '판매'를 통해서 연장되는 네트워크에 비해서 훨씬 광범위하고 안정적이다.

사례 5-4

기상청의 위원회 참석

Q 기상청 위원회의 활동은 어떻게 되어 가고 있습니까?

A 제가 개발하고 있는 알고리즘도 아직 충분히 연구가 되지 않아서 더 많은 적용 시험을 해 봐야 합니다. 어느 부분은 잘 되어 있는데 어느 부분은 잘 안 되어 있어서요. 장단점과 미비점까지 조사해서 상세하게 말해 주지 않으면, 기상청 쪽에서도 잘 받아들이질 않습니다. 기상청 사람들은 연구자가 아니라 공무원이기 때문에, 이것이 좋다 하면 사용은 해도 그것이 왜 좋은지에 대해서는 별로 관심이 없으니까요. 그래서 이런 면에서 좋고 저런 면에서는 좋지 않다는 것을 확실히 조사해 위원회에서 말해 주지 않으면 관심을 갖지 않습니다. 그래서 저의 연구 결과의 장단점을 제대로 정리해서 위원회에 제안하는 기회를 정기적으로 갖고 있습니다.

_2009년 9월 8일, 긴급지진속보 연구자 야마다 면담

일본기상청은 2007년 10월부터 긴급지진속보를 일반 대중에게 발신하기 시작했다. 한 곳의 관측소에서 진원거리와 지진 규모를 추산하는 기술이 연구실에서 만들어졌다면, 지진 규모와 진원의 정보를 휴대폰 데이터로 가공해 동시에 여러 대의 휴대폰으로 발송하는 네트워크는 기상청과 통신 회사들을 통해 가능해진다. 또한 긴급지진속보의 발송 기준을 정함으로써 긴급지진속보가 신속히 운송될 수 있는 네트워크의 경로가 안정화된다. 진도 5약 이상으로 계산된 경우 '경보'를 발령할 수 있으며, 발송 내용은 진원 시간, 진원 이름, 진도 4의 이상의 진도가 있을 지역 이름을 포함하도록 정해진다. 이러한 기준을 규정하는 법적 틀이 2007년 11월에 마련되어 기상청의 책임을 명확하게 했다. 사기업에서 긴급지진속보를 발신할 경우 발송 기준과 내용을 명확히 하기 위해서 표준이 제정되었다.(Doi 2009) 표준, 법, 기상청, 통신 회사, 단말기 등 긴급지진속보의 연결망의 세계상을 받아들이면서 이를 실현해주는 여러 동맹들이 덧붙여졌다. 그럼으로써 긴급지진속보를 통한 '거래'의 질서는 실현된 실재가 되었다.

예측의 장소는 연구소로부터 연구소 바깥으로 물결친다. 미래에서 시작된 제안, 상연, 장비가 이미 과거가 된 현실적 여건들을 재배치하면서 현재로 밀려온다. 예측의 장소는 연구소를 중심으로 하는 동심원들의 파동으로 인해 새로운 예측 혹은 상연물들이 그 내부를 배후지로 해서 끊임없이 유동한다. 필자는 연구소 안에서 연구소 밖으로 연구자들의 출장을 따라가면서 미래, 과거, 현재를 가로지르며 시간 여행을 할 수 있었다. 연구소로부터 계속해서 밀려 나오는 물결을 타고 밖으로 흘러나온 것이다.

2. 배정

상연 양식이 여럿이라는 점은 예측의 장소에서 파도치는 동심원들이 여럿이라는 것을 의미한다. 서로 다른 중심을 가진 동심원들이 연구소 밖으로 갈수록 서로 교차하면서 상호 간섭한다. 이 상호 간섭이 공동체의 출현과 여러 대응책들의 배정을 이해하기 위한 출발점이다.

1) 기술 구역의 교차

여기서는 기술 구역의 구축 과정을 이어서 다루되, 행위자 집단들이 여러 기술과 동시에 접속함으로써 나타나는 기술 구역의 교차를 살펴보는 데까지 나아간다. 구역과 구역은 경계에 따라서 배타적으로 구분되는 것이 아니라, 교차됨으로써 그 실용적인 목적에 쓰일 수 있다. 다음은 질서들 간에 불일치가 있음에도 불구하고 A 방식의 예측과 B 방식의 대책을 동원해서 실용성을 추구하는 사례들이다.

일본 전국의 강진동을 연구하는 지진학자들은 각 활단층과 해구형 거대지진역에서 중장기적으로 지진이 발생할 확률을 계산했다. 그리고 발생 확률대로 지진이 일어났을 때 지면에서 일어날 강진동을 예측하는 수식을 고안했다. 고베 대지진 이후 설립된 문부과학성 산하의 지진조사연구추진본부와 방재과학기술연구소는 이 계산 방식을 받아들여서 전국 지진동예측지도(그림 5-3 참조)를 만들어 각 지자체에 배포했다.

한편 각 지자체에서는 전국 지진동예측지도와는 별도로 지역에 가까운 활단층에서 지진이 일어났을 때의 지진동 해저드맵을 작성했다. 그리고 지진동 해저드맵은 지진동과 함께 일어날 수 있는 산사태와 홍수의 해저드맵과 동봉되어 공공 기관으로 배포되었다. 지역의 자주방재회나 자치회 주민들은 우편과 인터넷 접속을 통해서 이 지도들을 내

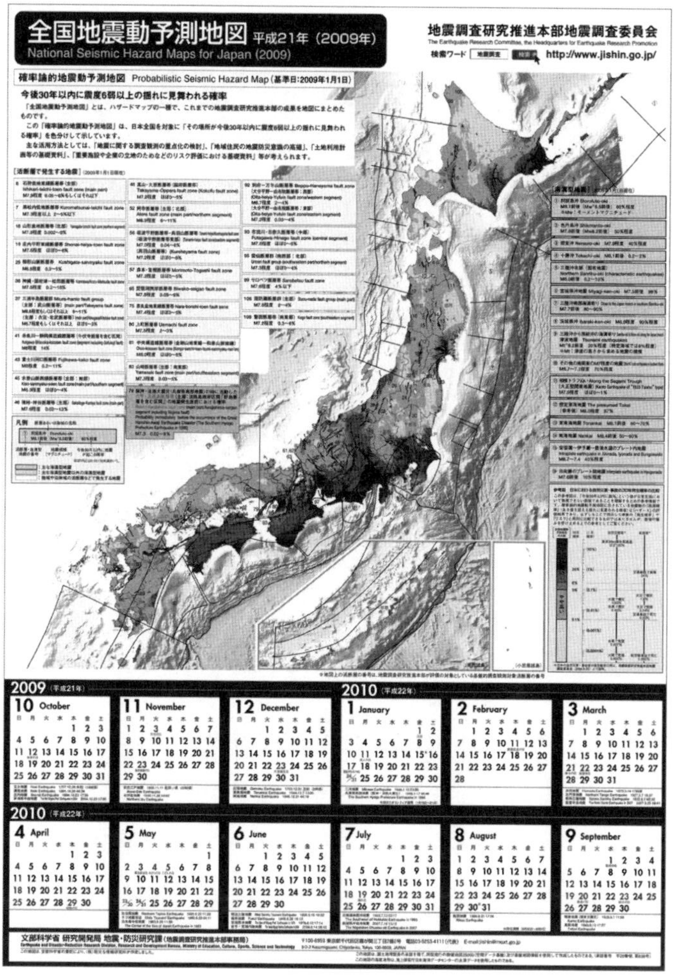

[그림 5-3] 전국 지진동예측지도 달력(지진조사연구추진본부 발행, 2009년판)

려받는다. 지역 주민들은 연구소의 다양한 장소로부터 배포 기관을 거쳐서 지역현장까지 연장된 연결망에 접속함으로써 지진 재해의 상연물과 그에 따른 장비들을 하나하나 축적해 나갈 수 있다.

이러한 과정을 통해서 지진동예측지도가 옮겨 간 곳이라면 어느 지역에 어떤 확률로 강진동이 발생할지에 대해 지역 주민들이 동일한

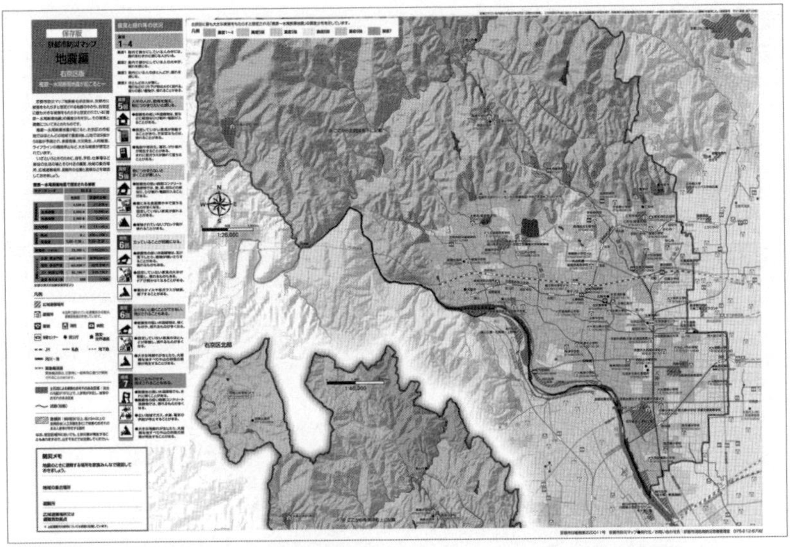

[그림 5-4] 교토 시 방재 지도 지진편 내륙직하형 지진: 하나오리 단층 지진에 따른 진도 분포
(교토 시 소방국 방재위기관리실, 2015년 발행)

지식을 공유할 수 있게 되었다. 피해 예측과 대처 방법 역시 광범위한 행정 기관들의 연결망을 타고 전국의 자주방재회로 배포되었다. 종이 양식, 장비, 지도, 표어, 매뉴얼이 이 연결망들을 타고 교차한다. 앞에서 살펴본 바처럼, 장비들이 갖추어지고, 새로운 예측과 대비책들이 파도처럼 밀려와 지역 주민들의 삶 속에 실현된다. 그리고 여러 세계상 혹은 질서들이 기술 구역의 교차를 통해서 뒤얽힌다.

물론 주민들은 방재 교육에서만 이 지도들을 접한 것은 아니다. 회사에 가면 업무 연속성 계획을 짜면서 이 지도들과 다시 만난다. 학교에서의 방재 교육을 통해서 다시 한 번 이 지도들을 만난다. 방재회 간부, 학교의 선생님, 회사의 방재 담당 직원, 그리고 공동 주택의 반장들은 교토 시 혹은 중앙방재회의나 지진조사연구추진본부의 인터넷에 접속해 같은 모양의 지도들을 내려받을 수 있다.

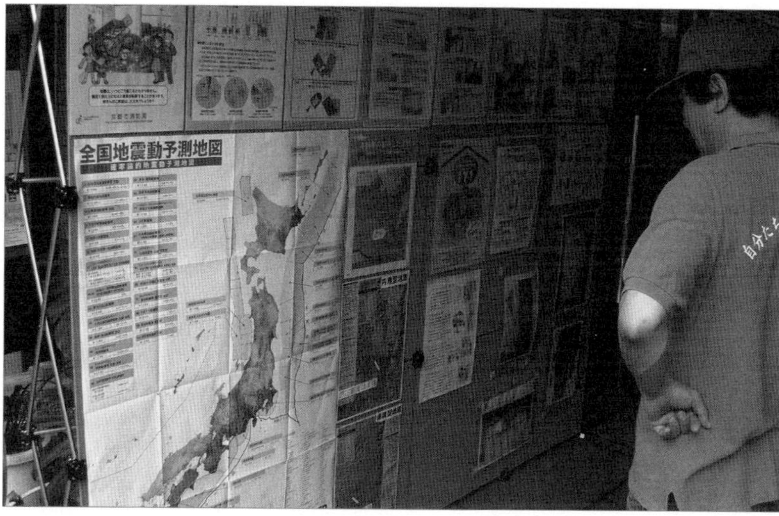

[그림 5-5] 자주방재회에서 교차하는 지도들
공동 주택 방재 교육을 위해 아파트에 방문한 자주방재회 간부가 알림판을 바라보고 있다. 가장 왼쪽에 붙어 있는 것이 문부과학성 지진조사연구추진본부에서 배포한 '전국 지진동예측지도'이다. 그 오른쪽 지도들은 교토 부에서 배포한 '교토 부 내륙직하형 지진의 해저드맵'과 '해구형 거대지진의 해저드맵'이다. 지도 위쪽의 '가구 전도 방지 팸플릿'은 중앙방재회의에서 배포하였다.(2010년 7월 24일 촬영)

슈하치 학구 자주방재회에서 크로스로드 게임의 촉진자로 참석한 심리학자와 도시사회공학자는 도시환경공학자로부터 받은 지하철 수몰 실험의 영상과 건축학자로부터 받은 면진 고층 건물의 진동대 실험 영상을 게임 참여자들에게 보여 주었다.

사례 5-5

지하철 수몰 실험과 크로스로드 게임

화면에 등장한 실험실에는 지하철 입구로 올라가는 계단의 모형이 설치되어 있다. 위로부터 물을 흘려 내려보낸다. 여성 연구원이 흐르는 물을 거슬러 올라간다. 물살이 점점 세지면서 연구원의 무릎까지 차는 수위에 이르렀다. 연구원은 더 이상 계단을 오르지 못하고 넘어져 난간을 붙들고 떠내려가지 않도록 버티고 있다. 이 영상을 보여 주기 전에 게임 촉진자는 게임 참여자들에게 '지하도에 물이 흐를 때 계단을 이용할지, 아니면 난간 위로 올라가서 이동해야 할지'에 대해 질문했다. 그리고 크로스로드 게임을 했다. 게임 촉진자는 게임이 끝난 후에 실험결과를 공개하며 다음과 같이 말했다. "30cm 이상의 물이 계단에 흐르면, 즉 무릎까지만 물이 차도 계단을 오를 수가 없습니다. 비슷한 상황이 여러분들의 집 주변에서 일어날 수 있으니 돌아가서도 고민을 해 보시기 바랍니다."

_2009년 7월 14일, 교토 시 나카교 구 슈하치 학구 청각장해센터

재해에서 공황을 경험한 사람들의 인터뷰 자료로 만들어진 게임카드는 과거의 사례들을 싣고 있다. 이에 반해 도시환경공학자나 건축학자로부터 받은 상연물은 아직 일어난 적이 없는 실험실 속의 재해이다. 법적으로는 쓰나미와 집중 호우로 제방이 붕괴되면 지하도나 지하철 입구를 차단하게 되어 있다. 하지만 위의 상연물들은 예측할 수 없는 상황을 상연해서 게임 참여자들에게 갈림길의 수를 늘려 놓고 있다. 일본의 난카이 해구에서 지진이 일어나고 쓰나미가 밀려오는 경우, 오사카와 같이 운하가 많은 도시는 차단막을 설치할 시간도 없이 곧바로 침수될 것이라는 시뮬레이션 결과도 언급되었다.[15]

15 오사카 시의 경우, 수문이 열린 채 그대로 있는 다이쇼 구는 대부분 침수된다. 오사카 시로 오는 쓰나미의 제1파는 지진 발생 2시간 뒤에 도달할 것으로 예측된다. 실제로 쓰나미 경보가 발령된 뒤에 운하의 수문이 닫히고 지하철의 물막이 난간이 설치되는 시간을 계산하는 시험이 실시되었다. 뒤늦은 시간에 수문이 닫히고 물막이 난간이 설치되었을 것이라는 예상과는 달리,

게임 카드를 통해서 상연되지 못한 재난의 현장이 쓰나미 시뮬레이션, 지하철의 수몰 실험, 그리고 면진 건물의 진동대 실험의 상연을 통해서 동원되고 있다. 실험을 통해서 유사 지진과 제방 붕괴로 인한 수몰을 만들어 내는 방식은 분명 게임을 통해 '갈림길'을 늘려 놓는 방식과는 차이가 있었다. 도시환경공학자는 지하도의 수몰을 막기 위해서 자동 차단장치나 신속한 대피 시스템을 대책으로 제시한다. 건축학자는 장주기 지진동에 취약한 면진 건물에 더 정교한 제진 설비를 대책으로 제시한다. 하지만 연구소 밖의 세계에서는 이러한 상연 양식의 일관성보다는 주민들의 공황을 감소시키고자 하는 목적에 이르기 위한 실용성이 더욱 중시된다. 그래서 게임이 실시되는 현장에서는 지하도의 방수 설비나 면진 건물의 공진에 대한 대비보다는 주민들의 공황 감소라는 목적이 우선이다. 상연 양식들 간의 불일치에도 불구하고 뒤얽히고 접붙여진 상황들은 재해 시 심리적 공황을 확대하고 있음을 알 수 있다.

뒤얽힘은 여기서 그치지 않는다. 크로스로드 게임은 개인의 심리적 공황의 감소라는 목적을 갖고 있지만, '방재마을 만들기'와 같은 지역 공동체의 자주방재 활동 프로그램 속에 포함됨으로써 또 다른 목적을 위해 종사한다.

[표 5-2] 슈하치 학구 자주방재회 2009년 활동 계획

4월 22일	총회 각 정내회의 지부장들에게 본부 간부 소개, 사업계획안 발표, 예산안 설명
4월 30일	소화기와 구호 도구 사용 훈련
5월 21일	정내회 지부장 회의와 교육

설치하는 작업자 자체가 쓰나미가 오기 전에 수문과 수백 군데의 지하철 입구에 도달할 수 없었다. 운하를 통해 올라온 쓰나미가 수문을 통과하고 지하철로 쏟아져 들어간 것이다.

5월 31일	방재서당(寺子屋): 서일본 지진활동기와 시뮬레이션 결과에 대한 교육을 통해 동기 부여 가구 전도 방지 가옥 내진 보강을 통한 안전 공간 확보 초기 화재 진압 일반 주민에게 소화기 사용법, AED 사용법, 구호 장비 사용법 교육 크로스로드 게임 실시
6월 21일	교토 시민방재센터 견학
7월 19일	구급법 교육
8월 19일	스코틀랜드 방문단에게 보여 줄 '마을 걷기 준비'
8월 25일	슈하치 여름 축제(인형극 '이나무라 마을의 불' 상연)
10월 25일	소방 훈련(주택 등에 대한 화재진화 방법)

심리학자와 크로스로드 게임을 체험한 도시자주방재회의 리더는 '방재서당'이라는 교육 프로그램에 크로스로드 게임을 집어넣었다. 그는 게임 카드를 구입하고 스스로 촉진자의 역할을 맡았다. 이 리더가 크로스로드 게임을 도시자주방재회의 '자율적인 방재 활동'이라는 목적에 전유하고 있음을 알 수 있다.

크로스로드 게임에 참가했던 조나이는 크로스로드 게임에 참가한 후에 또 다른 프로그램에 참여했다. 그의 경험은 기술 구역의 교차를 통해서 훨씬 풍부한 예측과 대책을 갖출 수 있음을 보여 준다.

사례 5-6

여러 세계를 사는 법

교토 시 슈하치 학구 자주방재회의 '방재서당'에 참석한 조나이는 지진이 일어났을 때 건물 내부의 가구들이 어떻게 쓰러지는지를 보여 주는 진동대 실험 영상을 보았다. 집에 돌아가서 쓰러질 만한 철제 가구들을 고정하고 그 위에 있는 짐들을 내려놓기로 했다. 잠시 후에 스티로폼을 갖고 필리핀 판이 유라시아 판으로 섭입하는 과정을 보여 주는 자주방재회 간부의 설명을 들었다. 그리고 도난카이·난카이 지진이 일어났을 때의 쓰나미 시뮬레이션을 보고 상수도 및 도로의 피해 상황을 정리한 표를 보았다. 이를 통해 이 지진이 일어나면 3일간은 소방차 한 대, 수돗물 한 방울 구경할 수 없으리라는 것을 알게 되었다. 그래서 행정 기관의 힘이 미치지 않을 3일간 "우리 마을은 우리가 지키자"라는 슬로건에 수긍했다. 몇 달이 지난 후, 조나이는 소화기 및 심실제세동기(Auto External Defibrillation; AED) 사용 훈련을 받고 자신이 담당하고 있는 정내회의 피난 장소의 위치와 소화기 배치를 양식에 적어 넣었다. 그의 아들은 높은 곳에 있는 볏단에 불을 질러 쓰나미가 도착하기 전에 마을 주민을 구해 낸 한 남자에 대한 옛날이야기를 학교에서 듣고 와서 그에게 들려주었다. 한번은 지진이 실제로 일어났다. 그리 큰 지진은 아니었지만, 조나이는 놀라 일어나자마자 지진을 대비해서 옆에 준비해 둔 슬리퍼를 신고 텔레비전을 틀었다. 진앙과 진도가 표시된 화면이 뜨고 이미 긴급지진속보가 발령되었다는 뉴스가 흘러나왔다. 얼마 후 정내회의 방재담당 지부장으로부터 받은 피난 경로와 대피소 위치를 머릿속에서 다시 한 번 확인했다. 직장에 마련된 업무 연속성 계획에 어떻게 대처하도록 되어 있는지 확인해 보아야겠다는 생각도 했다. 최근에는 크로스로드 게임에 참석했다. 그 자리에서 지하철 수몰 실험과 고층 건물 사무실의 가구가 전도하는 것을 보았다. 지하철 계단으로 물이 쏟아져 들어올 때 어떻게 해야 할지 다른 주민들과 토론했다. 그리고 자택의 욕조에 평소에도 물을 받아 놓아야겠다고 생각했다. 자신이 속한 나카교 구에 피난소가 부족하면 다른 구로 가야 할지에 대해서도 고민하게 되었다.

_2009년 12월 10일, 교토 시 슈하치 학구 자주방재회 조나이 면담

단순히 한 장의 게임 카드, 한 장의 CD, 한 장의 해저드맵, 한 장면의 화면, 한 권의 매뉴얼, 한 마디의 구호일지라도 이 사물들은 방재연구소의 여러 연구실, 실험실, 관측소, 현지 등을 매개로 구축된 세계들의 말단 접속점이라는 것을 알 수 있다. 이 주민의 이동을 추적해 보면 그가 일상에서 수많은 지진 재해의 상연 양식들과 돌아가며 접속하고 있다는 점을 알 수 있다. 한 번에 하나씩 재해 대책을 내려받고, 상연된 재앙을 체험하고, 방재 계획을 세우고, 행정 양식을 채우는 것이다. 주민은 어느 하나의 양식 '안'에 소속되거나 귀속된 것이 아니다. 이러한 접속의 전환을 통해서 불확실한 재해 상황에서 여러 배열 방식과 탄력적으로 연계할 수 있다. 다른 주민 혹은 다른 자주방재회라면 접속할 수 있는 세계가 달라질 것이다. 그리고 개인과 지역이 처한 상황에 따라 수많은 접속의 경우가 잠재되어 있다.

사람뿐 아니라 사물도 여러 기술 구역들과 그에 접속된 세계상들의 교차점이 될 수 있다. 여러 세계를 담고 있으며 여러 기술 구역이 교차하지만, 그 자체가 하나의 사물로서 여러 곳을 옮겨 다니는 주머니가 있다.

사례 5-7

표준, 매뉴얼, 양식들의 묶음

'자주방재회조직 핸드북', '방재기구 관리표', '인재관리 대장', '재해 시 요원호자(援護者) 대장', '교토 부의 활단층과 지진 해저드맵', '대지진이 교토에 일어났을 때'(팸플릿), '재해에 강한 마을 만들기 매뉴얼', '나카교 구 방재정보센터 정보'가 하나의 묶음으로 들어 있다. 총회에 참석한 정내회의 지부장들에게 이 묶음들이 하나씩 배부된다. 회장은 다음과 같이 말하며 주머니를 배부했다. "소방관, 경찰에게 모두 기댈

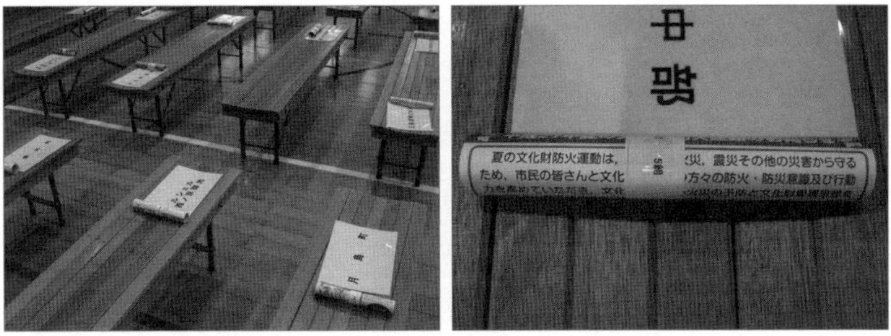

[그림 5-6] 각 정내회에 전달되는 문서 양식들의 묶음
'지부장 모임'이 열리기 전에 벤치에 나뉘어 놓여 있다.(2009년 4월 22일 촬영)

수 없습니다. 각 지부장이 정내회 내에서의 여러 활동을 조직해야 합니다. 한 사람 한 사람이 주인공입니다. 재해가 발생했을 때 방재회에 재해대책본부가 설치될 것입니다. 지금과 같은 평상시 조직에 몇 가지 요소를 더해서 구호 활동을 시작할 것입니다. 그래서 지부장들은 지부별(정내회별)로 방재 공동 계획을 만드셔야 합니다. 그 상황에 대한 매뉴얼이 만들어져 있어야겠죠. 저희 방재회 수준에서뿐만이 아니라, 정내회 내에서도 훈련을 실시해야 합니다."

_2009년 4월 22일, 슈하치 학구 자주방재회 총회

방재연구소와 연결되었던 국지적 지구들, 지진의 아상블라주, 그리고 재앙의 상연물들이 더 단순한 양식으로 변형되어서 작은 묶음 하나에 동봉되었다. 이 묶음 통해 여러 기술 구역들이 교차하면서 지구-연구실-스크린-지역 공동체-주민 개개인을 연결하고 있다.

사례 5-8

양식을 채우세요

각 정내회로 돌아가서 양식에 대해서 반장들과 논의를 하세요. 양식을 보면 정내회 내부, 그리고 정내회 간 피난 경로를 기재하도록 되어 있습니다. 중학교나 초등학교가 보통인데, 각 정내회마다 다를 것입니다. 어떤 경로를 통해서 그곳으로 피난해야 하는지도 돌아가서 논의하셔야 합니다. 그리고 소화기의 대수와 구입 경로 및 비치 장소를 기재하게 되어 있습니다. 정내회마다 보유하고 있는 소화기, 소화용 물통, 로프, 리어카와 그 보관 장소를 각 정내회의 지도 위에 그려 넣어야 합니다. 그리고 지부장회의가 열리면 그때 이 양식들을 갖고 와서 확인받으세요. 각 정내회 간부들의 이름과 연락처, 직위를 기입해야 합니다. 이런 것들이 다 재해 상황에서 구호 인원과 장비들을 동원하기 위해서 미리 필요한 것들입니다. _2009년 4월 22일, 슈하치 학구 자주방재회 총회에서 간부의 말

양식들을 통해 비어 있는 장비들이 확인되고 보충된다. 대피 장소와 피난 경로가 양식에 채워지면서 정내회의 방재 조직과 방재 대책들이 구축된다. 양식을 통해 재현되는 정내회의 방재 대책은 다시 자주방재회에 있는 또 다른 양식에 재-재현된다. 물론 이 양식들은 교토 시 방재과와 소방서의 또 다른 양식에 엑셀 프로그램 등을 통해서 재-재현될 것이다. 그럼으로써 방재 공동체들의 '현황'을 한눈에 내려다보는 공무원들이 다시 이 정렬된 방재 공동체로 새로운 매뉴얼 양식이나 지진 해저드맵, 피난 장소의 지도와 재해 시의 주의 사항과 정보수집처들을 알려 주는 뉴스레터를 발행할 수 있게 된다. 그리고 이 정보들은 방

재 정책을 수립하는 자료가 된다.

재앙의 상연을 위한 영상물이나 그림, 방재 조직과 물품 관리를 위한 양식들에 더해서, 주민들이 직접 자신의 몸을 통해 갖추어야 하는 장비들도 있다.

사례 5-9

교차점으로서의 몸

7시에 시작하기로 했지만, 주민들이 7시 15분까지도 거의 오지 않아 30분이 돼서야 시작되었다. 간부들이 슈하치 초등학교의 방재 기자재 창고에 있는 모든 기자재들을 꺼내 와서 강당에 늘어놓고 참석한 주민들에게 사용법을 설명하고 있다. 삽과 곡괭이, 손수레와 사다리, 발전기 등이 전시된다. 방재회 간부들이 톱질하는 법, 사람이 깔려 있는 무거운 건물 자재를 들어 올리는 법을 주민들 앞에서 시범을 보이며 가르쳤다. 고베 대지진에 자원봉사 활동을 했던 노인이 찍은 재해 현장의 참상이 옆에 전시된다. 8시가 되자 소방서로부터 오렌지색 삼각대가 배달되어 왔다. 각 정내회별 벤치에 삼각대가 분배되고 삼각대를 묶는 실습이 진행되었다. 군청색에 빨간색 견장을 찬 소방공무원들도 세 명 참석해서 도와주고 있다. 교육이 끝나고 주민들에게 설문지가 배포되었다.

_2009년 7월 2일, 슈하치 학구 자주방재회 방재서당

단순히 구호 장비의 사용법을 보여 주는 데 더해서, 고베 대지진 당시의 사례와 사진도 함께 언급됨으로써 다양한 경로로부터 첨부물들이 덧붙여진다. 고베 대지진 당시 이웃 주민과 가족을 통해 구조된 사람이

[그림 5-7] 응급구호 매뉴얼을 보며 삼각대를 묶는 모습(왼쪽)과 각종 구호 장비에 대한 설명 및 사용 시범 모습(오른쪽)(2009년 7월 25일 촬영)

생존자의 대부분을 차지했으며, 구조대를 통해서 구조된 사람은 별로 없었던 사례를 제시하면서 주민들 개개인이 구호 도구들을 사용하는 법을 일상에서 숙지해 두는 것의 중요성이 강조되었다.

연구소에서 방재회로, 그리고 다시 정내회, 주민들 개개인에게로 사례와 도구, 문서 양식과 재앙의 상연물, 표어들이 운반되어 오고 있다. 방재의 주체가 자주방재회든 정내회든 혹은 주민들 개개인이든 외부로부터 하나하나 들어오는 장비들을 갖춤으로써 조금씩 재앙에 대응할 수 있는 능력을 늘려 나가게 된다. '재해 대응 능력'은 이러한 장소의 연결, 사건의 연동, 사물의 첨부로부터 얻은 결과물이다. 능력을 갖춘 자들의 '능력'도 이러한 연결, 연동, 첨부에서 고립될 수 없다. 이 능

[그림 5-8] 삼각건 사용법 실습 참여(2009년 7월 24일 촬영)

력을 기르는 비밀은 모든 것으로부터 독립해서 굳건한 내부를 만드는 것이 아니라, 접속점을 다각화시키는 데 있기 때문이다. 능력의 비밀을 캐내고 싶다면, 능력을 가진 자가 다른 곳으로부터 무엇을 동원해서 그 자신에게 첨부해 왔는지를 추적하면 된다.

슈하치 학구 자주방재회가 자리 잡고 있는 슈하치 학구를 걸어 보자. 필자는 방재 교육 모임을 준비하는 자주방재회 간부들의 회의실에 동석하기도 하고, 방문자들의 마을 걷기를 안내하는 데 동행하거나 한국의 대학에서 온 방문자들의 통역을 맡기도 했다. 마을 걷기를 통해서 드러나는 것은, 연구소로부터 옮겨져 온 상연물이나 장비에 더해서 이미 수많은 것들이 자주방재회 주민들에게 주어져 있다는 점이다. 주민들은 일상에서 혹은 위기 시에 이 다양한 장비들을 상황에 따라 동원함으로써 재해 대응 능력을 발휘할 수 있다.

엔마치(円町) 역에서 내리자 안내자가 주변에 있는 편의점으로 방

[그림 5-9] '재해 시 귀택 지원 스테이션' 로고가 붙어 있는 편의점(2009년 8월 19 촬영)

문자들을 안내했다. 그리고 편의점 유리창에 붙어 있는 '재해 시 귀택 지원 스테이션' 로고에 대한 설명을 시작했다. 대지진으로 인해 전철 등의 육상교통이 두절된 상황에서 직장이나 학교에 있던 사람들은 걸어서 집으로 돌아가야 한다. '재해 시 귀택 지원 스테이션'은 이 과정에서 음식과 생활용품 및 구급약품들을 지원하는 것을 목적으로 하고 있다. 사람들이 집으로 돌아가는 길이 이 '스테이션'의 연쇄가 됨으로써, 이 스테이션들은 생존의 징검다리의 역할을 하게 된다. 전철과 버스 등의 네트워크를 대체하는 또 다른 네트워크가 재해 시에 구축될 잠재성을 보유하고 있는 것이다. 그리고 편의점을 비롯한 상점의 유리창에 붙어 있는 이 로고들은 네트워크를 연결하는 매개자로서의 역할을 하고 있다.

학구의 입구를 지나 소방단 건물에 도착했다. 소방단 안에는 순찰과 화재예방에 필요한 물품들이 정리되어 있다. 소방단은 정보 제공에 주력하고 직접적인 소화 활동은 하지 않는다. 지역 주택마다의 가족의 수나 몸이 불편한 사람의 거주 여부 등에 대해 상세히 알고 있는 주민들로 구성되어 있어서 소방서와 주민을 매개함으로써 원활한 소방 활동을 할 수 있다. 슈하치의 소방단은 재해 경험이 없다. 그래서 가나가와 현이나 시즈오카 현처럼 지진이 반복되는 곳에서 실제로 소방에 관련된 활동을 실행해 보지 않았다. 재해를 경험한 적이 있는 현의 소방단과 교류함으로써 다른 현으로부터 경험과 사례를 옮겨 오는 역할도 한다. 최근에는 소방단의 고령화가 문제가 되고 있다. 젊은 단원을 모집하기 위해 소프트볼 클럽을 결성해서 관심을 갖고 찾아온 젊은이들에게 소방단 활동을 권유하고 있는 중이다. 소방단원은 특별공무원으로서 볼런티어의 위치에 있다. 활동 시간당 보조금을 받고 부상을 당했을 때 시로부터 보상도 받는다. 그래서 자주방재회와 같은 민간단체와 차이가 있다.

소방단에서 슈하치 초등학교로 가는 길목에서 방문단은 집집마다 대문 옆에 놓인 방화수 통과 소화기를 보았다. 그리고 공보판에 붙어 있는, 고베 대지진 당시 붕괴된 건물들의 사진을 보았다. 안내자는 초등학교 입구에 이르러 '방재서당'에서 전시되었던 구호 도구들이 저장되어 있는 자주방재회의 창고를 열어 방문단에게 보여 주었다. 학교 입구에 들어서자마자 안내자는 슈하치 초등학교 교장 선생님이 직접 제작한 부뚜막(그림 5-10 참조) 앞에서 설명을 시작했다. 재해 시 이곳에서 주민들에게 배급할 공동 식사가 만들어질 것이다. 거의 모든 취사 시설이 파괴되고 외부로부터 식량, 전기가 두절되면 유용한 역할을 할 것이다. 지즈 정과 같은 산간 과소 지역 마을에서는 비교적 넓은 고속버스 정류소 앞 주차장이 위기 시의 취사장 역할을 하고 있다. 학교 건물 내로 들어서자 X 자 모양으로 교차하는 건물의 내진 설비에 대한 설명이 시작된다. 건물 내의 교실에는 아이들과 부모들이 함께 구급법을 배우는 모습을 찍은 사진들이 전시되어 있다. 학교를 나와 다시 전철역으로 돌아가는 길에 재해 시 무료 개방되는 자판기(그림 5-11 참조)가 서 있다.

[그림 5-10] 슈하치 초등학교 교장이 만든 부뚜막(2009년 8월 19일 촬영)

재해 시 귀택 경로-편의점-소방단-소화기-공보판-방재회의 구호 도구 창고-초등학교 내의 부뚜막-건물 내의 내진재-학교 운동장 지하의 빗물 저수조-교실 안 구급법 교육 과정-재해용 자판기로 이어지는 마을 걷기에서 연구자가 연구소에서부터 추적해 왔던 예측과 방재의 연결망 외에도 수많은 연결망들이 이미 지역에 갖추어져 있다는 점을 알 수 있었다. 연구소 내에서는 '과거'가 되어 버려 풍화된 방재 대책들이 지역 공동체에 계속 축적되어 오면서 주민들의 방재 능력의 잠재력을 키워 왔다. 물론 지역 공동체에서도 점차 풍화되는 연결망도 있다. 아이들의 머리를 보호하기 위한 방재두건 등은 전시장에 있을 뿐이다. 하지만 연구소로부터, 그리고 광범위한 네트워크를 구축하고 있는 여러 배포자로부터 계속해서 새로운 예측과 방재들이 배포된다. 그리고 이것에 접속하는 법을 주민들은 배우고 몸에 익히는 과정을 반복한다.

공동체와 개인, 그리고 자아는 이렇게 연결된 도관들을 옮겨 다니

[그림 5-11] 초등학교의 구급법 교육 사진들(왼쪽)과 재해 시 무료 개방되는 지하철 자판기(오른쪽)(2009년 10월 21일 촬영)

는 다양한 매개자들에 의해 투과되고 덧붙여지고 축적된다. 연구소 밖으로 연장된 네트워크는 공동체와 개인 및 자아에까지 연장되고 있으며 연구소에서 만들어지고 이동하면서 재-재현을 통해 변형된 매개자들이 순환하고 있다. 나눌 수 없는(individual) 공고한 경계를 가진 장소들은 이 연쇄 속에서는 불가능하다. 외부로부터 온 나눌 수 있는 것들(dividual)로 연행되는, 걱정하고 습득하고 기재하고 표어를 외치는 주민들의 집단, 사람, 그리고 마음이 있을 뿐이다.

2) "우리 마을은 우리가 지키자": 자기초월체로서의 공동체

교토 시 나카교 구의 슈하치 학구에는 11,000여 명이 거주하고 있다. 초등학교를 중심으로 구성된 조직으로 슈하치 자치연합회가 있고, 산하에 소방단, 자주방재회, 교통안전대책협의회, 방범추진위원회, 소년보도위원회, 사회복지협의회, 아동민생위원회, 체육진흥회, 경로회, 여성회가 있다. 초등학교의 학구를 중심으로 구성되었다는 점에서 정내회

[그림 5-12] 슈하치 회관(2009년 4월 22일 촬영)
1층은 소방단이고, 2층은 자주방재회의 총회가 열리는 곳이다.

와 자치회와 같은 지역 공동체와는 전혀 다른 기원을 갖고 있는 지역 자치 단위이다.

자주방재회와 주민들이 공유하고 있는 말은 "우리 마을은 우리가 지키자"이다. 자주방재회의 총회에 모일 때도, '방재서당'을 열 때도, 크로스로드 게임을 할 때도 이 말을 듣고 볼 수 있다. 크로스로드 게임을 하는 방재회의 간부들이 입은 티셔츠(그림 5-13 참조)에도 이 표어가 인쇄되어 있다. 자주방재회의 총회에서 나누어 주는 뉴스레터와 주머니 속에 들어 있는 여러 매뉴얼에도 이 말이 적혀 있다. 자주방재회의 간부들을 면담하는 중에도 이 말이 다시 강조되었다.

[그림 5-13] "우리 마을은 우리가 지키자"라는 표어가 적힌 자주방재회 간부의 티셔츠(2009년 7월 14일 촬영)

사례 5-10

도시자주방재단 교육 위원

"엄마!" 하고 무너진 집을 향해 울고 있던 소녀, 어찌할 바를 모르고 울고 있던 이웃 사람들. 한신·아와지 대진재 당일 아침 9시경, 저의 처가가 있었던 니시노미야 시(西宮市) 가까이에서 직접 봤던 광경입니다. 교토에서 태어나 자랐는데, 내가 니시노미야 시에 살기 시작한 것은 지진 발생 약 1개월 전이었습니다. 할아버지, 할머니가 관동 대지진을 경험했기 때문에 재해에 대해 평소 준비를 하고 있었습니다. 그럼에도 불구하고 참상 앞에서 손을 내밀 수 없어서 안타까웠습니다. 2년 후 교토로 돌아와서 니시노미야에서의 체험을 교토에 전달하고자 했습니다. 그래서 자주방재 활동에 참가하게 된 것입니다. 자주방재회는 "우리 마을은 우리가 지키자"를 표어로, 지진 등의 대규모 재해에 대비해서 자조(自助)와 공조(共助)를 호소하는 지역 단체입니다. 활동을 시작하고 나서 지역 주민들의 반응이 매우 우려스럽다고 느꼈습니다. "교토는 천 년의 도읍이니까 지진은 없을 거야.", "한신·아와지 대진재에서 지진 에너지가 이미 다 소진돼서 괜찮을 거야." 등등. 사람은 필요성을 느끼지 않으면 시간도 돈도 들이지 않습니다. 재해 대책의 필요성을 느끼지 못하는 분들에게 어떻게 하면 재해를 실감하게 하고, 한신 지역의 사람들이 경험한 안타까움을 전달할 수 있을지가 과제였습니다.

_2009년 8월 19일, 사법시험을 준비하다가 지진을 경험하고
지역 방재 활동가가 된 오오타 면담

"우리 마을은 우리가 지키자"란 말은 고베 대지진 이후에 유포되기 시작했다. 지진이 일어나고 나서 3일간 무너진 건물과 화재 속에서 주민들은 외부의 도움을 전혀 받을 수 없었다. 전기와 상수도가 끊겼고, 소방서와 구조대도 없었다. 주민의 대부분은 이웃 주민의 구조로 목숨을 건질 수 있었다. 하지만 많은 사람들이 오오타가 이야기한 대로 도움을 받지 못한 무기력한 상태에서 피해를 입었다. 이러한 경험으로 인해서 정내회와 자치회가 고베 대지진 이후에 활성화되기 시작했다. 사용이 중지되었던 마을 우물을 찾아내서 마을 공동의 재산으로 돌려놓는 움직임도 나타났다.

고베 대지진의 경험에 더해서, 연구소에서 상연된 바 있는 도카이·도난카이·난카이 지진의 시뮬레이션 역시 "우리 마을은 우리가 지키자"라는 말이 갖는 힘을 더했다. 제4장에서 살펴본 것처럼, 지진과 쓰나미로 인해 연안 지역은 상수도 배관이 8만 군데 단절되고, 복구에만 적어

도 30일이 걸릴 것이라는 결과가 나왔다. 세 지진이 동시에 일어나고 광역에 걸쳐 피해가 발생할 것이어서, 복구를 책임지는 지자체의 통제 능력이 상실되었을 때 이를 보완해 줄 다른 지자체 역시 이미 피해를 입었을 것이다. 만약 세 지진이 한 번에 일어나지 않고 몇 개월 간격으로 일어난다면, 구조를 위한 자원이 먼저 일어난 지진에 집중되어서 후에 일어난 지진의 피해 지역은 고립될 가능성이 높아진다. 바로 이러한 상황에서 "우리 마을은 우리가 지키자"라는 말이 설득력을 얻는다. 모든 대응과 복구를 공동체 내에서 해결할 수는 없을지라도, 공적 원조가 없는 동안만이라도 스스로 살아남을 수 있도록 평시에, 그리고 재해 시에 자주적으로 방재 및 감재 활동을 할 수 있는 마을을 구축하자는 것이다.

여기서 '공동체'의 배후지 혹은 '공동체'의 생명을 유지하는 장치들이 공동체의 외부로부터 제공되고 있다는 점에 주목할 수 있다. 고베 대지진의 경험에 대한 교육, 대지진 시뮬레이션, 크로스로드 게임 등 "우리 마을은 우리가 지키자"라는 말이 생기를 얻도록 하는 여러 연결망들이 마을과 자주방재회를 관통하고 있다. 이 말에서 '우리'가 지시하는 공동체란, 대지진 이후 공적 원조가 끊긴 채 고립되어 있는 잠재적인 '재해 공동체'이다. '고립'을 전제한 '재해 공동체'는 수많은 생명 유지 장치들과의 접속을 통해서만 살아남을 수 있다. 고립은 접속 위에서 생존한다.

자주방재회의 '자주'와 표어 속의 '우리'를 강조하며 방재 공동체의 구성원을 강조하는 오오타 역시 외부로부터 온 장치와 접속하고 있다. 오오타는 자주방재회 모임에서 필리핀 판이 유라시아 판으로 섭입되는 과정을 두 개의 스티로폼 조각으로 설명했다. 원래는 정사각형이었던 스티로폼을 유라시아 판과 필리핀 판의 경계 모양대로 자른 다음, 위의 조각에 '유라시아 판'을, 아래의 조각에 '필리핀 판'을 적어 넣었다. '유라시아 판'을 왼손에 들고, '필리핀 판'을 오른손에 든 다음, 오른

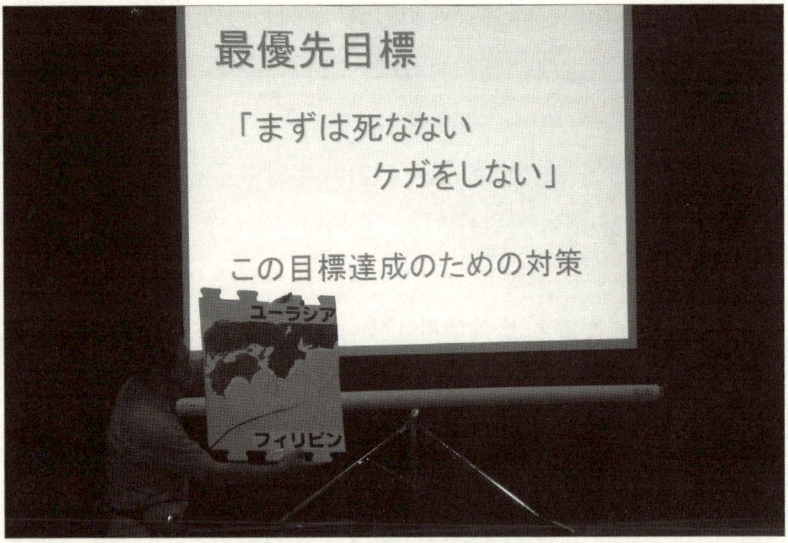

[그림 5-14] 필리핀 판이 유라시아 판으로 섭입함으로써 일어나는 난카이·도난카이 지진을 설명하는 자주방재회의 교육 위원 오오타의 모습(2009년 7월 2일 촬영)
스크린 위에는 "우선 죽지 않는다. 다치지 않는다. 이 목표 달성을 위한 대책"이라고 적혀 있다.

손의 '필리핀 판'을 왼손의 '유라시아 판' 밑으로 서서히 밀어 넣으면서 도카이·도난카이·난카이 지진의 발생 과정을 설명했다.(그림 5-14 참조) 그가 상연한 지진은 연구소 내에서 상연되었던 복합재해에 비해서 훨씬 간단하게 변형되었지만, 지진이 연구소의 컴퓨터 모니터 위를 벗어나 자주방재회의 주민들의 뇌리까지 이동하는 데는 훨씬 유리하게 변형된 것이었다.

하지만 '우리'와 '자주'가 단순히 외부로부터 온 것들이나 주어진 것들로만 구성되는 것은 아니다. 바로 이 지점에서 우리가 공동체에게 바라는 자기초월성을 찾아볼 수 있다. 이미 주어진 여건에 무언가 새로운 것이 더해진다. 주어진 것으로부터 주어진 적이 없는 것이 생성되는 이 지점이 "자기초월체"(화이트헤드 2005: 134)로서의 공동체가 출현하는 순간이다.

이 자주방재회 간부는 나를 마을 여름 축제에 초대했다. 그는 초등학교의 학구별로 구분되는 자주방재회의 경계를 넘어서 신사를 중심으로 축제에 참가하는 구역 내의 자주방재회들 간의 연합을 논의하기 시작했다.[16] 초등학교를 중심으로 한 자주방재회의 경계와 신사를 중심으로 한 축제 공동체의 경계, 그리고 행정 구역을 중심으로 한 공적 지원의 경계를 교차시킴으로써 더 많은 우려와 불안에 대해 대비하려 했다. 자주방재회 간부들은 행정 구역별로 구분된 지역을 넘나드는 피재자들로 인한 수용 공간의 부족으로 자주방재회들이 겪을 공황 상태에 대해서 사전에 대비할 수 있는 기회를 얻게 되었다.

[그림 5-15] 슈하치 지역을 상징하는 깃발과 공동 소유의 구호 도구(2009년 7월 25일 촬영)

사례 5-11

행정과는 다른 구분선

큰 재해가 일어났을 때 며칠간 우리 지역에 행정의 힘이 전혀 발휘

16 언급된 축제는 즈이키마쓰리(ずいき祭り)로서, 기타노텐만구(北野天満宮) 신사를 중심으로 10월 1일부터 4일까지 개최된다.

> 되지 않는다고 합니다. 그래서 그때 자주방재회들 사이에서 새로이 협력할 것들이 생겨날지도 모릅니다. 행정에서 정해 놓은 대로 나카교 구, 기타(北) 구 등으로 나누어서는 이런 문제를 풀기는 어려울 거예요. 그래서 자주방재회 수준에서도 다른 자주방재회들과 협력해야 한다고 생각합니다. 행정과는 또 다른 구분선이 필요한 것이지요. 크로스로드 게임에서 다른 학구나 자주방재회의 구성원이 슈하치 쪽으로 피난을 해 왔을 때를 묻고 있는데, 우리로서는 어떻게 이를 받아들일지 고민해야 합니다. 우리 슈하치 학구 자주방재회는 다이쇼군(大將軍) 초등학교를 중심으로 결성된 다이쇼군 자주방재회와 인접해 있습니다. 우리 방재회가 나카교 구에 있는 반면, 다이쇼군 자주방재회는 기타 구에 있습니다. 그쪽 주민이 우리 학구의 피난소로 올 경우를 생각해 두어야 하는 거지요. 저는 신사(神社)를 중심으로 더 광범위한 방재회의 협력이 필요하다고 생각합니다. 그러면 초등학교 4개 정도 구역이 될 것입니다. 그래서 하나의 신사를 통해 연결된 학구들이 하나의 새로운 구역으로 다뤄질 필요가 있습니다. 소방서 중심의 방재 관리와는 달리, 자유롭게 관계를 맺는 방재회끼리의 이야기를 통해 행정 경계에 구애되지 않는 방재 대책을 세워야 한다는 생각을 갖고 있습니다.
>
> _2009년 7월 2일,
> 학구 내에서 임대업을 하고 있는 자주방재회 간부 오오히가시 면담

주어진 시나리오나 행정 구역에 더해서 자주방재회들을 묶고 있는 축제를 중심으로 한 연합을 모색하고 있음을 알 수 있다. 자주방재회라는 제도와 "우리 마을은 우리가 지키자"라는 표어도 다른 곳에서 옮겨 온 것이지만, 자주방재회는 이 주어진 여건을 넘어서는(초월하는) 결단을 '스스로' 내리고 있다.

초월적 결단을 통해 덧붙는 이 새로움이 공동체의 핵심이라고 한다면, 공동체가 단순히 몇몇 간부나 대표의 행위인가 아니면 말 그대로 하나의 동일한 몸으로서의 행위인가는 공동체의 대표성에 관한 문제와 관련된다.

사례 5-12

반성회

방재회 회장은 참가 인원이 너무 적어서 충격을 받았다. 열심히 준비했고, 99명까지 참석을 예측했지만, 38명밖에 오지 않았고, 3명은 곧 돌아갔다. 56곳의 정내회 중에 24곳의 정내회에서 결석을 했다. "일 때문일까?", "정내회 중에서 한 명이라도 오면 될 것을, 한 명이라도 오라고 말을 할 걸 그랬나 보다."라는 탄식이 방재회 간부들 사이에서 이어진다. "7월에 이 정도 참석률이면 2-3월에는 더 걱정이다." 출석률을 올리는 것이 중요한 논의주제가 된다. 지부장들이 정내회에 자주방재회의 활동을 거의 전달하지 않고 있는 것 같다고 의심하기도 한다. 결과적으로, 자주방재회의 문서에도 누구를 위한 것이며 누가 참가해야 하는지를 규정하는 쪽으로 의견이 모아졌다. 분위가가 가라앉아서, 헤어지면서 잘 가라는 인사를 할 때조차 분위기가 무거웠다.

_2010년 7월 2일, 슈하치 학구 자주방재회 방재서당

사례 5-13

관심과 무관심

'방재 오타쿠'라는 말이 생각납니다. 방재회와 주민들의 괴리가 있는 것 같습니다. 저 사람들이 열심히 하니까 우리들은 관심을 안 가져도 된다는 생각을 갖고 있을지도 모릅니다. 딜레마에 빠지는 거죠. 행정가나 자주방재회가 열심히 하면 할수록 주민들은 방재에 관심을 덜 갖게 됩니다. 흥미를 끌기 위해서 미디어라도 불러들이면 방재회는 오히려 세미프로로 간주되어서 더 괴리가 일어날 것입니다. 따라서 주민들과 함께하는 것, 일방적인 교육이 아니라 함께 참여할 수 있는 일이 필요하다고 생각합니다.

_2010년 7월 2일, 슈하치 학구 자주방재회에 참석한 심리학자 시로시타 면담

얼마나 많은 성원들이 이 세계상에 접속하느냐에 따라서 '새로움', '대표성'을 모두 충족하는 자기초월적 결단이 가능해진다. 수많은 새로운 시도들이 성원들의 관심을 끌지 못해서 사라져 간다. 대표성은 이 새로운 실재의 실현을 위한 여건이다.

하지만 새로움과 대표성만으로 공동체의 자기초월이 만족스럽게 달성되는 것은 아니다. 여기서 세 번째 요소로 '주체적 지향성'이 필요하다. 즉 '같은 곳을 바라보는' 성원들이 많을수록 그 공동체의 대표들이 갖는 대표성, 혹은 간부들이 갖는 역할의 정당성이 확보됨으로써 새로움이 실현될 수 있다.

도시사회공학자의 필드이기도 했던 산간 과소 지역에 있는 지즈정의 한 마을에서도 '우리'와 '자주'가 등장했다. 도시사회공학자의 제

안에 의문을 갖고 있었던 안전공학자와 소방서장이 '만남의 집'(出會い舘)에 함께 머물며 방재회를 이끄는 지역 활성화 리더와 토론을 시작했다. 주민들은 자신들의 지역에 방문하는 연구자들이나 관료들이 숙박할 수 있도록 이 집을 건축했다.

사례 5-14

경제학자와 소방서장의 '힘의 시험'

경제학자가 도전적으로 질문했다. "급박한 상황에서 사람들은 모순적인 선택을 할 수밖에 없습니다. 고베 대지진에서도 여러 사례가 있듯이, 이러한 상황에서는 미리 준비해 둔 매뉴얼에 따라서 그대로 행동하기도 어렵습니다. 그렇다고 해도, 주민이 협력해서 세워 둔 방재 계획이 행정 기관에서 준비해 둔 매뉴얼을 능가할 수도 없습니다. 마을 사람들이 서로 협력해 온 그 노력들이 모두 수포로 돌아갈 수도 있다는 점에 대해서는 어떻게 생각하는지요?" 그는 사회 시스템의 변경을 통해서 재난 피해를 줄일 수 있다고 주장해 온 도시사회공학자와 지역 활성화 리더에게 회의를 드러내고 있다. 이에 대해서 지역 활성화 리더는 "주민들이나 공무원들이나 모두 그런 딜레마에 빠졌을 때 어찌해야 하는지에 대한 해결책을 연구하는 것이 방재연구가 아니겠습니까? 사실 과거에 급박한 상황에 처해 곤란에 빠졌다고 해서 이 사회를 우리의 힘으로 변경하는 것이 불가능하다고 말해 봤자 그것은 우리 스스로를 가두는 것밖에는 되지 않습니다. 저는 빨리 그러한 생각에서 빠져나와야 한다고 생각합니다. 제가 힘주어 말하고 싶은 것은, 기준과 표준을 정한 자가 힘을 행사한다는 것입니다. 소방서나 공무원 혹은 연구자들이 예전에 정해 놓은 표준과 기준을 반복해서 따르기보다는 마을 주민들과 협력하면서 새롭게 찾아낸 해결책들을 반영하고, 기준과 표준을 스스로 만들어 내는 것이 도움이 될 것입니다." _2009년 8월 18일, '만남의 집'

도시사회공학자와 지역 활성화 리더가 주고받은 편지들, 지역에서 행한 방재 활동과 계획에 대한 자료들이 '만남의 집' 서고에 함께 쌓여 있다. 이러한 만남과 문서, 그리고 집이 의미하는 것은 다음과 같았다. "주민들 스스로 연구자와의 협력을 위해서 만든 이 '만남의 집'을 보라. 연구자들과 주민이 주고받은 편지들, 그리고 지역 활성화 리더가 직접 작성한 이 철학적인 에세이, 주민들이 직접 행한 방재 활동들을 보라!"

이러한 '마을 주민들의 노력'에 의심을 품는 경제학자와 소방서장은 연구소 내의 도시사회공학자만이 아니라 협력의 결과로 건축된 '만남의 집', '성과를 기록한 문서들', 지역 활성화 리더, 그가 대변하는 마을 사람들의 집합과 '힘을 겨뤄야' 한다. 그런데 도시사회공학자와 그 지향점 및 세계상을 굳게 공유하고 있는 마을의 리더나 주민들의 수가 많을수록 외부 비판자들의 설득력은 무력해진다.

사례 5-15

지역 활성화 리더와 연구자들의 만남

제가 25년 전 히로시마로부터 지즈 정으로 돌아왔을 때, 고향의 침체된 분위기에 충격을 받았었습니다. 그래서 우선 내가 할 수 있는 일을 찾다가, 우리 고장이 삼나무가 많은 마을이었기 때문에 '삼나무 엽서'를 만들기 시작했습니다. 활동 중 '지역 활성화의 의미란 무엇인가?' 혹은 '그것을 이루기 위해서 내가 할 수 있는 것은 무엇인가?' 하는 질문을 늘 해 왔고, 그 당시에는 자문자답할 수밖에 없었습니다. 그때 돗토리 대학에 있었던 공학자 오카다 교수를 만나서 강의를 부탁했던 거지요. 1988년이었네요. 그때 이후로 '사회과학'이 지역에 어떻게 실천적으로 적용될 수 있는가에 대해서 21년간 조언을 받아 온 셈입니다. 당초 저의 주된 관심은 '우리 마을의 사회 시스템을 어떻게 구성할 것인가'였습니다. 그 후, 심리학자 스기만 선생님을 만나서 '인간과학'을 통해 시스템에 지역 활성화를 어떻게 통합시킬 것인가에 대해 여러 조언을 들었습니다. 이렇게 도움을 받아 '0분의 1(1/0) 마을 활성화 운동'과 '해바라기 시스템'[17]이란 것을 하게 된 것이지요.

_2009년 2월 28일, 지역 활성화 리더 데라타니 면담

도시사회공학자는 주민들이 공유하고 있는 세계상에 대해 제기되는 의문과 비판에 대해서 다음과 같이 답한다. 방재에 완전히 성공했다고 입증된 다른 방식들은 지금 없다. 특히 산간 과소 지역이나 고립된 마을의 주민들의 재난에 제대로 응해 주는 행정 기관이나 지자체도 없다. 아무도 어떻게 해야 할지 모른다. 그런데 이 마을 주민들은 자신들이 '되고 싶은 것'을 스스로 제시해서 그렇게 되려고 시도하고 있다. 재난에 취약한 것과 방재를 위해 현장에서 실질적으로 필요한 것을 스스로 찾아내고 있으며, 그에 필요한 실용적이고 종합적인 대책들을 스스로 만들어서 행정 기관에 오히려 요구하고 있다. 재난에 대한 시뮬레이션이 이들이 계획을 세우는 과정에서 만들어지고 이들 머릿속에서 반복되며 일상에서 성찰된다. 개개인이 모두 취약점을 찾고 방재 대책을

17 마을의 우체부가 우편물을 전달하면서 노인들의 안부를 확인하는 제도이다.

항상 생각하고 있다.

이러한 답변은 도시사회공학자가 주민들의 방재 계획 발표회장에서 지자체장과 공무원 앞에서 한 연설에서 반복되고 있다.

사례 5-16

이것이라도 하지 않으면 아무것도 못합니다

지식이 불완전하더라도 요청되면 그것이라도 제공해야 합니다. 그 부족한 지식이라도 활용해서 지역이 스스로 '적응적 매니지먼트'를 해야 하는 상황에 이른 것입니다. 연구자는 충고자로서의 역할에 머물 수밖에 없습니다. 1/0운동(마을 활성화 운동) 역시 이거라도 하지 않으면 우리는 아무것도 모르고 아무것도 못합니다. 실패하더라도 적어도 무엇이 일어나고 있는지에 대해서는 알 수가 있게 되는 것입니다. 스스로 지구(地區)별로, 마을별로, '되고 싶은 것'을 찾아 나서야 하는 것이지요. 환경운동으로 유럽에서 시작된 1/0운동이지만, 일본에서 지역 문제를 해결하는 데 사용할 수 있다고 생각합니다. 지금의 지즈 정이 일본의 모델이 될 수 있을 것입니다.

2009년 2월 29일, 마을 활성화 성과 발표회에서 한 도시사회공학자의 연설

지자체 공무원들 앞에서 주민들은 스스로 작성한 방재 계획을 발표했다. 방재 계획을 세우는 '전문가' 공무원과 이들의 지시와 권고에 따르는 '대중'인 주민들의 관계는 이 발표를 통해서 재정의된다. 공무원은 주민들의 종합적인 방재 대책의 수립에 귀를 기울이는 청중이며 이들의 요구에 반응해서 움직이는 조력자가 되었다. 이제 방재는 전문

가가 대중에게 제공하는 것에서부터 주민이 직접 만들어 전문가에게 요구하는 것으로 재정의된다.

도시사회공학자가 제안하는 '주민 참여 종합방재'는 이러한 재정의 행위를 통해서 발명되고 있는 관계들 속에 존재할 수 있다. 그래서 '주민 참여 종합방재'는 인식론적 증거 개념을 통해서 '재현'될 실체가 아니라, 재정의를 통해서 발명되는 여러 가능한 관계와 실체들 속에서 존재하게 된다. 이러한 "발명적 재정의"(Holbraad 2008)는 거의 무한정으로 새로운 관계와 실체들을 생산해 낼 수 있다. 주민들이 스스로 종합적인 방재 대책을 세울 수만 있다면 어떤 계획 도구도, 어떤 교육도, 어떤 모델도, 어떤 전문가 집단도 무한정으로 동원될 수 있는 열린 결말이 가능하다. 이러한 '무한정성' 때문에 '주민 참여 종합방재'라는 존재는 항상 '되어 가는' 과정에 있을 수 있다. 그리고 도시사회공학자, 마을 주민들, 지역의 리더, 행정 당국이 이 재정의의 작업을 함께하고 있다. 그래서 이들은 '함께' '주민 참여 종합방재'의 일원으로 참여하고 있다고 할 수 있다.

새로움을 위한 결단, 대표성의 확보, 그리고 지향의 공유로 이어지는 자기초월체로서의 공동체는 이렇게 해서 주어진 '세계를 다시 배치하는' 행위로 정리할 수 있겠다. 자주방재회는 더 이상 연구소로부터 오는 기술 구역들의 교차점에 머물지 않는다. 과학기술 연구의 '대상' 혹은 행정 기관 관리의 '대상'에도 머물지 않는다. 이 자기초월체로서의 공동체는 이전의 여건 속에 머물고 있는 주체와도 차별화된다. 주어진 여건뿐 아니라 이전의 주체(자기)도 초월했기 때문이다. 주체적인 지향점을 공유하고 있는 자주방재회들은 현실적인 여건을 재배치함으로써 자기초월체로 거듭났다.

3) 공조(公助), 공조(共助), 자조(自助)의 배정

자기초월체로서의 자주방재회의 이야기는 여기서 끝나지 않는다. 자주방재회들은 스스로 하나의 객체가 되어 방재 정책의 한 요소로 삽입되기 때문이다. 그럼으로써 주체-자기초월체-다른 주체를 위한 객체 되기의 순환고리가 그려진다.

행정 기관에 비치되어 있는 방재 계획서에 따르면, 자주방재회 활동은 국가나 지자체로부터의 공적인 원조(公助)가 없는 상황에서 주민들의 협력을 통해 피해를 감소시키고자 하는 방재 공동체 활동에 목적을 두고 있다.(共助)

강진동 시뮬레이션에서 많은 도시 공동체들이 며칠간 구조대, 소방대, 경찰, 공무원, 급수차 등의 원조를 받을 수 없게 된다는 예측을 얻을 수 있었다. 이러한 예측에 따라서 자주방재 활동은 공적 원조가 비어 있는 3일간의 시간 동안 '스스로 마을을 지키기 위한 조직'을 구성하고 활동을 준비하는 것을 목적으로 하고 있다.

시뮬레이션의 결과와 자주방재회의 조합은 공조(公助)를 담당하고 있는 소방관들과 지자체 공무원들에게도 공조가 부재한 시간 동안 자주방재회 활동의 중요성을 인식하게 한다. 그래서 이 공조(共助)를 위한 자주방재회 활동을 교육하고 경비 지원을 통해 활성화해야 한다는 데 이해관계를 같이하고 있다. 자주방재회 주민 역시 외부로부터의 도움이 부재한 상황에서 '자주적인' 재해 대응을 하려면 평시에 외부의 도움이 필요하다. 소방관, 지자체 공무원, 안전공학자가 자주방재회의 평시 활동에 개입하는 이유가 여기에 있다. 자주방재회가 시뮬레이션, 매뉴얼, 표어를 갖춤으로써 소방관, 지자체의 공무원, 그리고 자주방재회의 주민들이 대지진 발생의 주기에 따라 '동기화'(同期化)된다.

슈하치 학구 자주방재회에서 정내회의 방재 담당자의 인적 사항과 피난 경로, 그리고 소화기의 위치가 기재된 종이 양식들은 방재회의 간부들에 의해 수거되었다. 이 양식들은 다시 교토 시 소방국으로 수집되어 각 구별 인적·물적 재난 대비 현황을 보여 주는 표로 정리되어 저장된다. 이 표들은 중앙방재회의의 새로운 종이 양식에 더 수치화된 형식으로 다른 지역으로부터 옮겨 온 종이 양식들과 함께 엮어진다. 마침내 이곳에서 전국의 자주방재회의 현황이 몇 페이지의 표 안에 정리된다. 그리고 이 현황에 따라서 공무원들과 연구자들로 구성된 각 지자체의 방재회의에서 방재 계획이 작성된다.

여러 곳으로부터 온 문서들이 행정 부서의 문서에 다다르게 되면, 다양한 영역들, 서로 만날 일 없는 사람과 사물들이 종이 위에서 하나로 함께 엮어진다. 중앙방재회의, 지자체에서 엮어지는 방재 계획서에는 지금까지 연구자가 지나 온 지진과 재해, 예측과 방재에 대한 거의 모든 것들이 병렬되어 있다. 이렇게 멀리서 온 것들을 병렬하고 조합함으로써 문헌에는 측지학, 지자기학, 지진학, 건축학, 토목공학, 도시사회학, 경제학, 정보공학, 심리학으로부터 재현에 재현을 거듭해서 이동해 온 재앙의 상연과 방재 대책들이 순환하고 있다. 즉 많은 것을 엮어서 병렬시키는 데 더해서, 멀리서 옮겨 온 것들을 새로운 양식을 통해 조합한다는 점에서 그 이동성 역시 간과할 수 없다.

문서의 조합 능력과 이동 능력으로 인해서 복잡하게 뒤얽혀 있는 총 집합이 몇 권의 방재 계획서의 형식으로 지자체의 소방 방재과 공무원의 작은 책상 위에 놓여 있을 수 있게 되었다. 사무실 밖의 세계와 사무실 안의 계획서 사이에는 수많은 문서 양식들의 연쇄가 안팎을 연계하고 있다. 이것을 가능하게 하는 이유는 문서 양식이 다른 사물에 비해 재현물들을 첨부하기 편리하다는 데 있다.

사례 5-17

두꺼워지는 방재 계획

Q 고베 대지진 당시 지자체 공무원들의 체험도 지금의 방재 계획안에 반영되어 있는 것입니까?

A 예. 너무 반영해서 이렇게 된 겁니다. 두꺼워요. 이건 효고 현 방재 계획이니까요. 그리고 고베 시의 것도 이렇게 두꺼워요. 지자체 공무원들의 체험과 반성이 모두 방재 계획과 매뉴얼에 들어 있습니다. 그런데 너무 많이 들어 있어서 사용하는 공무원들이 오히려 잘 소화할 수 없을 정도입니다. 그래서 고베 대지진 이후의 지역 방재 계획은 그 두께부터 다릅니다. _2010년 7월 12일, 건축계획학자 마키 면담

고베 대지진 이후 방재 계획서는 이전보다 훨씬 많은 첨부물들로 이루어져 있다. 방재 계획서가 두꺼워졌다 하더라도 그 부피는 방재 계획서가 재현하고 있는 수많은 행위자들과 집단, 그리고 이들의 네트워크에 비해서는 매우 작다.

고베 대지진의 경험을 반영한 부분뿐 아니라, 도카이·도난카이·난카이 지진에 대한 대비책도 방재 계획에 첨부되었다.

사례 5-18

지역방재기본법과 방재 추진 계획

저는 교토 부, 나라 현, 오사카 부의 방재 계획에 관여했습니다. 이렇

게 큰 지자체들은 지역에서 일어날 것으로 우려되는 지진에 대한 방재 대책만이 아니라, 광역에 걸쳐서 일어나는 지진 피해에 대한 방재 전략 계획을 만듭니다. 도카이·도난카이·난카이 지진이 그 대상입니다. 지역 방재 계획과 해구형 거대지진에 대한 방재 전략 계획으로 방재 계획서가 이분되어 있는 것입니다. 중앙방재회의에서 도카이·도난카이·난카이 지진, 그리고 수도직하 지진으로 인한 피해를 줄이는 전략 목표를 세웠습니다. 도카이·도난카이·난카이 해구형 거대지진의 인적 피해를 50% 삭감하는 것, 그리고 수도직하 지진의 경제 피해를 60%로 삭감하는 수치 목표를 만들어서 이를 전략 목표라고 부르고 있습니다. 그 수치 목표를 달성하기 위해서는 중앙 정부만으로는 안 되기 때문에, 대상이 되는 지자체는 전략 목표를 갖고 방재 액션 플랜을 만들도록 한 것입니다. 수도직하 지진이든 도카이·도난카이 지진이든 발생 확률이 높은 지진에 대해서는 지자체 간 협력을 통해서 피해를 경감하기 위한 대책이 세워져 있습니다. 그것이 방재 추진 계획입니다. 이에 비해 지역별 방재 계획이라고 하면 지역방재기본법이라고 하는 법률에 따라서 작성되도록 정해져 있습니다.

_2010년 7월 12일, 건축계획학자 마키 면담

지자체에서 작성되고 있는 방재 계획서에는 두 가지 이상의 이질적인 계획 방식이 접붙이기되어 있다. 지역적으로 발생하는 지진에 대한 방재 계획에 여러 지역에 걸쳐서 피해를 끼칠 것으로 예상되는 해구형 거대지진의 방재 계획이 첨부되어 있는 것이다. 전자는 각 지역 간의 협조에 대한 논의가 없는 반면, 후자는 지역 간의 협조가 중요한 항목으로 들어가 있다.

'교토 시 지역 방재 계획'에는 지진학자의 활단층 분포도와 강진동 연구자의 강진동 시뮬레이션 결과가 첨부되어 있다. 이어서 '재해에 강한 마을 만들기' 항목에는 건축학자 및 지반공학자의 방재 대책들이 첨부되어 있다. 산사태 방지, 액상화 대책, 건축물의 내진화 촉진, 도로와 교량에 대한 정비들로 세분된다. '재해에 강한 사람 만들기와 조직 만들기' 항목에서는 도시사회공학자와 심리학자가 제시한 대책들이 자리 잡고 있다. 시민, 공무원에 대한 방재 교육과 방재 교육, 학교, 공공 기업에서의 방재 교육과 방재 교육, 도시 자주방재회의 육성이 포함되었다. '재해응급대책에 대한 대비' 항목에서는 행정정보공학자가 제시한 공공 시설의 초기 대응 체제의 정비, 자위대나 공공 단체, 볼런티어 단체, 해위 지원부대와의 협조 등을 다루고 있다. 그 밖에 소방 활동, 피난소 운영, 긴급 운송 체제, 식료품 및 생활필수품 보급, 급수, 방역, 장애물 제거, 폐기물 처리, 라이프라인의 복구 등 인류학자가 연구소나 자주방재회의 활동에서도 볼 수 없었던 수많은 방재 대책들이 또 다른 곳으로부터 옮겨져서 첨부되어 있다. 이어서 '도난카이·난카이 지진에 대한 방재 대책 추진 계획'의 항목에는 고층 건물의 장주기 지진동에 대한 대책, 도난카이·난카이 지진의 시간차 발생으로 인한 자원 분배의 불균형과 재해 확대 방지책 등이 더해지고 있다.

방재 계획을 확보한 자들은 방재 대책들의 총체를 한 손에 쥐게 된다. 한 권의 책이 옮겨 가는 범위만큼 다양한 방재 대책들이 직접적인 연구자들의 출장보다 더 손쉬운 방법으로 훨씬 더 먼 곳까지 옮겨 갈 수 있게 되는 것이다.

한편 지자체뿐 아니라 기업들 역시 업무 연속성 계획을 세워 두고 있다. 업무 연속성 계획은 탄력성의 개념을 핵심으로 하고 있다. 다양한 상황을 상정하고 그 상황에 맞는 방재의 네트워크에 접속할 수 있도록 유연한 대응을 하는 것, 단지 피해를 막거나 줄이는 데 그치지 않고 신속하게 일상적인 업무로 복귀함으로써 다른 기업으로부터 신뢰를 잃지 않는 것, 재난 이후에도 재난 이전과 큰 차이 없이 신뢰를 계속 이어 가는 것을 목적으로 한다.

자주방재회나 과소 지역의 마을에서 사면회의 시스템 등을 통해서 제작되는 방재 계획도 작성된다. 피난 경로를 주어진 양식에 따라, 그리고 소화기의 위치와 수를 확인해서 자주방재회로부터 배포된 양식들을 채우는 정내회의 방재 담당 주민들 역시 '양식 채우기' 과정에서 자신들의 방재 계획을 갖게 된다. 공무원을 위한 매뉴얼, 직장인을 위한 매뉴얼, 가정주부를 위한 매뉴얼 역시 다양한 개개인의 수준에서 세울 수 있는 방재 계획의 방법들을 제공해 주고 있다.

중앙 정부, 지자체, 기업, 자주방재회, 마을, 개인들은 모두 각각의 방재 계획을 세울 수 있는 도구들을 갖고 있게 되었고, 탄력성의 개념과 광역 재해에서의 지자체 간의 업무 협조, 지역의 자기결정권과 아래로부터의 정치, 감재와 같은 개념들이 접속할 수 있는 연결망을 늘려 놓고 있다. 공적인 원조와 지역 공동체의 협동, 그리고 개인 스스로의 자조를 추구하는 다양한 방재 계획들이 공동체와 개인을 겹겹이 둘러싸고 있다.

이 다양한 방재 계획들은 공조(公助), 공조(共助), 자조(自助)로 구분되고 있다. 공조(公助)는 중앙 정부와 지방의 공공 단체가 지역적인 피난계획을 작성하고, 피난 유도 체제를 정비한 다음 재해 상황에 대한 정보를 공유하고 구조대책을 검토하는 방재 계획을 포함하고 있다. 공조(共助)는 지역과 관계 기관의 연대를 통한 방재 계획으로, 피난 훈련이나 자주방재 활동을 포함한다. 자조는 주민 개개인의 피난 장소 및 피난 방법의 검토, 각종 필수품의 준비, 기업의 전력 설비나 통신 설비의 내진대책과 업무 연속성 계획을 포함하고 있다. 이 세 방재 계획의 조합을 통해서 방재 대책이 구체화된다.

중요한 점은 이 세 방재 계획의 방식이 재난 전과 재해 중에 따라 상이한 비율로 동원된다는 점이다. 방재연구소를 방문한 중앙 정부의 방재 담당 참사관은 고베 대지진 중에 자조가 70%, 공조(共助)가 20%, 공조(公助)가 10%를 차지했던 전례를 들며, 자조의 중요성을 강조하고 있다. 그리고 재해 전에는 1: 2: 7이라는 정반대의 비율로 이 세 방재 계획이 활용된다는 점을 밝히고 있다. 구체적인 상황에 따라서 동원되는 방재 대책들이 달리 배정될 것이라는 점을 알 수 있다. 앞에서 살펴본 바처럼, '자주적인' 방재 활동을 위해서는 외부로부터 옮겨져 온 장비들이 필요하다. '자조'는 완전한 독립을 의미하는 것이 아니다. '공조' 역시 중앙 정부와 지자체의 행정 기관만의 방재 활동을 의미하지 않는다. 주민들이 양식을 채우면서 만들어진 문서들의 수집과 그것의 통계를 통해서 만들어진 방재 대책들이라는 점에서 지역의 현장으로부터 오는 수많은 양식들을 통해 행정 기관의 부서와 공무원들이 엮어 낸 것이다. 그리고 이 다양한 예측과 대책들은 재난의 전후에 따라 상이한 비율로 배정되어 있다.

3. 안전·안심의 배치와 공공성

면담을 하기 전에 심리학자는 자신이 저술하고 있던 책을 쓰기 위해 기록해 둔 글들을 보내 왔다. 그의 연구 노트에는 '안전'과 '안심'에 대한 그의 생각이 적혀 있다.

> 전문가가 '객관적 안전'을 기술적으로 추구하는 것, 한 사람 한 사람의 주관적·심리적 '안심'을 보장하는 것으로 '안전'과 '안심'이라는 말이 통상적으로 사용되고 있다. 근대화 이후 개개인은 안심을 얻기 위해 걱정하는 일을 전문가와 행정 기관에 맡기고 있다. 걱정 혹은 염려를 '외화'(外化)함으로써 개인 내부의 심리적인 안정을 확보하고자 한 것이다. 이 때문에 안심은 단순히 심리적인 문제가 아니라, 인간과 인간의 관

계, 사회 구조에 관한 문제라는 점을 알 수 있다. '전문가와 대중의 리스크 인식 차이', '전문가 불신', '대중의 과대한 제로 리스크 요구'와 같은 말들은 모두 이 근대적 '안전·안심'의 방식을 전제하고 있다고 할 수 있다.(심리학자의 아이디어 메모)

연구소에서 상연되는 재앙의 예측, 그리고 예측을 근거로 제시되는 방재·감재 대책은 이 '안전·안심'이라는 목적에 연계되고 있다. '안전·안심 사회의 구축을 위한 과학기술'이라는 문구가 방재연구소와 문부과학성을 오고가는 행정 문서의 제목으로 자리 잡고 있다. 방재연구소에서 행해지는 예측과 방재 대책들이 '안전·안심 사회의 구축'이라는 진술과 연계되어 프로젝트 보고서에서 종합된다. 그럼으로써 방재과학기술은 단지 방재를 위한 과학기술이 아니라, 범죄로부터의 보안, 식품 안전, 테러 방지와 같은 더 광범위한 과학기술의 네트워크들과 연계되기 시작한다. 하지만 안전과 안심을 연관 짓는 방식은 연구자들마다 차이를 보인다. 이 안전과 안심을 연계하는 제도적 방식, 즉 안전·안심의 레짐(regime)에 따라서 예측과 방재 역시 달리 조합된다.[18]

18 레짐은 제도화된 집단적인 행태(institutional collective behavior)라고 규정될 수 있다. 공식적이고 지속적인 구조를 갖고 있는 제도보다는 실험적이고 잠정적인 방식이라 할 수 있다. 레짐이 형성되면 행위자들의 기대하는 바가 일치하는 안정된 순환 패턴이 형성된다. 생명공학이나 생태정치학의 등장은 다양한 "삶의 레짐들"(regimes of living)(Collier & Lakoff 2005)의 출현을 가능하게 했으며, 이 출현 과정은 새로운 삶의 방식과 존재론을 생산해 내기 위한 집합실험 과정으로 기술될 수 있다. 방재과학기술 역시 지진과 관련된 다양한 안전·안심의 레짐들을 생산해 내는 집합실험의 매개자이다.

사례 5-19

안전과 안심

안전은 인간이 어떻게 생각하는지와 거의 관계가 없고 대상 혹은 객체의 문제로 이과계의 사람들이 100% 다루고 있는 것이라 생각하는 일, 그리고 안심은 마음의 문제이기 때문에 이공계 연구자들과 마치 아무런 관계가 없는 일처럼 생각하는 것이 흔한 일입니다. '안심은 심리학자, 인류학자, 사회학자에게 줘 버려' 하는 사고방식인 것이지요. 안전은 객체, 안심은 주체, 안전은 이공계, 안심은 문과계, 이런 틀 짓기 자체가 사회적으로 구성된 것으로, 헤이안(平安) 시대 사람들은 결코 이런 것을 생각한 적이 없고, 아시아의 일부, 그리고 유럽의 근대주의적인 사고방식이지요. 안전과 안심의 교차점을 늘려야 한다고 생각하는 사람들이 조금씩 늘고는 있습니다. _2009년 9월 21일, 심리학자 야모리 면담

필자가 추적해 온 방재과학기술에서도 전문가 대신 연출자가, 그리고 대중 대신 출연자가 재앙을 상연하는 데 협력했음을 살펴본 바 있다. 상이한 이해관계를 가진 집단들 간에 새로운 방식으로 교섭과 거래가 이루어지고, 공황 상황에서의 갈림길을 늘리고 고층 건물 공진 현상의 조합을 다양하게 하면서 안전을 위한 대책과 안심을 위한 대책의 연계 방식의 수를 늘리는 시도가 이어졌다. 이러한 연계 방식의 증가는 '근대'가 만들어 놓은 전문가와 대중, 객관과 주관, 물질과 심리 사이에 벌어진 거대한 빈 공간을 채울 수 있게 해 준다. 근대적 안전·안심의 방식을 대체하는 일 없이 그 빈 공간을 안전·안심의 새로운 레짐들로 채운다는 점에 그 탄력성의 특징이 있다.

문부과학성의 홈페이지에 게재된 "안전·안심 과학기술 프로젝트"의 문서는 지진으로 인한 대규모 재해뿐 아니라 다른 '위기 사태'들이 옮겨져 와서 결부되어 있다는 점을 보여 준다. '안전·안심 과학기술 정책'은 7개의 위기 사태로 '대규모 재해', '중대 사건 사고, '신종 전염병', '식품 안전', '테러', '정보 보안', '각종 범죄'를 지정하고 기술을 통해서 확보할 수 있는 객관적인 '안전'뿐만 아니라, 주관적인 '안심'을 확보하기 위한 과학기술 정책을 제시했다. '안심'에 대한 관심의 증가를 반영하고 있을 뿐 아니라, 안전과 안심을 잇는 방식들 혹은 레짐들을 유연하게 하고자 하는 시도라고 할 수 있다. 방재 계획들은 이제 방재과학기술에 머물지 않고, 이 '안전·안심 사회 구축에 이바지하는 과학기술 정책'이라는 더 광범위한 과학기술들을 매개하고 있는 공공 정책과 연결된다. 방재연구소의 연구자들은 자신들의 실험실에서 보내는 시간과 출장을 나가는 시간만큼이나 많은 시간을 이 정책을 위한 보고서 양식을 작성하는 데 보내고 있다. 문부과학성의 안전·안심 담당 공무원들의 책상에는 연구자들이 양식에 맞추어 작성한 보고서들이 모여든다. 물론 방재과학기술만이 아니라 테러 대책과 정보 보안, 전염병 예방과 관련된 과학기술 연구로부터 온 양식들이 안전·안심의 과학기술이라는 표제하에 엮어진다. 이 양식들을 추적함으로써 우리는 이제 '공공 정책'에 이르게 되었다.(安全·安心科學技術委員會 2007)

2007년부터 시작된 문부과학성의 "안전·안심 과학기술 프로젝트"의 흐름도(그림 5-16 참조)는 이 안전·안심을 위한 과학기술들이 어떻게 순환하고 있는지를 보여 주고 있다. 이 흐름도에서 작은 순환과 큰 순환으로 나눌 수 있는 두 개의 순환고리를 찾아볼 수 있다. 작은 순환은 자연과학과 사회과학, 그리고 관측·예측 기술과 데이터베이스 고도화 및 인터페이스의 통합화를 순환하고 있다.(작은 화살표들) 필자가 각 장에서 추적한 순환이 이미지의 각 단계에서 보이는 이 작은 순환들임을 알 수

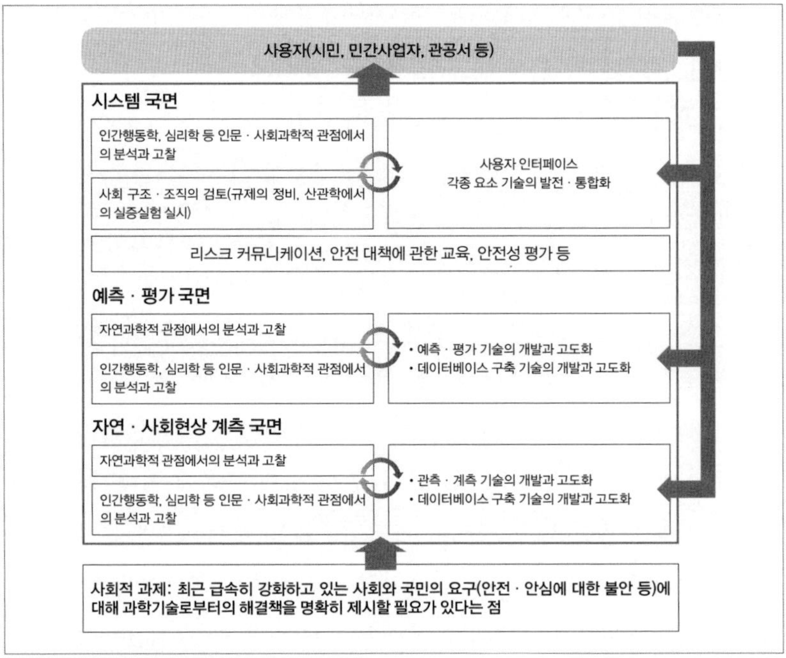

[그림 5-16] 안전·안심 과학기술의 이미지

출처: 문부과학성 홈페이지; http://warp.ndl.go.jp/info:ndljp/pid/286794/www.mext.go.jp/b_menu/houdou/19/07/07072503/001/001.pdf

있다. 이 책의 제2장에서는 쟁점의 이동과 함께 관련된 행위자들의 수가 증가했다. 아울러 연구자들의 제안들의 수가 증가했다. 제3장에서는 학문 분과에 따른 대상의 증가 및 집단들을 반복적으로 소집함으로써 지진이 다양한 대상-집단들의 집합으로 연행될 수 있음을 살펴보았다. 제4장에서는 타협과 양보를 통해서 상이한 집단들이 그 습성을 바꾸는 조정작업을 반복함으로써 복합재해를 상연할 수 있었다. 제5장에서는 연구소 조건의 연장과 기술 구역의 교차를 반복함으로써 다양한 방재 대책들이 주민과 회사 및 개개인에게 분배될 수 있었다.

이 작은 순환에도 다양한 방식들이 있다. 상연 양식의 차이에 따라서 공약 불가능했던 목소리들을 조정하고 집단들을 화의에 이르도록 함으로써 재앙은 상이한 방식으로 상연되었음을 살펴본 바 있다. 이 양식 혹은 방법들의 수만큼 작은 순환을 이루고 있는 순환의 레짐들의 수가 정해진다. 연구실에서 상연된 재앙과 그에 대한 대책들을 어떻게 연구실 밖으로 연장시키는가에 대한 방식 역시 하나가 아니다. 도시사회공학자처럼 성공 사례를 순환시키거나, 강진동 연구자처럼 단말기와 표준화된 형식을 통용시키거나, 심리학자처럼 게임 참여자들이 스스로 게임을 다른 사람들에게 권유하거나 하는 다양한 방식들이 동원된다.

다음으로, 큰 순환은 불안-관측-예측-시스템-사용자를 순환하고 있다.(큰 화살표들) 지진의 공중이 형성되고, 지진의 아상블라주가 소집되며, 복합재해를 위한 교섭과 화의가 진행된 후, 다양한 방재 대책들이 방재 계획에 첨부되는 과정이 큰 순환의 화살표로 표현되어 있다. 이 큰 순환이 계속됨으로써 공중의 규모가 더 커지고, 더 다양한 안전·안심들이 공공 공간을 이루게 된다는 상상이 순환도에 드러나 있다. 작은 순환이 행위자와 집단의 증가, 그리고 행위와 관심의 합성과 분배를 가능하게 한다면, 큰 순환은 혼란에서 질서로의 전이 과정을 보여 주고 있다. 각각의 전이 과정에서 혼란은 점차 질서 쪽으로 이동하게 된다.

하지만 이 절차의 다이어그램에서는 최종적인 목적지로서의 '질서'가 명확히 제시되어 있지 않다. 그보다는 두 순환으로 인해서 배려하고 우려하고 관심을 가져야 할 문제들의 수가 끊임없이 증가한다. 이 순환도는 지진의 총 집합이 점차 확장된다는 점을 보여 준다. 총 집합의 내부와 외부의 경계는 이러한 순환으로 인해 잠시 언급될 뿐, 곧바로 새로운 관심사 혹은 쟁점들을 들여오기 위한 과정에 돌입하게 된다. 새로운 문제, 새로운 집단, 그리고 새로운 복합체와 안전·안심의 레짐들이 환대받는다.

이렇게 해서 문부과학성에는 기존의 지진학과 측지학 혹은 건축학과 환경공학의 연구자들이 작성한 결과보고서 양식뿐 아니라, 도시사회공학자와 심리학자가 작성한 결과보고서의 양식이 축적된다. 문부과학성의 안전·안심 과학기술 정책의 결과보고서에는 방재연구소에서 우리가 이동하며 참여관찰했던 다양한 연구자들의 보고서가 축적되어 있다.

여기서 공동체와 공공성의 특성을 비교함으로써 다양한 안전·안심의 레짐들이 공존할 수 있게 해 주는 공공성에 대해 정리해 보자.[19]

첫째, 지진의 총 집합은 관련된 행위자들 사이에 있는 관심사, 즉 쟁점을 중심으로 소집되어 왔다. '사이에 있는'은 영어로 'in between'으로, 불어로는 'inter-esse'이다. 즉 하나의 생기(生起)가 집합이 소집되는 출발점이라는 점이라는 점에서, 구성원들이 공유한 정념을 출발점으로 모여 있는 공동체와는 차이를 보인다. 쟁점의 이동으로 인해 관련 행위자와 집단들이 증가함으로써 지진의 총 집합은 계속해서 새로운 사람과 사물들을 그 성원으로 받아들이고 있다. '거대한 방재 공동체'가 형성되기 이전에 이미 새로운 관심사와 새로운 행위자 집단으로 인해 공중으로 되돌아간다.

둘째, 지진의 총 집합을 순환하는 안전·안심의 레짐들은 하나가 아니다. 그리고 행위자 집단들은 하나의 레짐에만 귀속되지 않는다. 이들이 어떤 매개자와 접속하는가에 따라서 전혀 다른 정체성을 갖게 된다는 점을 앞에서 살펴본 바 있다. 공동체는 구성원들을 하나의 정체성에 귀속시키는 특성을 갖는 반면, 지진의 총 집합에서 구성원들은 여러 안전·안심의 레짐들에 상이한 매개자들을 통해서 다중적으로 접속할 수 있다. 그래서 지진계를 설치하고 기록 카드를 수거하는 초등학교 아이들은 지진학의 지식 생산 과정에 관여하는 동시에, 재해 미체험자의 현

19 공동체와 공공성의 차이에 대해 사이토는 개방성, 이질성, 공통의 관심사(interests), 다중적인 관여(affiliations)로 정리하고 있다.(사이토 2009: 28)

장체험이라는 심리학자의 방재 교육에도 다중적으로 관여할 수 있게 된다. 초등학생들은 '안심'의 확보에만 관여하는 것이 아니라, 동시에 '안전'의 구축에도 관여한다.

셋째, 대상들, 상연 양식들, 안전·안심의 레짐들이 하나가 아니라는 점에서 지진의 총 집합에서 추구되는 세계상 역시 하나가 아니다. 동질적인 철학 혹은 세계상을 공유하는 것으로 설명되는 공동체와는 달리, 상이한 세계상을 추구하는 여러 행위자 집단들이 세계정치를 펼치고 있다. 그래서 지진의 총 집합의 전모는 '팬옵티콘'이나 '전쟁의 모델'을 통한 기술이 불가능하다. 이들이 만물의 만물에 대한 투쟁으로 인한 불안으로부터 소집된 공중이라 할지라도 결과적으로는 세계상들 간의 공존과 화의를 위한 교섭의 과정에 있다는 점에서 전쟁을 통한 지배-저항의 구도나 자기 규율적인 팬옵티콘으로의 길을 걷고 있지는 않다.

넷째, 지진의 총 집합은 공공 공간의 특성을 지닌다. 누구나 접근할 수 있고, 무엇이든 배려되거나 관심을 받을 수 있다. 새로운 사람과 사물이 쟁점을 중심으로 관심의 대상이 될 수 있다는 점에서 개방성을 특징으로 한다. 오히려 고려되지 못한 것, 배려해야 할 것, 우려할 만한 것들이 연구자들에 의해서, 그리고 관련 행위자들을 통해서 새로운 목소리 혹은 참여자로 등장한다. 그래서 '바깥'을 형상화함으로써 영토를 구축하려는 공동체 모델과는 분명한 차이를 보인다. 나아가서 외부자에 대한 '자리를 마련해 주는' 관대한 공동체에 머무는 것이 아니라, 새로운 쟁점 혹은 생기로 인해서 총 집합에서는 세계상들 간의 공존과 화의의 방식들이 전면적으로 재배열되는 세계상의 정치가 계속된다.

쟁점을 중심으로 소집된 집합이라는 점, 구성원들이 여러 레짐들과 접속하며 다중적인 정체성을 가질 수 있다는 점, 다수의 세계상들의 공존과 새로운 세계상들에 대한 실험이 가능하다는 점, 새로운 사람과 사물들의 접근성이 보장되어 있어 개방적이라는 점에서 안전·안심 레짐들은 공공 공간 속에서 그 공공성을 유지하며 순환하고 있다는 점이 명확해진다.

4. 상정(想定)의 바깥

전국을 개관한 지진동 예측지도, 도카이·도난카이·난카이 지진과 쓰나미 시뮬레이션, 하나오리 단층 지진의 해저드맵, 건축물의 내진 기준, 공무원들과 주민들에게 배포된 방재 매뉴얼, 긴급지진속보 네트워크, 자주방재회의 종합적 방재 활동, 마을 활성화를 통한 방재마을 만들기, 게임을 통한 공황 상태의 체험 등의 연쇄를 통해서 지진의 예측과 그에 대한 대비책들이 분포하고 있다. 그래서 사전에 가정한 범위 내에서는 어떤 사건이 일어날지, 그리고 무엇을 해야 할지 정해 둘 수 있다. 개인이, 지역 공동체가, 혹은 정부가 취해야 할 대응책들의 비율과 이에 투입될 예산이 재난 전과 직후로 나뉘어서 편성되어 있다. 이 '상정(想定)의 안쪽'에서 주민들은 장비를 갖추고 대응 능력을 키운다. 기업들은 이 상정 안에서 업무 연속성 계획을 구축하고 지자체는 이 상정 안에서 재난 대응 계획을 세운다.

하시모토 도루(橋下徹) 전 오사카 부 지사는 오사카 만의 간척지인 사키시마(先志摩)에 있는 월드 트레이드 센터(WTC)로 부 청사를 이전하는 계획을 세웠다. 그에게 청사의 이전은 경제적·정치적 혁신을 상징했다. 하지만 교토대학 방재연구소의 정보공학자는 그에게 제동을 걸었다. 도카이·도난카이·난카이 지진의 쓰나미 시뮬레이션 결과에 따르면 부 청사는 쓰나미로 인해 형성된 침수 지역에 둘러싸인다. 부 청사는 긴급한 시기에 오사카 시와 완전히 고립되고 출근 시간의 공무원들은 부 청사에 접근조차 할 수 없다. 부 청사는 재해 통제 기능을 상실해 버리고 도시는 무정부상태에 빠질 수 있다.

정보공학자는 이와 같은 내용을 방송국과의 인터뷰에서 지적했고, 연구소에서 제작된 시뮬레이션이 다큐멘터리로 제작되어 정보공학자의 해설과 함께 방영되었다. 정보공학자는 쓰나미 시뮬레이션과 해저드맵을 동원했다. 이어서 고베 대지진 당시에 붕괴된 청사에 출근조차 할 수 없었던 공무원들과 고베 시의 주민들이 겪었던 공적 원조의 부재 사례도 동원했다. 쓰나미 피해와 연루되어 있는 수많은 자주방재회들과 게임과 시뮬레이션 혹은 실험을 통해서 쓰나미 피해에 대해 걱정하기 시작한 주민들이 함께 동원되었다.

정치인과 과학자 간의 힘의 대결은 결국 과학자의 승리로 끝났다. 오사카 부 지사는 쉽게 부 청사 이전 계획을 실행할 수 없게 되었고, 부 청사 이전은 지연되었다. 그리고 2011년의 대지진 이후 이 계획은 완전히 취소되었다. 적어도 부 청사 이전이라는 쟁점에서 정보공학자가 대변하고 있는 연합의 수와 공고함은 지사의 연합보다 강력했다. 방재과학기술과 그 연합들을 통해서 구축된 상정의 범위에서는 상정 안의 목소리들을 대변하고 있는 과학자와 공학자가 발휘하는 정치적 권력이 강력하다는 것을 알 수 있다.

하지만 '상정의 바깥'에는 예상할 수 없는 사건, 사물, 장소들이 가득하다. 탐지되거나 감지되지 못한 지진 재해의 목소리들이 상정 바깥에 그대로 남아 있다. 이들은 잡음으로 취급받아서 제거되거나 아예 잡음으로조차 탐지되지 못한 채 무시당하고 있다. 제거되고 무시당한 목소리들은 세계상에서 그 위치를 부여받은 적도 없고 그래서 상연조차 될 수 없는 것이기에 '상정 안'에서 이들은 비존재로 남아 있다. 이러한 지진과 재해의 목소리에 대해서는 그 어떤 예측과 대응도 불가능하다. 이들이 상정의 바깥으로부터 기척 없이 상정 안으로 난입하는 순간 상정 안에 구축되고 있는 총 집합의 질서는 무너지게 된다.

무시되고, 제거되고, 배제된 목소리들이 그 대변인을 찾을 경우, 대변인들은 그들의 목소리를 경청하고 관심을 가지며 그 목소리를 세계상에 따라 상정 안의 한 곳에 위치 지울 수 있어야 한다. 그래서 대변인들은 상정 바깥의 실체들을 대변해야 할 의무를 갖고 있다. 이들의 목소리와 역할을 명확히 함으로써 대지진의 총 집합에 새로운 구성원으로 입회시켜야 하는 대표로서의 위치에 서 있는 것이다. 지진의 총 집합은 이 배제되었던 실체들을 다시 고려해야 한다. 그리고 그 목소리를 명확하게 해서 재앙의 상연에 출연시켜야 한다. 그럼으로써 안전과 안심을 구축하는 네트워크에 동원되는 구성원으로 인정할 필요가 있다. 이러한 이유에서, '상정 바깥'의 실체들을 대변하는 것은 대변인으로서의 연구자들의 '소명'이기도하다.

2005년 3월 한 과학잡지에 게재되었던 '상정 바깥의 대진재'의 목록을 살펴보면,[20] 필자가 현지연구를 진행했던 2010년까지 상정의 바깥에서 상정 안으로 포함되어 들어온 새로운 진재들을 발견할 수 있다.

- 고베에서 니가타에 이르는 왜곡집중대에서 다수의 내륙직하형 지진이 발생할 수 있다.
- 도쿄 시가 위치하고 있는 관동 평야와 같은 퇴적층에서 지진파가 증폭되어서 고베 대지진에서의 '진재의 띠'와 같은 강진동 집중 지역이 나타날 수 있다.
- 액상화된 지면이 옆으로 흐르면서 건물의 기초를 무너뜨릴 수 있다.(측방유동)
- 경사면 주변에 건설된 뉴타운이 산사태로 토사에 파묻힐 수 있다.
- 도카이 지진역 바로 위에 건설된 하마오카(浜岡) 원자력 발전소가

20 『ニュートンプレス』, 2005年 3月號, 「「想定外」の大震災」.

상정 이상의 지진 규모에 대해서 강도가 충분하지 않아 방사능 누출 사고가 발생할 수 있다.

- 오사카로 통하는 해안선이 복잡한 세토나이카이로 쓰나미가 밀려들면서 쓰나미가 반사되어 겹쳐지거나 만조와 겹쳐서 피해를 가중시킬 수 있다.
- 높은 지대에 건설된 댐에 거대지진으로 인한 산사태가 발생하면 토사로 인해 댐이 넘쳐 홍수를 발생시킬 가능성이 있다.
- 진도 0의 장주기 지진동이 고층 건물의 공진 현상을 초래해 건물 기능을 마비시킬 수 있다.
- 장주기 지진동으로 인한 석유 탱크 수십 기가 슬로싱으로 화재에 휩싸일 수 있다.

장주기 지진동으로 인한 고층 건물의 공진 현상과 석유 탱크의 슬로싱 피해에 대해서는 토목건축학자들이 '상정 안'에 넣고 실험을 진행하고 있다. 쓰나미가 해협을 통과하면서 증폭되는 현상 역시 정보공학자의 쓰나미 시뮬레이션의 계산에 입력되었다. 강진동으로 인한 건축물 지반의 액상화, 퇴적층 지대에서의 지진파 증폭 역시 강진동 연구자들의 시뮬레이션과 실험의 목록에 포함되었다. 고베-니가타 왜곡집중대 역시 응력 기상도를 그리고자 하는 지진학자들이 지진계로 진단을 하고 있는 중이다. 이처럼 연구자들 혹은 대변인들에게 '상정의 바깥'에 있는 실체들은 새로 그 존재가 가정되고(제2장), 진단을 통해 목소리가 부여되어(제3장), 재해를 억지하거나 경감하는 데 역할을 부여받음으로써(제4장) 예측하고 대비할 수 있는 곳에 배치되어 가는 과정(제5장) 중 어느 지점엔가 위치하고 있다.

반대로 '상정 바깥'이라는 말을 새로운 실체를 대변하기 위한 소명이 아니라 '책임회피'를 위해서 사용하는 경우도 있다. 그리고 '상정 안'을 상정 바깥의 실체를 발견하기 위한 출발점이라기보다는 상정의 안팎의 경계를 폐쇄적으로 유지하고 더 이상의 우려 혹은 배려(concerns)를 차단하는 데 사용하기도 한다.

> 중부전력은 대형 실험장치를 통해서 안전성을 확인했다고 설명하고 있다. 하지만 원자력 발전은 정밀 장치의 복합성 때문에 내진성 평가가 어렵다. 안전 증명이라는 것이 애초에 불가능하다. 사건이 '상정한 대로' 일어나서, 일본의 기술이 구미 제국보다 우수해서, 한신·아와지 대진재 때 고속도로가 쓰러지고 1995년 고속 증산로 '몬주'[21]의 나트륨 누출 화재사고가 일어난 것인가? 도로나 가옥은 지진 이후 내진성을 강화하면 되지만, 원자력 발전에 대한 지진은 '다음'이란 없다. 그때 가서 "'상정 바깥'이었습니다."라고 사과나 할 것인가?(『サンデー毎日』, 2004. 2. 29.)

한 지진학자가 도카이 지진역 위에 핵발전소를 세운 전력회사를 비판하는 글에서 '상정 바깥'의 두 번째 용례가 예시된다. 두 번째 '상정 바깥'의 용례는 '상정 바깥'을 관여할 수 없는 불가항력의 영역으로 구획하고 있다. 상정 바깥의 목소리에 대해 관심을 갖지도 책임을 지지도 않겠다는 결단이 행해지고 있다.

전력회사는 중앙방재회의의 도카이 지진의 피해 상정을 근거로 원자로가 규모(M) 8.5의 지진에 견딜 수 있는 안전성을 확보하고 있다고 주장하며, '상정 안'에서 하마오카 원전은 안전하다는 결론을 내렸다. 전력회사가 '상정 안'에서의 증거를 강조한 것은 이 '상정 바깥', 즉 외

21 '몬주'는 일본의 고속증식로로서 1995년 12월 8일 나트륨 유출이 발생하여 운영을 정지했고, 2010년 5월 6일에 재개했다. '문수보살'의 앞 두 글자를 따서 일본어 발음 '몬주'라는 이름을 붙였다.

부성과 '상정 안'의 경계를 명확히 하고, '상정 바깥'의 목소리를 철저히 배제하고 있기 때문이다.

2011년 3월 11일의 후쿠시마 원전 사고 이후 간 나오토(菅直人) 총리와 도쿄전력 측은 실제로 모기 교수가 예언한 대로 '상정 바깥'이라는 말을 반복하고 있다. 이에 대해서 일본 토목공학회, 지반공학회, 도시계획학회는 이들이 사용하고 있는 '상정 바깥'이라는 말의 용례에 대해 다음과 같이 선언하고 있다.

> 우리가 '상정 바깥'이라는 말을 사용하는 것은 변명 혹은 책임회피를 위해서가 아니다. 방재시설과 같은 '하드'한 대응뿐 아니라 '소프트'한 대응 역시 함께 활용해야 하는 것의 중요성을 도쿄전력과 정부는 재확인해야 한다.(『日經新聞』, 2011. 3. 24.)

방재 연구자들이 말하는 "상정 바깥의 사건이었습니다."라는 말은 지진의 총 집합의 배후로 사라졌던 실체들을 다시 불러들이는, 포함의 정치의 시작이라고 할 수 있다. 그래서 '상정의 바깥'에 대한 배려는 (과학적) 증거 없이도 고려하고 우려할 필요가 있는 지진 재해의 목소리들과 실체들에 대한 개방성을 전제로 한다. 여기서의 개방성은 이들의 목소리가 대변되고 논쟁의 참여자가 되며, 이들도 협상 테이블에 앉고, 이들이 스스로 자신들의 세계상을 그려 내며 나름의 공동체를 형성할 수 있게 해 주는 것을 포함한다.

제6장

집합실험 속의 존재론

이 책은 학회 발표, 제안서, 그리고 논문을 통해 연구자들이 주고받는 논쟁을 추적하는 데서 시작했다. 그리고 필드, 연구소, 스크린을 지나 장비를 갖추는 지역 공동체와 공무원들이 마련한 방재 계획을 거쳐 왔다. 이 장에서 우리는 다시 문헌과 발표회장에서 오고 가는 연구자들의 진술로 이동할 것이다. 겉보기에는 다시 문헌으로 되돌아가는 듯이 보이지만, 그 문헌 속의 진술들은 집합실험에 새로 첨부되는 사물로서 또 다른 장소에서 일어나는 새로운 사건이다. 흔히 '이론'이라고 불리는 진술들이 이 집합실험에서 마지막 장에서 생산되고 그 끝자락에 첨부된다.

필자는 이러한 이동 과정을 이론/실천, 문헌/현장, 관념/현실, 과학지식/일상생활, 전문 영역/대중, 과학기술/사회문화, 정책 수립/시민운동으로 나뉜 '수준'(level) 혹은 '분야' 간의 '넘나들기'로 보지 않았다. 인류학 문헌에서 자주 등장했던 '넘나들기'라는 말은 주어진 경계와 분류의 결과물일 뿐이다. 미리 주어진 이 분류법들과 경계들은 집합실험에서 전개되고 있는 혁신과 타협을 막는 전제들로서, 실천 속에서 생산되는 새로운 범주들을 보지 못하고 지나치게 한다. 실천에서 생성되는 것들에 주어진 범주를 덮어씌우는 것은 질서정치 혹은 세계정치에 필요한 배려의 부족을 드러낼 뿐이다. 그래서 "기존의 기준으로부터의 도망"(Shaviro 2009)이 집합실험 속의 존재론을 제시하는 데 출발점이 된다.

이 장은 이론적 논의들을 실천'에서' '일어나는' '것들'로 기술함으로써, 이론과 철학이 실천 속에서(내재적으로) 생성되는 과정을 제시한다. 사건(일)의 연쇄, 사물(것)의 첨부, 장소(곳)의 연장이 이 민족지가 기술하는 실천의 요소들이었다. 이 장이 기술하는 이론적 논의들 역시 '일, 것, 곳'으로서 실천된다. 여기서의 이론이란, 연구자들이 자신들의 실천을 보편화해서 첨부한 철학이자, 필자가 이들이 첨부하는 철학을 기술하며 새로이 첨부한 이론이기도 하다. 그리고 이 철학들을 포함한 집합실험을 활성화하는 절차에 대한 제안도 이론에 포함된다. 마지막으로 집합실험을 기술하는 이 민족지 자체의 존재에 대해서도 덧붙여 논의한다.

인식론은 두 방향으로 흐른다. 하나는 이론을 세우고 그에 맞는 실천을 찾아 나서거나 만들려 한다. 입장과 시각의 수만큼 이론의 수가 늘어난다. 전문가의 시각에 대해서는 대중의 시각이, 성인 남성의 시각에 대해서는 어린 여자아이의 시각이 더해진다. 다른 하나는, 이론에 맞지 않는 실천을 발견하고 그 불일치에 대해 성찰하거나 비판한다. '생각하는 나'에 대해서는 성찰을 하고, '다른 시각'에 있는 남에 대해서는 비판을 한다. 하지만 어느 쪽이든 철학적 개념과 일상 경험 간의 불일치에 시달린다는 점은 같다. 특수한 실천과 보편적인 이론 간, "철학적 개념과 일상의 경험 간 화해할 수 없는 거리"(화이트헤드 2005: 326-327)가 인식론을 중심으로 한 철학 및 사회과학의 오랜 놀이터였다.[1] 인식론은

1 이러한 '시각주의'에서 벗어나 사물을 직접 만질 것을 주문한 것이 이 책의 출발점이었다.(제1장 2절) 사물을 보는 눈들을 늘릴 것이 아니라, 사물을 직접 만지고 사물이 있는 장소를 직접 걷는 것을 목표로 했다. 필자는 이를 '촉각주의' 혹은 '실천'(實踐)이라고 명명하고 있다.

이 둘 간의 심연을 어떻게 뛰어넘을 것인가를 둘러싸고 벌어지는 멀리뛰기의 경합이었다.

실천 속에서 행위자들을 통해 제시되는 철학과 이론을 기술하는 작업은 '멀리 뛸' 필요가 없다. 하나하나의 사건, 사물, 장소가 덧붙여지면서 구축되는 징검다리의 모습을 하고 있는 이동 과정에서 이론이나 철학은 단지 하나 더 놓인 돌에 지나지 않는다. 이 이론적 돌은 그 전에 놓인 제안의 돌, 장치의 돌, 테이블이라는 돌, 지역 주민의 마음이라는 돌과 다를 바 없는 돌이다. 이론적 돌은 이전의 여러 돌들 없이는 있을 수도, 있을 필요도 없는 하나의 돌일 뿐이다. 이론적 돌들이 그 어떤 세계를 그리고 있다 할지라도, 그것은 징검다리의 끝자락에 놓인 작은 돌일 뿐이다. "모든 것은 어떤 곳에 있어야 한다."(화이트헤드 2005: 131)라는 존재론의 원리에 따라, 이론, 개념, 철학은 실천 속의 다른 모든 것과 마찬가지로 국지적인 장소에 있다. 단지 이전의 돌들과의 거리와 방향에 따라 기능적이면서도 미적으로 돌이 놓이면 좋은 징검다리가 될 수 있다. 적절한 거리에 놓인 이론적 돌이 더해지면 그 이전의 돌들 사이에서 멀리뛰기를 할 필요가 사라진다.

이렇게 인식론과 존재론을 구분한다면, 인식론에서 그랬던 것처럼 이론이 실천과 일치하는가에 대한 '진위 판단'에 시달릴 필요가 없다. 대신 이론적 돌은 이전의 돌들의 지향에 따라 그 특이성을 고려해 아름다운 모습으로 놓이면 충분하다. 연구자들과 지역 주민들이 함께 접속하고 있던 세계상 혹은 그 지향점이 '미적인 판단'(Shaviro 2009)을 내리도록 유혹한다. 우리가 기술해 온 집합실험은 이론과 철학의 돌을 놓음으로써 아름다움을 향유할 수 있게 된다.[2]

2 인식론과 존재론의 차이는 인류학의 '증거' 개념에 대한 새로운 접근 가능성을 열어 놓고 있다. 이에 대해서는 하대청 외의 연구(2015)를 참고.

앞에서 제시한 이론의 네 가지 의미에 맞추어 이 장은 다음의 네 국면에 따라 구성되었다. 그것들은 연구자들이 자신의 실천 속에서 도출해 낸 이론-실천 속에서 끄집어 낸 존재론-민주적 실험에 대한 제안-민족지 자체의 존재와 참여의 관계에 대한 논의이다.

첫째, 지진의 총 집합의 다양성과 공존을 동시에 가능하게 하는 재난·안전 연구의 두 철학에 대해 다룬다. 두 철학은 대립적인 세계를 추구하는 듯 보이지만, 결과적으로 집합실험에서의 실천을 확장하는 동시에 다양한 목소리들을 정교하게 조정하고 배열하는 데 협력하고 있음을 제시한다.

둘째, 집합실험을 통해서 도출되는 지진의 존재론을 총섭(總涉), 상입(相入), 유체(流體), 환영(幻影)으로 나누어서 제시한다. 이를 통해 집합실험의 과정이 여러 실험적인 존재론들을 생산해 내는 공적 삶(public life)으로 설명될 수 있다는 점이 드러난다.

셋째, 집합실험의 거듭된 재개는 과학과 국가 어느 쪽도 최종적인 성공에 이르지 못하고 있음을 보여 준다. 특히 2011년 3월 11일에 발생한 동일본 대지진과 후쿠시마 원전 사고는 집합실험의 종결을 어렵게 하는 동시에 새로운 실험의 전기가 되고 있다. 집합실험은 '과학의 실패' 혹은 '국가의 실패'라는 판결로 끝나는 것이 아니라 재개될 뿐이다. 중요한 것은 성공이냐 실패냐에 대한 판단이 아니라 이 실패과학과 실패국가가 민주적인가 권위적인가에 달려 있다. 3·11 이후 비-성공이 민주적인 방향으로 나아가기 위해서 어떤 절차를 따라야 할지에 대해 논의한다.

넷째, 이 책, 즉 한 권의 민족지는 지진의 총 집합에 포함되면서 무엇을 했고, 무엇을 하고 있으며, 또 무엇을 할 수 있는가를 살펴본다. 필자는 민족지 쓰기 과정에서 행해지는 두 가지 참여를 구분했다. 이 두 가지 참여를 통해서 민족지의 작가, 즉 인류학자는 집합실험에 참여하는 사물 및 사람들과 마찬가지로 공적 삶에 참여하게 된다.

1. 집합실험의 확장

도시사회공학자는 '사전 예방과 사전 배려', '상향식, 참여 접근', '재해 리스크 경감', '재해 대응 능력', '적응적 매니지먼트', '종합 정책' 등을 고베 대지진 이후 새롭게 등장하고 있는 21세기 방재 계획의 접근법으로 제시했다. 그리고 이들과 대비되는 '기존의 방재 계획'의 접근법에 대한 비판을 통해 자신의 방재 계획의 방식들을 부각시키곤 한다. 그가 제시하는 접근법에서는 '기존의 방재 계획'을 새로운 '21세기의 방재 계획'이 대체할 것이라는 주장이 암시되고 있다.(표 6-1 참조)

[표 6-1] 한신·아와지 대진재의 교훈: 행정의 시점에서 본 신·구 방재 계획 비교

기존의 방재 계획	21세기의 방재 계획
위기 관리와 긴급 대응 (emergency and crisis management)	사전 예방과 사전 배려 (anticipatory/precautionary approach)
사후 대응 (reactive)	사전 대비 (proactive)
하향식, 통제 접근(위로부터의 통제) (top-down, command approach)	상향식, 참여 접근(아래로부터의 참여) (bottom-up, participatory approach)
재해 억지 (disaster prevention)	재해 리스크 경감 (risk mitigation)
대응 매뉴얼 (countermeasure manual approach)	재해 대응 능력 (preparedness)
확정적 계획 (predetermined planning)	적응적 매니지먼트 (adaptive management)
분야별 대응 조치 접근 (sectorial countermeasure approach)	종합 정책-묶음 접근 (comprehensive policy-bundle approach)

출처: 岡田憲夫(2009)

그럼에도 불구하고 '기존의 방재 계획의 접근법'으로 연구를 진행하고 있는 연구자들은 얼마든지 있다. 도시사회공학자와 반대의 입장에 서 있는 연구자들은 '새로운 방재 계획의 접근법'이 비용에 비해 그 실익이 적다는 점에서 도시사회공학자가 제시하는 접근법에 대해 회의적이다. 도시사회공학자 역시 빈번하게 일어나는 비교적 작은 규모의 재해에서는 기존의 방재 계획이 효과를 거두고 있다는 단서를 달며 발표를 한다. 방재 계획의 접근법은 도시사회공학가 바라는 바와는 달리 시간이 지나도 후자로 환원되지 않고 있다. 대신 그 차이를 유지하면 집합실험 내에 공존한다.

표 6-1에서 제시된 두 갈래의 접근법은 앞에서 살펴본 여러 장치와 장비, 상연 양식과 세계상, 참여하는 집단들 간의 차이가 단 두 가지 방식으로 종합되어 정리된 것이다. 단 두 갈래로 정리된 접근법은 고베 대지진 전후로 전개된 실험들로 인해 확장된 실천들에 붙여진 이름이며, 앞으로 진행될 실험에 필요한 실천들을 소집하는 데 방향을 제시해 주기도 한다. 기존의 실천과 새로운 실천을 매개해 준다는 점에서 이 접근법들은 집합실험에서 중요한 방향타의 역할을 하고 있다.[3]

각 방재 계획 접근법의 대립항이 어떤 실천들을 매개하고 있는지를 순서대로 살펴보자. 첫째, '위기 관리와 긴급 대응'과 '사전 예방과 사전 배려'는 관심을 갖고 염려해야 할 사물들이 무엇인가에 대해 서로

3 톰슨은 케냐의 앰보젤리(Amboseli) 국립공원의 코끼리들을 둘러싼 과학 논쟁을 대칭적으로 기술하면서 국립공원의 생물 다양성에 해를 끼치고 있는 코끼리를 '울타리에 가둘 것인지' 아니면 '울타리 없이 마사이 원주민들의 통제하에 둘 것인지'에 대한 선택에서 드러나는 상이한 두 가지의 철학적 모델을 추출해 내고 있다.(Thompson 2002: 175-186) 이 두 모델은 한쪽으로 환원되지 않고 정책 과정에서 부분적으로 연계되어 이행됨으로써 성공적으로 복잡성을 잃지 않고 국립공원을 보존하는 원리로서 작용하고 있다.

다른 접근을 하고 있다. 두 접근법의 대립은 지진 예지 논쟁에서 잘 드러난다. 도카이 지진에 대한 대책은, 지진학자가 지진 발생의 전조를 관측함으로써 2-3일 전에 지진을 예지하고 이에 따라 행정 관료들이 초동 대응에 돌입하는 것에 집중되어 있다. 지진 발생 직전과 직후의 '위기 관리와 긴급 대응'이 집중적인 관심을 받고 있는 문제라는 점을 알 수 있다. 지진의 직전과 직후에 조직이 처하게 된 위기를 얼마나 잘 관리할 수 있는가, 그리고 재해의 현장에서 얼마나 빠르고 정확하게 상황에 대처할 수 있는가에 따라서 방재의 성공과 실패가 갈린다.

하지만 고베 대지진 이후 여러 연구자들이 이러한 접근법에서는 논의된 바 없는 문제들을 제기하기 시작했다. 건축학자는 장주기 지진동으로 인한 공진 현상을 '배려'할 것을 주장했다. '내진'(耐震)에 초점이 맞추어진 기존의 방재에 더해서, 공진 현상이 일어나고 있는 고층 건물 속에서 업무를 계속할 수 있도록 하는 '면진'(免震)에 관심을 가질 것을 주문한다. 1960년대 이후 대부분의 고층 건물이 건축되었기 때문에 일본의 고층 건물은 아직 한 번도 장주기 지진동을 만나본 적이 없다. 그래서 고층 건물의 공진 현상은 일본에서 경험적으로 혹은 과학적으로 그 위험이 검증된 적도 없다. 심리학자는 '재해 미체험 세대'와 '재해 미체험 지역'의 사람들이 공황 상태에 빠지는 경우에 대해서 사전에 배려하고 있다. 이처럼 새롭게 제기된 문제들의 상당수가 경험된 바 없으며 과학적으로도 그 위험성을 입증할 수 없는 불확실한 문제들이다. 연구자들은 이러한 문제 제기의 관심들을 묶어서 '사전 예방 및 사전 배려'라는 이름을 붙인다. '사전 배려의 원칙'은 "심각한 또는 회복 불가능한 피해의 위협이 있을 경우, 과학적 불확실성이 환경 악화를 방지하기 위한 비용 지불과 효과적인 조치를 지연시키는 구실로 이용되어서는 안 된다."는 원칙이다.(김홍균 2010: 56) 환경 문제뿐 아니라 재난 문제에서도 이 '사전 배려의 원칙'이 지진에 연루된 더 다양한 목소리들을 끄집어내고 있다.[4] 그래서 쟁점이 단지 '지진의 전조'를 관측할 수 있는가를 넘어서, 공진 현상이나 산간 과소 지역 주민의 고립, 재해 상황에서의 공황 상태, 광역 피해 지역 발생 시의 지자체 간의 협력의 부재, 강진동으로 인한 '진재의 띠'의 형성과 지하철 수몰과 같은 새로운 문제들에 대한 '배려', '우려', '관심'으로 이동하고 확장되도록 하고 있다.

한편 '위기 관리와 긴급 대응'을 중시하는 반대쪽 연구자들은 '언제 올지도 모르는 거대지진에 대비하는 것은 현실에서 너무 큰 비용과 시간이 든다'는 점을 들며 이러한 '배려'의 비효율성과 과도함에 대해 비판한다. 산간 과소 지역 주민들의 '지역 현장력'을 향상시키고자 하는 도시사회공학자에게는 지진 재해가 발생하기 전에 이들의 고립에 대해 관심을 갖고 대비하는 일이 중요하다. 하지만 방재 계획의 비용 편익을 계산하는 경제공학자는 이러한 우려가 너무도 낮은 효율성을 보인다는 점을 지적하며 도시사회공학자와 의견을 달리한다. 연구소 내의 세미나 중에도, 지역 활성화가 진행되고 있는 산간 마을에서도 이 상이한 믿음으로 인한 관련 집단들 간의 마찰이 계속되어 왔다는 점을 살펴본 바 있다.

이처럼 사전 예방과 사전 배려의 원칙이 배려해야 할 사물과 행위자들의 수를 늘리는 반면, 긴급 대응과 위기 관리는 짧은 시간과 한정된 자원이라는 제한 속에서 위기 시에 긴급하게 대응하고 관리해야 할 사물과 행위자들의 수를 엄격하게 통제하고 있다. 하지만 '배려·예방'과 '위기·긴급', 그리고 '사전'과 '사후'와 같은 말의 대립에도 불구하고, 두 접근법은 실천에서 집합실험의 대상을 더 풍부하게 하는 동시에 그

4 '사전 배려의 원칙'은 과학적 입증이 없더라도 어떠한 조치가 취해져야 한다는 점에서 과학적 입증에 근거하는 '사전 예방의 원칙'보다 한 단계 더 나아가 있다.(김홍균 2010: 88)

문제의 해결을 정교하게 하는 데 협력하고 있다. 자율적으로 문제를 제기하는 목소리들을 대변하고자 하는 시도와, 위기 시 합리적이고 실질적으로 효과가 있는 대응을 해야 하는 의무를 지고 있는 지자체의 공무원, 소방서, 병원에 의한 대응 조치들이 공존한다. 결과적으로는 더 많은 목소리들이 위기 관리와 긴급 대응에 반영된다.

둘째, '위로부터의 통제'와 '아래로부터의 참여'는 각각 집합실험에서 관련된 혹은 이해관계를 갖는 당사자 집단이 누구인가에 대해서, 그리고 그들이 어떻게 소집될지에 대해서 상이한 접근을 하고 있다. 도시사회공학자는 지역 주민의 참여로부터 시작해 행정·소방 당국, NPO의 협력을 통해 문제를 해결하는 '아래로부터의 참여'를 일관되게 주장해 왔다. 심리학자 역시, 주민들이 게임에서의 논쟁에 참여함으로써 공황 체험자뿐 아니라 미체험자도 재해 시의 공황 상태를 상연하는 데 참여토록 하고 있다. 또한 지진학자와 협력해서 초등학교 아이들에게 지진계를 설치하고, 자료를 수거하고 연구소로 기록을 운반하도록 함으로써 아이들이 지식 생산 과정에 참여할 수 있게 했다. '아래로부터의 참여'를 따르는 동맹에서는 주민들 혹은 게임 참여자 개개인이 재앙을 상연하고 방재 대책을 강구하도록 하는 '권한 부여'가 강조된다. 도시사회공학자와 심리학자는 새로운 관련 집단들을 소집하고 이들의 목소리에 권한을 부여하는 것으로 리스크에 대한 소통을 원활히 하고 피해를 줄일 수 있다는 믿음을 공유하고 있다. 그래서 '아래로부터의 참여'를 매개로 연합하고 있는 연구자들에게는 지진의 총 집합을 구성하는 집단들의 수가 점점 증가한다. 참여와 권한 부여의 세계상은, 이들의 연구실의 책상과 벽에 붙어 있는 총 집합의 규모가 나선형으로 증가하는 과정을 그리고 있는 세계의 도상, 즉 세계상을 통해 드러난다.(그림 6-1 참조)

심리학자는 행정 관료들의 본심은 '역시 방재 전문가나 행정이 방재의 프로라는 점에서 주민이나 어린이들은 지시를 가만히 듣는 쪽이

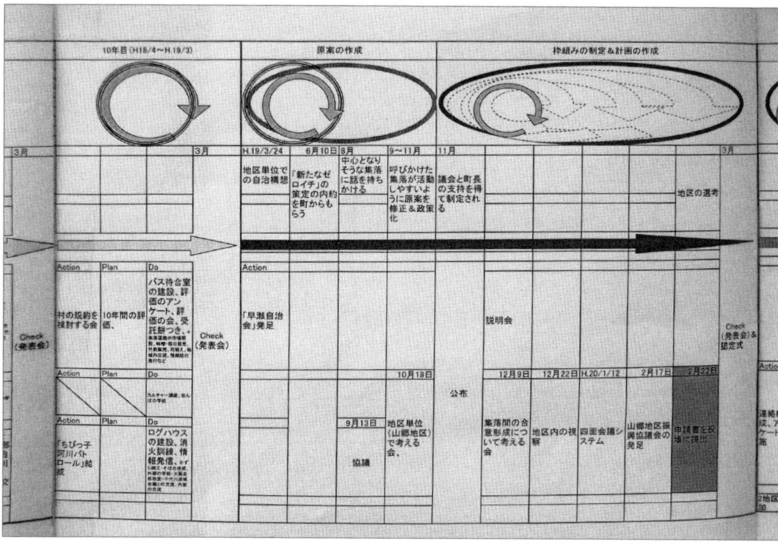

[그림 6-1] 산간 지역에서의 마을 만들기 과정
추가되는 사람과 사물들로 인해 방재마을 만들기 연합은 점점 그 범위가 커진다.
출처: 도시사회공학 연구실의 연구자 책상에 붙어 있는 다이어그램

낫다'는 것에 가깝다는 점을 지적하고 있다. 여전히 많은 관료들이 '위로부터의 통제'에 대한 믿음과 가치를 따르고 있다는 점을 알 수 있다. 실제로 행정정보공학 연구실의 연구자들은 주민들과의 만남보다는 관료들과의 만남을 통해서 해저드맵이나 방재 관련 행정 정보 포털을 개설하거나 공무원들의 매뉴얼을 작성하는 데 집중한다. 해저드맵은 행정 기관으로부터 주민들에게 '위로부터' 배포되며, 공무원들은 매뉴얼을 통해서 재해 시 주민들을 '위로부터' 통제할 것이다. 이러한 대립적인 접근법에도 불구하고, 두 접근법 역시 협력한다. '아래로부터의 참여'는 관련된 행위자 집단을 늘리면서 집합실험에서 심사숙고해야 하는 대상과 집단들의 목록을 늘린다. '위로부터의 통제'는 위기 시 필수적으로 고려해야 할 대상과 집단에 대한 결단을 내린다. 이 '숙고'와 '결단'의 균형을 통해서 지진의 총 집합은 확장되는 동시에 정교한 대

책을 보유할 수 있다.

셋째, '매뉴얼을 통한 피해의 억지'를 목적으로 하는 동맹과 '재해 리스크 경감을 위한 대응 능력의 향상'을 목적으로 하는 동맹이 대립된다. '사전 배려의 원칙'이나 '아래로부터의 참여'의 원칙을 따르는 동맹은 '매뉴얼을 통한 방재'에 대해 상당히 비판적이다. 공황 상태에서 공무원들이 들고 있던 매뉴얼은 아무 쓸모가 없었다는 점이 드러났다. 복잡한 재해의 현장에서 매뉴얼이 그리고 있는 상황에 딱 들어맞는 상황이란 없다. 이전에 발생한 재해에 대한 경험을 토대로 작성된 매뉴얼은 새로운 재해에서 나타나는 상황에 대해 무용지물이다. 그리고 평소에 아무도 읽지 않는다.

'매뉴얼대로 하면 피해를 억지할 수 있다'는 믿음을 거부하는 집단들은 '어차피 피해는 발생하므로, 피해를 조금이라도 경감하는 방식을 강구하자'는 결론에 이르렀다. 피해를 줄이기 위해서 상황에 따라서 임기응변적인 판단이 요구된다는 점에서 방재·감재 대책들의 결합 방식을 가능한 다각화한다. 한 예로, '방재 댄스' 연구자는 방재 관련 학술지에 방재 댄스에 대한 논문을 출간하지 못하고 있다. 방재 댄스는 재난을 알아차리는 모습, 책상 아래 숨거나 대피소로 대피하는 모습, 옆 사람과 함께 달려서 탈출하는 모습을 흉내 낸 춤이다. 방재 댄스의 효과에 대해 평가방법이 없다는 점에서 학술적인 평가 기준에 미치지 못하고, 아직 연구의 초기 단계라는 점에서 논문 게재를 거부당했다. 하지만 심리학자나 도시사회공학자가 실시하는 방재 교육 현장에서는 방재 댄스가 공연되고 참가자들이 방재 댄스를 따라서 배우는 시간이 포함되어 있다. 재해 시 상황에 대해 조금이라도 정보를 줄 수 있고 그로 인해 조금이라도 피해를 줄일 수 있다면, 재해 경감을 위한 교육 프로그램에 결부될 수 있다는 판단이 감재를 중시하는 동맹에서는 받아들여진다.

감재가 중시되기 시작했다고 해도, '대응 매뉴얼을 통해서 재해를 억지하고자 할 수 있다'는 믿음이 폐기되는 것은 아니다. 피해 억지와 리스크의 경감은 진재의 발생 빈도와 피해의 크기를 각각 X, Y축으로 하는 좌표 위에 나란히 놓일 수 있다. 방재와 감재는 이 발생 빈도와 피해의 크기에 따라서 위계화되고 그에 따라 상이한 대책들이 강구되고 있음을 앞에서 살펴본 바 있다.(제5장 4절) 전자가 계산으로의 '환원'이 가능한 예측 가능한 재해들을 주된 대상으로 하고 있는 반면, 후자는 계산이 불가능한 대규모 재해를 대상으로 하기 때문에 다양한 방재와 감재 대책들을 '결부'시킴으로써 피해를 경감하는 데 그 목적을 두고 있다. 그래서 자주 발생하지만 피해가 크지 않은 진재에 대해서는 내진 설비를 포함하는 물리적인 억지(방재)를 동원하는 한편, 자주 발생하지는 않지만 대규모 피해가 발생할 수 있는 진재에 대해서는 정보의 소통을 중심으로 하는 리스크 경감(감재 대책)을 동원하는 것으로 화의를 이루었다.

사례 6-1

부분적으로만 옳습니다

그 당시 재해 현장에서 뭔가 올바른 방법이 있지 않을까 생각해서 정답을 열심히 찾으려고 합니다. 그래서 매뉴얼이나 계획을 중시하는데요, 가장 표준적이고 일반적인 방법이라고 할 수 있습니다. 저는 이러한 방식이 모두 틀렸다고 말하는 것은 아닙니다. 일부는 그런 방법으로 과거의 경험을 살릴 수 있다고 생각합니다. 하지만 뒤죽박죽의 상황에서 정답이 하나이거나 올바른 방법이 하나라는 것에는 명백한 한계가 있다고 생각합니다. 매뉴얼을 통한 방식은 부분적으로만 옳습니다.

_2010년 7월 19일, 심리학자 야모리 면담

심리학자와의 면담에서도 알 수 있듯이 연구자들은 방재와 감재, 그리고 환원과 결부가 상보적이라는 점을 인정하고 있다. 그는 매뉴얼을 통한 피해 억지의 시나리오를 거부하기보다는 매뉴얼로 대응할 수 없는 공황 상태에 대해서 대응을 할 수 있는 방법을 찾고자 한 것이다.

넷째, '섹터별 대응 조치 접근'과 '종합 방재 정책 접근'의 대립을 살펴보자. 도시사회공학자는 행정 관료들이 업무의 분업(縱割り)을 고수하는 나머지 지역에서 나타나는 위생, 환경, 주거, 교통 등의 종합적인 문제를 해결하는 데 도움을 주지 못한다는 점을 지적하면서, 지역에서의 종합방재 능력을 향상시킬 것을 주장한다. 그래서 그의 '지역 활성화' 모델은 단순히 방재를 목적으로 하는 것이 아니라, 활력 있는 '마을 만들기', '안전·안심 마을 만들기'와 같이 다른 분야들 간의 종합적인 대책을 추구하도록 하고 있다. 그 결과 '종합적 방재 정책 접근'은 지역 활성화 혹은 지역 방재력의 향상에 도움이 되는 새로운 대책들에 대해 개방되어 있다. 그래서 '종합적 방재 정책'은 '적응적 매니지먼트'의 접근과 연계된다. '적응적 매니지먼트'는 소규모 재해가 발생할 때마다 문제점을 찾아서 고쳐 나가는 것으로, 더 큰 재해에 대한 '적응력'을 높여 나가는 접근법이다. 따라서 '종합적 방재 정책'과 '적응적 매니지먼트'는 사전에 모든 계획을 확정하기보다는 여러 번의 재해 대응 경험을 통해서 다양한 분야가 공동으로 학습해 가는 과정을 중요시한다.

한편 도로와 항구, 그리고 공항 등이 각기 다른 부서에서 관리된다는 점을 강진동 연구자와 도시환경공학자는 자주 비판해 왔다. 항구에 적용되는 기준과 도로에 적용되는 기준, 홍수에 적용되는 기준과 지진에 적용되는 기준이 따로따로인 점이 재해 상황에서는 피해를 더 확산시킬 수 있다는 점을 지적한다. 이처럼 '전형적인 방재 계획'으로 이름 붙여진 분야별 방재 계획은 '사전 확정 계획'에 따라서 재해에 대응하는 '섹터들'을 분류한 다음 각각 방재 매뉴얼을 작성하도록 하고, 행정 기관의 위로부터의 통제하에서 위기를 관리하고 긴급조치를 취함으로써 재해를 막을 수 있다는 '성공 시나리오'를 따르고 있음을 알 수 있다. 사전에 계획이 확정됨으로써, 그리고 지진 재해가 일어난 직전과 직후에 조치를 취함으로써, 시간과 비용의 효율적인 사용을 전제하고 있다. 그래서 이러한 성공의 시나리오는 '사후 대응'을 중시하는 동맹과 밀접하게 연관되어 있다.

실천에서는 견제와 균형을 통해 공존하고 있다 할지라도, 이 두 접근법들 혹은 세계상들의 동맹은 서로 다른 시기에 나타났다. 1995년 1월 17일의 고베 대지진의 전과 후가 두 세계상을 갈라 놓는 시간적인 기준이다. 고베 대지진을 기점으로 '기존의 방재 계획'은 실패했다고 생각하는 연구자들은 그 실패로부터 교훈을 얻어 '21세기의 방재 계획'으로 방향을 수정했다는 점을 밝히고 있다. 따라서 2011년 3월 11일의 동일본 대지진 이후에도 새로운 세계상이 논의되기 시작할 것으로 예견할 수 있다. 지진의 총 집합 혹은 집합실험의 역사는 이러한 새로운 세계상의 출현으로 그 시기가 나눠진다. 연대기적 역사가 아니라, 새로운 세계상의 탄생을 통한 역사이다. 단 이 상이한 세계상들은 실천으로부터 분리된 세계가 아니다. 새로운 세계상이 출현했다고 해서 기존의 세계상이 대체되거나, 새로운 실천들로 기존의 실천들이 대체되지도 않는다. 단지 실천을 이루는 사건과 장소와 사물들의 수가 늘어나서 총 집합이 더 확장될 뿐이다. 그래서 위의 도상에서 보이듯이, 지진의 총 집합의 규모는 실패로부터 얻은 교훈에 근거한 새로운 세계상이 출현하면서 점점 확장된다.(그림 6-2 참조)

집합실험이 계속되면서 총 집합이 확장된다는 점에서 총 집합은 여전히 비질서, 비종결, 비환원, 비성공에 머물고 있다. 지진의 총 집합은 상이한 세계상의 공존을 통해서 실천을 이루는 사건, 사물, 장소들의 수를 늘리고 있다는 점에서 공동체 혹은 공통의 세계 및 질서(cosmos)에

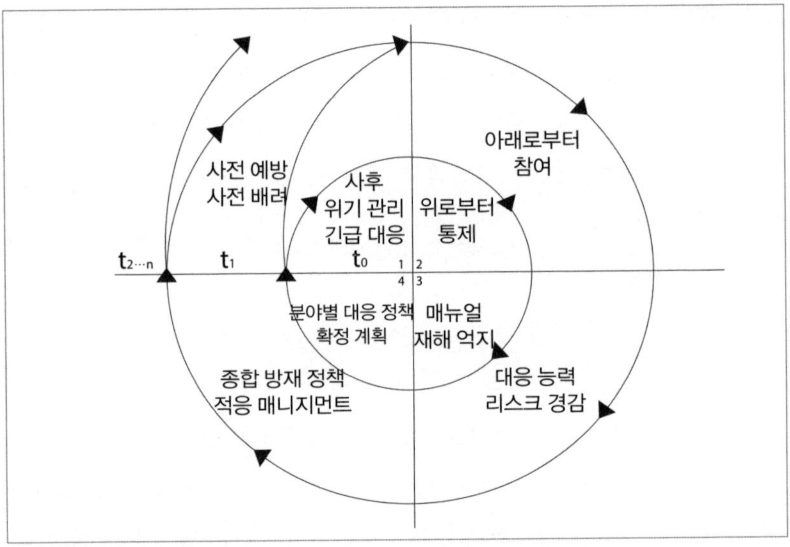

[그림 6-2] 고베 대지진 전후 방재 계획 접근법과 총 집합의 확장

두 방재 계획의 접근법은 역사적으로는 다른 시기에 출현했지만, 실천에서는 견제와 균형을 이룬다. t2는 2011년 3월 11일 동일본 대지진의 교훈에 따라 접근법의 변화와 실천의 확장을 예견하고 있다.

출처: 필자 작성

이른 것은 아니다. 공동체가 공유하는 세계상이 없을 뿐만 아니라, 지식 역시도 상식(common sense)에 도달하지 못했다. '당연하게 여겨지는 것' 혹은 '자연스러운 것'이 여전히 없다. 내부와 외부의 경계가 뚜렷하지 않다. 지진의 총 집합이 반드시 공동체에 이를 것인지에 대해 지금으로서는 예견할 수 없다.

2. 실천 속의 존재론

앞에서 살펴본 것처럼, 집합실험을 통해서 지진의 총 집합은 점차 확장된다. 그리고 확장되는 총 집합의 실험적 실천 속에서 지진의 존재 방식들이 새롭게 생성된다. 그 출발점은 연구자가 추적해 온 장소들, 사건들, 그리고 사물들이 변형되고 이동하면서 그 흐름들이 복잡하게 뒤엉키고 있는 실천의 안이다. 많은 연구자들이 이론, 방법, 접근법을 먼저 제시하고 이를 '채우는' 사례들을 수집하는 순서로 그들의 연구 절차와 논문의 순서를 정한다. 관념이 실천 앞에 온다. 그래서 이미 '바깥-거기'에 실재, 공동체, 총체, 안전, 그리고 합리성과 성공이 주어져 있다는 전제에서 출발한다. 실천은 이 '주어진 것들'에 대한 사후적 설명에 머문다. 만약 실험이 실패하고 비합리에 머물고 있거나 실재를 재현하고 있지 못하다고 판단하면, 그 관념에 미치지 못하는 실천을 비판한다. 이에 비해 실천 속에서 존재론을 제시하고자 하는 시도는 집합실험, 즉 실천을 먼저 기술하고 그 실천 속에서 생산되는 사물의 배열 방식들에 이름을 붙이는 순서를 따른다.[5] 존재 혹은 실재가 실천을 낳는 것이 아니라, 실천 속에서 실재 혹은 그 존재론들이 생산된다. 그래서 본 연구는 연구자들의 '다양한 시각들'(해석의 유연성)을 수집하기보다는 물 자체의 '다양한 존재론들'을 제시할 것이다. 이렇게 해서 "실재세계가 실제로 어떤가?"(Latour 2005a: 117)에 대한 논의에 도달했다. 집합실험의 실천 속에서 드러나는 다양한 존재론들이 '존재감'을 얻고 집합실험 과정

5 실재를 '이미 거기에' 있는 것으로 전제하고, 이 실재를 구체적인 실천의 사례를 통해서 설명하고자 하는 시도와는 완전히 반대 방향으로 진행되고 있다. 본 연구에서는 '지금 여기'의 실천 속에서 생산되는 실재들을 다룬다. 실천이라는 바다 위에 실재라는 열도가 솟아오른다. 따라서 본 민족지는 지구, 지진, 진재라는 실재를 설명하기 위해서 작성된 것이 아니다. 반대로 방재과학기술을 매개로 하는 실천 속에서 지구, 지진, 진재라는 실재들이 생산되는 과정을 기술해 왔다. 몰은 미세해 보이지만 실제로는 커다란 두 방향의 차이를 지적하면서, 이러한 민족지를 "실천지"(praxiography)(Mol 2002: 31-33)라고 부른다. 그리고 이러한 실천 속의 실재에 대한 논의를 "실천-속의-존재론"(ontology-in-practice)(Mol 2002: 150)이라고 부른다.

에서 실재성을 제대로 부여받도록 하는 데 본 절의 목적이 있다.

1) 총섭(總涉)

총체적으로 일관된 세계는 간섭을 통해서 만들어진다. '일관된 것', '논리 정연', '총체'는 '엉망진창으로 뒤얽혀 있는 것들'로부터 만들어진다.

그 많던 잡음들은 다 어디로 갔는가? 기술직원들이 지진계를 설치하는 현장에서는 잡음과 지진의 목소리를 떼어 놓는 것이 중요한 문제였다. 그러나 지진학자가 스크린 위의 파형을 가리키며 "이것이 지진이네요."라고 말하기 시작하면서부터 잡음은 시야에서 사라진다. 빗물의 진동, 철도의 소음, 멧돼지의 방해, 지진계의 고장으로 인한 잡음이 소거된다. 지진의 현전에 잡음의 부재가 동반된다. 사라지는 것은 잡음만이 아니다. 기술직원의 손작업, 나침반, 방수포, 기록기, GPS 안테나 등도 지진의 현전과 함께 배경으로 밀려난다. 지진의 실재는 진원, 진앙, 규모와 지진파와 그 피해로 언급되지만, 수많은 사건, 사물, 장소들이 그 배후에 보이지 말아야 하는 실체로, 들리지 말아야 하는 목소리로 남겨져 있다. 이러한 전경과 배경의 정치는 다음과 같은 말로 바꿔 말할 수 있다. 지진이라는 실재는 보이지 않는 배후지로부터의 계속적인 지원이 있어야 살아남을 수 있다.[6]

간과할 수 없는 것은, 이 배후지의 유지를 위해서 수많은 대가가 지불되고 있다는 점이다. 지진계의 유지보수 작업, 기록 장치와 재현 기술

6 실천 속에서 실재가 만들어지는 과정에서 다른 실재들도 생산될 수 있었을 것이라는 잠재성이 동시에 생산된다. "배후지(hinterland)는 실재들과 그 실재들에 대한 진술들을 생산한다. 이는 동시에 수많은 다른 실재들이 만들어지지 못하고 있다는 것을 의미한다."(Law 2004: 33)

의 개발, 기술직원들의 암묵지 전수, 연구비 확보를 위한 위원회로의 출장, 지진계 설치 장소의 확보를 위한 마을 주민들과의 협의가 계속된다. 한 번의 설치로, 한 번의 유지보수 작업으로 혹은 한 번의 출장으로 지진은 살아남을 수 없다. 지진 자체보다 이 배후지의 유지, 그리고 배후지와 실재를 연결하는 계속적인 간섭의 흐름이 지진이 안정적으로 실재하는 데 훨씬 중요하다는 점을 알 수 있다. 따라서 실재는 주어지지 않는다. 끊임없는 배후지의 보수를 통해서만 성취될 수 있다.

한편 지진의 실재를 생산하는 실천은 여기서 그치지 않는다. 지진학자는 측지학자의 지하 구조와 지자기학자의 지하 구조, 그리고 자신의 지진파 토모그래피 지하 구조의 '조화'를 추구함으로써, 그리고 물의 역할을 강조한 진원 과정 모델과도 이 지하 구조의 도면들이 조화되도록 함으로써 총체적이고 일관된 지진의 실재를 구성하고자 하는 시도를 해 왔다. 실천 속에서 지진은 '거기-바깥'에 있으면서 지진학자가 찾아와 주길 기다리는 '잠자는' 외부 실재가 아니다. '여기-안'에서 수많은 사건, 사물, 장소들의 배열과 숨겨지고 제거되어야 할 것들을 결정하는 배열의 방식 혹은 세계상을 통해서 성취되는 실천-속의-존재이다. 앞에서 지진학자는 지각 구조의 도면들 사이를 '조화'시키는 데 완전한 성공을 거두고 있지 못하다. 그는 여전히 지진파의 잡음, 도면의 불일치, 모델들 간의 마찰로부터 지진의 실재를 도출해 내기 위해서 노력 중이다. 일관되고 총체적인 질서에 대한 상상이 이러한 실험의 동기가 되고 있지만, 그것을 실현 가능하게 하는 것은 배후지로부터의 간섭이다.

그리고 각 배후지들 사이에도 간섭이 일어난다는 점에서 여러 배후지들이 위치한 실천은 훨씬 복잡하게 뒤얽힌다. 조화, 거래, 레시피, 조합, 적응, 갈림길의 양식들은 각각 지진의 실재를 구성하고자 하는 배열 방식들로서 각기 다른 잡음들과 배후지를 갖고 있다. 그리고 이 배후지들 사이에도 간섭이 계속된다.

우선 대상들 간의 간섭이 있다. 미소지진 연구에서 지진은 곧 진원과 그 진원들의 집합(단층)으로 연행된다. 이에 비해 강진동 연구에서 지진이란 진원-전파 경로-지점으로 연행된다. 진원이 강진동에 간섭하고 있다. 측지학 연구에서 지진은 지각 변동에 간섭하고 있다. 하지만 모든 지각 변동이 지진이 되는 것은 아니라는 점에서 지진학자의 지진과 측지학자의 지진은 달리 연행된다.

다음으로, 상이한 상연 양식들 사이에도 간섭이 있다. 진동대 실험실에서는 장주기 지진동과 고층 건물의 조합을 통해서 공진 현상을 만들어 낸다. 고층 건물의 공진이 상연되기 위해서 지진학자가 관측한 장주기 지진동의 지진파가 지진학자의 데이터베이스로부터 옮겨 와야 한다. '조합'의 상연 양식에 지진학자의 '조화'를 위해서 수집된 지진관측 자료들이 간섭해 들어온다. 강진동 시뮬레이션을 배열하는 '레시피'의 상연 양식에 상이한 상연 양식에 따라서 수집된 장주기 지진동, 활단층 정보, 지반 구조 정보, 건물의 고유 주기 등 다른 양식에 동원되었던 데이터들이 또다시 동원되고 있다. 한편 고층 건물의 공진 현상의 영상물은 자주방재회의 '방재서당'에서 상연되었고, 크로스로드 게임에서 선택을 내리기 애매한 상황의 사례로 제시되었다. 조합, 적응, 갈림길과 같은 일관된 상연 양식들이 다른 상연 양식들의 배후지에 있는 실체들의 간섭을 받음으로써 진재를 상연하는 것이다.[7]

7 지진, 진재, 그리고 방재와 감재는 일원적인 세계 속에 있는가, 아니면 다원적인 세계 속에 있는가 하는 질문을 할 수 있다. 우주(universe)와 다원우주(pluriverse), 혹은 하나와 다수 간의 이분법이 이러한 질문 속에 자리 잡고 있다. 하지만 집합실험의 실천에서 지진은 하나도 아니고 다수도 아니다. 간섭은 하나와 다수의 이분법을 불가능하게 만든다. 간섭을 통해서 "부분적으로 연결되어 있는" 상이한 상연 양식들 혹은 세계상들이 있을 뿐이다. 그래

결국 지진, 진재, 방재, 안전과 같은 실재들은 각기 고립된 섬처럼 보이지만, 그 배후지가 되는 심해에서는 그것들이 경계 없이 뒤얽히고 삽입되고 서로 간섭하고 있다. 실천에서는 이러한 상호 간섭하는 배후지로부터 '총체의 일관성에 대한 상상'이 만들어진다. '순수'와 '오염'은 경계를 두고 분리되어 있는 것이 아니다. 거대한 '오염' 혹은 '잡음'으로부터 작은 '순수들' 혹은 '조음된(articulated) 목소리들'이 추출된다. 이를 기술하는 인류학자는 이러한 지진의 존재론을 '총섭'이라고 이름붙일 수 있다. 총섭의 존재론에서는 일체가 간섭함으로써 총체가 될 수 있다.

2) 상입(相入)

행위자들을 추적하면서 지진의 총 집합을 가로지르는 연구자는 '경계를 넘나들기'보다는 행위자들에 의해 연결되는 여러 장소들을 이동할 뿐이다. 경계보다는 이동이 먼저 있는 실천에서 경계는 미리 주어지지 않는다. 그래서 '경계 넘나들기'도 '경계물'(boundary object)도 실천 다음에 온다. 실천 속에서 총체 혹은 실재가 생산된 것과 마찬가지로, 이동 속에서 경계라는 관념이 생산된다.

제5장에서 다루었듯이, 단순히 한 장의 게임 카드, 한 장의 CD, 한 장의 해저드맵, 한 장면의 화면, 한 권의 매뉴얼, 한 마디의 구호일지라도 이 각각의 사물들은 방재연구소의 여러 연구실, 실험실, 관측소, 현지, 행정 기관 등으로 구축된 연결망들의 말단 접속점이라는 것을 알 수 있다. 이러한 접속의 전환을 통해서 불확실한 재해 상황에서 여러 연결

서 대상들은 "하나 이상이지만, 다수는 아닌" "다중적인 세계"를 이루고 있다.(Strathern 1991: 35; Mol 2002: 82; Law 2004: 59-65)

망과 탄력적으로 연계할 수 있다. 만약 다른 주민 혹은 다른 자주방재회라면 접속할 수 있는 연결망이 달라질 것이다. 그리고 개인과 지역이 처한 상황에 따라 수많은 접속의 경우들이 잠재되어 있다.

이 접속들을 통해서 내부(inside)/외부(outside)의 이분법을 전제하고 있는 경계 모델은 '나란히'(alongside) 혹은, '돌아가며 차례로'(in turn, one by one)의 모델로 바뀐다.[8] 동일성이 내부에 있고 차이가 외부에 있다는 모델과 이 실천은 어긋난다. 대신 상이한 네트워크들이 바로 옆에 있다. 차이는 배제되지도 동화되지도 않은 채 이동하는 행위자에 의해서 접속될 수 있는 것이다. "내부에 있는 차이, 여기에 있는 타자"(It is simultaneously here and other, inside and different)(Strathern 1992; Mol 2002: 148)의 존재론이 이 순차적 이동으로 점철된 실천 속에서 생산되는 존재론이다. 타자가 옆에 있고 차이가 내부에 있으면 다음과 같은 상입의 존재론 역시 가능하다.

교토 시 슈하치 학구 자주방재회에서 정내회의 지부장들에게 배포되는 주머니 안에는 '자주방재회조직 핸드북', '방재기구 관리표', '인재관리 대장', '재해 시 요원호자(要援護者) 대장', '교토 부의 활단층과 지진 해저드맵', '대지진이 교토에 일어났을 때'(팸플릿), '재해에 강한 마을 만들기 매뉴얼', '나카교 구 방재정보센터 정보'가 들어 있다. 자주방재회의 '자주방재'가 연행되기 위해서는 수많은 '타자'들이 자주방재회 안에 들어와 있어야 한다. "우리 마을은 우리가 지키자"라는 구호마저도 다른 곳으로부터 왔다. 자주방재회의 경계가 그려지기 위해서는 다른 장소로부터 온 타자들의 힘을 빌려야 한다. 이 '타자들의 조각

8 이와 같은 존재론을 지칭하는 "나란히"는 몰로부터,(Mol 2002:123) "돌아가며 차례로"라는 문구는 니체의 개인주의를 논의하는 슬로터다이크로부터 가져왔다.(슬로터다이크 2004: 221)

들을 누벼서' 자주방재회는 '자주적'이 될 수 있다. 그리고 '자주적이지 못한 외부'도 동시에 생산된다.

앞에서 주민들이 자주방재회에서 받은 작은 주머니 안에는 광범위한 연결망들이 들어와 있다. 주머니 하나를 받음으로써 주민들은 여러 세계들을 들고 집으로 돌아간다. 우리가 추적해 온 지진, 재해, 방재들이 자주방재회의 총회에, 혹은 주민들이 들고 간 주머니 속에 포함된다. 주민들은 크로스로드 게임에 참여하면서 게임 카드들도 받아 들었다. 게임 카드 안에는 수백 명의 공황 체험에 대한 인터뷰가 담겨 있다. 주민들은 수백 명의 재해 체험자들이 2시간에 걸쳐 한 면담을 수십 개의 크로스로드 카드를 통해서 한손에 쥘 수 있게 되었다. 한편 자주방재회의 현황은 각 지자체별 자주방재회의 현황을 수치화한 방재 계획 안에 산입(算入)된다. 지자체의 방재 계획은 방재를 위해 필요한 자원들을 이 현황을 근거로 소규모 지자체와 자주방재회들에 다시 분배한다. 그래서 여러 자주방재회의 활동과 그곳에서 작성된 양식이 수치화된 모습으로 방재 계획에 포함되어 있다. 방재 계획서 한 권으로 지자체에 결성되어 있는 수백 곳의 자주방재회를 들고 다닐 수 있다. 자주방재회 안에 해저드맵과 매뉴얼, 그리고 방재 계획이 포함되는 동시에, 자주방재회는 지자체 방재 담당 공무원이 들고 있는 방재 계획에 포함되어 있다. 이 두 방향의 포함으로 인해서 '큰 것'과 '작은 것'의 차이가 모호해진다. '더 컸던 것'이 '더 작은 것' 안으로 들어가 있다. 그것도 여러 개가 들어가 있다. 그리고 '큰 것들'을 품은 '작은 것'이 다시 '더 큰 것' 안에 포함된다. 바로 '변형'과 '이동' 때문에 경계의 크기는 상대적인 것이 된다.[9]

9 세르를 따라서 몰은 상호 포함의 존재론을 가방의 비유를 통해서 설명하고 있다. 세르와 몰은 딱딱하고 커다란 가방 안에 작은 가방을 집어넣는다고 하

3) 유체(流體)

지진의 아상블라주는 각 지진마다 상이한 이미지, 연구자, 장치, 관측소, 현지들로 구성된다. 이 유동적으로 구성되는 아상블라주들은 그 지리적 범위가 불확정적일 뿐만 아니라, 거기에 관여하는 연합들의 수 역시 지진마다 변화한다. 현지로부터 장치와 형식화를 통해서 연구소로 흐르는 목소리들이 이미지라는 최종적인 형태로 돌발 재해 보고에서 합류한다. 따라서 지진이 존재하는 공간은 관측점이나 연구소 내에 한정되지도 않으며, 그렇다고 종이 위의 이미지들의 배열에 국한되지도 않는다. 연구실, 관측점이나 현지, 장치, 형식, 데이터베이스실, 종이와 스크린을 가로지르는 여러 흐름의 줄기들이 그 수를 늘렸다 줄였다 하면서 각각의 지진을 연행하고 있다. 그래서 이러한 공간은 "유체 공간"(fluid space)(Mol & Law 2004)으로 불릴 수도 있다. 그리고 '지진의 정체(正體)는 유체(流體)'라는 모순적인 말로 지진을 언급할 수 있다. 그것은 장치를 통해서 옮겨져 온 사물들의 집합이며, 이들을 옮기기 위해 연결된 장소들이고, 관여와 비관여를 통해서 수시로 바뀌는 집단들의 모임이다.

세르는 "열린 분기점들, 다양한 흐름들이 서로 만나는 일시적인 요소 결합", "소용돌이와 회오리바람과 같은 결합"에 대한 관심을 가질 것을 주문한다. 그리고 이러한 결합에 대한 은유를 유체역학에서 가져왔다는 점을 밝히고 있다.(세르 2009: 430-431) 필자가 '유체'에 관심을

는, 크기와 포함에 대한 오랜 위계적·관습적 이미지를 채택하지 않는다. 그 대신 큰 가방을 접어서 작은 가방에 안에 넣을 수 있다. 그리고 그 큰 가방을 다시 펴서 그 안에 작은 가방을 넣을 수 있다. 잘 접히는 이 두 가방은 번갈아 가며 서로를 안에 넣을 수 있는 상호 포함의 관계로서 다뤄질 수 있다.(Mol 2002: 145-146)

가진 계기는 쓰나미 연구를 통해서 대지진의 집합에 관여하고 있는 '유역(流域)재해 연구센터'로부터이다. 인류학자는 '현지인'의 국지적 언어를 빌려서 인류학에서의 광범위한 현상을 기술하는 용어로 사용한다. 그럼으로써 인류학자와 현지인의 언어 역시 상호 간섭하게 된다. 본 연구에서의 그 용어는 이 '현지인'에 속하는 해양과학자들의 용어를 빌려 온 것이기도 하다.

흐름은 지진을 구성하는 데서 멈추지 않고 재앙을 상연하고 합성하는 데까지 나아간다. 데이터베이스를 거쳐서 스크린의 한 점 혹은 색으로 변형되고 다시 상연의 양식을 통해서 다른 흐름들과 조우한다. 도면들의 '조화', 정확성과 신속성의 '거래', 활단층 정보와 지반 구조 정보의 '레시피', 건축물과 지진동의 '조합', 여러 번의 작은 재해를 통한 지역 주민들의 '적응', 재해 체험과 미체험의 '교차'와 같은 상연 양식들은 각기 다른 곳으로부터 이동해 온 요소들을 배열하는 방식들로서 일종의 갈림길의 역할을 하고 있다. 재해 체험자의 목소리의 흐름과 재해 미체험자의 목소리의 흐름이 크로스로드 게임을 위한 테이블 위에서 만난다. '갈림길'이라는 상연 양식은 말 그대로 흐름의 갈림길이었던 것이다. 이러한 상연 양식이 여럿이라는 점에서 흐름의 갈림길은 여럿이다. 이 갈림길들이 복합재해의 상연을 위해서 다시 한 번 프로젝트의 보고서와 지진·쓰나미 시뮬레이션의 스크린 위에서 만난다. 갈림길들이 겹침으로써 재앙의 합성이 가능해진다. 이 갈림길들의 겹침을 흐름들의 "입체 갈림길" 혹은 "공류"(共流)라고 할 수 있다.(세르 2009: 394-395) 이 흐름들이 유지된다면 "항류"(恒流)(세르 2009: 394-395)의 모습을 띠게 될 것이다. 구조, 기능, 체계처럼 고정적인 모습을 보이는 방재와 감재들이 사실은 이 흐름들이 계속되기 때문에 안정적인 것처럼 보인다. 강은 계속 흐르지만 물은 방금 전의 그 물이 아니다. 결국 '방재 시스템'은 항류이다.

하지만 공류와 항류의 모습으로 이 유체가 유지되지만은 않는다. 고베 대지진이나 동일본 대지진으로 인해 새로운 소용돌이가 시작된다. 앞의 '기존의 방재 계획'으로부터 '21세기의 방재 계획'으로 실천이 확장되는 과정에서 소용돌이 모양의 도상이 그려졌다.(그림 6-1 참조) 동일본 대지진으로 인해서 그동안 대변되지 못했던 사람과 사물의 목소리들이 늘어나면서 이 소용돌이가 더 확장될 것이다. 그 끝이 열려 있는 소용돌이가 집합실험이 계속되는 한 계속 확장되며 태풍처럼 돌아갈 것이라는 것이 '유체'로서 표현될 수 있는 집합실험의 존재론이다.

4) 환영(幻影)

고베 대지진 이후, '일본은 안전하다'고 하는 안전신화는 붕괴되었다. '안전신화의 붕괴'라는 말의 등장과 동시에 방재과학기술을 매개로 소집된 집합실험이 실패했다는 평가들이 줄을 이었고, 안전한 정체(政體, body politic)에 대한 믿음은 만물의 만물에 대한 불신으로 바뀌었다. 안전한 정체가 '환영'이라는 점이 드러난 역사적 사건이다.

그 후 새로운 쟁점들이 등장하면서 더 많은 목소리들이 대변되기 시작했다. 쟁점의 이동과 새로운 공중의 형성에 방재과학기술의 새로운 매개자들이 개입해 왔다. 우리가 추적해 온 제안들의 상당수가 이 시점에서 제기되었고, 연구자가 기술한 지진의 총 집합도 이 시점에서 소집되기 시작했다. 안전에 더해서 시민들의 '주관적인' 불안을 해소해 주는 '안전·안심 사회'라는 새로운 정체가 상상되었고, 이 상상된 공동체를 매개하는 과학기술들의 목록 중에 방재과학기술이 가장 앞자리를 차지하게 되었다. '안전·안심 사회 구축에 이바지하는 과학기술 정책'이 이러한 변화에 붙여진 이름이다. 하지만 2011년 3월 11일의 동일본 대지진으로 인해서 이 새로운 정체도 사라질 위기에 처해 있다. 수많은 사람과 사물들이 방재과학기술을 통해 매개되지 못한 채 이 '안전·안심 사회' 밖에 있었다는 점이 속속 드러나고 있다. '안전하고 안심하며 살아갈 수 있는 사회'로서의 정체 역시 원래부터 환영이었다는 점이 확인되고 있다.

결국 위의 두 정체는 항상 완전히 용해될 위험에 처해 있는 "유령 공중"(Lippmann 1993(1927))에 머물고 있으며, 이러한 존재론을 '환영'이라고 부를 수 있다.[10] 중요한 것은, 집합실험이 이 환영을 실제로 환영이라고 받아들인 다음에는, 그것을 새로운 공중을 소집하기 위한 계기로 삼고 있다는 점이다. 비록 '안전한 정체' 혹은 '안전·안심 사회가' 잡힐 듯하다가 결국은 손에서 벗어나 버리는 유령과 같은 존재라고 할지라도, 새로운 실체들을 대변하고 소통에 대한 시도를 다시 시작함으로써 공중의 형성과 집합실험이 다시 시작된다. 고베 대지진 이후의 집합실험과 동일본 대지진 이후의 집합실험이 전혀 다른 공중을 소집하고, 전혀 다른 공동체를 상상할 것이며, 새로운 방재과학기술의 매개자들을 만들어 내는 실험이 계속될 것이라고 짐작할 수 있다.[11]

'그래서 예측과 방재가 성공했는가, 실패했는가?'가 이 절에서 마지막으로 던져져야 할 질문이다. 예측이 적중하고 방재가 효과적이었

10 리프먼-듀이 논쟁에서는 공중의 환영 혹은 유령과 같은 존재론이 쟁점이 되고 있다. 리프먼은 전문가와 대비되는 위치에 공중을 두고, 전문가에 비해서 공중의 힘이 너무도 무력하다는 점을 지적하며 공중을 환영이라고 선언한다. 이에 비해 듀이는 사회가 복잡해지면서 실제로 공중이 환영이 되었음을 인정한다. 하지만 시민들을 대변하는 미디어들의 역할을 강화함으로써 공중이 '거대한 공동체'에 도달할 수 있다는 점을 제안하고 있다.(Lippman 1993(1927); Dewey 1954(1927))

11 지진은 로의 표현처럼 "포획하기 힘든 대상"(elusive objects)(Law 2004: 86-103)이기도 하다. 지진이라는 대상뿐 아니라, 진재와 방재, 그리고 안전도 유령처럼 그 확고한 실체가 없는 대상에 머무르고 있다.

다면, 과학은 지식을 만들고 국가는 안전을 보장하는 데 성공했다고 선언할 수 있다. 과학과 사회가 '공동 생산'되었다고 선언할 수도 있다. 지진의 총 집합을 구성하는 집합이 "거대한 공동체"(the great community)(Dewey 1954(1927): 147)를 이루게 되었다고도 선언할 수 있다. 하지만 연구자들 어느 누구도 그러한 자신들의 예측과 방재가 성공했다고 동의한 적이 없다. 그렇다면 실패했는가? 연구자들의 동맹들이 신뢰를 저버리고 뿔뿔이 흩어져서 지진의 총 집합이 혼란의 상태로 되돌아갔다면 실패를 선언했을 것이다. 하지만 방재연구소는 여전히 많은 동맹들을 거느리고 있고 그 수를 더 늘리고 있다.

심리학자는 "실패가 방재 연구의 구동력이다."라고 말한다. 강진동 연구자에게 '성공'은 강진동 연구의 부흥으로 연결되지 않고 연구의 종결로 이어진다.

사례 6-2

성공과 실패

방재 연구는 연구자 자신이 필요 없게 되도록 하는 연구라고 할 수 있습니다. 달성되면 더 이상 필요가 없는 거죠. 생각해 보니 과학 전부가 그렇군요. 뭔가 이해하게 되면 필요가 없게 되는 거죠. 제 경우 신뢰성 높은 강진동 예측을 목표로 하고 있습니다. 위험한 건물을 강화해야 한다든지, 그곳에 건물을 세우는 것은 안 된다고 확실히 말해 줄 수 있게 되는 것이 목표이지요. 하지만 지진이 일어나도 아무것도 무너지지 않고 피해가 일어나지 않게 되는 날이 오게 된다면 슬슬 이 연구는 그만둬야겠죠. 하천을 연구하는 연구자들의 경우, 현재 일본에서만 따지면 점점 필요 없어지고 있습니다. 하지만 지구온난화가 진짜인지는 몰라도,

요새 자주 일어나는 집중 호우와 게릴라성 호우와 같은 문제들로 인해 연구가 끊기는 일은 없겠죠. _2010년 7월 9일, 강진동 연구자 이와타 면담

재개가 계속되는 집합실험은 그래서 성공에 이르지 못한다. 동시에 완전한 실패로 끝나지도 않는다. 대신 비-성공이라는 계속적인 재개의 상태에 놓이게 된다. 이 비-성공의 재개에서 지진이라는 대상, 진재라는 대상 역시도 규정하기 힘들다. 지진은 여전히 사물로 다시 돌아간다. 이 대상을 연행하는 새로운 존재 방식들이 새로운 장소와 사물과 사건들을 통해서 만들어질 것이기 때문이다. 실패과학과 실패국가는 이러한 비-성공과 재개의 존재 방식을 지니고 있다. 이 실패를 방재연구소의 연구자들은 항상 염두에 두고 있다.

사례 6-3

제도 피로와 새로운 계기

수도직하 지진이든 도카이·도난카이·난카이 지진이든 각각 100년에서 150년에 한 번씩 일어나고 있습니다. 이전에 1940년과 1946년에 일어났기 때문에, 어찌 됐든 2030년에서 2040년 사이에 확실히 일어날 겁니다. 그러면 '그때 일본은 어떻게 변해 있을 것인가?' 그리고 '어떻게 살아남을 수 있을 것인가?'가 제가 그리고 있는 어두운 일본의 미래상에 관한 질문입니다. 성장을 마치고 둔화되는 과정에서, 그리고 인구가 줄고 있는 상황에서 어떻게 일본이 앞으로의 대재앙을 극복할 수 있을까가 지금의 연구에서 중요한 주제이지요. 이런 어두운 미래가 있어서 별로 희망적이지 않습니다. 일본은 중국에 GDP를 추격당했습니다.

이 정도로 경기가 좋지 않을 때에 대재앙을 당한다면 오히려 일본이 크게 변할 기회가 되지 않을까 하는 생각을 하기도 합니다. 하지만 결과적으로는 전망이 별로 밝지가 않습니다. 단순히 지진 그 자체로 인한 피해에서 멈추는 것이 아니라 그 이후까지 생각해야 합니다. 몇만 명이 피해를 입고, 최악의 경우 83조 엔의 경제적 피해가 나서 곧바로 복구할 수 없을 수도 있습니다. 중국의 경우 쓰촨 성 지진이 일어났어도 경제가 고성장 중에 있기 때문에 전혀 걸림돌이 되지 않았습니다. 하지만 일본의 이런 경제상황에서는 재해가 일어나면 상당히 혹독한 경험을 하게 될 것입니다. 사람들이 변화하고 싶어 하지 않기 때문에 크게 변하지 않고 있습니다. 그런데 큰 재해로 일본이 오히려 변화하려고 할 수도 있습니다. 항상 그래왔습니다. 메이지유신 전에도 도카이 지진과 도난카이 지진이 일어났으며, 도쿠가와 막부가 성립될 때도 대지진이 일어났고, 100년에서 150년에 한 번은 그동안 축적되어 왔던 '제도 피로' 같은 것이 지진으로 인해 격변해 왔습니다. 일본으로서는 굉장히 힘든 경험들이지만, 일본의 사정을 본다면 그렇습니다.

_2010년 7월 17일, 건축계획학자 마키 면담

도카이·도난카이·난카이 지진이 일어나기도 전에 예측하지 못한 규모로 동일본 대지진이 일어난 후 대변되지 못한 수많은 사람과 사물들이 한꺼번에 지진의 총 집합을 혼란에 빠지게 만들었다. 건축계획학자가 말하는 '제도 피로'와 대지진의 관계는, 공중의 퇴조가 또 다른 실험을 위해 새로운 공중을 형성하는 계기가 된다는 점을 말하고 있다. 전문가와 대중을 이분했던 첫 번째 공중이 환영이었다는 점, 그리고 전문가와 대중의 이분 대신 대변인과 방재과학기술, 그리고 행위자 집단들로 구성된 공중 역시도 환영이었다는 점이 드러나고 있다. 안전과 안심

은 환영처럼 사라진다. 하지만 공중이 환영이 된 이후에는 새로운 쟁점과 관련 행위자들의 소집으로 인해 새로운 공중이 형성될 기회가 주어진다는 점에서 환영이 공중의 소멸보다는 더 큰 공중을 소집하고 더 큰 공동체를 상상하는 계기가 될 것임을 알 수 있다. 그리고 집합실험이 계속되고 매개자들이 순환해야만, 즉 항류해야만 공중의 모습은 사라지지 않고 보일 수 있다.

3. 민주적 실험을 위한 절차

새로운 쟁점들이 기존의 제도의 틀에서 다루어지지 못할 때, 즉 '제도피로'가 나타났을 때, 그 쟁점들에 관여하는 공중이 새롭게 소집될 수 있는가? 이 지점에서 권위주의와 민주주의가 분기된다.[12] 집합실험의 실패는 집합실험 혹은 민주적인 공중 자체의 결함이 아니라 집합실험이 여전히 불충분하다는 점을 명확하게 보여 주는 것이다. 그래서 현행 제도가 문제를 해결할 수 없다는 것은, 문제(쟁점)에 관련된 공중을 충분히 소집해서 협의하고 있지 못하다는 것을 의미한다.(Marres 2005a: 140-145)

새로운 공중을 소집하는 데 지진의 총 집합이 거쳐야 할 절차는

12 벡은 "권위주의 실패국가"의 초기 증상을 다음과 같이 비유하고 있다. "글로벌 리스크를 혼자 해결하려는 국민국가는 어두운 밤 잃어버린 지갑을 가로등 불빛으로 찾으려는 만취한 술꾼과 비슷하다. 지갑을 정말 여기에서 잃어버렸는가라는 질문에, 그는 그렇지는 않지만 적어도 가로등 불빛으로 찾아볼 수 있다고 답한다."(벡 2010: 145-146) 가로등불과 그 등불이 비추는 곳이 기존의 제도이다. 불빛이 없는 훨씬 광범위한 어둠 속에 '문제의' 지갑이 떨어져 있다면, 불빛의 범위를 넓히기 위해 집합실험이 필요하다. 그리고 이 집합실험의 불빛이 새로 비춰지는 곳에 공중이 형성된다.

비-성공 절차라고 부를 수 있다. 완전한 실패도 성급한 성공도 거부하는 비-성공 절차는, 쟁점의 이동과 그로 인한 공중의 형성을 출발점으로 함으로써 기존의 제도적 틀에 머물면서 새로운 문제들을 배제하고 성급하게 공중의 정치를 종결하는 것을 방지할 수 있게 해 준다. 바꿔 말하면, 새로운 문제들에 대한 제기를 받아들이지 않고, 이 문제들과 연관된 행위자 집단의 목소리를 소집하지도 않은 채 성급하게 기존의 제도에 따라 불확실성을 제거하고 안전하지 못한 상황을 해소하려 함으로써 권위주의가 시작된다. 이 경우 '성공', '목표 달성', '안전', '확실성'을 선언할수록 더 많은 문제들, 그리고 관련된 사람과 사물들의 목소리들이 정치로부터 배제된다.[13] 그 결과는 더 큰 불확실성과 더 큰 불안의 역습이다.

2011년 12월 16일 노다 요시히코(野田佳彦) 일본 총리는 원자력재해대책본부 회의에서 1-3호기의 원자로가 '냉온 정지 상태'에 이르러서 원전 사고가 수습됐다고 판단할 수 있다고 밝혔다. 3단계 사고수습 일정표 중 2단계 목표(냉온 정지 달성)를 달성했다고 선언하면서 '사고수습'이라는 표현을 쓴 것이다.[14] 그의 '냉온 정지 선언'은 한 달 후, 여진으로 인해서 4호기의 '사용 후 연료 저장 수조'가 붕괴할 위험에 놓여 있다는 원자력 연구자들의 문제 제기로 곧바로 더 큰 불확실성과 불안의 목소리에 파묻혀 버렸다. 총리의 냉온 정지 선언은 '일정표(로드맵) 위의 목표 달성'에 근거해서 성급하게 '성공'에 이르고자 하고 있음을 보여 주고 있다. 일정표에서는 원자로 외부에서 측정한 온도가 '올라갔

13 벡은 이 지점에서 복지국가와 계급 관계에 관심을 집중하는 사회학 분야와 푸코의 비판이론이 근거 없는 긍정과 진부함에 빠져 있다고 지적하고 있다.(벡 2010: 46) 그는 서구 국민국가가 '합리적인' 기존 제도에 의존함으로써 더 큰 불확실성과 불안이 되돌아올 것임을 예언하고 있다.

14 『연합뉴스』, 2011. 12. 16, '日 총리 "원전 사고 수습됐다" 선언'.

는가, 내려갔는가'에 문제가 한정된다. 온도가 내려가는 것만으로 일정표의 목표뿐 아니라 방사능 누출에 대한 전반적인 문제 해결까지 '달성'된다고 여겨진다. 그리고 다른 문제들과 그 문제들에 관련된 사람과 사물들의 목소리는 묵살된다. 그럼으로써 외부의 실체들은 공중에서 새로운 목소리와 권한을 부여받을 새로운 시민들로 받아들여지기보다는 배제된 채 적들로 간주되기 시작한다. 그리고 그들은 실제로 적이 되어 돌아왔다.

민주적 실험이 따라야 할 비-성공 절차는 우리가 추적해 왔던 방재과학기술 속에서 찾아낼 수 있다. 방재과학기술이 쟁점을 중심으로 공중을 형성하는 매개자로서의 역할을 충실히 했던 과정을 되짚어 보자. 공중의 전이 과정은 외부의 적을 생산하고 전쟁을 치르면서 내부 성원들의 귀속감을 공고하게 하는 것이 아니었다는 점을 확인할 수 있었다. 오히려 불안을 유발하는 외부의 실체들이 대변인을 통해 목소리를 얻고 권한을 부여받으면서 고려의 대상이 되고, 다른 구성원들과의 화의를 통해서 지진의 총 집합 내의 시민으로 자리를 잡는 과정이었다. 또한 여전히 외부 혹은 잡음으로 남아 있는 '상정 바깥'의 사건, 사물, 장소들도 계속적인 실험을 통해서 지진의 총 집합에 포함될 잠재적인 시민들로 다뤄진다. 이들은 과거의 적이 오늘의 아군이 되는 진부한 과정을 거치는 것이 아니라, 잠시 다른 성원들을 위해서 공공 공간으로부터 자리를 비웠던 또 다른 시민들로 다뤄진다. 물론 이 공중의 정치는 동일본 대지진이 일어나면서 실패했다. 하지만 새로운 공중의 정치를 시작하는 절차 자체, 혹은 집합실험의 프로토콜 자체는 이전의 공중과 다음의 공중 모두에 적용될 수 있다.

비-성공의 절차는 다음과 같다. 첫째, 실패를 통해서 새로운 집합실험이 시작된다. 실험이 계속해서 재개된다. 그리고 주어진 형이상학을 확인하기 위한 실험 혹은 실천이 아니라, 실험과 실천 속에서 생산되는 다양한 존재론들이 '존재감'을 얻고 집합실험 과정에서 실재성을 제대로 부여받도록 하는 데 초점이 맞추어진다. 그러면 과학과 사회, 전문가와 대중, 안전과 안심, 총체와 환원, 주체와 객체, 안과 밖, 항상성과 상황성, 성공과 실패 등을 이분하는 '근대 형이상학'으로부터 벗어나 실재가 실제로 어떤지를 밝히는 정치를 행할 수 있게 된다. 이를 통해서 지진의 총 집합은 수많은 사람과 사물을 연합하는 존재론들, 방법들, 상연 양식들, 배열의 방식들, 세계상들의 목록을 얻을 수 있다. 그리고 문제를 해결하는 시도에서 이 "방법의 아상블라주"(Law 2004: 144)를 활용함으로써 복합적이고 유연한 해결책들을 만들어 낼 수 있는 잠재력을 키울 수 있다.

둘째, 새로운 문제에 대한 우려, 관심, 배려를 통해서 이 집합실험의 두 번째 단계가 시작된다. 대상에 대한 진리를 찾는 데 전념하는 것보다, 무엇에 관심을 갖고 무엇을 배려할지에 주목하는 것이다. 새로운 관심이 누구에게 좋을지, 무엇에 좋을지를 탐구함으로써 기존에는 대상이 되지 못했던 사물과 사람들이 공중의 정치에 포함되기 시작한다. 이러한 정치에서는 "사실의 문제(사태)"보다는 "관심의 문제(사안)"로 과학기술 연구의 출발점이 바뀐다.(Latour 2004b) 앞에서 연구자들이 새로운 문제들을 탐지하는 과정을 통해서 쟁점들이 형성되고 관련된 행위자들이 소집되는 과정을 추적한 바 있다. 새로운 장치, 가정, 문제 제기를 통해서 지진의 총 집합이 관리, 대응, 예방, 배려해야 할 사람과 사물의 총수가 증가했다. 보이지 않는 실체를 탐지하고, 다가올 위험을 감지하며, 예상치 못한 사람과 사물의 결합들을 만들어 보고, 기존에 배제되었던 목소리들을 다시 불러들임으로써 총 집합은 혼란스러워졌지만, 그만큼 확장되었다.

셋째, 관련된 행위자들이 목소리를 스스로 내고 집합실험에 참여할 수 있는 권한을 부여하는 단계이다. 더 생생한 목소리를 만들고 권한을 부여하기 위해서는 내부자로서의 전문가와 외부자로서의 대중을 나누는 이분법에서 벗어날 필요가 있다. 방재과학기술의 연구자들은 전문가/대중의 구분을 통해서 차별화되는 전문가로서가 아니라, 관련 행위자들의 목소리들을 재현하고 대표하는 대변인의 역할을 맡게 된다. 재앙의 상연에서 출연자와 연출자는 함께 재앙을 상연하는 데 협력한다.

인류학자도, 시민운동가도, 지역 활성화 리더도 이러한 대변인 혹은 연출가로서, 새로운 장치로 집단을 소집하고 이들을 대표해서 공중의 정치에 참여할 수 있다. 그래서 공중은 정해진 내부자와 외부자로도 나눠지 않는다. 단지 해결해야 할 문제를 둘러싸고 협력하는 연구자와 관련 행위자 집단들이 그 해결책들의 차이를 늘려 놓는 정치를 한다. 그래서 방재 전문가와 대중의 차이가 아니라, 연출자와 출연자의 협력을 통해서 만들어지는 상연 양식의 차이, 연합의 차이가 더 중요한 문제로 부각된다.

이러한 집합실험의 정치는, '누구를 위한 정치'의 문제보다는 '무엇에 대한 정치인가'(Mol 2002: 172-177)의 문제가 된다. '누구를 위한 정치'가 특정한 행위자와 이미 소집된 집단을 중심으로 한 정치라고 한다면, '무엇에 대한 정치'는 쟁점을 중심으로 모여서 논쟁을 벌이는 여러 집단들을 포함하는 정치이다. '강자'와 '약자', '지배집단'과 '피지배집단'은 '무엇에 대한 정치'의 과정에서 생성된 분류법으로서 정치의 결과물이다. 이러한 분류를 전제한 다음 한쪽만을 대변하는 연구들이 이 장에서 말하는 '누구를 위한 정치'의 예라고 할 수 있다. '누구를 위한 정치'는 사물의 관계를 걸러 내고 사람들 간의 관계만을 정치에 포함시킨다. 자신이 대변하고 있는 집단의 시각을 대변하면서 다른 집단의 시각을 비판한다. 자신이 대변하는 집단은 옳고 그와 대립하는 집단은 사악하다. '누구를 위한 정치'는 정치에 참여하는 집단의 정체(사람과 사물), 힘(약자와 강자), 윤리(옳고 그름)의 기준을 미리 정해 놓고 있다는 데 그 특징이 있다.[15] 정치에 누가 포함되고, 정치에서 누구의 목소리가 대변되어야 하며, 어떤 집단이 옳은지가 선험적으로 전제되어 있다면, 이는 민주적 실험이라고 할 수 없다.

새로운 쟁점, 새로운 행위자, 새로운 집단, 새로운 세계상을 실험해 보고, 이리저리 접붙이거나 돌아가며 하나하나 접속해 보는 모든 연합과 합성의 실험들이 이 '무엇에 대한 정치'이다. 그 '무엇'과 관련된 다양한 사람과 사물들의 집단이 정치에 참여할 수 있는 개방성이 '무엇에 대한 정치'에서 확보된다.

시민의 참여 역시 대변인이 필요하다. 그 대변인이 제도적 의미에서의 과학자가 아니라 인류학자나 시민운동가라 할지라도, 그는 한 집단을 대변하면서 장치를 통해 집합실험에서 논쟁하고 협상하고 있는 연출자이다. 그런 의미에서 그는 내부자도 외부자도 아니다.[16] "시민-과학자"(슈나이더 2012: 173)의 출현은 새로운 쟁점, 행위자, 집단, 세계상의 출현과 연동된다. 공중을 이루는 쟁점-사람과 사물의 집단-대변인의 연합들이 모여 있는 공중에서 하나의 연합을 결성하는 데 참여하고 이를 대표하고 있다.

15 인류학 연구를 예로 들어서, 이러한 기준이 어떻게 인류학 연구의 범위를 한계 짓고 있는지에 대해 다룬 연구로는 이강원 외의 연구(2013)를 예로 들 수 있다.

16 '약자', '목소리 없는 자'를 대변하는 인류학자는 이들의 목소리를 민족지를 통해 재현한다. 민족지의 출판(publication)을 통해 그 목소리들은 논쟁을 벌이는 공중에서 유통된다. 그럼으로써 인류학자는 '약자'의 대표, '목소리 없는 자'의 대변인이 된다. 그리고 '목소리 없는 자들'을 배제하고 있는 기존의 과학기술, 전문가집단, 지배집단에 호소하거나 비판을 가한다. 그의 목소리는 곧 '약자' 집단의 목소리가 된다. 전문주의와 시민 참여로 내부자와 외부자를 구별하는 틀에서는 인류학자의 번역이 가려진다. 재현의 위기에 시달리고, 인류학 개념과 현실의 경험의 간극을 뛰어넘기 위한 멀리뛰기에 열중하는 또 다른 전문가 내부자들과 다를 것이 없게 된다.

넷째, 총섭하고 상입하고 있는 다중적인 우주에서 공고한 사실, 공동체, 평형, 우리를 규정하기가 쉽지 않다. 상이한 세계상, 방법들, 연결망들 중에서 어떤 것을 선택한다 할지라도 그것은 또 다른 무언가에 포함되어 있거나 간섭되고 있다. 따라서 경계를 그리고 다른 것들을 배제해서 영원히 동일하고 순수한 것이 되는 것은 불가능하다는 점이 드러난다. 이미 타자가 안에 들어와 있고, 차이가 여기에 있다. 무언가 안정된 것처럼 보이는 것은 계속되는 흐름(항류(恒流))을 통해서 연행적으로 성취되고 있을 뿐이다. 이러한 존재론을 받아들이는 비-성공의 절차에서는 선택과 결단보다는 새로운 사건, 사물, 장소들의 연결을 통해 새로운 연행을 만들어 내는 것이 생산적이다. 흐름들을 만들고 이 흐름들이 항상 그렇게 흐르도록 함으로써 항류를 만들어 낼 수 있다. 지진의 총집합은 계속 움직여야 항상적인 무언가를 얻을 수 있는 유체 공간이라는 점을 충분히 활용함으로써 방재와 감재에 다다를 수 있다.

다섯째, 전쟁을 할 것인가 평화의 교섭을 할 것인가에 대한 방향을 정하는 것이 비-성공의 마지막 절차이다. 내부의 '우리'와 외부의 '적', 내부의 '문명인', 외부의 '야만인'의 이분법에서는 전쟁 모델을 옹호하게 된다. 그것이 항상성을 담보하는 '전쟁 기계'까지는 나아가지 않을지는 몰라도, 이 주어진 '우리'로의 귀속을 중시하는 의도와 방향은 여전히 전쟁 모델에 의존하게 된다. 적과 야만인들이 개종을 할 경우, 내부에 그들을 위한 자리를 남겨 둘 수는 있다. 하지만 그 내부와 외부의 경계는 변함이 없다.

반면 평화의 교섭 쪽으로 방향을 튼다면 상황이 달라진다. 외부에 남겨진 사물과 사람들은 그저 잠시 자리를 비웠을 뿐이다. 공공 공간은 내부와 외부에 누가 있는가가 중시되지 않는다. 단지 점점 더 많은 외부의 실체들, 즉 '상정 바깥'의 실체들의 공중으로의 접근성을 높이기 위해서 장치들이 개발되고 대변인들의 출장이 계속된다. 재난으로 인한 혼란은 이 자리를 비웠던 사물과 사람들의 재방문으로 여겨진다. 이들이 돌아오면 공중은 새로운 교섭과 화의의 정치를 시작한다. 외부 실체들은 그들에게 '마련된 장소'에 '배치'되는 것이 아니라, 기존의 행위자 집단들과의 화의를 통해서 완전히 새로운 장치, 새로운 대변인, 배치 방식과 상연 양식들로 복합재해를 만들어 낸다. 결국 평화의 교섭 모델에서는 총섭과 상입, 그리고 유체적인 움직임을 통해서 공중은 더 많은 세계상과 배열 방식, 복합재해, 방재와 감재, 안전·안심의 레짐들을 늘린다.

4. 민족지와 참여

필자도 방재연구소 소속의 연구자였다. 정확히는 교토대학 부설 방재연구소 거대재해 연구센터 리스크 매니지먼트 연구실이라는 조직에 있었다. 연구원증을 소지하고 책상을 배정받고 도서관 출입증을 지니고 다녔다. 일본 내의 학술회의에 방재연구소 연구원의 자격으로 참가했다.

필자는 연구소 내의 방재학 세미나, 자연재해학회, 그리고 한국의 학술대회에서 발표를 했다. 발표 후에 연구자들이 던지는 몇몇 질문들을 통해서 민족지가 집합실험에서 몇 가지 다른 위치에 놓일 수 있다는 점이 드러났다.

첫째는 필자도 민족지라는 장치를 통해서 집단을 소집하고 이들을 대변함으로써 집합실험에 참여할 것을 요구하는 질문이었다. 「'안전·안심 사회의 구축'을 위한 일본 방재과학기술의 실천」이라는 제목으로 발표한 방재연구소 내의 세미나에서 '인류학'이라는 학문 분과가 갖는 역할에 관련된 질문이 이어졌다.

사례 6-4

실질적인 도움

현재 작성 중인 민족지가 방재 자체에 어떤 실질적인 도움을 줄 수 있습니까? 현상을 기술하는 연구 자체에서 끝나는 것이 아니라 현장에서 방재를 이행하는 데 어떤 기여를 할 수 있을까요? 한국의 사례나 혹은 인류학에 축적된 다른 지역의 사례 중에서 일본의 방재에 도움이 될 사례들이 있으면, 일종의 아이디어로서 제시해 줄 수 있습니까?

_2009년 9월 27일, 사회방재 분야 종합 세미나에서의 질문

이 질문에서는 인류학자의 민족지가 재난 대응에 도움이 될 수 있는 지역적 사례들을 제공해 줄 것을 기대하고 있다. 그리고 단순한 '기술'은 방재연구소에 아무런 도움이 되지 않는다는 전제가 숨어 있다.

실제로 연구소에는 다른 인류학자들이 종종 방문했다. 그래서 인류학자와 민족지는 이미 방재연구소의 연구자들에게 익숙하다. 한 인류학자는 지진학자, 건축학자, 정보공학자 등을 청중으로 자신의 민족지 연구에 대해 발표했다. 필리핀의 피나투보 화산의 분화로 인해서 피해를 입은 아에타족에 대한 민족지가 '재해의 인류학'이란 주제로 '살롱 토크'에서 소개되었다.[17] 인도네시아의 메라피 화산 지역 주민들과 신도시 입주민들에게 방재 교육을 실시 중인 도시사회공학 연구실의

17 防災研究所 サロントーク第11回,「災害の人類學: ピナトゥボ山大噴火, 1991, による先住民アエタの 被災と 新生の事例から文化人類學の可能性を考える」.

연구자들이 큰 관심을 보였다.

민족지는 인류학자뿐 아니라 몇몇 심리학자도 쓰고 있다. 연구소의 심리학자는 니가타 주에쓰 지진으로 피해를 입은 지역에서 몇 년간 농사를 지으며 현지조사 중인("going native") 동료 심리학자를 소개해 주었다. 또 다른 심리학자 역시 고베 대지진의 피해를 입었던 마을에서 현지조사를 하면서 재해 이후의 부흥 과정을 '기억의 장소' 개념을 통해 연구 중이다. 또한 연구소 밖의 인류학자와 공동 연구를 통해서 터키, 대만, 인도네시아에서의 지진의 기억, 피해 도시의 부흥 과정을 연구한 결과들이 출판되고 있다. 수년간 터키의 아나톨리아 단층대에서 전기 비저항을 측정해 온 지자기학자는 관측 과정에서 고려할 수밖에 없는 터키의 현지 주민들의 환경, 관습, 그리고 가치관에 대해서 발표했다. 이처럼 방재연구소, 그리고 지진의 집합은 '친인류학적'이다. 민족지는 연구자들이 대변하고자 하는 피해 지역의 주민들을 연구소 내로 옮겨 오는 주요한 장치 중 하나였고 지진의 아상블라주를 구성하는 하나의 조각이었다.

둘째는 민족지가 전문가와 대중의 소통에 이바지할 것을 기대하는 질문이었다. 자연재해학회에서 「'안전·안심의 지진: 일본에서 거대 재해와의 공생」이라는 제목으로 발표를 했다.(日本災害學會 2009) 학술대회에서 지진학자, 건축공학자, 사회과학자들이 각기 다른 주제로 서로 다른 발표회장으로 배치되었다. 지진학자는 '지진동'이나 '지진 방재' 회장으로, 경제공학자들은 '리스크 평가'와 '방재 계획' 회장으로, 도시환경공학자와 건축공학자는 '지반재해' 회장으로, 심리학자는 '인문사회' 회장으로 갔다. 하지만 필자는 「니가타 주에쓰 지진으로 인해 피해를 입은 소설관(消雪管: 차로 위에 쌓인 눈을 치우고 녹이기 위해서 설치된 파이프 — 저자 주) 피해를 분석하는 연구」, 「경질염화비닐관 접합부의 개선을 통한 지진 피해의 경감」, 「원자력 발전소 내진 안전성에 관한 오해」,

「건물의 고유진동 장난감: 알기 쉬운 세계」이 발표되는 곳과 같은 발표 회장에 포함되어 있었다. 발표를 마친 후, 자신을 지진공학자라고 밝힌 연구자가 다음과 같은 질문을 했다.

사례 6-5

안전과 안심의 소통

우리 지진공학자들은 그동안의 연구를 통해서 안전을 구축하는 데 필요한 기술에 대해서 이미 상당한 수준에 이르렀다고 생각합니다. '안전·안심에 도움을 주는 과학기술'이라는 모토로 10년 이상을 전문가들이 노력해 왔습니다. 하지만 과학 지식의 축적과 연구자들의 노력에 비해서 사회가 이를 충분히 활용하지 못하고 있거나 제대로 받아들이는 데 어려움을 겪고 있는 것 같습니다. 그래서 안전은 충분한데 안심을 이끌어내지 못하고 있습니다. 저로서는 상당히 안타까운데, 인류학자로서 이러한 기술들을 사회가 잘 받아들일 수 있는 방법이 무엇이라고 생각하십니까?

_2009년 9월 29일, 자연재해학회 발표에서의 질문

방재 연구와 방재 연구 수혜자들 간의 소통에 인류학자는 어떤 기여를 할 수 있는가? 인류학자는 과학기술 '바깥'에 있는, '전문가 아닌 대중'이 안심하도록 하는 데 어떤 도움을 줄 수 있는가, 전문가와 대중의 의사소통 문제에 도움을 줄 수 있는가를 묻고 있다. 이 두 번째 질문은, 민족지가 직접적으로 방재에 도움이 되지는 않더라도 전문가와 대중 간의 소통불가와 오해를 해소하는 데 기여를 할 것임을 기대하고 있다.

셋째는 필자가 한국으로 돌아와서 민족지의 한 부분을 발표한 학

술대회에서 받은 질문이다. 많은 질문들이 '방재과학기술에 대한 인류학 연구가 사회 참여와 어떻게 연관될 수 있는가' 하는 문제와 '사회적 약자들의 목소리를 대변하거나 옹호했던 기존의 인류학과의 차이'에 대한 질문이었다. '사회 참여'라고 하는 간단한 말로 질문의 핵심을 집어 낼 수 있다. 특히 이 질문은 '약자의 목소리'를 배려하고 과학기술로부터 소외된 자들을 참여시키는 데 전문가들이 소홀한 점에 대해 비판하는 것이 인류학의 민족지 쓰기의 역할이라는 점을 전제하고 있다.

첫 번째 질문은 학문 분과들 간의 분업을 전제하면서 민족지를 통해서 옮겨 올 수 있는 독특한 재현을 요구하고 있다. 두 번째 질문은 전문가/대중의 대립항을 전제하고 전문가에서 대중으로 흐르는 지식의 흐름을 당연시하고 있다. 세 번째 질문은 과학기술의 바깥에 '사회'를 두고, 과학기술 외부에서 과학기술을 비판하는 자리에 인류학의 위치를 마련하고 있다.

이 민족지에 기술된 집합실험은 학문 분과들 간의 분업이나 전문가와 대중의 괴리, 혹은 과학기술에 대한 인문학적 비판과는 거리가 멀다. 필자는 피해 지역 마을이나 재난에 취약한 공동체에 대한 현지연구로 이 민족지를 국한하지 않았다. 또한 취약 집단에 대한 현지연구를 통해서 지진 재해로 인한 피해를 줄일 수 있는 아이디어를 추출해 내지도 않았다. 단지 산간 과소 지역의 마을이나 도시의 자주방재회로, 지진관측점과 위원회로 출장을 떠났던 또 다른 연구자들을 따라갔을 뿐이다. 그리고 주민들뿐 아니라 연구자들에 대해서도 관찰하고 이들과 면담을 했다. 결국 전문가들 간의 관계나 이들의 지식만을 추적한 것도, 전문지식과 대중의 간극과 그들 서로에 대한 오해를 추적한 것도 아니다. 소외된 지역 주민들을 대변하면서 기존의 '전문가주의'의 폐쇄성을 비판하는 데 머물지도 않았다.

관측점과 현장에서, 그리고 연구소의 안팎에서 전문가와 대중의 분리는 없다. 대변인과 장치, 그리고 집단, 행위자들의 관계만이 있을 뿐이었다. 이 관계들의 추적을 통해서 안전과 안심은 객관적인 것과 주관적인 것으로 따로 다루어지기보다는 안전·안심의 다양한 방식들로 기술되었다. 인간과 비인간의 연합을 통해서 연행되는 지구, 지진, 진재, 방재를 추적했을 뿐, '사회적 약자'를 찾아서 이들의 목소리를 옹호하거나 이들을 배제했다는 이유에서 과학기술에 대해 비판을 가하지도 않았다. 추적해 온 연결이 인간과 비인간의 연결의 연쇄라는 점에서 인간들만의 '사회'를 따로 떼어 내서 과학기술과 대립되는 것으로 위치지을 수 없게 되었다.

또한 '약자'를 대변하는 자는 인류학자만이 아니다. 주목받지 못하고 목소리도 내지 못했던 진도 7 이상의 진동이 일어나는 '진재의 띠', 30층 이상의 고층 건물에 공진 현상을 일으킬 장주기 지진동, 지진으로 고립될 노령화된 산간 과소 지역 마을의 주민들, 재난을 경험해 보지 못한 어린이를 대변하는 연구자들이 있다. 이들 역시 집합실험에 처음에는 포함되지 못했던 소외된 자들과 들리지 않는 목소리들을 집합실험의 현장으로 옮겨 온 대변인들이다. 필자는 이들을 따라다녔을 뿐이다.

결국 위에서 제시한 세 가지 민족지의 '자리'에 이 민족지는 적소를 마련하지 못했다. 대신 이 민족지는 다음과 같이 새로운 자리를 마련했다.

이 민족지는 여러 세계상들 간에 협상의 여지를 주는 교섭의 언어와 공간들을 제시함으로써 집합의 구성원들 간의 소통 불가능한 언어들을 통역하는 자리에 있다. 민족지에 기술되는 집합실험의 목적은 총 집합에서 통용되는 공용어와 상식을 만들어 가면서 소통 가능한 다원우주를 마련해 가는 과정을 제시하는 데 있다. 그래서 이 민족지는 지진학자부터 심리학자까지, 활단층부터 산간 과소 지역의 주민들까지 이러한 목적을 향한 실험에 끌어들이고 있다. 과학과 사회, 전문가와 대중, 학문 분과별로 분기된 언어가 이러한 통·번역을 통해 새로운 방식으로 연결되고 교섭될 수 있는 가능성을 열어젖히는 것이다. 민족지는 하나의 갈림길으로서 여러 행위자, 집단, 행위, 관심, 세계상, 장치, 장비가 교차하며 드나들 수 있는 공간이 된다. 이 '공공 공간'이 이 민족지의 자리이다.

한편 이러한 민족지는 인류학자로서 필자가 처한 양가적인 위치를 반영하고 있기도 하다. 외부자로서의 인류학자는 지진 재해를 구성하는 집합실험 과정을 기술해 왔다. 현지조사 방법의 참여관찰에서 '관찰'에 해당하는 이 기술(skill)은 인류학자가 집합 내의 특정한 진영의 입장에서서 다른 진영의 행위자들의 차이를 단순화하는 우를 범하는 것을 방지할 수 있게 해 준다. 단순화보다 차이를 드러내는 데는 각각의 입장에 대해 대칭적으로 접근하는 외부자로서의 위치가 적합하다고 하겠다.

인류학자는 외부자일 뿐만 아니라 내부자이기도 하다. '인류학자'는 집합실험에 소통 가능한 언어를 제공함으로써 이들을 협상 테이블로 이끌어 내고자 한다. 그도 집합실험의 행위자로서 참여하고 있다. 다른 학문 분과의 연구자들과 마찬가지로 인류학자 역시 자신의 학문 분과의 표현과 세계상을 변경하는 양보를 통해서 타협과 협상의 장을 마련했다. 그래서 인류학자 역시도 문화 상대주의와 총체성이라는 인류학의 기본 원리에 변경을 가할 수밖에 없게 된다.[18]

외부 관찰자이면서 내부 참여자인 인류학자가 기술한 이 민족지도 이제 집합실험 속에서 순환할 때가 되었다. 지진학자들이 제작하고 기상청을 통해서 배포되고 있는 지진동예측지도와 해저드맵처럼, 심리학자가 제작하고 게임 참여자들에 의해서 새로운 버전이 만들어지고 확

18 필자는 이 민족지에서 인류학의 '문화 상대주의'와 '총체성' 원리를 각각 '관계주의'와 '다중성'으로 바꾸어서 접근하고 있다. 이에 대한 논의는 이강원의 연구(2013a)를 참고할 것.

산되고 있는 크로스로드 게임처럼, 이 민족지 역시 이러한 순환 경로에 올라타게 될 것이다. 필자는 방재연구소에서의 현지연구를 허가받으면서 그 연구 결과물을 연구소 내에서 발표하기로 약속한 바 있다. 이 '피드백'을 통해서 민족지가 제시하는 공간과 언어가 방재과학기술의 순환 경로를 흐를 수 있게 될 것이다. 이 민족지의 출판을 통해 민족지가 제안하는 언어들은 논쟁하는 공중이 혁신과 타협을 이뤄 내는 데 조금이라도 도움을 주게 될 것이다.

따라서 이 책에서 필자가 말하는 '참여'란 민족지를 기술하기 위한 참여와, 기술된 민족지의 순환을 통해서 집합실험을 더욱 가속화하는 참여로 이루어져 있다. 참여관찰과 사회 참여를 구분할 필요 없이, 방법으로서의 참여와 실천으로서의 참여를 구분할 필요 없이, 두 참여는 민족지의 전이 과정에 나란히 놓여 있다.

이러한 참여를 통해서 방재과학기술을 통해 연결된 사람들과 사물들에 새로운 관계의 여지가 생긴다. 연결된 각 구성원들이 기존의 과학기술을 통해 구축된 연결과는 다른 새로운 연결의 잠재성을 알아차릴 수 있게 된다. 민족지는 차이들을 기술함으로써 이러한 잠재성을 상세히 보여 주고 있다. 소통이 불가(또는 공약 불가)했던 집단과 분야들이 소통을 가능하게 하는 언어들을 획득한다. 이 과정에서 민족지 자체가 상이한 집단과 분야들 간 교섭에 필요한 언어를 제공하는 하나의 제안서가 된다.

이러한 민족지를 쓰는 인류학자에게 첫 번째 참여와 두 번째 참여의 대상은 공중으로서 동일하다. 인류학자는 집합실험을 기술하면서 새로운 세계의 창조에 관여한다. 이러한 공중에서는 인류학자가 민족지를 작성하는 것 자체가 실재를 창조하는 것이다.

제7장

재난과 살다

결론에 해당하는 이 장은 이 책의 가장 핵심적인 세 단어에 대한 논의로 전개된다.

우선 '재난'이라는 말에 대한 논의이다. '그래서 재난이란 무엇인가?' 일본 지역을 넘어서, '인류에게 재난이란 무엇인가?'라는 질문에 대한 응답이다. 필자는 지금까지 기술한 집합실험의 성과 속에서 그 답을 제시할 것이다.

다음으로, '살다'라는 말에 대한 논의로 이어진다. '산다는 것은 무엇인가?' 생명, 생활, 생태, 생존 등 다양한 삶의 용어들이 재난을 다루는 인류학 연구에서 핵심적인 논점이 된다. 재난은 '살다'라는 말이 포함할 수 있는 가장 광범위한 의미를 상상할 수 있게 함으로써 인류의 지평을 넓혀 왔다. 이 책이 다룬 집합실험이 그 한 예로 제시된다.

마지막으로 '마주 대함'과 '함께'를 의미하는 격조사 '-과'에 대한 논의로 끝을 맺는다. '무엇과 함께 살 것인가?', '무엇을 마주 대하며 살 것인가?'에 대한 이야기이다. 재난에 대한 논의를 통해 확장된 '살다'에 어떤 것과 어떤 일과 어떤 곳을 포함할지에 대해 논의한다.

이렇게 결론의 장은 명사-동사-조사의 순서로 나아간다. 이를 통해 세 품사로 이루어진 '재난과 살다'라는 짧은 명제가 얼마나 풍부한 가능성 품고 있는지, 그리고 얼마나 광범위한 사안을 포괄할 수 있는지

가늠해 보고자 한다.

1. 재난과 새로움

결국 혼돈과 질서 사이에는 무엇이 있는가? 서론에서는 '정치'가 있다고 했다. 결론에 이른 지금은 '생성'이 있다. '새로움'이 있어야 생성이라고 불릴 수 있다. 생성과 마찬가지로, '창조', '발현' 혹은 이 둘을 접붙인 '창발'이라는 말 모두 '새로움'이 필요하다. 단 이 새로움은 지진 재해를 둘러싸고 논쟁을 벌이며 공중-공회-공화-공공으로 이행하는 민주적 실험 속에서 서서히 집요하게 움텄다. 이렇게 새로움은 외부에서 갑자기 주어진 것이 아니라, 실천 속에서 첨부된 사건, 사물, 장소의 결합 속에서 끄집어내졌다. "주어진 것으로부터 주어지지 않은 것을 끄집어내는 결단"(화이트헤드 2005), 이것이 단순한 집합에 머물지 않고 '스스로를 넘어서는' 실험을 행하게 하는 원동력이라 할 수 있다.

책의 서두에서 '혼돈과 질서 사이의 정치에 참여할 수 있는 자들은 누구인가?' 라는 질문을 했다. 신, 사람, 사물 중 어느 하나만으로 혼돈과 질서 사이의 정치를 제대로 기술할 수 없다는 데서 이 책은 출발했다. 필자는 신본주의, 인본주의, 물본주의와 같은 '근본주의'를 거부하고, 신, 사람, 사물 모두를 포함하는 '만물'이 이 정치의 주인공이라고 규정했다. 그리고 만물의 집합 속에서 새로움을 이끌어 내는 정치를 '집합실험'이라고 불렀다.(제1장)

지진은 여러 쟁점과 그 쟁점에 연루된 집단들, 그리고 이들을 대변하는 대변인들을 끌어모았다. 여기서의 집단은 인간과 비인간을 모두 포함한다. 집단들을 대변하면서 쟁점을 중심으로 논쟁을 벌이는 공중은 지진 문제에 대한 수많은 제안들을 생산해 냈다. 이 제안의 수만큼 쟁점, 이해관계 집단, 대변인의 수가 늘어났고 그만큼 문제는 복잡해졌다. 지진 문제는 그 복잡성을 더해 감으로써 더 이상 과거와 같은 문제가 될 수 없다. 이 새로운 문제들의 모임이 복잡한 문제라는 하나의 이름으로 불리기 시작했다.(제2장)

지진 재해는 여러 집단들과 이들을 소집하는 장치, 그리고 잡음으로부터 목소리를 옮겨 오는 연결망의 아상블라주를 통해서 연구소에서 재-재현되었다. 새로운 장치의 개발은 새로운 목소리를 들려준다. 장치의 발명과 지진의 발견은 짝을 이룬다. 어떤 장치로 어떤 집단의 목소리를 탐지했는가, 어떤 연구실의 연구자들이 관여했는가에 따라서 지진의 모습은 새로워졌다. 앞에서 제안들에 머물렀던 공중의 집단들은 이 장치와 연결망을 통해서 연구소에서 그 구체적인 모습을 보이고 목소리를 내면서 협의하기 위해 모임을 열었다.(제3장)

장래에 일어날 지진 재해는 여러 세계상들을 매개로 다양한 양식으로 상연되었다. 앞에서 가지각색의 목소리와 모습의 아상블라주에 머물렀던 지진들은 상연 양식에 따라 장래의 지진 재해를 상연하는 역할을 맡게 된다. 이를 위해서 표, 대(臺), 탁자와 같은 협상 테이블이 개발되었다. 이 테이블들을 통해서 전혀 다른 곳으로부터 온 가지각색의 목소리들이 조정될 수 있었다. 그럼으로써 연구자들이 연출을 맡고, 집단들이 출현하는 진재의 시나리오들이 증식되었다. 새로운 세계상, 새로운 상연 양식, 그리고 새로운 시나리오가 더해지면서 지진 재해는 더욱 복합적인 합성물이 되었다. 이 복합재해들은 방재로 대응해야 할 것과 감재로 대응해야 할 것으로 위계 지워짐으로써 지진의 수많은 목소리들은 어느 하나 배제되지 않고 고려될 수 있다.(제4장)

연구소를 통해 상연된 복합재해들은 연구소 밖으로 배포되고, 다른 대응책들과 함께 공동체에 배정됨으로써 안전·안심을 위한 계획에 배치된다. 또한 대응책과 방재 계획에서 벗어난 '상정 바깥'의 진재들 역시 새로운 집합실험의 대상으로 고려되었다. 연구소에서 생산된 상연물들은 이렇게 해서 대응 능력을 갖춘 주민, 자주방재회, 방재 계획, 그리고 안전·안심과 관련된 정책의 생성으로 이어지게 된다.(제5장)

안전·안심을 구축하기 위한 다양한 실천의 끝자락에 이론들이 덧붙여졌다. 이 이론들은 집합실험 전체를 질서 지우기 위한 시도로서 학술회의에서의 발표와 토론에서의 진술을 매개로 생산되었다. 이 진술들은 다른 사물들과 마찬가지로 실천 속에 나란히 위치하고 있지만, 동시에 실천 속에서 '질서'를 끄집어내고 있다는 점에서 또 다른 새로움을 집합실험에 더하고 있다.(제6장)

필자는 이 마지막 장에서 '재난과 살다'라는 명제를 제시했다. 이 명제를 통해서 '생존'은 '살다'의 여러 의미들 중에서 핵심을 차지하게 된다. 재난을 통해서 새로운 질서가 생성되고 새로운 삶이 가능해지는 과정을 '생존'이라는 말로 제시할 것이다. 우리는 세계를 질서 지우지 않고서는 살 수 없다.[1] 여기서의 생존은 새로운 생태, 생활, 생명을 생성하는 이행 과정의 첫 번째 국면에 위치하면서 모든 과정에 영향을 끼치고 있다. 이에 대해서는 다음 절에서 상세히 다룬다.(제7장) 이상의 7단계의 이행을 통해서, 집합실험을 통해 생성된 것들과 이 생성을 매개한 다양한 행위자들을 만날 수 있었다.

재난은 흔히 파괴, 소멸, 폐허를 연상시킨다. 재난을 통해서 살아남을 집단과 살아남지 못할 집단이 '선택'된다. 재난에 처한 집단은 그 '항상성'과 '탄력성'을 유지할 수 있는지에 대한 시험에 처했다고 전제되기도 했다. 재난은 이 항상성에 위협을 가하는 현상이고, 재난을 극복한 집단은 항상성을 유지할 수 있을 정도로 '회복' 혹은 '복구'되었다고

1 "예상(anticipation)은 그것이 전제하고 있는 일정한 우주적 질서를 떠날 때 무의미해진다. 생존은 질서를 필요로 한다."(화이트헤드 2005: 413)

진단되었다. 실제로 재난으로 인해 소멸하거나 돌이킬 수 없는 파괴를 당한 집단도 역사에서 얼마든지 찾아볼 수 있다.

하지만 이 책이 주목하는 점은 재난이 좋은 정치를 통해서 새로움을 이끌어 내는 실험이 될 수 있다는 점이었다. 이 새로움과 재난의 연계는 재난에 처한 인류가 어떻게 살아남아서 어떻게 살아가야 할지에 대한 지평을 넓혀 주었다. 집단의 항상성과 탄력성은 새로운 집단과 세계상이 생성된 이후에는 더 이상 문제가 되지 않는다. 생성 과정에서 항상성과 탄력성을 유지하고자 하는 것은 냇가에 서서 이미 흘러간 물을 움켜잡으려는 것과 다름없다. 문제를 예상하고, 도구를 만들고, 집단을 형성해서 협상하고, 타협과 혁신을 가져오는 새로운 세계상을 그려 내고, 이에 따라 장비를 갖추고 계획을 세우고, 공동체를 조직하고, 계속해서 새로운 삶의 방식과 세계를 생산하는 것이 삶의 지평이 확장되어 온 과정이라 할 수 있다. 시련 속에서 이끌어 낸 새로움이 곧 인류와 세계의 현재이다. 바꿔 말하면, 인류는 만물과 함께 재난 속에서 스스로를 창조하는 스스로의 피조물이다.

2. 생태에서 생존으로: '살다'의 정의

생존의 의미를 잘 드러내는 글이 있다.

우리는 살아 나가야 한다.
하늘이 아무리 여러 번 무너진다 해도 말이다.
(로렌스 2012: 7)

그리고 생존의 과정을 통해서 우선순위 혹은 위계가 구성된다는 점을 잘 드러내는 다음과 같은 글도 있다.

> 전쟁터에서, 각각의 전선에서 특유한 위험의 정도를
> 평가하는 사람들. "우리 부대가 가장 큰 위험에 노출되어 있다."
> 그들은 전반적인 전략의 상황 속에서도 순서를 매긴다.
> 바로 그렇게 함으로써 그 상황을 모면한다.
>
> (카뮈 1998: 180)

두 글 모두 생존의 시도 속에서 움트는 새로운 삶의 방식을 그려내고 있다.

학술적 논의에서 생존은 주로 생태의 뒤를 따랐다. 생태에 적합하지 못한 자들은 도태되고, 적합한 자들은 살아남는다. '적자생존'이 이와 같은 생태와 생존의 선후 관계를 드러내는 말이다. '적자'는 주어진 생태가 전제되어야 의미 있는 말이 된다. 생존은 이미 거기에 있는 생태에 적합한 자들에게 주어진다.

평형을 이루고 있는 생태계가 이미 거기에 있다. 이 생태계의 균형을 무너뜨리는 것이 재난이라고 여겨진다. 그래서 재난은 붕괴, 파괴, 소멸, 불안정과 직접적으로 연계되었다. 평형이 무너지면 지구는 화가 나고,[2] 자연은 보복한다. 생태가 재난이 초래한 불균형으로부터 회복해야만 생태계 내의 생명과 생활은 살아남을 수 있다. 그런데 이런 방식으로 생태, 생존, 재난을 관계 지우는 이야기는 필자가 지금까지 기술해온 집합실험의 과정과는 잘 맞아떨어지지 않는다.

대지진의 위험에 직면해서 형성된 공중은 그 위험을 인식하고, 평

2 "화가 난 지구"에 대해서는 올리버-스미스와 호프먼의 연구(Oliver-Smith & Hoffman 2012)를 참고할 것.

가하고, 관리하고, 대비책들을 이행하면서 앞에서 언급한 공중-공회-공화-공공의 과정을 거쳐 왔다. 이 과정에서 우리는 새로운 집단들이 형성되고 이 집단들의 이해관계와 관심을 매개하는 세계상들 역시 생성되었다는 것도 보았다. 상연 양식에 따라서 지진을 인식하고, 평가하고, 관리하고, 대비하는 여러 삶의 방식들이 뒤섞여 배정되고 배치되면서 이 집합실험은 새로운 '삶의 양태'를 생산해 냈다. 생존을 위해 모여든 지진의 공중은 주어진 생태의 균형을 되돌린 것도 아니고, 주어진 생태의 '적자'가 되기 위해서 노력한 것도 아니었다. 집합실험의 참여자들은 오히려 자신이 머물던 기존의 생태계 속에서 새로운 생태계를 구축하기 위해 협상하고 타협하고 시험하고 혁신을 이뤄 냈다.

이런 과정에서는 생존의 시도 속에서 새로운 생태가 생성된다. 생태가 있고 적자생존이 있는 것이 아니라, 생존이 있고 새로운 생태가 있다. '적자'가 살아남는 것이 아니라, 스스로가 적자가 될 수 생태를 창조한다. 지구는 화가 나거나 화를 푸는 자연이 아니라, 온갖 집단이 참여하는 집합실험을 통해 합성되는 '공적인 지구'에 가깝다.[3]

생존의 과정 속에 있는 '생태'는 그래서 평형 상태일 리가 없다. 집합실험을 통해서 새로운 구성원을 충원하고, 집단을 형성하고, 세계상을 불러들이고, 삶의 양식을 다중화하는 조정과 배정의 과정이 계속된다. 사막화에 처한 초원 위에서 닭이 풀을 뜯고 목축민(牧畜民)이 목금민(牧禽民)으로 변신하는 새로운 생태가 생성되는 과정(이선화 2015: 11-14)이 한 예이다. 이런 생존의 과정 속에서는 '비평형 생태학'만이 가능하다. 집합실험의 과정에서는 생태가 적자생존의 조건이 되는 것이 아니라, 오히려 생존이 생태의 배후지가 된다. 새로운 생태는 생존의 과정

3 이 책의 초고는 '공공의 지구'라는 제목을 달고 있었다.

에서 생성된다.

이 자리 바뀜은 '살다'에 대한 인류학의 정의 역시 뒤바꿔 놓는다. '근대' 인류학은 생명과 생활을 미리 나누어 놓았다. 그리고 생활 양식에 '문화'라는 이름을 붙였다. 문화인류학은 자연과 생물과는 다른 논리를 통해서 문화라는 개념을 경작해 왔다. 생태는 이렇게 이분된 생활과 생명 사이의 관계를 되돌려 놓으려는 시도로 이해되었다. 생태학, 문화생태학, 정치생태학은 이 생물/생활의 이분법을 공유하며 이 둘을 어떻게 연결시킬지에 대해 논쟁을 벌이는 진영들이기도 하다. 그 논쟁의 격렬함에도 불구하고 이 n개의 생태학들은 생명/생활의 이분법을 전제하고 있다는 점에서 차이가 크지 않다.(Latour 2004a)

'산다'를 생활만으로 이해하거나 생물만으로 이해하는 기존의 이분법하에서는 '만물의 만물에 대한 투쟁'이 벌어지는 공중의 정치를 제대로 이해할 수도 전개할 수 없다. 만물의 만물에 대한 투쟁의 상태에서 생활과 생명의 이분법을 고수한다면, 그 틀에 속하지 못하는 수많은 인간과 비인간의 혼종들의 출현에 인류의 생존이 위협을 받게 된다. 공중의 정치는 다시 인본주의와 물본주의 간의 대립으로 흘러갈 것이다. 근본주의자들의 배제와 테러에 위협받는 공중은 민주적 실험을 이어 나갈 수 없다. 새로운 생태의 출현은 요원해지고 생존의 가능성은 줄어든다.

생존은 '적자생존'이 함의하고 있는 진화론적 유산 때문에 생명, 생활, 생태를 둘러싸고 전개되는 '삶 논쟁'에서 큰 주목을 받지 못했다. 하지만 지진의 집합실험에 대한 기록들은 생존의 과정에서 새로운 생태가 생성될 뿐 아니라, 새로이 생성된 생태가 생활과 생명을 나누는 이분법을 폐기하고 있음을 드러내고 있다. 집합실험에서는 사물, 사람, 세계상의 자유로운 연합을 통해서 삶의 다양한 방식들이 생성되었다. 물질관계와 인간관계를 격리하는 생명/생활의 이분법이 불필요하다. 생존을 생태 앞에 두고, 생활/생명의 이분법을 폐기함으로써 '살다'는 다시 정의된다. 이는 다음과 같이 정리할 수 있다.

기존의 정의에서는 생명/생활의 이분법을 전제로 평형 상태에 있는 생태가 제시되었다. 이 생태에서 살아남는 것, 그것이 생존으로 정의된다. 이와는 달리, 이 책에서 제시된 '살다'의 정의는 다음과 같다. 생존의 과정에서 비평형의 생태가 생성된다. 이러한 생태는 생활/생명으로 이분되지 않는 신, 사람, 사물의 자유로운 연합[4]으로 이루어져 있다. 그리고 이 모든 과정에서 '삶의 방식'은 여럿이다. 이 서로 다른 삶의 방식들은 집합실험에서 우리가 보았듯이 서로 조정되고 배정될 수 있다.

3. 만물에 호부호형을 허하라

생존에서 '적자'(適者)를 떼어 버렸다. 이번에는 행위자에서 '적자'(嫡子)를 떼어 버릴 차례이다.

집합실험은 사람과 사물의 관계, 사물과 신(세계상)의 관계, 신과 사람의 관계를 통해서 행해진다. 실존적 실험, 실험적 축제, 축제적 실존을 통해 혼돈에서 질서로 향하는 인류의 모험이다. 지진이 일어나고, 재해가 예측되고, 방재와 안전이 관리되는 모든 행위 자체가 이 관계들이

4 영어의 'free association'은 '자유연합'으로도, '자유연상'으로도 번역된다. 자유연상이 기존의 틀을 깨고 무의식적 흐름에 기대어 예상치 못한 연결을 통해 참신한 사고를 이끌어 내는 기법이라는 점은 잘 알려져 있다. 신, 사람, 사물을 포함하는 만물의 자유연합 역시 새로움의 시도로서 여기서 필자가 말하는 집합실험의 핵심이다. 인간관계만 의식하는 자들에게는 사물 간의 관계 혹은 신들 간의 관계가 무의식이다. 사물 간의 관계만 의식하는 자들에게는 인간관계와 신과의 관계 역시 무의식이다. '무의식을 배제하지 말고 그 흐름에 내맡길 것!'이라는 구호가 잘 어울리는 집합실험은 신, 사람, 사물의 경계를 넘어서 사고하는 자유연상과 연계된다.

다. 그래서 이 책이 다루는 행위자에는 신, 사람, 사물이 포함된다.

인간만을 행위자로 규정하는 사회과학에서는 사람 이외의 행위자에 '행위자'라는 이름을 붙여 주기를 꺼려 하는 경향이 있다. 그리고 모든 행위를 인간의 행위로 대체한다. 첫 번째 방식은, '인간관계'만으로 구성된 '사회'를 구축하고, 사회의 외부에서 물질관계로 구축된 자연을 둔다. 사회(인간관계)만을 연구 대상으로 삼고, 오직 인간만이 행위자라고 규정한다. 자연은 이미 주어진 것으로서 과학자들에 의해서만 발견될 수 있으며 행위와는 무관한 것으로 간주한다. 두 번째 방식은 사회뿐 아니라 자연도 인간관계, 인간의 행위로 사회적으로 구성되었다고 결론짓는다. 과학적 사실은 사회 집단의 이해관계 간 타협의 산물로서 분석된다.

이 책은 이와 같은 '인본주의적 근본주의'를 따르지 않았다. 그렇다고 신본주의나 물본주의를 따른 것은 아니다. 그래서 모든 행위는 인간과 비인간의 관계로 기술되었다. 사실 인류학의 수많은 민족지를 읽어 보면 비인간도 행위자라는 것이 분명해진다. 동물과 친족 관계를 맺는 아메리카 인디언(de Castro 2004)부터 두통을 일으킨 정령들(deities)을 물러가게 하는 정화 의식을 치르는 주술사(Holbraad 2008), 기술을 통해 물질에 활기를 불어넣어 생명으로 변형시키는 애니메이션(Allison 2006), 나아가 영혼을 갖고 생각을 하는 숲(Kohn 2013)에 이르기까지 인류학의 민족지는 인간과 비인간의 관계를 통해 행해지는 실천들로 가득하다. 이 책도 이와 같은 실천들을 더했다. 활단층, 지진계, 게임 카드, 탁자, 관계식, 적응적 매니지먼트의 도안 등이 행위의 요소로서 다뤄졌다. 한 예로 활단층은 축적된 스트레스를 순간적으로 폭발시키며 마음속 응어리를 풀어내는 천의 얼굴을 가진 연기자이기도 했다.

이처럼 인류학의 민족지에서는 인간과 비인간 모두를 포함하는 만물이 민족지에 등장하는 여러 행위들을 구성하는 행위자였다. 비인간의 행위자성을 인정하는 데 주저하는 인류학자는 그래서 인간 행위자와 비인간 행위자 간에 차별을 두는 것과 다름없다. 그가 쓴 민족지에는 수많은 비인간 행위자들이 인간과 관계를 맺고 있다. 현지에서 현지인들도 인정하는 비인간 행위자들과의 관계들을 보고 듣고 기록했다. 그런데 대학과 발표회장으로 돌아온 그는 이 관계와 행위 속에서 비인간을 제거하고 인간만을 행위자라고 언급한다.

아버지를 아버지라 부르지 못하고 형을 형이라 부르지 못하는 서자(庶子)처럼, 비인간 행위자들은 차별받고 있다. 이 차별 제도 속에서 이들은 '행위하지만 행위자가 아닌 자들'이다. 이들은 민족지가 기술한 실천 속에서 생생하게 일상의 행위에 참여하고 있지만, 말과 이론의 세계에서는 외면받고 적절한 자리를 배정받지 못한다. 아들을 아들이라고 부르지 못하는 대감님과 아우를 아우라 부르지 못하는 형님 역시 사실은 이 적서 차별 제도의 피해자이다. 현지연구를 하고 민족지를 쓰는 자신의 실천과, 이를 이론화하는 말 사이의 심각한 불일치로 인해 인간 이외의 행위자들과 소통 가능성을 상실했기 때문이다. 이미 만물에 호부호형을 허하고 있는 현지인들처럼, 인류학자 역시 만물에 호부호형을 허할 때가 되었다. 행위자에 적자와 서자는 없다.

이렇게 '무엇과 함께 살 것인가?', '무엇을 마주 대하며 살 것인가?'에서의 격조사 '-과'에 대한 질문의 답이 나왔다. 만물과 함께 산다. 만물을 마주 대하며 산다. 우리의 삶을 함께 이루는 행위소로서 만물을 받아들이는 것이다. 이것이 '재난과 사는' 인류의 새로운 윤리가 될 것이다.

참고문헌

1. 국문 자료

가미누마, 가츠타다 외, 2010, 『지진과 화산의 궁금증 100가지』, 푸른길.

권숙인, 1998, 「'차 한 잔에의 초대': 현지조사, 인류학자의 정체성, 한국인의 일본연구」, 『한국문화인류학』 31(1): 49-73.

김홍균, 2010, 『국제환경법』, 홍문사.

로렌스, D. H., 최희섭 옮김, 2012, 『채털리 부인의 사랑』, 펭귄클래식코리아.

리브스, 캐럴, 2010, 오철우 옮김, 『과학의 언어: 어떻게 과학을 제대로 이해하고 비평하고 향유할 것인가』, 궁리.

마노비치, 레프, 서정신 옮김, 2004, 『뉴미디어의 언어』, 생각의나무.

머튼, 로버트, 석현호 외 옮김, 1998(1973), 『과학사회학』, 민음사.

문옥표, 1997, 「재해문화론적 시각에서 본 고베지진의 분석」, 김경동 엮음, 『일본사회의 재해관리』, 서울대학교출판부.

바라바시, A. L., 강병남·김기훈 옮김, 2002, 『링크: 21세기를 지배하는 네트워크 과학』, 동아시아.

벡, 울리히, 홍성태 옮김, 2006(1986), 『위험사회: 새로운 근대(성)을 향하여』, 새물결.

벡, 울리히, 박미애·이진우 옮김, 2010, 『글로벌 위험사회』, 길.

블랑쇼, 모리스, 박준상 옮김, 2012, 『카오스의 글쓰기』, 그린비.

블루어, 데이비드, 김경만 옮김, 2000(1997), 『지식과 사회의 상(*Knowledge and Social Imagery*)』, 한길사.

부르디외, 피에르, 조홍식 옮김, 2002(1997), 『과학의 사회적 사용: 과학장의 임상사회학을 위하여(*Les Usages Sociaux de la Science*)』, 창작과비평사.

사이토, 준이치, 윤대석 외 옮김, 2009, 『민주적 공공성: 하버마스와 아렌트를 넘어서』, 이음.

세르, 미셸, 이규현 옮김, 2009, 『헤르메스』, 민음사.

슈나이더, 스티븐, 2012, 「"시민-과학자"는 모순어법인가?」, 대니얼 리 클라인맨 엮음, 김명진 외 옮김, 『과학 기술 민주주의: 과학기술에서 전문가주의를 넘어서는 시민참여의 도전』, 갈무리.

슬로터다이크, 페터, 이진우 옮김, 2004, 『인간농장을 위한 규칙』, 한길사.

앤더슨, 베네딕트, 윤형숙 옮김, 2002, 『상상의 공동체: 민족주의의 기원과 전파에 대한 성찰』, 나남.
『연합뉴스』, 2011. 12. 16, '日총리 "원전 사고 수습됐다" 선언'.
오명석, 2012, 「지식의 통섭(通涉)과 인류학」, 『비교문화연구』 18(2): 175-222.
오노, 야스마로, 권오엽·권정 옮김, 2007, 『고사기: 신화와 사실의 접속으로 구현된 고대 일본의 기록』, 고즈윈.
이강원, 2012, 「지구를 연구소로 들여오기: 일본 방재과학기술에서 지진의 재현과 지정학」, 『비교문화연구』 18(2): 129-174.
이강원, 2013a, 「과학기술인류학과 자연의 정치: 문화상대주의와 총체성을 넘어서」, 『한국문화인류학』 46(1): 43-92.
이강원, 2013b, 「"젠더"와 트랜스섹슈얼리즘: 성전환에 대한 인류학적 연구, 인류학에 대한 성전환적 연구」, 『비교문화연구』 19(1): 5-39.
이강원, 2014, 「재난은 세계의 수를 늘린다: 일본 방재과학기술과 지진재해의 상연(上演)」, 『한국문화인류학』 47(3): 9-64.
이강원 외, 2013, 「민족지 연구의 실험장으로서의 "위로의 연구"(Studying up)」, 『한국문화인류학』 46(2), 3-44.
이선화, 2015, 「초원을 나는 닭(草原飛鷄): 중국 내몽고 초원 사막화 방지의 생태정치」, 서울대학교 박사학위논문.
이시재 외, 2005, 『(사회학으로 풀어본) 현대일본』, 일조각.
일본 문부과학성 과학기술정책연구소, 2005, 『2035년의 과학기술: 일본 문부과학성 델파이 조사』, 한국과학기술정보연구원.
일본 문부과학성 과학기술정책연구소·미래공학연구소 엮음, 한국과학기술정보연구원 편역, 2002, 『2030의 과학기술』, 한국과학기술정보연구원.
임소연 외, 2013, 「민족지 연구의 장치로서의 "반대": 세 현장 연구 사례를 중심으로」, 『한국문화인류학』 46(3), 123-164.
카뮈, 알베르, 김화영 옮김, 1998, 『작가노트 I』, 책세상.
타르드, 가브리엘, 이상률 옮김, 2012, 『여론과 군중: SNS는 군중의 세계인가 공중의 세계인가?』, 지도리.
하버마스, 위르겐, 2004, 『의사소통의 철학』, 민음사.
하대청 외, 2015, 「재현적 증거에서 존재론적 증거로: 세 현장연구 사례를 중심으로」, 『비교문화연구』 21(1): 133-171.
『한겨레신문』, 2014. 11. 11, ''지진' 예측 실패한 과학자는 유죄, 무죄?'.
홍성욱, 2006(1999), 『생산력과 문화로서의 과학기술』, 문학과지성사.
화이트헤드, A. N., 오영환 옮김, 2005, 『과정과 실재: 유기체적 세계관의 구상』, 민음사.

2. 일문 자료

榎田竜太 外, 2009,「大振幅應答を實現する振動大實驗手法の構築と超高層建物の室內安全性」,『日本建築學會購造系論文集』74: 467-476.

岡田憲夫, 2009,「総合的な災害リスクマネジメント—親父の総合力—包容力—」,『災害のことわざシリーズ—地震·颱風·火事·おやじ—』, DPRI.

京都大學防災研究所, 2009,『京都大學防災研究所要覧』.

京都市防災會議, 2011,『京都市地域防災計畫—震災對策編』, 京都市.

吉川肇子 外, 2009,『クロスロード·ネクスト—續:ゲームで學ぶリスクコミュニケーション—』, ナカ二シヤ出版.

金凡性, 2007,『明治·大正の日本の地震學—「ローカル·サイエンス」を超えて—』, 東京大學出版會.

內閣府中央防災會, 2001,「東海地震に關する專門調查會の檢討狀況等について」.

大大特成果普及事業チーム33, 2009,『巨大地震災害へのカウントダウン』, 東京法令出版社.

藤井敏嗣·纐纈一起 編, 2008,『地震·津波と火山の辞典』, 九善株式會社.

林春男·GK Kyoto, 2001,『ひかりのまちのまもの: 地震防災の哲學を說くもの』, 理化學研究所地震防災フロンティア研究センター.

文部科學省科學技術政策研究所 科學技術動向研究センター, 2010. 3,『將來社會を支える科學技術の予測調査: 第9回デルファイ調查』.

文部科學省 研究開發局, 2006,『大都市大震災軽減化特別プロジェクト』.

飯尾能久, 2009a,「「満点計畫」が産み出す物—世界ではじめて地殼應力天氣圖を作成する—」, 提案書.

飯尾能久, 2009b,『內陸地震はどう起るのか?』, 近未來社.

防災研究所 サロントーク第11回,「災害の人類學: ピナトゥボ山大噴火, 1991, による先住民アエタの 被災と 新生の事例から文化人類學の可能性を考える」.

山中浩明, 2006,『地震の搖れを科學する—見えてきた强振動の姿—』, 東京大學出版社.

石橋克彦, 1976,「東海地方に予想される大地震の再檢討—駿河灣地震の可能性—」, 國土交通省國土地理院.

矢守克也, 2006,「語りとアクションリサーチ—防災ゲームをめぐって—」,『心理學評論』49(3): 514-525.

安全·安心科學技術委員會, 2007,「安全·安心科學技術の重要研究開發課題について(檢討のまとめ)(案)」, 文部科學省.

伊藤潔 外, 2005,「近畿圏における大大特プロジェクトIの地下構造調查」,『京都大學防災研究所年報』48.

日高桃子, 2009,『木質パネルで面外補剛されたスリット入り銅板の繰返し水平載下實驗』(未出刊).
日本建築學會, 2010,「建築雜誌―特集BOSAI立國ニッポン」,『建築雜誌』125.
日本災害學會, 2009,『第28回日本災害學會學術講演會講演概要集』.
酒井道雄 編, 1995,『神戸發阪神大震災以降』, 岩波新書.
中島正愛, 2009,「地震に強い都市はどう造られるのか」,『災害のことわざシリーズ―地震·颱風·火事·おやじ―』, DPRI.
川崎一朗, 2006,『スロー地震とは何か―巨大地震予知の可能性を探る―』, NHK books.
川崎一朗, 2009,『災害社會』, 京都大學學術出版會.
澤田純男, 2009,「京都市域の强振動予測について」,『災害に强い町づくり―みんなで考えよう京都の安全安心』, 日本自然災害學會 オープンフォラム.
河田恵昭, 2009a,「メディアのBCP」,『巨大複合災害とその減災戰略―防災·減災と報道の役割―』, Technical Report DRS-2008-02.
河田恵昭, 2009b,『巨大災害とその減災戰略―メディアBCP(業務継續性計畫)をどうするのか』, Research Center for Disaster Reduction Systems, DPRI.
和田章, 2006,「あなたの家は地震に耐えられるか」,『ニュートン―想定される日本の大地震』, ニュートンプレス.

シンポジウム, 1995,「社會は地震予知の不確實性をどこまで許容できるか?―空振りを受ける社會システムの在り方(1994年11月28日)―」, *Japan Research Review*.
インフラストカクヤー研究所(RIIM), 2005. 5,『地域經營ことはじめ講義ノート: 地域アドバイザー養成セミナーの記録』.
インフラストカクヤー研究所(RIIM), 2008. 6,『地域經營の資格とマネジメントの實際: 地域アドバイザー養成セミナーの記録 2』.
『実發災害報告書』,「2009年8月11日駿河灣地震」.
『日經新聞』, 2011. 3. 24.
『朝日新聞』, 2011. 3. 14,「大震災は天罰 "津波で我欲洗い落とせ" 石原都知事」.
『サンデー每日』, 2004. 2. 29.
『ニュートンプレス』,「「想定外」の大震災」, 2005年 3月號.

3. 영문 자료

Abu-Lughod, L., 1991, "Writing against Culture", Fox, R. G. (ed.). *Recapturing Anthropology: Working in the Present*, Santa Fe, N. M.: School of American Research

Press.

Alexander, D. A., 1993, *Natural Disaster*, New York: Chapman and Hall.

Allison, A., 2006, *Millennial Monsters: Japanese Toys and the Global Imagination*, University of California Press.

Barry, A., 2001, *Political Machines: Governing a Technological Society*, London: Athlone Press.

Barry, A., 2006, "Technological Zones", *European Journal of Social Theory* 9(2): 239-253.

Beck, U., 1987, "The Anthropological Shock: Chernobyl and the Contours of a Risk Society", *Berkeley Journal of Sociology* 32: 153-165.

Beck, U. & Lau, C., 2005, "Second Modernity as a Research Agenda: Theoretical and Empirical Explorations in the Meta-change of Modern Society", *The British Journal of Sociology* 56: 525-557.

Beck, U. & Sznaider, N., 2006, "Unpacking Cosmopolitanism for the Social Sciences: A Research Agenda", *The British Journal of Sociology* 57(1): 1-23.

Blaikie, P. et al., 1994, *At Risk: Natural Hazards, People's Vulnerability, and Disasters*, Routledge.

Bourdieu, P., 1977, *Outline of a Theory of Practice*, New York: Cambridge University Press.

Callon, M., 1986, "Some elements of a sociology of translation domestication of the scallops and the fishermen of St Breux Bay" in J. Law (ed.), *Power, Action and Belief: A New Sociology of Knowledge?*, Routledge Kegan & Paul.

Clancey, G., 2006, *Earthquake Nation: The Cultural Politics of Japanese Seismicity, 1868-1930*, University of California Press.

Collier, S. J. & Lakoff, A., 2005, "On Regimes of Living" in Ong, A., & Collier, S. J. (eds.), *Global Assemblages: Technologies, Politics, and Ethics in Anthropological Problems*, Blackwell.

Collier, S. J. & Ong, A., 2005, "Global Assembladge, Anthropological Problems" in Ong, A. & Collier, S. J. (eds.) *Global Assemblages: Technologies, Politics, and Ethics in Anthropological Problems*, Blackwell.

Collins, H. M. & Pinch, T., 1982, *Frames of Meaning: The Social Construction of Extraordinary Science*, London: Routledge Kegan & Paul.

Cussins, C., 1996, "Ontological Choreography: Agency through Objectification in Infertility Clinics", *Social Studies of Science* 26(3): 575-610.

Cutter, S., 2005a, "Are we Asking the Right Question?" in Perry, R. W. & Quarantelli, E. L. (eds.), *What is a Disaster? New Answers to Old Questions: 325-396*, Philadelphia: Xlibris.

Cutter, S., 2005b, "The Geography of Social Vulnerability: Race, Class, and Catastorphe. Understanding Katrina: Perspectives from the Social Sciences", Social Science Research Council(http://understandingkatrina.ssrc.org/cutter/).
de Castro, E. B. V., 2004, "Exchanging Perspectives: The Transformation of Objects into Subjects in Amerindian Ontologies", *Common Knowledge* 10(3): 463-484.
de Certeau, M., 1984, *The Practice of Everyday Life*, University of California Press.
Dewey, J., 1954(1927), *The Public and Its Problems*, New York: Swallow Press.
Dijksterhuis, E. J., 1961, *The Mechanization of the World-Picture*, Oxford: Oxford University Press.
Doi, K., 2009, "Earthquake Early Warning in Japan: Provisional to the General Public and its Results. Proceedings: The 2nd International Workshop on Earthquake Early Warning 4.21-4.22", 2009, Kyoto University Uji, Japan.
Dynes, R. R., 1970, *Organized Behavior in Disaster*, Lexington, MA: Lexington Books.
Farías, I., 2014, "Misrecognizing Tsunamis: Ontological Politics and Cosmopolitical Challenges in Early Warning Systems", *The Sociological Review* 62(S1): 61-86.
Franklin, S., 2005, "Stem Cells R Us: Emergent Life Forms and the Global Biological" in Ong, A., & Collier, S. J. (eds.), *Global Assemblages: Technologies, Politics, and Ethics in Anthropological Problems*, Blackwell.
Fritz, C. E., 1961, "Disaster" in Merton, R. K. & Nisbet, R. A. (eds.), *Contemporary Social Problems*, New York: Harcourt.
Geschwind, C. H., 1996, "Earthquakes and Their Interpretation: The Campaign for Seismic Safety in California, 1906-1933", PhD thesis, Johns Hopkins University Press.
Graoski, D., 2004. 10. 28., "Earthquake Prediction: Aseismic shift in thinking", *Nature*, 431(1032).
Hashimoto, M. et al., 2007, "Co-seismic and post-seismic displacements from the Mozambique earthquake of 22 February 2006 detected by InSAR. Fringe07, Frascati, Italy, 26th – 30th November 2007".
Harman, G., 2005, "Heidegger on Objects and Things" in Latour, B. & Weibel, P. (eds.), *Making Things Public: Atmospheres of Democracy. ZKM(Center for Art and Media Karlsruhe)*, MIT Press.
Heidegger, M., 1977, *The Age of the World Picture In The Question Concerning Technology and Other Essays*, New York: Harper.
Holbraad, M., 2008, "Definitive Evidence, from Cuban Gods", *Journal of the Royal Anthropology Institute* 14(S1): 93-109.

Holbraad, M., 2009a, "Ontology, Ethnography, Archaeology: An Afterword on the Ontography of Things", *Cambridge Archaeological Journal* 19(3): 431-441.

Holbraad, M., 2009b, "Ontography and Alterity: Defining Anthropological Truth", *Social Analysis* 53(2): 80-93.

Hobbes, T., 1998, *On the Citizen*, Cambridge University Press.

Hoffman, S. & Oliver-Smith, A. (eds.), 2002, *Catastrophe & Culture: The Anthropology of Disaster*, Santa Fe, New Mexico: School of American Research Press.

Irikura, K., 2006, "Predicting Strong Ground Motions with a "Recipe"", 『東京大學地震研究彙報』 81: 341-352.

James, W., 1977, *A Pluralistic Universe*, Havard University Press.

Jensen, C. B. & Blok, A., 2013, "Techno-Animism in Japan: Shinto Cosmograms, Actor-Network Theory, and the Enabling Powers of Non-Human Agencies", *Theory, Culture & Society* 30(2): 84-115.

Kawata, Y., 2007, "An Overview of DPRI COE Program", 『災害學理究明と防災學の構築』, 京都大學防災研究所CEOプログラム(2002-2006)記録集.

Klinenberg, E., 2002, *Heat Wave: A Social Autopsy of Disaster in Chicago*, University of Chicago Press.

Kohn, E., 2013, *How Forests Think: Toward an Anthropology beyond the Human*, University of California Press.

Latour, B., 1983, "Give Me a Laboratory and I will Raise the World" in Mulkay, M. & Knorr-Cetina, K. (eds.), *Science observed: Perspectives on the Study of Science*, London: Sage.

Latour, B., 1987, *Science in Action: How to Follow Scientists and Engineers through Society*, Harvard University Press.

Latour, B., 1999, *Pandora's hope: Essays on the Reality of Science Studies*, Harvard University Press.

Latour, B., 2004a, *Politics of Nature: How to Bring the Sciences into Democracy*, Harvard University Press.

Latour, B., 2004b, "Why has critique run out of steam? From matters of fact to matters of concern", *Critical Inquiry* 30(2): 225-248.

Latour, B., 2004c, "Whose Cosmos, Which Cosmopolitcs?: Comments on the Peace Terms of Ulrich Beck", *Common Knowledge* 10(3): 450-462.

Latour, B., 2005a, *Reassembling the Social: An Introduction to Actor-Network-Theory*, Oxford: Oxford University Press.

Latour, B., 2005b, "From Realpolitik to Dingpolitik or How to Make Things Public",

Latour, B. & Weibel, P. (eds.), *Making Things Public: Atmospheres of Democracy*, MIT Press.

Latour, B., 2013, *An Inquiry into Modes of Existence*, Harvard University Press.

Latour, B. & Weibel, P., 2005, *Making Things Public: Atmospheres of Democracy, ZKM(Center for Art and Media Karlsruhe)*, The MIT Press.

Latour, B. & Woolgar, S., 1986(1979), *Laboratory Life: The Construction of Scientific Facts*, Princeton University Press.

Law, J., 1986, "On the methods of long-distance control: vessels, navigation and the Portuguese route to India" in *Power, Action and Belief: A New Sociology of Knowledge*, 234-263.

Law, J., 1994, *Organizing Modernity*, Blackwell.

Law, J., 2004, *After Method: Mess in Social Science Research*, Routledge.

Law, J. & Mol, A., 2002, *Complexities: Social Studies of Knowledge Practices*, Duke University Press.

Lippmann, W., 1993(1927), *The Phantom Public*, New Brunswick: Transaction Publishers.

Lippmann, W., 2004(1922), *Public Opinion*, Dover Publication.

Lynch, M., 2013, "Postscript Ontography: Investigating the Production of Things, Deflating Ontology", *Social Studies of Science* 43: 444-462.

Marcus, G. & Clifford, J. (eds.), 1986, *Writing Culture: The Poetics and Politics of Ethnography*, Berkeley: University California Press.

Marres, N., 2005a, *No Issue, No Public: Democratic Deficits after the Displacement of Politics*, ter verkrijging van de graad van doctor aan de Universiteit van Amsterdam op gezag van de Rector Magnificus.

Marres, N., 2005b, "Issues Spark a Public into Being: A Key But Often Forgotten Point of the Lippmann-Dewey Debate" in Latour, B. & Weibel, P. (eds.), *Making Things Public: Atmospheres of Democracy*, MIT Press.

Mol, A., 2002, *The Body Multiple: Ontology in Medical Practice*, Duke University Press.

Mol, A. (ed.), 1998, *Differences in Medicine: Unraveling Practices, Techniques, and Bodies*, Duke University Press.

Mol, A. & Law, J., 2004, "Regions, Networks, and Fluids: Anaemia and Social Topology", *SSS* 24: 641-671.

Oshiman, N. et al., 2003, "Deep crustal resistivity structure in and around the focal area of the 2000 Tottori-ken seibu earthquake, Japan", IUGG2003, Sapporo Japan, JSA.10/30P/D-005.

Okada, N., 2008, "Integrated Disaster Risk Management(IDRiM) and Implementation Knowledge and Technology as a Crucial Issue" in *21st Century's New Challenge and Internationl Cooperation for Disaster Management*, The Hope Institute.

Oliver-Smith, A., 1996, "Anthropological research on hazards and disasters", *Annual Review of Anthropology* 25: 303-328.

Oliver-Smith, A. & Hoffman, S., 2002, "Introduction: Why Anthropologist Should Study Disasters" in Hoffman, S. & Oliver-Smith, A. (eds.), *Catastrophe & Culture: The Anthropology of Disaster*, Santa Fe, New Mexico: School of American Research Press.

Oliver-Smith, A. & Hoffman, S. (eds.), 2012, *The Angry Earth: Disaster in Anthropological Perspective*, Routledge.

Ong, A. & Collier, S. J. (eds.), 2005, *Global Assemblage: Technology, Politics, and Ethics as Anthropologcial Problems*, Blackwell.

Pálsson, G. & Rabinow, P., 2005, "The Iceland Controversy: Reflections on the Trans-national Market of Civic Virtue" in Ong, A. & Collier, S. J. (eds.), *Global Assem-blages: Technologies, Politics, and Ethics in Anthropological Problems*, Blackwell.

Paine, R., 2002, "Danger and the No-Risk Thesis" in Hoffman, S. & Oliver-Smith, A. (eds.), *Catastrophe & Culture: The Anthropology of Disaster*, Santa Fe: School of American Research Press.

Perry, R. W., 2006, "What is a Disaster?" in Rodrígez, H. et al. (eds.), *Handbook of Disaster Research*, New York: Springer.

Petryna, A., 2001, *Life Exposed: Biological Citizens after Chernobyl*, Princeton University Press.

Platt, R., 1999, *Disaster and Democracy: The Politics of Extreme Natural Events*, Washington, D.C.: Island Press.

Quarantelli, E. L., 1987, "Disaster Studies: An Analysis of the Social Historical Factors Affecting the Development of Research in the Area", *International Journal of Mass Emergencies and Disasters* 5: 285-310.

Quarantelli, E. L., 1998, *What is a Disaster?: perspectives on the question*, Psychology Press.

Quarantelli, E. L., 2005, "A Social Science Research Agenda for the Disasters of the 21st Century" in Perry, R. W. & Quarantelli, E. L. (eds.), *What is a Disaster? New Answers to Old Questions*, Philadelphia: Xlibris.

Rabinow, P., 1999, *French DNA: Trouble in Purgatory*, University of Chicago Press.

Rabinow, P., 2003, *Anthropos Today: Reflections on Modern Equipment*, Princeton University Press.

Rabinow, P., 2005, "Midst Anthropology's Problems" in Ong, A. & Collier, S. J. (eds.), *in Global Assemblages: Technology, Politics and Ethics as Anthropological Problems*, Blackwell.

Rose, N., 2009, *The Politics of Life Itself: Biomedicines, Power and Subjectivity in the Twenty-First Century*, Princeton University Press.

Roty, R., 2005, "Heidegger and the Atomic Bomb" in Latour, B. & Weibel, P. (eds.), *Making Things Public: Atmospheres of Democracy, ZKM(Center for Art and Media Karlsruhe)*, MIT Press.

Shaviro, S., 2009, *Without Criteria: Kant, Whitehead, Deleuze, and Aesthetics*, MIT Press.

Shibutani et al., 2005, "High Resolution 3-D velocity structure in the source region of the 2000 Western Tottori Earthquake in the southwestern Honshu, Japan using very dense aftershock observations", *Earth Planets Space* 57: 825-838.

Singleton, V. & Michael, M., 1993, "Actor-Networks and Ambivalence: General Practitioners in the UK Cervical Screening Programme", *SSS* 23: 227-264.

Stallings, R. A., 1995, *Promoting Risk: Constructing the Earthquake Threat*, New York: Aldine de Gruyter.

Star, S. L. & Griesemer, J., 1989, "Institutional Ecology, 'Translations' and Boundary Objects: Amateurs and Professionals in Berkeley's Museum of Vertebrate Zoology, 1907-39", *SSS* 19: 387-420.

Stengers, I., 2005, "The Cosmopolitical Proposal" in Latour, B. & Weibel P. (eds.), *Making Things Public: Atmospheres of Democracy*, MIT Press.

Stengers, I., 2010, *Cosmopolitics I*. Minneapolis: University of Minnesota Press.

Stengers, I., 2011 *Cosmopolitics II*. Minneapolis: University of Minnesota Press.

Stephens, S., 2002, "Bounding Uncertainty: The Post-Chernobyl Culture of Radiation Protection Experts" in Hoffman, S. & Oliver-Smith, A. (eds.), *Catastrophe and Culture: The Anthropology of Disaster*, School for Advanced Research Press.

Strathern, M., 1991, *Partial Connection*, Savage, Md.: Powman and Littlefield.

Strathern, M., 1992, *After Nature: English Kinship in the Late Twentieth Century*, Cambridge University Press.

Thompson, C., 2002, "When Elephants Stand for Competing Philosophies of Nature: Amboseli National Park, Kenya" in Law, J. & Mol, A. (eds.), *Complexities: Social Studies of Knowledge Practices*, Duke University Press.

Thompson, C., 2005, *Making Parents: The Ontological Choreography of Reproductive Technologies*, MIT Press.

Tierney, K. J., 2007, "From the Margins to the Mainstream? Disaster Research at the

Crossroads", *Annual Review of Sociology* 33: 503-525.

Tony, W. I., 1979, "Anthropology and disaster research", *Disasters* 3(1): 43-52.

Tresch, J., 2007, "Technological World-Pictures", *Isis* 98(1): 84-99.

Wagner, R., 1981, *The Invention of Culture*, University Chicago Press.

Wagner, R., 2007, "Determination of earthquake early warning parameters, Tau_c and Pd, for southern California", *Geophysics J. Inst*.

White, G. F., 1974, "Natural Hazards Research: Concepts, Methods, and Policy Implications" in *Natural Hazards: Local, National, Global*, New York: Oxford University Press.

Wu, Y. M. et al., 2007, "Determination of Earthquake Early Warning Parameters, Tau_c and Pd, for Southern California", *Geophysics J. Inst.*, 170: 711-717.

4. 온라인 자료

교토대학 방재연구소: http://www.dpri.kyoto-u.ac.jp/disaster_report/

내각부 중앙방재회의: http://www.bousai.go.jp/kaigirep/chuobou/2/pdf/010704-4Nankai-Tokai.pdf

『네이처』 지: http://www.nature.com/nature/debates/earthquake/equake_frameset.html

문부과학성: http://warp.ndl.go.jp/info:ndljp/pid/286794/www.mext.go.jp/b_menu/houdou/19/07/07072503/001/001.pdf.

지진조사연구추진본부: http://www.jishin.go.jp/main/p_hyoka02_kaiko.htm

지진조사연구추진본부: http://www.jishin.go.jp/main/p_hyoka02_danso.htm

Hi-net고감도지진관측망: http://www.hinet.bosai.go.jp/summary/?LANG=ja

찾아보기

ㄱ

간객관적인 248

간섭 12, 121, 366-369, 385

상호 - 296, 372

간주관적인 248

갈림길 223-224, 247-250, 300-301, 336-369

-에서 곰곰이 생각하는 사람 284

입체 - 373

감각 95, 227

위험을 탐지하는 - 194

감재 46, 115, 261-265, 317, 333, 335, 360-362, 373, 385, 398

-의 어젠다 261

방재의 시대에서 -의 시대로 264

강진동 84-92, 101, 127-134, 173-176, 229-233, 242-244, 255-258, 279, 296-297, 344-345

거대 사회 27, 29

거래(trade-off) 235, 239-242, 281-285, 295

게임 101, 121, 146, 192, 205-211, 226-228, 247-249

크로스로드 - 206, 222-223, 226, 257, 284, 299-304, 314, 317, 328, 368, 371, 373

경계 107, 110-111, 172, 189, 279, 284, 296, 313, 339, 346-347, 350, 364, 369-371, 385, 404

-를 넘나들기 369

- 만들기 24

-물(boundary objects) 369

공중의 - 98

교수와 학생 간의 - 36

두 문화의 - viii

자주방재회의 - 319-320

재해 지역의 - 17

판(plate) - 69, 126, 317

학문 분과들의 - 20

현지의 - 34, 110

경보 61-64, 73, 195, 245, 282-283, 295, 308

고립 93, 141, 145, 160, 198, 244, 257, 308, 317, 325, 342, 357, 368

고베 대지진 5, 24, 32-33, 45, 51, 58, 64, 66, 75-77, 82-89, 100-101, 145-146, 196, 206, 228, 239, 248-249, 261, 307, 316-317, 354-356

공공 45-46

- 공간 339, 341-342, 381, 385

공동체와 -성 340-342

-연하게 211

-의 지구 402

- 정책 337

복수의 -성 31

사물의 -성 41

공동체 29, 99, 141, 266, 317-322, 327, 363-365
거대한 – 375
–와 공공성 340-342
–의 선동자 25-26
과학자(연구자) – 43, 105
도시 – 111
방재 – 57, 306, 317, 328
상상의 – 12
자기초월체로서의 – 318, 327-328
재해 – 317
지역 – 65, 100, 115, 144, 177-178, 187, 301, 312, 333
공류 373
공약 불가능 31, 212, 218, 259, 339
공적(公的) 167, 170, 172
– 삶 353-354
– 원조 94, 262, 317, 328, 333, 343
–인 과정 vi
–인 문제 27-28
–인 사물(것) 24-26, 30-31, 44-47
–인 장 141
–인 지구 402
공중 24-31, 41, 44-47, 102-107, 339-341, 374-386, 401-403
–과 군중 25
–의 관심 239
–의 규모 51-52, 339
–의 윤리 98
–의 재현 30
–의 정치 381-383, 403
–의 지도자 26
유령 – 27
쟁점을 둘러싸고 협상을 벌이는 – 9
공진 90-92, 234-235, 242, 345, 356-357, 368
공화 44-46
공황 61, 102, 146-147, 156, 177-178, 189, 198, 207, 210, 223-224, 228, 247-249, 255, 284, 300-301, 356, 360
공회 44-46, 172, 190
–당 44, 172, 190
과정 속 285, 402
–의 세계 2
과학기술인류학 8, 12, 193
관심 끌기 141
관여 24-25, 51, 157, 176, 340-341, 346, 372
–와 비관여의 계기 179
–와 비관여의 차이 174
새로운 세계의 창조에 – 393
쟁점들에 –하는 공중 379
관점주의 19
관측망 53, 55-57, 64-66, 130, 168-170, 198-199
고감도지진– 123-125
강진– 128
광대역지진– 129
기반강진– 128
조밀다점– 124, 132
지진– 5, 75
교차점 15, 36, 224
–으로서의 몸 307
기술 구역들의 – 327
세계상들의 – 304
안전과 안심의 – 336
이해관계의 – 35
국지적 40, 69, 178, 187-190, 271, 305, 352, 372

권위 19, 27, 353, 380
 -와 사실 38-39
 -주의와 민주주의 379
 -주의적 실패국가 9, 47, 379
글로벌 189
 -과 어스 188
 -/로컬의 이분법 187
 - 리스크 379
 - 위험사회 261
기술 구역 272, 284
 -의 교차 296, 298, 302, 304-305, 327, 338
기입 42, 139, 143, 152, 163, 218, 221
 - 장치 121-122
긴급지진속보 239-242, 279-285, 293-295

ㄴ
나란히 203, 209, 214, 255, 361, 370, 393, 399
난카이 해구 vi, 73-74, 91, 300, 331
남관동 지진 73, 75, 80-81
내러티브 101, 210
 민족지적 현재와 - 146-147
 방재 - 101
 이야기회의 - 210
내륙직하형 지진 51, 63, 75-77, 81, 87, 91, 126, 218-219, 259, 298-299, 344
노이즈 158-160, 165, 169, 188, 199-200, 292-293
논쟁 21-22, 29, 40, 51, 58, 70, 75-77, 88-89, 91-92, 106-108, 195, 217, 227, 238, 282-284, 347, 355-356, 383-384, 403
 -을 추적 79, 104, 350
 -하는 공중 45
 리프먼-듀이 - 27-28, 375
 예지 - 58
 쟁점을 중심으로 -을 벌이는 공중 383, 397
 쟁점이 이동하면서 확산되는 - 52
누구를 위한 정치 383

ㄷ
다원우주 8, 368, 391
다이어그램 7, 121, 244-247, 339, 359
다자연주의 225
다중성 31, 107, 392
다-현장 민족지 111
단말기 279-282, 285, 294-295, 339
대(臺) 203, 398
대도시대진재경감화특별프로젝트 255
대변인 28-31, 45, 97, 99, 101-103, 122, 153, 188, 283, 344-345, 381-382, 384-386, 397-398
대응 능력 279, 342, 360
 재해 - 308-309, 354
대중 14-15, 18-19, 23, 147, 157, 229, 326
 무관심하거나 무지한 - 228
 전문가/-의 이분법 228, 378, 382, 390
 전문가와 - 227, 335, 381, 383, 388
데이터 37, 42, 56, 67-68, 132, 136-137, 166, 168-170, 217, 239
 - 기록기 161
 -베이스 39, 115, 177, 368, 372
 모델에 조화적인 - 237
덴노 3, 154, 198-204

도시사회공학자 34-35, 64-65, 100-102, 119-122, 139-155, 160, 170, 188, 226, 229, 244
도카이 지진 54-57, 63, 65, 73-75, 173, 344, 346, 356, 378
–의 절박성 53, 104
도카이·도난카이·난카이 지진 vi, 97, 316, 318, 331, 342, 377-378
돌아가며 차례로 370
동의 10, 27, 55, 155, 170, 189, 216, 237, 259, 282, 375
동일본 대지진 v-vi, 5-6, 176-178, 249, 353, 363, 373-375, 378, 381
두꺼운 사물 192-193, 266
둘의 관계 152

ㄹ

레시피 242-244, 368
레짐 21, 335-341, 386
리스크 46
– 사회 8
– 인식 335
– 커뮤니케이션 245-246, 358, 360
재해 – 경감 354, 361

ㅁ

마을 만들기 160
–와 자기 만들기 167
방재 – 301, 342
안전·안심 – 160-161, 362
재해에 강한 – 304, 332, 370
만점 계획 123, 199, 201
매개 5, 7, 10, 13, 25, 45, 60, 103-105, 118-119, 165, 188, 402
–자 vi, 12, 25-31, 44, 129, 139, 141, 153-157, 196, 202, 211, 232, 237, 244, 250, 270-271, 288, 310-313, 335, 340, 374-375
매뉴얼 57, 100-102, 190, 210, 222, 247, 249, 262, 304-306, 323, 330, 333, 359-362
–과 게임 223, 228
멧돼지 39, 161, 166, 170, 366
목소리 7, 9, 29, 31, 33, 45, 100, 122, 130, 138-139, 141, 143-146, 153-166, 169, 171-172, 190, 200, 205, 207, 211-212, 218, 259, 267, 275, 339, 341, 343-347
무엇에 대한 개입인가 19
무엇에 대한 정치인가 383-384
문제 제기 52, 55, 64, 100-102, 105-108, 166, 356, 380
주민들의 – 153, 171
문화 11-22, 43, 110, 267, 276, 403
– 상대주의 225, 392
물본주의 6, 397, 403, 405
미소지진 64, 123-134, 150, 177, 187, 230, 238, 367
–계 65, 173
미적인 판단 352
미체험자 101-102, 147, 189-190, 207, 255, 340, 358, 373
민주적 9, 27, 30, 46, 353, 379, 384
– 실험 vi, 9, 397, 403
–인 실패국가 9, 47

ㅂ

반대 37, 260
반박 52, 77, 105-106, 119
반항하는 사람 4

발명적 재정의 327
방재 계획 120-121, 139-140, 228, 246, 257, 304, 323, 326, 328-334, 339, 354-355, 362-363, 371
방재서당 302, 307, 311, 314, 321, 368
배려 20, 79, 103, 194, 246, 267, 270-273, 339, 341, 346-347, 390
배열 방식 31, 46, 106-108, 194, 248-250, 304, 365-368, 382, 473
배정 270-273, 296, 328, 334, 398, 402-404, 406
배치 270, 272-273, 286-288, 295, 327, 345, 385, 398, 402
배치도 114-115, 122
배포 46, 270-273, 278-279, 296-299, 307, 312, 333, 342, 359, 370, 398
배후지 295, 317, 366-369, 402
번역 37, 41, 105-106, 143, 154-155, 260, 384, 392
범위와 척도가 한정되지 않은 네트워크 104
변형 38, 42, 106, 121, 139-144, 155, 161-162, 168, 202, 205, 207-208, 212, 221, 225-226, 250, 266, 281, 288, 305, 313, 318, 371
보텀-업 153
복합재해 11, 46, 198, 257-265, 274, 338, 373, 398
본심(本音) 156, 226, 233, 247, 358
부분적 연결 254
불변 가동물 162
블랙박스 23, 180, 202, 271, 283
비가역적 총의 282
비동의 259-260
비-성공 353, 377-379, 381, 385
비인간 14, 37, 51, 279, 391, 405-405
　인간과 -의 자유로운 연합 111
비종결 106-107, 282, 363
비평형 생태학 402
비-환원 31

ㅅ

사면회의 시스템 120-121, 139, 141-142, 274-277
사안(matter of concern) 79, 99, 105, 382, 396
사전 배려 90-91, 354-357, 382
사태(matter of fact) 79
사회적 구성물 43
사회 참여 393
삶의 양식(방식) vi, 2, 8, 20, 241, 335, 400-402, 404
삽입 53-58, 83, 86, 92, 94-96, 102, 104, 107, 139, 148, 170, 172, 221, 276, 284, 328, 369
상식 364, 391
상연 46, 192-198, 212-213, 222, 224-225, 228-229, 232-233, 264-266
　-물 244, 270-271, 273, 276, 285-289, 295, 297, 300
　- 양식 235, 250, 254, 255-257, 259, 261-262, 304, 308-309, 368, 373
상정의 바깥 343-347
상호 포함 273, 371
새로움 vi, 321-322, 397, 399-400, 404
생존 17, 266, 271, 286, 317, 399-404
　-의 징검다리 310
서로 다른 No들 224
서로 다른 Yes들 224
성분 243-244, 259

세계-그림 193, 197, 239, 282
세계상 7-9, 31, 44-46, 193, 195, 235, 239, 248-250, 259, 266-267, 282-284, 298, 304, 324, 341, 358, 363, 368
세계정치 8, 194-197, 350
셋의 관계 152
소화기 287-288, 304, 311
수 싸움 125, 130, 144
슈하치 33
 - 학구 139, 144, 155, 287, 300-313, 320-322
스사노오(須佐之男命) 3-4
스스로를 넘어서는 399
스트레스 231-233, 405
습성 189, 227-229, 247-250
시기적 구분 261
시뮬레이션 12, 160-164, 193, 229-233, 242-244, 255-259, 300-303, 316, 325, 328, 342-343, 373
시위 141, 144
신본주의 6, 397, 405
실존적 실험 7-8, 404
실천-속의-존재론 365, 367
실천지 267, 365
실험적 축제 7-8, 404
실현된 실재 286, 295

ㅇ

아래로부터의 참여 141, 143, 354, 358-360
아마테라스 3-4
아상블라주 45, 174, 178-180, 189-190, 339, 372, 382, 388
안심 33, 50, 104, 171, 334
 주관적인 -의 확보 6
안전·안심(안전과 안심) 12, 46, 270-272, 335-336, 374-375, 386
 - 마을 만들기 160-161
 -에 이바지하는 과학기술 정책 6, 337
업무 연속성 계획 95, 145, 283, 298, 303, 332, 342
연기자 226, 231, 405
연장 70, 116, 176, 198, 202, 272-278, 288-294, 313, 339, 351
연출자 228-229, 232, 382-384
연합 39, 41, 57, 63, 88, 104, 134, 136, 150, 167, 174-178, 190, 248, 266, 279, 320, 343, 358-350, 372, 383-384
 자유- 7, 111, 403-404
예지 54, 92, 283
 단기 - 60
 장기 - 60
 지진 - 33-34, 56-70, 75-79, 83, 248-250
 지진- 연구센터 79, 147, 150, 177
 지진-연락회 53, 71
 지진 -와 강진동 예측의 구분 87
 지진-추진본부 56, 82
예측과 대비 v, 259, 273, 286, 291, 298
오실로스코프 116-119, 148
올리콥티콘 40-41
외부자 27, 142, 341, 382-384, 392
우리 마을은 우리가 지키자 303, 314-320, 370
우주 8, 134, 368, 384
 -론 7, 195
 -적 사물 193, 266
 -적 질서 285-286, 399

운명론 4
운송 161-162, 166, 277, 295
위계 24, 37, 398, 400
감재와 방재의 - 264-265
교수/학생의 - 36
나뭇가지의 - 113
-적 371
-화 224, 361
주체/대상의 - 36
위로부터의 통제 190, 358-359, 363
위해(hazard) 13-19
유지보수 35, 127, 132, 157-162, 166, 170, 176, 366-367
유체 공간 179, 372, 385
유통 145, 209-211, 384
유혹 240, 274-275, 282, 352
느낌을 위한 - 271
의무통과점 63, 68, 105-108
이동(displacement) 29-31, 38, 42, 122, 127, 134, 143, 150, 162, 179, 201-210, 212, 250, 271-272, 304, 313, 329, 350, 365, 369-371
쟁점의 - 79, 87-88, 92-94, 105-108, 340, 374, 379
이분법 11, 27, 42, 272, 368, 385
근대적 - 12
글로벌/로컬 - 187
내부/외부 - 369
생명/생활의 - 403
선험적 - 188
자연/사회 - 44
전문가/공중의 - 28, 228, 382
이해관계 19, 36-37, 41, 56, 141-142, 145, 193, 259, 328, 336, 402
과학을 사회적 -로 대체하는 연구 43
- 당사자 vi, 29-30, 57, 79, 94, 358
-의 교차점 35
-의 번역 154-155, 260
-의 충돌 224
인류학적인 쇼크 23
인본주의 6, 397, 403
-적 근본주의 405
인식 106, 401-402
- 대상 38
-론 267, 351-352
-론적 재난 11
-론적 증거 327
-의 차이 15, 19, 335
- 주체 38
일, 것, 곳 351
일본인 5, 121, 226, 247
-의 꿈 70

ㅈ

자기초월체 318, 327-328
자주방재회 4-5, 35, 65, 119, 139-141, 155, 287-288, 298-311, 313-322, 328-329, 332-333, 368-371
잠재적으로 파괴적인 동인 13
잡음 36, 158-159, 168, 212, 273-275, 291, 343, 366-369, 381, 398
장비 12, 39-40, 50, 103, 157, 164-165, 272, 279, 282-289, 297-298, 306-309, 342
관측 - 35
-를 갖추는 278-285, 350, 400
장주기 지진동 90-94, 129, 233-235, 242, 255, 345
장치 4, 28, 35-36, 67-68, 117-124, 130-132, 136-138, 141, 145, 152,

155, 162, 179, 188-189, 208, 241, 317, 366, 372, 382-386, 398
저장 - 202
재난의 게리맨더링 7
재난의 정의 15, 18
재난의 체험 101
재-재현 215, 218-219, 224, 248, 306, 313, 398
쟁점 12, 21, 26-31, 41, 51, 79, 87-103, 178, 339-343, 379, 382-384
적응적 매니지먼트 246, 275-277, 326, 362, 405
적자생존 401-403
전문가 부족에 대한 인류학 43
전문가 집단에 대한 사회학 43
전시(demonstration) 142, 144, 202, 307, 311
-실 199
전이 45, 250, 265, 339, 393
공중의 - 381
전쟁 모델 385
접속 12-13, 127-134, 157, 241, 249, 266-267, 296-298, 317, 322, 332, 340-341, 352, 369-370
-점 271, 282, 304
정내회 4, 95, 301-308, 316, 321, 333, 370
정보의 탈락 209-210, 225
조정 30, 46, 208, 218, 259, 339, 353, 398, 402, 404
조합 207, 209, 219, 222, 235, 242, 368
조화 219
부- 224, 226, 235, 242, 367-368
존재 방식 9, 12, 20, 43, 267, 377
종결 4, 79, 104, 282, 353, 379
비- 106-107, 282, 363
주민들의 목소리 33, 100, 122, 139, 143, 153, 165, 171, 275
증명 140-141, 209, 216, 285
지역 현장력 99, 144, 178, 278, 357
지역 활성화 166-167, 187, 275-278, 323-325, 362
- 리더 142-143, 153-154, 167, 283
지즈 정(智頭町) 33, 139-144, 155, 160, 170, 278, 311, 324-326
지진계 33, 35-39, 54, 65-68, 91, 116-117, 123-129, 131-132, 137, 148-150, 158-170, 188, 366, 405
지진동 해저드맵 296
지진 발생 기제 56
지진의 소굴 214
지진학자 17, 35-39, 45, 50-56, 58-76, 248, 283
진도 계급 97
진재의 띠 84-91
질문하는 사람 229
질서의 기획 7, 10, 40-41, 261, 272
질서의 정치 3-4
집합실험 6-7, 9-13, 25, 350-355, 363-365, 374-376, 379, 381-387
집합체(결합체) 21, 25, 194

ㅊ

참여 5, 7, 11, 29, 43, 99, 120, 131, 141-144, 153, 156, 164, 192, 207, 224, 228-229, 245, 247, 300, 353, 358, 383-384, 386, 393, 402
주민 - 종합방재 327
-관찰 34-37, 42, 202, 340, 392
천견론 4-5

초동 대응 75-78, 249
총의 23, 31, 259-260, 262, 282
총 집합 6-7, 24, 29-31, 43, 79, 99, 104, 265, 329, 339-344, 358-359, 363-364, 369, 374-375, 391
총체성 392
축제 5-6, 302, 319
실험적 - 8, 404
- 이야기 3
-적 실존 8
취약성 16-19, 43

ㅌ

탁자 119, 203, 205, 405
테크노-애니미즘 226
토론 참여자 229
토론 촉진자(퍼실리테이터) 119, 121, 224, 228
틀 지우기 193, 225

ㅍ

파견 117, 121, 127, 138, 176, 271, 276, 283, 286
파노라마 254-259
팬옵티콘 40, 341
프로토콜 381
플라스마 179

ㅎ

하나 이상이지만, 다수는 아닌 254, 368
합성 259, 264, 266, 339, 373
-물 398
항류 373, 378, 385
현지연구 13, 32-37, 390, 393, 406
협상(협의)과 타협 11, 31, 41, 193-196, 203, 201-211, 235, 259, 266, 273, 392-400
형식화 161-163, 208, 211-212, 372
혼돈과 질서 사이 2, 397
혼종성 279, 403
화의 31, 45-46, 259-262, 339-341, 381, 385
환영 27, 374-375, 378
힘의 시험 68, 323

CAPD 사이클 246
GPS 33, 39, 54, 57, 69, 73, 76, 135-137, 161-162, 366
NPO 276, 278, 358
ODA 277
SAR 33, 135-138, 214

발간사

다가오는 미래가 아시아의 시대가 될 것이라는 인식은 이제 우리에게 그리 새롭지는 않습니다. 그렇다면 우리에게 주어진 과제는 한국인과 한국사회는 어떤 존재로서 아시아의 시대를 살아가고자 하는가 하는 질문을 통해 우리와 남의 모습을 상상하고, 우리와 남의 관계에 대한 그림을 그리고, 그것들을 실천하는 일일 것입니다.

그러나 아시아의 시대가 온다고 해서 아시아 사람들이 저절로 잘 살게 되는 것도, 아시아가 저절로 평화롭고 정이 넘치는 공동체가 되는 것도 아닐 것입니다. 그러므로 우리는 아시아 지역을 살아가는 사람들이 어떤 공동체를 만들어가고 싶은가, 아시아 공동체가 잘 되면 인류에게 무슨 도움이 되는 것인가 하는 질문을 해야 하지 않을까 싶습니다. 오히려 아시아의 시대가 왔다고 생각하기 시작한 지난 20여 년간 아시아 내부의 갈등과 적대, 민족주의와 인종차별 등은 더 심해지고 있다는 착각이 듭니다. 그것을 착각이라고 생각하는 까닭은 외양으로 보면 그렇게 보이지만, 실제 내부에서 일어나는 현상을 찬찬히 살펴보면, 아시아 내부의 상호 이해와 교류가 느리지만 거대한 규모로 일어나고 있다고 믿기 때문입니다. 지표면에서 보면 날씨 변화도 심하고 지진도 자주 일어나지만, 땅속 깊은 곳에서 아시아의 시대를 만들어가는 지하수의 물줄기가 형성되고 있는 것 아닌가 싶습니다.

20세기 유럽과 미국이 축적한 자연과학과 인문·사회과학 등 근대의 학문적 지식은 인류 문명의 새로운 길을 열었고, 인류의 행복과 안정에 커다란 기여를 했습니다. 물론 제국주의 지배와 전쟁, 차별과 빈곤을 동시에 가져다주기도 했습니다. 아시아의 세기는 서양의 근대를 넘어서서 새로운 '근대 이후'를 만들어나가는 일이어야 합니다.

지식의 생산과 공유, 인재 양성을 책임지고 있는 대학이라는 공간에서 아시아에 대한 어떤 지식을 생산하고, 아시아에 대해 무엇을 어떻게 가르칠 것인가 하는 문제의식이야말로 서울대학교 아시아연구소에 주어진 책무일 것입니다. 서울대학교 아시아연구소는 2009년 9월 출범한 이래 지역과 주제의 결합에 기초한 아시아 연구의 세계적 허브 구축을 목표로 아시아 연구 기반 구축과 우수 연구활동 지원 등의 다양한 학술 활동을 진행해왔습니다. 특별히 아시아에 대한 지식 생산의 기반을 다지는 작업으로서, 우수한 기초 연구 활성화를 위해 노력해왔습니다.

서울대학교 아시아연구소총서는 바로 이러한 학문적 노력의 결실입니다. 앞으로도 서울대학교 아시아연구소는 국내외 연구자들의 우수한 연구를 지원하여 그 결과물을 지속적으로 발간해나갈 것입니다. 이러한 아시아연구소총서가 아시아의 시대를 열어가는 데 필요한 기반을 만드는 중요한 지적 자산이 되기를 기대합니다. 이를 바탕으로 아시아 시대를 만들어가는 지하수를 실증적으로 드러내고, 아시아 내부의 상호 이해와 교류를 넓혀갈 수 있길 바랍니다.

서울대학교 아시아연구소